충무공 장검(忠武公 長劍) ①

보물 제326호, 현충사 소장
"석자 칼로 하늘에 맹세하니 산하가 떨고"라는 검명이 새겨져 있다.

[칼]
〈길이〉   〈두께〉
전체 196.8cm   칼날 0.19cm
칼날 137.3cm   칼등 1.18cm
환도막이 4.92cm 무게 4.32kg
칼자루 59.5cm

[칼집]
길이 144.5cm
무게 1.4kg
가죽끈 약 87.0cm

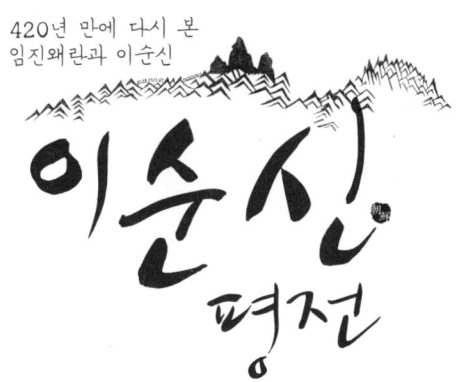

420년 만에 다시 본
임진왜란과 이순신

이순신 평전

이순신 평전

2012. 11. 10. 1판 1쇄 발행
2023. 11. 29. 1판 9쇄 발행

지은이 | 이민웅
펴낸이 | 이종춘
펴낸곳 | **BM** 책문

주소 | 04032 서울시 마포구 양화로 127 첨단빌딩 3층(출판기획 R&D 센터)
| 10881 경기도 파주시 문발로 112 파주 출판 문화도시(제작 및 물류)

전화 | 02)3142-0036
| 031)950-6300

팩스 | 031)955-0510

등록 | 1973. 2. 1. 제406-2005-000046호

출판사 홈페이지 | www.cyber.co.kr

ISBN | 978-89-315-7617-7 (03900)

정가 | 25,000원

이 책을 만든 사람들

책임 | 최옥현
진행 | 조혜란
표지·본문 디자인 | 김희정
홍보 | 김계향, 유미나, 정단비, 김주승
국제부 | 이선민, 조혜란
마케팅 | 구본철, 차정욱, 오영일, 나진호, 강호묵
마케팅 지원 | 장상범
제작 | 김유석

www.cyber.co.kr
책문 Web 사이트

■ **도서 A/S 안내**

성안당에서 발행하는 모든 도서는 저자와 출판사, 그리고 독자가 함께 만들어 나갑니다.
좋은 책을 펴내기 위해 많은 노력을 기울이고 있습니다. 혹시라도 내용상의 오류나 오탈자 등이 발견되면 **"좋은 책은 나라의 보배"**로서 우리 모두가 함께 만들어 간다는 마음으로 연락주시기 바랍니다. 수정 보완하여 더 나은 책이 되도록 최선을 다하겠습니다.
성안당은 늘 독자 여러분들의 소중한 의견을 기다리고 있습니다. 좋은 의견을 보내주시는 분께는 성안당 쇼핑몰의 포인트(3,000포인트)를 적립해 드립니다.

잘못 만들어진 책이나 부록 등이 파손된 경우에는 교환해 드립니다.

420년 만에 다시 본
임진왜란과 이순신

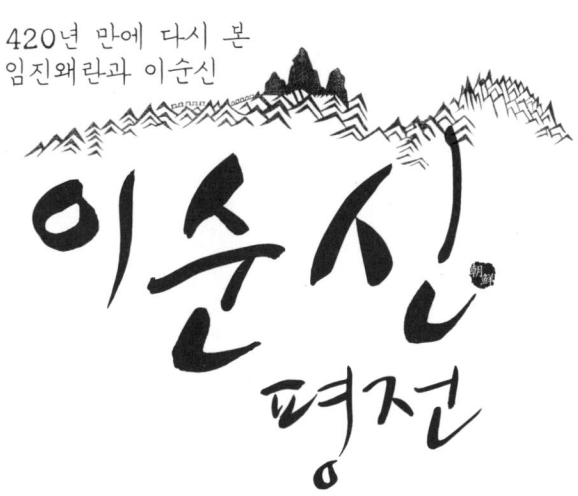

이순신
평전

420년 만에 다시 본 임진왜란과 이순신

1. 출간 동기

　　지난 2004년에 학위논문을 출간한 이후 8년 만에 다시 책을 내게 되었다. 사실, 그때 책을 내고 얼마 지나지 않아 '좀 더 준비하고 다듬어서 낼 걸.' 하고 후회한 기억이 있다. 그래서 이 책《이순신 평전》에 대해서는 처음부터 치밀하게 준비해 후회 없는 결과를 얻으려고 노력했다. 하지만 막상 책이 나올 시점이 되니 두려운 마음이 앞선다. '보잘것없는 실력으로 과욕을 부린 것은 아닐까? 과연 이때에 이런 책이 맞는 것일까?' 하는 생각이 계속 머리를 때렸다.

　　하지만 학자의 길에 접어든 이후 '이순신과 임진왜란'이라는 한 우물만을 파온 나로서는 이 책은 기념비적인 책이다. 2011년 7월부터 1년간 일본에 머물며 연구에 매진한 끝에 얻은 결과물이기 때문이다. 2002년 해군사관학교에 부임한 후 첫 번째 해외연수를 일본 규슈대학 인문과학연구원에서 보내기로 결정하면서, 개인적으로 결심한 게 있다. 전공과 관련이 깊은 지역적 특색을 가진 그곳에서 일본어 공부와 규슈 답사, 그리고 관련 연구자와의 만남을 통해 일본의 역사와 문화를 이해하는 데 주력하기로 말이다. 그 결과 임진왜란과 관련된 일본 측의 유적과 연구 자료를 접하면서 많은 것을 배우고 느낄 수 있었고, 그로 인해 이 분야의 전문 연구자로서 더없이 좋은 자산을 갖게 되었다.

《이순신 평전》을 집필하는 동안, 집필이 생각대로 잘 안 될 때에는 '괜한 욕심을 부린 게 아닐까?' 혹은 '집필 때문에 연수를 연수답게 보내지 못하는 것은 아닌가?' 하고 후회가 밀려오기도 했다. 하지만 당분간 자유로운 시간을 갖기가 쉽지 않을 것이기에, 맡은 바 임무라고 생각하고 탈고를 향해 한 발자국씩 나아갔다.

그 결과 올해 6월 말 귀국할 때쯤, 초고를 출판사에 넘길 수 있었다. 욕심 같아서는 귀국 직후인 7월경에 책으로 출간되기를 기대했지만, 사진과 지도 등 이미지 자료 선정이 간단치 않았다. 책의 각 부분에 맞는 사진자료를 선별하는 것도 간단하지 않았지만, 여러 기관으로부터 이미지 자료의 사용 허락을 받는 데도 상당한 시일이 소요되었다.

출간을 앞둔 지금도 마지막 순간까지 혹시라도 부족한 점이 있는지 확인하고 검토하며 출판사와 함께 힘을 모으고 있다. 나로서는 이 책이 '이순신 연구의 종착지'가 아니라 '이순신을 향해 나아가는 출발지'가 되길 소망한다. 나를 포함해 이순신과 임진왜란에 대해 관심을 갖고 열정적으로 임하고 있는 이들에게 작은 징검다리가 되었으면 하는 마음 간절하다.

2. 감사 인사

이 책을 내면서 감사드려야 할 분들이 많다. 우선 지난 1년간의 연수 기회를 허락해 주신 모군해군의 최윤희 참모총장님과 해군사관학교의 전현직前現職 교장이신 원태호 제독님과 손정목 제독님, 그리고 해사 교수부의 류재현 교수부장을 비롯한 여러 선배 교수님들께 진심으로 감사드린다. 또한 해외연수 과정을 물심양면으로 지원해 준 STX 장학재단 강덕수 이사장님께도 깊이 감사드린다. 해군과 STX 장학재단의 배려와 지원이 없었다면 이 책의 출간은 불가능했을 것이다.

그리고 서울대 박사 과정 이후 줄곧 임진왜란과 이순신 관련 분야를 계속 연구할 수 있도록 지도해 주신 이태진 선생님께 감사드린다. 이 선생님은 정년 이후에도 열정적으로 연구하시다가, 지난 2010년 10월부터는 국사편찬위원장으로 활약하고 계신다. 여러 면에서 모범을 보여 주신 선생님께 깊은 존경을 표하고 부끄럽지 않은 제자가 되기 위해 노력하고 있다.

이전에 어떤 선배님이 나에게 "너의 삶은 참 순탄하고 모든 것이 잘 진행되는 것 같다."라고 말한 적이 있다. 그때 나는 속으로 '다 저희 어머님 기도 덕분입니다.'라고 답했던 것 같다. 자식이 잘되기만을 위해 항상 기도하고 계신 어머님은 사실 나의 가장 든든한 배경이다. 이제 40대 중반을 넘긴 필자도 요즘 어머님을 따라 '자녀를 위한 기도'를 실천하려 노력하고 있다. 언제나 큰 아들을 믿어주시는 아버님과 어머님께 조금이라도 보답하는 뜻에서, 이 책은 두 분 부모님께 올려 드리고 싶다.

결혼한 지 20년째가 되는 아내 조정림은 나와는 정반대의 성격을 가진 훌륭한 동반자이다. 무엇보다도 그간 딸 둘, 아들 하나 세 자녀를 잘 길러 주었다. 자신의 일까지 하면서 묵묵히 내 곁을 지켜주는 아내가 그저 고마울 뿐이다. 요즘 집안 분위기를 밝게 만든 늦둥이 재현이는 나와 꼭 40년 차이가 나는데, 씩씩하게 잘 자라고 있다. 그리고 자상하지 못한 아빠의 부족함에도 별 탈 없이 잘 커준 첫째 고3 재은이와, 둘째 중3 재희에게도 고마움을 전한다. 그리고 자녀 셋 모두 내년에는 희망하는 상급 학교에 진학하기를 기대해 본다.

이 책을 출간하기 위해 기획 단계부터 함께 고민하고 열정적으로 필자를 도와준 책문 출판사의 이호준 주간과 여러 관계자들에게 마음속 깊이 감사의 뜻을 표한다. 특히 이 주간은 본문의 장절 편성부터 사진과 지도 등 이미지 작업을 포함한 모든 과정에서 이 책을 잘 만들기 위해 최선을 다해 주었다.

그리고 이 책을 만드는 데 이미지 자료를 협조해 준 해군사관학교박물관, 현충사, 국립진주박물관, 국립중앙박물관, 육군박물관 등 여러 기관의 지원에 진심으로 감사드린다.

3. 책 소개

이 책은 이순신과 임진왜란에 관한 주요 사건을 중심으로 새로 발굴한 내용을 소개하고, 기존의 이순신 관련 저서들이 담고 있는 오류를 바로 잡는 데 초점을 맞추었다. 예를 들어 그의 성장배경이 결코 가난하지 않았다는 점, 관직 생활 중 상관들과 불편한 관계도 있었지만 능력으로 인정받은 경우가 많았다는 점 등이다. 뿐만 아니라 그가 지휘한 주요 해전과 관련된 오류를 바로잡고, 사료를 고증하여 정설을 세워보려고 노력했다. 또한 동아시아 3국의 사료를 확인함으로써, 이순신과 관련된 역사적 사실을 통합적으로 조명하려고 노력했다. 이 때문에 이 책에는 임진왜란 당시의 국내외 정세를 포함한 역사적 배경이 고스란히 등장한다. 사실관계를 명확히 이해할 수 있는 이런 요소들은, 이순신의 생애를 통합적으로 이해하는 데 도움이 될 것이다.

이 책은 모두 4부 12장으로 구성되어 있다. 4개의 부는 이순신의 탄생부터 전라좌수사가 되기까지의 기간을 그린 제1부 '나고 자라 전라좌수사에 오르다', 임진년 첫해의 해전에서 이순신이 보여 준 활약을 그려낸 제2부 '임진년의 해전과 영웅의 탄생', 강화교섭기와 이순신의 백의종군 시기를 그린 제3부 '지루한 전쟁과 인고의 세월', 그리고 정유재란 시기에 이순신이 보여 준 활약과 사후 그의 업적을 드높이는 과정을 그려낸 제4부 '별은 떨어지나 영웅은 남았다'이다.

제1부에서는 이순신의 가계와 성장 과정, 무과 급제, 그리고 그가 전라좌수사가 되기까지 가장 긴 기간을 다루었다. 여기에는 기존의 이순신 관련 저서들이 담고 있던 오류를 바로잡는 새로운 내용이 다소 포함될 것이다.

제2부에서는 임진왜란 전후의 국내외 정세를 정리하고, 이순신과 조선 연합함대의 해전 전승 과정에 대해 자세히 살펴보았다.

제3부에서는 잘 알려지지 않았던 강화교섭 시기에 대한 내용이다. 특히 위기를 기회로 역전시킨 삼도수군통제사 이순신의 활약과 백의종군 과정을 설명하면서, 그 기간에 벌어진 역사적 사건들을 함께 다루었다.

제4부에서는 원균의 칠천량 패전 이후 이순신이 다시 삼도수군통제사에 올라 조선 수군을 재건하고 명량해전과 노량해전에서 승리하며 임진왜란을 승리로 이끈 과정을 살펴보았다. 이와 함께 이순신의 사후 평가와 그의 업적을 드높이게 되는 과정을 시대 순으로 정리해 보았다.

마지막으로 임진왜란과 이순신을 이해하는 데 필요한 역사적 흐름이나 사건들을 '부록'으로 정리해 독자들의 이해를 도왔다. 여기에는 조선 초기의 수군사水軍史, 임진왜란 이전의 동북아 3국, 임진왜란 초기의 육전과 해전, 임진왜란 이후의 동북아 3국에 대해 역사적 흐름을 파악하기 쉽도록 별도로 정리했다.

　아무쪼록 이 책을 통해 새롭게 발굴하고 수정한 내용들이 이순신의 생애와 임진왜란 당시의 역사상을 올바로 이해하는 데 조금이라도 도움이 되었으면 좋겠다.

2012년 10월 1일
건군 64주년 국군의 날
진해 오션빌 서재에서
이민웅 씀

目次

제1부

나고 자라
전라좌수사에 오르다

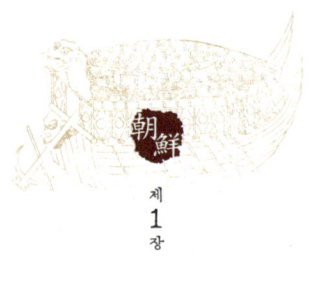

제 1 장

전쟁의 신, 태어나다

파직당한 이순신이 삼도수군통제사三道水軍統制使의 자리에 다시 부름을 받은 것은 왜군과 싸울 전함이 12척밖에 남아 있지 않았던 때였다. 모든 것이 너무 늦은 듯했다. 왜군의 재침으로 국토는 또다시 유린당하고 있었고 그나마 그가 지키던 해상마저 속절없이 무너지고 있었다. 이런 때에 삼도수군통제사의 자리에 앉는다는 것은 닥쳐올 패전에 대한 책임을 모두 떠안는 셈이었다.

이순신도 이 모든 상황을 누구보다 잘 알고 있었다. 하지만 왕의 부름은 절대적이었다. 그보다 누군가는 지켜야 할 나라였고, 누군가는 막아야 할 오랑캐였다. 그리고 이제 그는 이 일에 자신의 모든 것을 한 줌 남김없이 내어 주리라 결

심했다. 어쩌면 그는 바로 그 순간 고통 받는 강토와 백성들을 생각하며 "큰 칼 옆에 차고 깊은 시름 하는" 시간을 보냈을지도 모른다.

자신에게 맡겨진 사명을 생각하며 달을 향해 격정을 토하던 1597년의 어느 날, 그는 드디어 붓을 든다. 그리고 일필휘지로 왕에게 올릴 장계를 써내려간다.

"신臣에게는 아직 12척의 전함이 남아 있사옵나이다."

1597년 음력 8월. 정유재란이 발발한 지 8개월쯤 되던 때에, 그는 아무 희망이 없어 보이던 조선 수군을 떠맡아 구루시마 미치후사來島通總 등이 이끄는 133척의 왜선과 맞선다. 이 싸움에서 이순신의 예하 세력은 열 배가 넘는 적의 규모에 놀라 물러날 생각만 했지만, 일본 군선에 둘러싸여 있던 이순신은 절대적으로 불리한 상황에서도 홀로 분전했다. 결국 이순신의 버티기가 성공하는 것을 확인한 예하 세력이 그의 다급한 부름에 진격해 옴으로써, 비록 척수는 적었지만 강한 전력을 갖추고 있던 13척선조에게 보고한 뒤 명량해전 이전까지 한 척이 추가됨의 전선들이 사력을 다해 적선 31척을 격파하는 승리를 거두었다. 울돌목의 지형지물을 활용한 뛰어난 지략으로 세계 해전사를 빛낸 '명량해전'이 바로 이 전쟁이었다.

조선의 도읍인 한성부 건천동乾川洞에도 여름은 여지없이 찾아왔다. 이름 그대로 건천동은 마른 시내가 있는 마을이었다. 오랜 가뭄의 끝자락에서 비를 기다리던 백성들은, 말라 있던 개천에 시원스레 물이 흐르기만을 빌고 또 빌었다. 어린 순신은 걸음마를 떼면서부터 건천을 놀이터로 삼았다. 가을부터 초여름까지 마른입만 쩌억 벌리고 있던 건천은, 장마철이 시작되면서 기다렸다는 듯이 폭포수를 쏟아냈다. 하늘이 내린 빗줄기가 용틀임을 하며 말라 있던 건천을 순식간에 쓸고 지나갈 때면, 순신은 친구들과 함께 물이 흘러가는 곳을 따라 힘차게 내달았다. 어쩌면 명량에서의 대승은 순식간에 변하는 건천의 흐름을 눈여겨보았던 어린 순신으로부터 시작되었는지도 모른다.

이순신이 태어난 1545년은 조선의 역대 왕들 가운데 7개월 남짓이라는 가장 짧은 기간 동안 재위한 인종仁宗이 승하하고 명종明宗이 보위에 오른 바로 그해였다. 같은 해에 명종의 외척인 윤원형尹元衡이 인종의 외척인 윤임尹任 등을 제거한

│ 건천동 이순신 생가터 표지석
해군사관학교박물관 사진 제공

을사사화乙巳士禍가 일어났다. 이 사화는 우리에게 잘 알려진 것처럼 윤임을 중심으로 한 대윤大尹 세력과 새로 왕위에 오른 명종明宗의 외척 윤원형의 소윤小尹 세력이 다툼을 벌이면서 일어난 참극이다. 이때 윤임 계열에 몸담았던 사림士林 세력이 적지 않은 피해를 입었다. 즉 이순신이 태어난 해는 조선 중기 마지막 사화가 일어난 혼란정국이었다. 그는 이처럼 난세亂世라고 볼 수 있는 1545년 음력 3월 8일, 한성부 건천동에서 태어났다.

그런데 이순신을 자세히 만나보기 전에 먼저 한 가지 중요한 사실부터 밝혀야겠다. 그것은 지금까지 우리에게 알려진 이순신의 성장 배경은 역사적 사실과 큰 차이가 있다는 점이다. 우리가 읽었던 '위인전'에는 이순신의 집안이 할아버지 때부터 몰락하기 시작해서 점차 가세가 기울고, 이 때문에 그의 모친이 삯바느질과 빨래 등 허드렛일로 집안을 이끌어갔다고 되어 있다. 하지만 이것이 과연 사실일까?

이순신 가문의 족적族籍 기반을 좀 더 자세히 살펴보면 이런 의문은 자연스레 풀리게 될 것이다. 이순신은 오늘날의 황해도 연안延安 근처에 있는 덕수德水가 본

관本貫이다. 《이충무공전서》에 의하면, 그의 선대 조상은 고려 말기 이돈수李敦守를 중시조中始祖로 하고 있다. 이순신은 이돈수로부터 12대째가 된다. 그의 집안 내력을 좀 더 자세히 살펴보자.

중시조 이돈수는 고려 말기에 중랑장中郞將을 지냈다고 하는데, 중랑장은 고려시대 무반武班의 정5품 관직으로 그다지 높지 않은 벼슬이다. 그리고 그의 부인도 교위校尉 이순진李順珍의 딸인 것으로 보아 중시조 이돈수는 무장이었다고 추정된다. 그 뒤로 2대 양준陽俊과 3대 소劭가 각각 보승장군保勝將軍과 지삼사사 증상장군知三司事 贈上將軍 직책을 가진 것으로 보아 이순신의 선대는 고려 말까지 대대로 무장을 배출한 무반 가문이었다.

4대째인 윤번允蕃에 이르러 처음으로 문과 급제자를 배출했다. 정확한 급제 시기는 알 수 없지만, 덕수 이씨 가문에 의하면 고려 말기에 급제했다고 한다. 급제한 것은 고려 말기지만, 왕조가 조선으로 바뀐 뒤 도사都事 벼슬을 역임했다. 도사는 정5품의 외직外職으로 오늘날로 보면 부군수 정도에 해당하는 벼슬이다. 다시 말해 문과에 급제한 것치고는 그다지 출세하지 못한 것인데, 이는 처음으로 문과 급제자를 배출했기 때문에 문반으로서의 기반이 약했기 때문이었다.

이와 같이 고려에서 조선으로 왕조가 교체되는 시기에 역관譯官이나 무반 가문이 문과 급제자를 배출하면서 문반, 즉 양반 사대부로 변신하는 것이 당시 하나의 추세였다. 즉 고려 말기의 최고 지배층이던 문반 귀족이 몰락하면서 차상위 계층인 무반이나 역관 가문이 신학문인 성리학을 받아들이면서 자연스럽게 새 왕조 조선의 최고 지배층인 양반 사대부로 변신했던 것이다. 하지만 이렇게 변신하려면 문과 급제자를 계속 배출해야 했다.

윤번의 뒤를 이은 문과 급제자는 그의 증손자인 7대 이변李邊이었다. 이순신에게는 고조高祖보다 한 대 위인 현조玄祖가 된다. 그리고 이변에 이어 이순신의 증조인 9대 이거李琚도 문과에 급제한다. 이 두 사람이 바로 이순신 집안의 사회경제적 기반을 다진 주인공들인데, 이제 이들에 대해 좀 더 자세히 살펴보자.

이변은 조선 건국 직전인 1391년에 태어났다. 그는 세종 1년인 1419년에 증광시增廣試를 통해 문과에 급제했다. 《세종실록》은 그의 문과 급제와 그 이후 상황에 대해 이렇게 언급했다.

이변은 그 사람됨이 본래 둔鈍했는데, 나이 30이 넘어서 문과에 급제하여 승문원에 들어가 한어漢語를 배웠다. 성공하고야 말리라 다짐하고 밤을 새워 가며 강독講讀하고, 중국어를 잘한다는 자가 있다는 말만 들으면 반드시 그를 찾아 질문하여 바로잡았으며, 집안사람들과 서로 말할 때에도 언제나 한어를 썼고, 친구를 만나도 반드시 먼저 한어로 말을 접한 연후에야 본국의 말로 말하곤 하였는데, 이로 말미암아 한어에 능통하게 되었다.

– 《세종실록》 권63, 세종 16년 2월 갑인甲寅

위에서 본 것처럼 그는 문과 급제 후 피나는 노력으로 중국어를 습득하였고, 그 뒤 전문 외교관의 길을 걷는다. 이변은 승문원 박사博士·정7품를 시작으로 주로 사역원司譯院과 승문원承文院 관직을 역임하였다. 승문원은 조선시대에 외교문서를 담당한 관서였고, 사역원은 통사通事·오늘날의 통역관를 교육하고 관리하는 기관이었다.

그가 외교 전문가로 주목받기 시작한 것은 첨지사역원사僉知司譯院事·종4품였던 세종 16년1434년, 이조정랑 김하金何와 함께 요동遼東에 가서 명나라 학자들을 만나 조선에서 만든 《소학직해언어小學直解言語》를 보여 주고 그 가치를 인정받고 돌아오면서부터였다. 이변과 김하는 당시 요동에 있던 명나라의 명망 있는 학자인 허복許福, 유진劉進 등을 만나 이 책에 대해 설명하는 과정에서 이들로부터 학술적으로 높은 평가를 받았다. 그리고 귀국 보고 후에는 이틀마다 한 번씩 이 책을 진강進講·왕에게 강의함했다고 한다.

그 뒤 그는 주문사奏聞使 종사관從事官 등 명나라 사신으로 자주 파견되었고, 그 사이에 우사간右司諫·종3품 등을 거쳐 51세에 정3품 당상관인 호조참의戶曹參議로 승진했다. 호조참의를 지낸 뒤에는 공조참의, 첨지중추원사, 이조참의 등 다양한

관직을 거쳤다.

세종에 이어 문종 대에도 이조참판吏曹參判·종2품, 병조참판兵曹參判 등을 두루 역임하는 동시에, 본업이 된 명나라 사행使行과 명나라 사절을 접대하는 임무를 수행했다. 그리고 문종에 이어 단종이 즉위한 뒤에는 시류時流에 따라 정인지鄭麟趾 등 세조世祖의 등극에 찬성하는 인물들과 교류했던 것으로 보인다.

이 때문에 수양대군世祖이 일으킨 계유정난癸酉靖難·1453년 이후, 이변은 호조참판을 거쳐 지금의 법무부장관인 형조판서刑曹判書·정2품에 오르게 된다. 그 뒤 그는 여러 해 동안 형조판서와 공조판서를 역임했고, 세조가 즉위한 뒤에는 원종공신原從功臣 2등에 녹훈되었다. 그러고 나서 예문관 대제학禮文館 大提學·정2품과 각조 판서를 역임한 그는 70세가 되던 세조 6년1460년에 치사致仕·벼슬을 떠나는 것으로 오늘날의 정년퇴직를 청했으나 왕명王命으로 계속 현직에 머물렀다.

그 뒤에도 이변은 예전처럼 전문 외교관으로 일했는데, 세조는 중요한 외교문서를 작성하거나 명나라 사신을 접견할 때에 이변에게 통역을 맡기곤 하였다. 《세조실록》은 이변에 대해 이렇게 전한다.

"성품이 강직하여 남의 과실을 잘 용납하지 못하고 술을 마시지 않고 밥을 잘 먹어 기운이 조금도 쇠하지 않았으므로, 임금이 항상 늙은이로 우대했다."

그는 두 차례나 장수와 명예의 상징인 궤장几杖·왕이 하사하는 의자와 지팡이을 받았을 뿐 아니라 매년 경로연敬老宴에 참석했고, 여든이 넘어서는 노인 대표로 왕에게 술잔을 올리기도 했다. 82세 때는 노인직이기는 하지만 최고위인 보국숭록대부輔國崇祿大夫 영중추부사領中樞府事·정1품에 올랐다.

이변은 세종 대에 출사한 뒤 성종 4년1473년 10월에 83세로 생을 마감할 때까지 약 50년에 걸쳐 여섯 분의 임금을 섬기며 외교관으로서 화려한 관직을 역임하였다. 그의 사후死後, 《실록》의 〈졸기卒記〉에는 그의 성품에 대한 사관史官의 평이 있다. 다소 장황하지만, 이순신의 직계 조상의 성품에 대한 보기 드문 내용이므로 관련된 부분을 나눠 본다.

이변李邊은 성품이 엄하고 곧아서 관장官長의 뜻에 구차하게 같이하지 아니하였다. 일찍이 이조참의가 되어 무릇 인사를 추천할 때 반드시 먼저 큰 소리로 말하기를, "참의도 역시 이조의 당상관인데, 사람을 잘못 쓰면 어찌 홀로 죄를 면할 수 있겠는가?"라고 하며, 논의하기를 꺼리거나 피하는 바가 없었다. 항상 승문원과 사역원의 제조提調를 겸하였는데, 연초年初에는 반드시 문묘文廟에 배알拜謁하기를 늦도록 폐하지 아니하였다. 중국 사신이 올 때마다 항상 어전御前에서 말을 전하는 일을 맡았는데, 임금의 뜻에 맞지 아니함이 없으므로, 이로써 항상 돌보아주는 대우를 받았다. 그러나 사람됨이 편협하고 성급하여 보좌진이 조금만 마음에 맞지 아니하면 문득 꾸짖었다.

– 《성종실록》 권35, 성종 4년 10월 무진戊辰

여기서도 볼 수 있듯이, 이변은 정치적인 인물이라기보다 노력으로 자수성가한 행정실무형 관료로서 장기간 고위직에 있었다. 그리고 이와 같은 이변의 활약이 있었기에 이순신 집안은 양반 사대부 가문으로 든든히 자리를 잡을 수 있었다. 특히 그는 명나라에 사신으로 30여 회 이상 다녀왔고, 판서長官級 직책에도 오랜 기간 봉직하는 등 53년의 관직 생활을 통해 많은 재산을 축적했을 것은 불문가지의 사실이다. 그 한 예로 《실록》에는 왕이 이변에게 말馬을 하사한 예가 세 차례나 나오고, 특별 하사품을 내린 경우도 여러 번 있었다.

또 한 가지 중요한 특징은 그가 보여 준 성실하고 강직한 면모인데, 이는 이순신 가문의 전통으로 굳어진 듯하다. 이러한 성향은 이변에 이어 문과에 급제한 그의 손자이자, 이순신에게 증조曾祖가 되는 이거李琚에게서도 찾아볼 수 있다.

이거는 조부祖父인 이변에 비해 기존의 저서를 통해 많이 알려져 있는 편인데, 그중에서 대표적인 사례를 살펴보자.

(이순신의) 증조부인 거琚는 성종과 연산군의 양대兩代에 걸쳐 사헌부 장령司憲府 掌令·정4품을 역임하였고, 성종 때에는 동궁東宮·세자의 강관講官·스승으로도 있었으며, 병조참의兵曹參議·정3품 당상관 등을 역임한 바 있다. 그 중 사헌부 장령으로 있을 때에 여러 사람들로부터 '호랑이 장령'이라는 별명을 얻었다 한다. 왜냐하면, 언제 어느 곳에서도 불의와 부정과는 절대로 타협하지 않는 강직하고 성실한 성격의 소유자로서 모든 비행을 조사하여 잘못을 추궁하는 것이 너무나 엄정했기 때문이었다.

– 조성도, 1982 《충무공 이순신》 남영문화사, 11쪽 참조

이거는 성종 11년1480년, 식년시式年試에 급제하여 벼슬길에 올라 설경說經·정8품, 홍문관 박사弘文館 博士·정7품, 사경司經·정7품 등 주로 경연관經筵官·왕에게 진강하는 관리과 학술기관의 직책을 역임했다. 조선시대에 이러한 직책은 청요직淸要職이라 하여 관직 중에서도 가장 우대받던 자리였다. 그의 조부 이변이 승문원과 사역원을 통해 성장한 실무형 행정관료였다면, 이거는 유학적 소양을 갖춘 양반 사대부 출신의 정통관료로서, 조부보다 정치적 성향이 강한 인물이었다.

그는 성리학에 정통한 학자 관료로서, 벼슬길에 오른 초기부터 유학적 원칙에 입각해 모든 일을 판단하고 결정했다. 그 한 예로 성종이 장자莊子, 노자老子, 열자列子에 대해 공부하려 했을 때, 홍문관 박사였던 그는 '이단의 글이므로 볼 필요가 없다'는 식으로 원칙론을 주장했다.

성종은 이거가 강직한 원칙론자라는 사실을 알고, 검토관檢討官·정6품 경연관으로 있던 그를 지방관의 불법을 적발하도록 과천果川에 암행어사로 파견했다. 이때 그는 당시 과천현감이던 최급崔伋을 탐관오리로 적발하여 의금부로 압송하기도 했다.

그 뒤 그는 성종 17년1486년에 사간원司諫院 정언正言·정6품에 임명되면서 언관직言官職에도 종사했다. 조선 전기의 언관직은 주로 신진 사대부인 사림파士林派가 차지하였고, 이들 언관은 훈구대신이나 일반 관료의 부정과 비리를 탄핵하는 데 집중하였다. 사간원 정언을 거쳐 정6품 이조좌랑吏曹佐郎·정6품, 정5품 정랑正郎과 함께 인사를 담당한 요직을 역임하고, 성종 22년1491년에는 앞서 언급했던 사헌부司憲府 장령掌令·정4품으로 승진

했다.

앞에서 살펴본 것처럼, 장령 시절 이거는 '호랑이 장령'이라는 별명을 얻을 정도로 부정한 관리에 대해서는 지위고하를 막론하고 신랄한 탄핵을 가했다. 그런데 한번은 국왕 성종이 대간臺諫·사헌부 등의 간관들의 탄핵이 부정확하고 거짓된 것이 있다고 지적한 적이 있었다. 이에 이거는 왕에게 거짓말한 것이 전혀 없고, 진실이 아닌 게 하나라도 있으면 중죄를 받아야 할 것이라고 말했다.

정확한 사실에 근거해 탄핵하라고 언관들의 주의를 환기한 왕에게, 이거는 자신은 지금까지 거짓 없이 정확하게 탄핵했다고 항변한 것이었다. 부정과 비리를 엄정하게 탄핵했던 그는, 이렇게 임금 앞에서도 할 말은 하고야 마는 대쪽 같은 선비의 모습을 보여 주었다.

주로 청요직인 경연관과 언관 직책을 지낸 이거는, 성종 말년에 이르러 세자였던 연산군의 교육을 담당하는 시강원侍講院 보덕輔德·종3품이 되었다. 그런데 연산군은 성실하고 강직한 이거의 성품을 그다지 좋아하지 않았기에, 두 사람은 서로 돈독한 관계는 아니었다고 한다. 하지만 이거는 연산군 즉위 초에 통정대부通政大夫·정3품 당상관으로 승차하여 순천부사順天府使를 지냈고, 병조참의兵曹參議 벼슬을 역임하는 등 순탄한 관직 생활을 이어갔다.

여기서 한 가지 흥미로운 일화를 들여다보자. 이거가 순천부사 임기를 마치고 조정으로 돌아올 무렵에 사관史官은 이거의 됨됨이를 이렇게 담아냈다.

이거는 젊었을 때에는 청렴강직하다고 이름이 났으나, 순천부사가 되어서는 자못 청렴하지 못하였다.

- 《연산군일기》 권34, 연산군 5년 7월 을유乙酉

조선 전기의 지방관은 따로 봉록이나 월급을 받지 않았다. 가을에 추수를 마치고 세금을 거두어 국가에 제출한 나머지를 지방관이 알아서 차지하는 시스템이었다. 이 때문에 매관매직을 통해 관직에 오른 자들은 한 푼이라도 더 거두기

위해 백성의 고혈을 쥐어짰던 것이다. 당시 지방관은 임지의 토지 규모와 비옥도에 따라 수입이 달랐기 때문에 그중에서도 선호하는 자리가 있었는데, 순천부사는 가장 인기가 높은 외직이었다. 왜냐하면 오늘날의 여수·여천반도 일대는 토지가 비옥할 뿐만 아니라 넓은 평야였기 때문이다. 이렇게 볼 때, 사관의 글은 초기에 청렴하다는 평을 들었던 이거도 순천부사를 지내면서 다른 지방관들처럼 어느 정도 자기 몫을 챙겼음을 암시하는 듯하다.

이거는 연산군 재위 초에 《성종실록》 편찬 과정에 편수관으로 참여했고, 이 일로 인해 연산군의 원자가 탄생했을 때에는 아마兒馬 한 필과 향표리鄕表裏 한 벌을 하사받기도 했다. 이와 같이 이거는 연산군 8년1502년에 사망할 때까지 20여 년간 비교적 순탄한 관직 생활을 했다. 이로 인해 이번 때에 다져진 이순신 집안의 가세는 더욱 견고해졌을 것으로 추정된다.

이제 이순신의 조부祖父 이백록李百祿에 대해 살펴보자. 우선 지금까지 우리에게 알려진 이백록은 이런 사람이었다.

(이백록은) '사화士禍가 번갈아 일어나는 혼란한 시기에 평시서 봉사平市署 奉事·종8품로 임명되었으나, 이를 사양하고 조광조趙光祖 등 정의에 불타는 소장 사림파와 뜻을 같이하다가 기묘사화己卯士禍·1519년가 발생하자 참변慘變을 당했다.'

– 조성도, 1982 《충무공 이순신》 남영문화사, 11쪽 참조

이와 같은 언급과 함께, 이 사건 이후 이순신 집안의 가세가 크게 기울기 시작했다고 소개하고 있다. 하지만 좀 더 세밀하게 살펴보면 이 내용은 역사적 사실과 다름을 알 수 있다. 즉 이백록은 가문의 전통을 이어 초시初試를 통과해 생원生員이 되었고, 성균관에 입학해 학문에 정진했던 전도유망한 청년이었다. 특히 중종 29년1534년에는 임금이 문묘에 제사하고 대사례大射禮·왕이 활 쏘는 예식를 행한 뒤 대궐에서 술과 음식을 하사한 데 대해, 성균관 유생 대표로서 감사하는 전箋·왕께 올리는 짧은 글을 올리기도 했다.

하지만 그가 탄탄대로만 달린 것은 아니었다. 중종 14년1519년 남곤南袞 등의 훈구파勳舊派가 조광조趙光祖가 이끈 신진 사림파를 숙청한 기묘사화己卯士禍가 일어나자, 이백록도 연루되어 처벌을 받게 되었다. 당시 그는 연소한 제자 그룹에 속해 있었기 때문에, 그가 받은 처벌은 탈고신奪告身·일종의 자격정지으로 과거 응시가 제한되는 수준이었다. 하지만 '탈고신'의 처벌이 언제 풀렸는지는 명확하지 않다.

이백록은 앞에서 말한 사화로부터 15년이 지난 시점에 성균관 유생 대표로 있었다. 이때까지 '기묘사화'에 연루된 사림파에 대한 사면복권이 이루어지지 않았기 때문에 이백록은 집권 훈구파에게 요주의 인물로 낙인찍힌 상태였을 것으로 추정된다. 그래서 과거에 나가지 못하고, 다만 조상의 덕으로 평시서 봉사가 되었다.

지금까지 이백록은 스스로의 판단에 따라 벼슬길에 나아가지 않았던 것으로 알려져 왔다. 하지만 《중종실록》이 전하는 이백록은 "성품이 광패狂悖하여 매일 무뢰배들과 어울려 멋대로 술을 마시는 등 외람된 짓으로 폐단을 일으킨다."라는 죄목으로 탄핵을 당했다. 이런 정황으로 미루어 볼 때, 그는 스스로의 힘으로는 관직에 오를 수 없었을 테니 대안이 없는 상황에서 어쩔 수 없이 봉사 직책을 수행한 듯하다.

평시서平市署는 말 그대로 시장 상인들을 관리하는 직책이었다. 이러다 보니 조상의 덕으로 얻은 직책이었지만, 이백록이 부富와 권력을 유지하기에 상당히 유리한 자리였다. 사림의 스승들에게 정치를 배워 포부가 무척이나 컸던 그로서는, 정계 진출이 막혀 있던 상황에서 상인들과 술판이나 벌이는 것이 세상을 잊는 속 편한 방법이었을지도 모른다.

그러다가 그는 다른 사건으로 인해 천수天壽를 다하지 못했다. 이백록의 죽음은 기묘사화 때가 아니라, 그의 아들 가운데 하나를 결혼시키는 과정에서 찾아온다. 이는 이순신의 부친 이정李貞이 명종 1년1546년에 상소를 올려 그의 부친 이백록의 억울한 죽음을 호소한 것을 통해 확인할 수 있다.

즉 중종中宗의 국상國喪·국상이 선포되면 사대부의 결혼이 금지됨이 났을 때 자신의 아비 이백록은

혼인을 위해 지방으로 떠난 아들을 미처 제지하지 못했을 뿐이고, 주육설판^{酒肉設}板·술과 고기를 벌여놓고 잔치를 벌임한 것은 지방에 거주하고 있던 사돈[종친^{宗親} 이준^{李俊}]의 집에서 있었던 일로 이백록이 그 책임을 지는 것은 옳지 못하다는 것과, 비슷한 범법자들에 비해 그 형벌이 지나침을 호소했다. 그리고 이런 이정의 신원 요청은 결국 받아들여진 것으로 보인다. 다시 말해서 이백록은 기묘사화 때문이 아니라, 자녀의 혼사 문제로 금법을 어긴 죄목으로 조사 받던 중 장독^{杖毒}·곤장 후유증 때문에 죽은 것이 분명하다.

유성룡^{柳成龍}이 지은 《징비록^{懲毖錄}》을 보면, 이순신의 부친 이정^{李貞}은 평생 벼슬을 하지 않았다고 한다. 하지만 이백록에 대한 진정 사건을 제외하고는 이정에 관한 기록은 거의 없다. 그의 아들 요신^{堯臣}과 순신^{舜臣}의 과거^{科擧} 관련 기록을 살펴보면, 각각 병절교위^{秉節校尉}·종6품 무관직와 창신교위^{彰信校尉}·종5품로 기재되어 있다. 이를 통해 볼 때, 그가 실제로 벼슬에 올랐는지의 여부는 아직도 좀 더 정확한 확인이 필요하다.

■ 이순신의 가계도

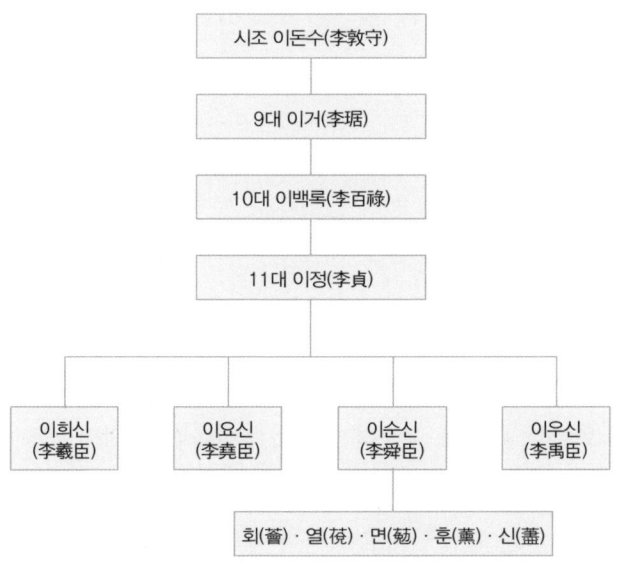

시조 이돈수(李敦守)

9대 이거(李琚)

10대 이백록(李百祿)

11대 이정(李貞)

이희신(李羲臣) / 이요신(李堯臣) / 이순신(李舜臣) / 이우신(李禹臣)

회(薈) · 열(䓆) · 면(葂) · 훈(薰) · 신(藎)

그렇다 하더라도 평생 자신의 뜻을 펴지 못한 채 살다가 비운의 죽음을 맞은 아버지의 영향 때문이었는지, 이정은 그다지 벼슬에 연연하지 않고 낙향해서 조용한 삶을 살았던 것 같다. 이 점에 대해서도 좀 더 달리 해석해 본다면, 꼭 벼슬을 하지 않아도 지낼 수 있을 만큼 사회경제적 기반이 있었다고 해석할 수도 있다. "부자는 망해도 3대가 먹고산다."는 말처럼, 이정은 부친과 자신이 문과에 합격하지 못했지만 가문의 명예를 후손들에게 맡기고 유유자적하게 살았을지도 모른다.

이순신의 가문을 이해하는 또 하나의 중요한 배경은 그의 외가外家 쪽이다. 지금까지 이순신의 모친 초계 변卞씨는 현감縣監·종6품을 지낸 변수림卞守琳의 딸이고, 이순신을 비롯한 아들들을 잘 키워낸 훌륭한 어머니로만 알려져 있었다. 따지고 보면 이 외에 그녀에 관한 이렇다 할 정보도 없었다.

초계 변씨 가문과 이순신 가문이 인연을 맺은 것은 앞서 소개한 이순신의 현조玄祖 이변李邊 때까지 거슬러 올라간다. 이변은 세종 대를 대표하는 대명對明 외교 전문가였는데, 같은 시기에 활약한 사람으로 앞서 언급한 김하金何 외에, 변효경卞孝敬이라는 이가 있었다.

변효경은 세종 초기까지 당대 최고의 학자이자, 대부분의 외교 문서를 책임졌던 변계량卞季良과 본관은 달랐지만 같은 성씨였다. 그리고 일본에 통신사로 다녀온 형兄 변효문卞孝文과 함께, 그도 대명 외교의 한 축을 담당하고 있었다. 특히 그는 이변과 과거 합격 동기였는데, 당시 시험관이 변계량이었다고 한다. 또한 변효경과 이변은 역임한 관직도 비슷했다. 이러한 상황은 《세종실록》의 기록에 잘 나와 있다.

사간원 우정언右正言 이휘李徽가 아뢰기를, "전前 사재 부정司宰副正 김황金滉은 아버지의 상중인데도 이제 호군護軍 벼슬을 제수하셨으니, 청하옵건대, 삼년상을 마치도록 하시옵소서."라고 하니, 임금이 말하기를,

"우리나라는 사대事大하는 일에 삼가고 있어서 이문吏文이 소중하다. 그런 까닭에 내가

황(滉)이 오래도록 그 업(業)을 폐하는 것을 염려하여 이에 벼슬을 제수하라고 명령한 것이다.”라고 하였다. 이에 휘(徽)가 다시 아뢰었다.

“(전략) 지금 황(滉)이 비록 조금 이문(吏文)을 알고 있으나, 이변(李邊)·김하(金何)·변효경(卞孝敬)의 무리가 있어서 사대(事大)의 임무에 이바지하고 있으니 어찌 사람 없음을 근심하겠습니까? 청하옵건대, 이 명령을 도로 회수하십시오.”라고 하니 (후략)

- 《세종실록》 권97, 세종 24년 7월 경오(庚午)

이러한 인연은 자손들에게 영향을 미쳐 이 두 가문은 이중 삼중의 혼인관계를 맺게 된다. 이순신의 할머니와 어머니가 모두 초계 변씨로, 할머니는 앞서 일본에 통신사로 다녀온 변효문의 후손이고, 어머니는 변효문의 또 다른 동생인 변효량(卞孝良)의 후손 변수림(卞守琳)의 딸이다. 또한 이순신의 누이가 초계 변문의 변기(卞騏)에게 출가했다.(《초계변씨 대동보》, 1987. 참조) 이처럼 중첩된 혼인관계를 맺은 이유는 두 가문이 친밀했기 때문이었지만, 무엇보다 두 가문의 정치적 지위와 사회경제적 조건이 서로 비슷했기 때문이었다.

이 점은 이순신의 어머니 초계 변씨가 이순신의 무과 합격을 기념해서 자신의 재산을 네 아들에게 나누어 준 것을 통해 확인할 수 있다. 재산을 나누어 주었다고 해서 '분재기(分財記)' 혹은 '별급문기(別給文記)'라 하는 문서가 있는데, 이 문서에서 재산권을 행사한 재주(財主·재산의 주인)가 이순신의 모친이다. 이 문서는 변씨가 전국 각지에 흩어져 있는 외거노비 21구와 여러 곳의 전답(田畓)을 자신의 네 아들에게 나누어 주는 내용으로 채워져 있다. 이 분재기의 전체 재산이 그다지 많다고 할 수는 없지만, 모부인의 재산이 이 정도였으니 적다고 볼 수도 없다.

이처럼 여러 대에 걸쳐 겹사돈을 맺을 정도로 긴밀했던 초계 변씨 가문은, 임진왜란 시기에도 여러 명이 이순신의 주변에서 활약했다. 먼저 변존서(卞存緒)는 이순신의 외사촌 동생으로, 임진왜란 초기부터 계속 이순신을 지근거리에서 보좌했다. 임진왜란이 일어나기 직전인 1592년 2월 초8일의 사건을 기록한 《난중일기》를

조계변씨 별급문기(曺溪卞氏 別給文記)
38.0×108.0cm 선조 21년(1588년), 보물 제1564호, 현충사 소장

펼쳐보면, 조이립趙而立과 변존서가 활쏘기로 자웅을 겨루다가 조이립이 이기지 못했다는 내용이 나온다. 이와 같이 당대의 명궁名弓으로 손꼽히는 변존서는 《난중일기》에 20여 회 이상 등장하는데, 직접 전투에 참여한 것은 물론이고 집안일로 아산에 왕래하는 등 이순신을 적극 도와주었다. 당시 그는 이순신의 아들이나 조카들과 함께 진영에 드나들면서, 이순신에게 모부인의 소식을 전하기도 했다.

변존서와 더불어 주목할 만한 인물은 정유년丁酉年·1597년 7월 18일 칠천량해전의 패전 소식을 가장 먼저 전하고, 그 뒤 이순신의 막하에서 활약했던 변홍달卞弘達이다. 이들 두 사람 외에도 《난중일기》에는 10여 명 이상의 초계 변씨 문중 사람들이 나온다. 이렇게 볼 때 덕수 이씨와 초계 변씨는 뿌리 깊은 교유를 이어 갔고, 이런 긴밀한 관계는 이순신 당대까지도 이어진 듯하다.

이쯤 되면 이순신의 처가妻家에 대해서도 궁금해진다. 이순신이 나라를 위해 모든 것을 바칠 수 있도록 뒷바라지했던 그의 아내는 어떤 사람이었고, 그 집안은 어떠했을까? 하지만 상세한 기록이 남아 있지 않아, 몇 가지 기록의 조각들을 모아서 정리할 도리밖에 없다.

먼저 이순신의 장인은 상주尙州를 본관으로 하는 방진方震이라고 알려져 있는데, 그는 무과武科 출신으로 보성군수寶城郡守를 역임했다고 한다. 조선시대에는 변방을 떠돌며 장기간 군에 몸담은 무관武官들이, 퇴직할 무렵 생계 문제 때문에 지방관으로 부임하는 상례가 있었다.

방진도 말년에 보성군수로 있었는데, 이 지역이 비옥한 평야였기 때문에 재산을 어느 정도 모았을 것으로 추정된다. 이순신의 부인 상주 방씨는 그의 무남독녀 외동딸이었기에, 방진의 재산은 모두 이순신의 부인 몫이었다. 과목科目은 뚜렷하게 기억나지 않지만, 예전 초등학교 교과서에는 이순신의 부인, 상주 방씨를 이렇게 묘사했다.

나이 겨우 12세 때인데 화적火賊들이 안마당까지 들어오므로 보성공寶城公·방진이 화살로 도적을 쏘았다. 그러다가 화살이 다 되자 방안에 있는 화살을 가져오라고 했으나,

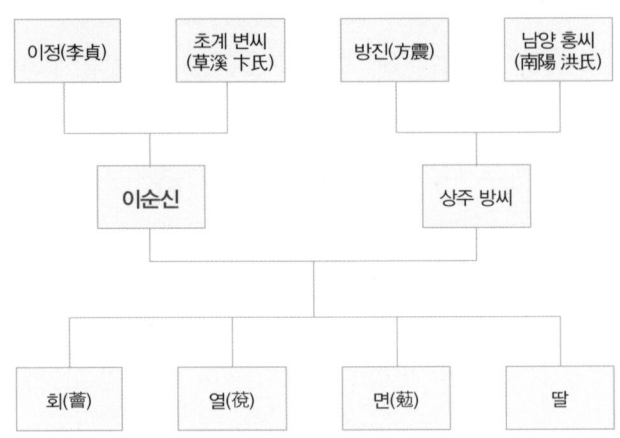

■ 이순신의 결혼과 가족

계집종이 화적과 내통하여 몰래 훔쳐 가지고 나갔으므로 남은 것이 없었다. 그러자 (이순신의) 부인이 "여기 있습니다."라고 한 뒤에 급히 베 짜는 데 쓰는 대나무를 한 아름이나 안아다 다락에서 던지니 소리가 마치 화살을 떨어뜨리는 것 같았다. 도적이 원래 보성공이 활 잘 쏘는 것을 두려워하던 바라 화살이 아직 많이 있는 것으로 알고 곧 놀라 도망쳤다.

— 《이충무공전서》 권14 〈방부인전^{方夫人傳}〉

    이 이야기는 원래 이순신의 부인이 매우 영특하고 민첩한 소녀였다는 점을 강조하려는 것이었지만, 상주 방씨 집안이 도적이 들 정도로 부유한 집안이었다는 사실도 알 수 있다.

    이 외에도 충무공 이순신 가문의 사회경제적 상황이 결코 나쁘지 않았음을 증명하는 두어 가지 사례가 더 있다. 그 하나는 갑오년^{甲午 · 1594년} 봄에 이순신 자신이 전염병에 감염되어 몸이 많이 불편했을 때, 집에서 보낸 비^{婢 · 여종} 네 명과 관^官에서 보낸 비 네 명이 한꺼번에 진영에 도착했는데, 그는 그중 한 명만 남기고 돌려보낸 일이 있었다. 전쟁 중에 주인의 병수발을 위해 집에서 여종을 네 명

이나 보낼 수 있었다는 것은 집안 형편이 좋은 편이었음을 증명하는 단서가 되지 않을까?

다른 한 예로 이순신은 그의 모친 초계 변씨를 전쟁 중이던 계사년癸巳年·1593년에 좌수영이 있던 여수麗水 근처의 고음내熊川라는 동네로 옮겨 모셨는데, 이때 모친만 이주한 것이 아니라 모친을 모실 노복들이 여러 가정 옮겨왔다고 전해진다. 즉 전쟁 중에 본인이 직접 모시지는 못하더라도 어머니를 위해 노비들도 함께 이주시켰던 것으로 보인다.

이렇게 볼 때, 이순신의 친가, 외가, 처가 모두가 각각 어느 정도의 사회경제적 기반을 가지고 있었음을 알 수 있다. 따라서 기존의 위인전이나 TV 드라마, 혹은 이순신을 주인공으로 한 영화 등에서, 이순신이 몰락한 가정형편 때문에 어려운 생활을 했던 것으로 묘사한 것은 역사적 사실과는 다르다. 요컨대 이순신은 명망 있는 사대부 가문에서 나름대로 유복하게 자라면서, 조선 성리학에 기반을 둔 당대 최고의 교육을 받으며 엘리트로 성장했던 것이다.

앞서 이순신이 태어난 해에 을사사화가 일어났다고 했는데, 그는 중종과 인종이 승하昇遐·왕의 죽음한 같은 해에, 즉 조부 이백록이 참화를 겪은 바로 그해에 태어났던 것이다. 이순신은 명종 원년1545년 음력 3월 8일양력으로 4월 28일, 오늘날의 인현동仁峴洞 1가街 부근의 건천동乾川洞 자택에서 부친 이정李貞의 네 아들 가운데 셋째 아들로 태어났다. 이정은 네 아들의 이름을 삼황오제三皇五帝의 복희伏羲씨와 요堯, 순舜, 우禹 임금에서 한 글자씩 땄고, 돌림자는 신하 신臣이었다. 그래서 장형이 희신羲臣, 중형이 요신堯臣, 순신舜臣이 셋째, 넷째가 우신禹臣이다.

이순신의 유년시절에 대한 이야기는 그다지 많지 않다. 그래서 여기서는 탄생 이후부터 그의 어린 시절과 관련된 몇 가지 단편적인 이야기들을 정리해 보려 한다.

먼저 이순신이 태어날 때의 이야기부터 살펴보자. 뒷날에 꾸며진 것으로 볼 수도 있지만, 어머니의 꿈에 증조부 이거李琚가 나타나 "이 아이는 반드시 귀하게 될 것이니 이름을 순신舜臣이라 하라."라고 해서 그대로 이름을 지었다고 한다. 그리고 한 점쟁이가 "나이 50세가 되면 북방北方에서 대장大將이 되리라."라고 예언했다는 얘기도 있다. 당시 조선을 가장 위협하는 적이 북쪽의 오랑캐였기 때문에 당연히 북방에서 대장이 될 것이라고 했을 것이다. 중요한 것은 이순신이 뒤늦게 귀한 신분이 될 것과 무장武將으로 성공할 것을 예견한 점이다.

1970년대부터 1980년대 중반까지 꿈 많은 유년기를 보낸 이들이라면, 거의 대부분 어린 시절에 산과 들을 누비며 전쟁놀이를 해봤을 것이다. 시대가 바뀌어 가지고 노는 무기가 달라졌을 뿐이지, 이순신이 살던 16세기 중반에도 전쟁놀이를 많이 한 듯하다. 이순신과 관련된 어린 시절 이야기로 가장 많이 소개되고 있는 것이 바로 전쟁놀이와 관련된 일화이기 때문이다. 이순신은 어릴 적 동네에서 전쟁놀이를 할 때마다 항상 대장으로 무리를 이끌었다고 한다. 그것도 동네 아이들의 압도적인 지지를 받으면서.

하지만 지난 2004년과 2005년에 걸쳐 온 국민의 관심을 모았던 드라마《불멸의 이순신》(원작 : 김탁환)은 이순신의 어린 시절을 제대로 복원하지 못했다는 점에서 두고두고 아쉽다. 기록과는 반대로 그를 소심하고 위축된 모습으로 그린 것이다. 물론 '사실을 바탕으로 했으나 역사적 상상력으로 덧칠한 팩션(Faction)'이니 사실과 다를 수 있다고 항변할 수도 있을 것이다. 하지만 이순신 관련 텍스트 중에서도 바이블이라 할 수 있는《이충무공전서》를 제대로 읽었다면, 결코 그의 어린 시절을 그런 식으로 그리지는 않았을 것이다.

본론으로 돌아가서, 이순신은 전쟁놀이를 할 때부터 동네 아이들로부터 리더십을 인정받았던 것 같다. 택당澤堂 이식李植이 남긴 그의 시장諡狀과 그를 천거했던 유성룡柳成龍이 남긴 글 등에는 이순신의 리더십을 이렇게 묘사했다.

"어려서부터 영특하고 남의 구속을 받지 않았다. 여러 아이들과 함께 놀면서 언제나 진陣을 치는 놀이를 했는데, 아이들이 대장으로 떠받들었다."

▌**전쟁놀이(십경도)**
현충사 소장

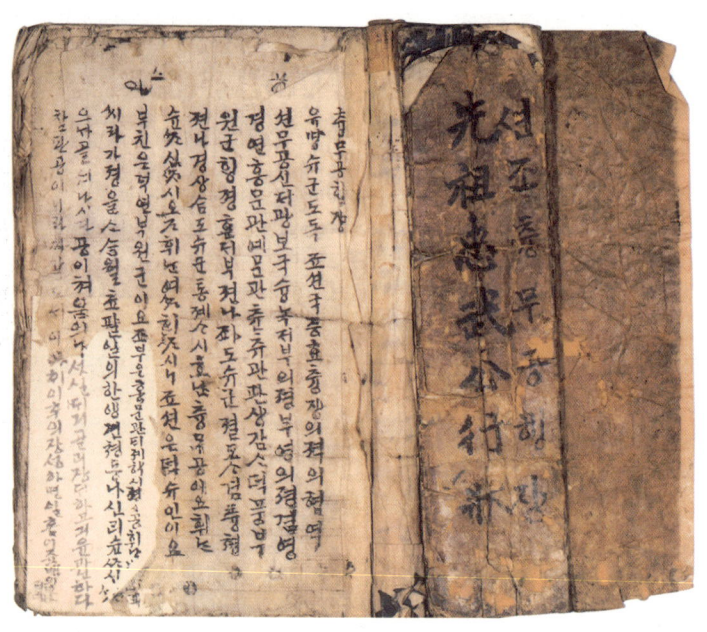

《선조충무공행장》
해군사관학교박물관 소장

　이외에 이순신의 어린 시절과 관련된 흥미로운 사실을 두 가지 소개하면 다음과 같다. 먼저 그의 어린 시절을 억지로 점잖게 표현하려는 의도가 보이는 글이 눈에 띈다. 구체적으로 들여다보면, "동리에 불쾌한 일이 있으면 문득 억누르고 꺾어버리므로 동리 사람들이 두려워하였다."라는 내용이다. 이것은 어린 아이들이 진 치는 놀이를 하던 중에 지나가던 어른들이 방해가 되면, 이순신이 짐짓 장난감 활로 어른의 눈을 겨냥하였으므로 어른들도 두려워 피해갔다는 내용이다. 좋게 표현하면 어린 시절부터 기개가 넘쳐 자신이 하고자 하는 일을 기어코 해내는 성격이었다고 볼 수 있다. 하지만 조금 달리 보면 장난꾸러기 악동 기질도 상당했다고 볼 수 있을 것이다.

　두 번째 이야기는 이보다 한 걸음 더 나아가는데, 그 내용을 보면 다음과 같다.

(어린이) 이순신이 여름에 참외 밭을 지나가다가 참외가 먹고 싶어서 밭주인에게 참외를 요구했는데 거절당하고 말았다. 이에 화가 난 그가 돌아오는 길에 집에 가서 말을 타고 그 참외밭을 엉망으로 만들었다. 그러자 밭주인이 그 다음부터는 어린 이순신이 지나가기만 해도 스스로 참외를 제공하였다.

— 《충무록忠武錄》, 작자 미상 / 《선조충무공행장》(한글본) : 해군사관학교박물관 소장

이 이야기도 앞의 이야기와 비슷하게 해석할 수 있다. 이순신에게 몹시 자유분방한 악동 기질이 있었다는 사실을 보여 주는 글이다. 그런데 이 이야기에는 주목해서 보아야 할 점이 한 가지 더 있다. 바로 어린이였던 이순신에게 '원하면 항상 탈 수 있는 말'이 있었다는 사실이다. 조선시대의 말은 오늘날로 따지면 고급 세단이었다. 어린 소년이 원하면 언제든지 말을 탈 수 있었다는 사실은, 그의 가문이 결코 경제적으로 궁핍한 상황이 아니었음을 증명하는 것이다.

1980년대 중반 필자가 사관생도였을 때, 스승이셨던 故 조성도 교수는 강의 시간에 감히 '이순신'이라는 이름을 부르지 못하셨다. 그런 영향 때문인지 생도들도 답안지에 '공께서는'이라고 적을 수밖에 없었다. 그렇게 하지 않으면 성적이 제대로 나오지 않았기 때문이다. 그때는 그게 불편했는데, 이제 내가 그분의 후임으로 이 글을 쓰면서 왠지 '이순신'이라고 쓰는 것이 그리 편하지만은 않다. 그러나 이제는 역사적으로 객관적인 평가를 내리는 상황이므로 그냥 '이순신'이라는 이름으로 쓸 수밖에 없음을 밝혀 둔다.

문과를 접고 무과로

유년 시절 이순신의 집안에는 벼슬길을 접은 부친이 유일한 어른이었다. 때문에 화려한 관직을 두루 거쳤던 조상들에 대한 기억이 희미해지면서 집안 분위기가 그리 밝지만은 않았던 것 같다. 하지만 그는 어릴 적부터 형들과 함께 한성부 동쪽에 있던 동학東學에서 문과文科를 준비하며 착실하게 유학 공부를 했다.

서애 유성룡은 《징비록懲毖錄》에서 이변과 이거를 언급하며, 이순신의 가문이 명문이라고 소개했다. 서애는 가문이 대대로 터를 잡고 살던 안동 하회마을에서 한양 건천동으로 이주했기 때문에, 이순신의 가문에 대해 잘 알고 있었을 것이

다. 뿐만 아니라, 그는 이순신의 됨됨이에 대해서도 누구보다 정확하게 꿰뚫어보고 있었다. 서애가 파악한 이순신은 《징비록》에 고스란히 담겨 있다.

순신의 사람됨은 말과 웃음이 적고 용모가 단아하며, 몸을 닦고 언행을 삼가는 선비와 같았으나, 그의 속에는 담기膽氣가 있어 자기 몸을 잊고 국난國難을 위하여 목숨을 바쳤으니, 이것은 평소에 축적蓄積한 것이었다.

― 유성룡, 《징비록》 권2

이 인용문은 짧지만 이순신의 유학적 소양과 문무겸전에 대한 핵심적인 내용을 담고 있다. 유성룡은 이순신의 용모와 평소 태도에 대해 "몸을 닦고 언행을 삼가는 선비"라고 표현했다. 그리고 이순신이 자신을 돌아보지 않고 나라를 위해 목숨을 바칠 수 있었던 것은, 그가 평소에 수양을 쌓았기 때문이라고 설명했다. 즉 이순신이 평소에 수양을 게을리하지 않았기에, 문무를 갖춘 뛰어난 장수가 될 수 있었다는 사실을 간결하게 표현한 것이다.

이순신이 어린 시절 유학 공부에 매진했던 옛집
해군사관학교박물관 사진 제공

서애는 이순신의 중형 요신堯臣과 동갑同甲내기 친구였기 때문에 동문수학同門修學했을 것으로 추정된다. 때문에 유성룡은 어린 시절부터 이순신에 대해 잘 알고 있었을 것이다. 그의 저서 《징비록》에 이순신 가계家系의 내력이나 형님들이 일찍 사망한 일 등 이순신의 집안 사정이 비교적 자세히 소개되고 있는 것을 통해서도 알 수 있다. 이렇게 유성룡은 어린 시절부터 이순신이 어떻게 자랐으며 어떤 자질을 갖추었는지를 가장 잘 알고 있는 사람이었다. 때문에 훗날 47세 때까지 제대로 빛을 보지 못하고 있던 이순신을 전라좌수사로 천거하고 이를 관철시킨 것이다.

하지만 우리가 알고 있는 위대한 무장武將 이순신은 어린 시절부터 문과의 길을 걷기 위해 학업에 정진했다. 그의 조카 이분李芬은 이순신의 일대기 〈행록行錄〉에서 이 부분에 대해 다음과 같이 언급하고 있다.

처음에 큰형님과 둘째형님 두 분을 좇아 유학을 수업했는데, 재기才氣가 있어 가히 성공할 듯했다. 하지만 항상 붓을 던질 뜻을 품곤 했다.

– 《이충무공전서》 권9, 〈행록〉

이순신이 학업 분야에도 재기가 넘쳐 성공 가능성이 높았다는 것은 그리 과장된 표현이 아닌 듯하다. 이렇게 볼 때, 이순신은 가히 문무를 겸비한 인재로 보이는데 특히 문文에 대한 재능을 보여 주는 예가 적지 않게 남아 있다. 그 몇 가지 예만 들어 보자.

그는 20세까지 문과 공부를 했다. 때문에 사서삼경四書三經은 물론이고 문신들이 보는 대부분의 서책을 섭렵한 듯하다. 그 한 예로 그가 진중陣中에서 자주 점을 치는 장면이 나오는데, 이것은 《주역周易》을 바탕으로 한 것으로 보인다. 《주역》을 통달하여 점을 칠 정도였으니, 글 읽는 선비로서 어느 정도 경지에 이르렀다고 볼 수 있다.

조선시대의 무과武科에는 말 타고, 활 쏘고, 칼 쓰는 등의 실기實技 종목만 있는

것은 아니었다. 무과에도 조선 전기에 《무경칠서武經七書》라 해서 문신들이 사서삼경을 바이블로 삼았던 것처럼 무신들이 반드시 숙지해야 하는 이론서들이 있었다. 아마 이순신은 20세 때까지 닦은 학문적인 실력을 바탕으로 《무경칠서》 등 무예와 전사, 전법서 등을 두루 섭렵한 듯하다. 즉 무과 합격에 필요한 실기도 갖추었지만, 무예 이론은 누구보다도 뛰어났던 것이다. 과거 시험장에서 있었던 에피소드를 보면, 그 사실을 능히 짐작할 수 있다.

(과거 시험장에서) 무경武經을 외우는 것에 다 통과하였는데, 《황석공黃石公》 부분을 언급하다가 시험관이 "장량張良이 적송자赤松子를 따라가 놀았다고 했으니 장량이 과연 죽지 않았을까?"라고 묻자, 이순신이 "사람이 나면 반드시 죽는 것이요, 《강목綱目》에도 '임자壬子 6년에 유후留侯 장량이 죽었다.'라고 했으니 어찌 신선을 따라가 죽지 않았을 리가 있겠습니까? 그것은 다만 가탁假託·거짓으로 갖다붙임해서 한 말이었을 따름입니다."라고 대답하니, 시험관들이 서로 돌아보며 "이것은 무사로서는 알 수 없는 것이다."라고 하면서 탄복했다.

– 《이충무공전서》 권9, 〈행록〉

이 이야기는 그가 무신이 보기에는 어려운 책이었던 주희朱熹의 《통감강목通鑑綱目》을 이미 읽었음을 보여 준다. 이 책은 송나라 사마광司馬光이 중국 춘추시대부터 수, 당과 오대伍代까지를 기록한 《자치통감資治通鑑》을 주희가 《춘추春秋》식으로 고쳐 만든 것이다. 이렇게 문무에 모두 조예가 깊었기에 그는 한나라 고조高祖 유방劉邦의 핵심 참모이자 꾀주머니로 불렸던 장량의 죽음과 관련된 시험관의 질문에, 유학의 철학과 인생관에 입각해 놀랄 만큼 명쾌하게 답변했다.

또한 그는 전투결과나 전황戰況을 보고할 때, 보고서의 초안부터 최종 검토까지 전 과정을 자신이 직접 챙겼다. 원래 조선시대 무장 가운데는 문장에 약한 이들이 많았기 때문에, 보고서를 전담하는 보좌관이 있었다. 이순신도 몸이 불편할 때는 보좌관을 시켜 보고서를 쓰게 한 적도 있는데, 마음에 들지 않았을 때는 그냥 넘기지 않고 다시 작성하곤 했다. 이렇게 그가 스스로 장계의 초안을 잡거나 수정했다는 내용은 그의 일기 곳곳에 드러난다. 무신으로서는 보기 드문 학식에, 보고서 전담 보좌관의 초안을 탐탁지 않게 여길 정도의 문장력은 20세 이전 문과 공부를 하던 시절에 다져진 그의 크나큰 자산이었다.

여기서 한 가지 짚고 넘어가야 할 것은 어린 시절 이순신과 원균의 관계에 대한 이야기이다. 앞에서 일부 언급한 것처럼, 그와 원균의 어린 시절은 허균許筠이 쓴 《성소부부고》라는 책에 간략하게 언급되어 있다. 허균이 자신의 고향 동네, 즉 건천동을 자랑하면서 밝힌 것으로 그 내용은 다음과 같다.

나許筠의 친가는 건천동乾川洞에 있었다. 청녕공주靑寧公主 저택 뒤로 본방교本房橋까지 겨우 서른네 집인데, 이곳에서 국조 이래로 유명한 인물이 많이 나왔다.
김종서·정인지·이계동李季仝이 같은 때였고, (중략) 근세에는 유성룡柳成龍과 가형家兄[허봉許篈] 및 이순신李舜臣과 원균元均이 한 시대이다. (후략)

— 《성소부부고惺所覆瓿藁》 권24 설부設部3 〈성옹지소록하惺翁識小錄下〉

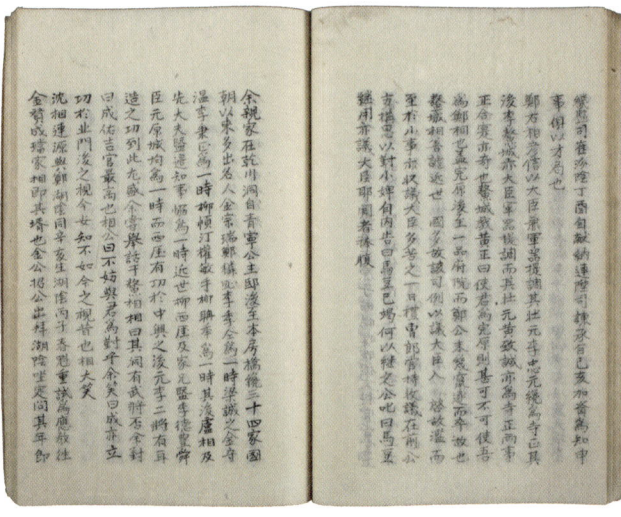

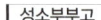
■ 성소부부고
허균 저
서울대학교 규장각한국학연구원 소장

한문으로 된 원본의 한 줄을 바탕으로, 작가는 사극《불멸의 이순신》에 나오는 이순신의 어린 시절 이야기를 이끌어냈다. 하지만 조금만 더 살펴보면《불멸의 이순신》에서 그린 이순신의 어린 시절이 실제와 크게 다르다는 것을 알 수 있다.

앞에서 살펴본 것처럼, 이순신의 집안은 조상들의 빛나는 관력官歷을 이어나가기 위해 문과文科에 집중했다. 이에 비해, 원균은 무과 출신으로 병마절도사兵馬節度使와 수군절도사水軍節度使를 역임한 부친 원준량元俊良의 임지를 어린 시절부터 따라 다니면서 다소 이른 시기에 군문軍門에 들어섰다. 이 때문에 1540년생으로 이순신보다 다섯 살이나 위인 원균이 이순신과 어린 시절을 함께 보냈다는 설정은 무리가 있다. 즉 원균이 부친을 따라다니기 전에는 이순신이 너무 어려 함께 어울릴 수 없는 상황이었고, 조금 더 성장한 뒤에는 각각 다른 길을 갔기 때문에 역시 어울릴 수 없었다. 따라서 드라마에서 그린 것처럼 이순신이 골목대장 원균을 따라다니며 존경하고 부러워했다는 설정은 사실에 부합한다고 보기 어렵다. 아마 같은 동네 출신으로 서로 아는 사이였을 정도로 보는 것이 좀 더 타당할 것이다.

한편, 이순신의 문과 응시 여부는 확실하지 않다. 스무 살 무렵, 이순신에게 중요한 변화가 있었는데, 바로 상주 방씨와 혼인한 것이었다. 그가 어떤 인연으로 방진의 사위가 되었는지는 분명하지 않다. 다만, 방진의 사람 보는 안목이 좋았다고 할까? 방진은 이순신의 집안이나 됨됨이를 보고 무남독녀를 맡겨도 되겠다고 판단했을 것이다. 그리고 이순신의 인생에도 적지 않은 영향을 끼쳤을 것으로 추정된다. 방진이 이순신을 사위로 삼고 무과로 전향시켰다는 후대의 기록은 있지만, 당시의 기록이 아니라 18~19세기 이후에 나온 책에 있는 내용이라 확실한 증거라고 보기는 어렵다. 하지만 활을 잘 쏘았던 것으로 알려진 방진이, 이순신의 자질과 가능성을 내다보고 사위로 삼고 10여 년의 준비 과정을 함께 했을 것이라는 추정은 해볼 수 있다.

이렇게 이순신은 상주 방씨와 혼인한 뒤에 무과로 전향하고 마침내 관료의 길을

│ 첫 무과에서 낙마(십경도)
　현충사 소장

걷기 위해 과거시험을 치른다. 하지만 28세에 도전한 그의 첫 번째 무과 응시는
처절한 실패로 끝나고 만다. 잘 알려진 것처럼, 그는 선조 5년壬申年·1572년 1월에 치
러진 훈련원 별과別科 시험에서 달리던 말에서 떨어져 왼쪽 다리가 부러지는 부

상을 입고 낙방하고 말았다.

필자 연배와 비슷한 40대 이상이라면 어릴 적에 읽었던 이순신의 위인전에서, 낙마한 이순신이 한 쪽 다리로 일어서서 버드나무 껍질을 벗겨 부러진 다리를 싸매자 그가 죽은 줄 알았던 구경꾼들이 모두 놀라워했다는 이야기를 기억할 것이다. 사실 이 정도 낙마사고는 충분히 일어날 수 있다. 하지만 말을 제 몸처럼 다루어야 할 무과 응시생이 과장에서 낙마한 것은 그리 바람직해 보이지는 않는다.

이 때문에 이순신은 다시 4년을 기다렸다. 통상 문과와 무과 모두 3년마다 과거가 있었는데, 때때로 특별 시험이 있었다. 그가 낙마한 시험이 바로 여기에 해당하는 훈련원 별과였기 때문에, 그는 그 다음 해에 있었던 식년시3년마다 열린 정규시험에도 응시하지 못했던 것으로 보인다. 그 뒤 그는 선조 9년丙子年 ·1576년에 식년시 무과에 다시 한 번 응시하여 병과丙科 제4인으로 드디어 합격했다.

원래 문과나 무과 모두 한 번에 28명의 합격자를 낸다. 성적순으로 갑과甲科 3명, 을과乙科 5명, 병과丙科 20명으로 갑과 제1인이 우리가 흔히 말하는 장원급제이다. 이순신이 합격한 그해에는 동점자가 있었던 모양이다. 합격자가 29명이고, 그 중에 이순신은 병과 제4인으로 12등이었다. 매우 뛰어난 것은 아니었지만 그다지 나쁘지 않은 성적으로 무과에 합격한 것이다.

이것은 그가 무과를 준비한 지 10년 만에 거둔 성과였다. 이런 결과를 좋게 표현하면 대기만성大器晩成으로 볼 수도 있지만, 사람에 따라서는 그가 이론에는 강할지 몰라도 실제 무예에서는 그다지 뛰어나지 않았다고 평가할 수도 있다. 하지만 그의 과거 급제에 대한 한 연구 결과에 따르면, 당시 합격자 29명의 평균 연령이 34세였으니, 32세에 합격한 이순신은 그리 늦은 편이 아니었다. 또한 29명 가운데 25명이 현역 군인 출신이었다는 점에서, 비교적 늦게 무과로 전향했던 이순신이 보인保人의 신분으로 합격한 것만도 대단한 것이었다. 조선 중기에는 무과가 현직 군軍 간부들이 더 높은 직책에 오르기 위한 코스였기 때문에, 현역이 아닌 사람이 무과에 합격한 것은 그 자체만으로도 무척 의미 있는 일이었다.

무과에 합격한 것은 선조 9년1576년 1월이었지만, 이순신이 첫 번째 관직에

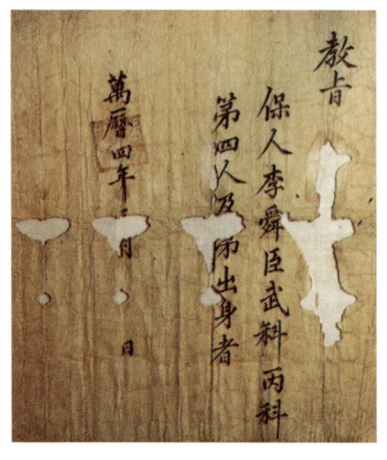

이순신의 무과급제교지(武科及第敎旨)
84.0×71.0cm 선조 9년(1576년). 보물 제1564호.
현충사 소장.

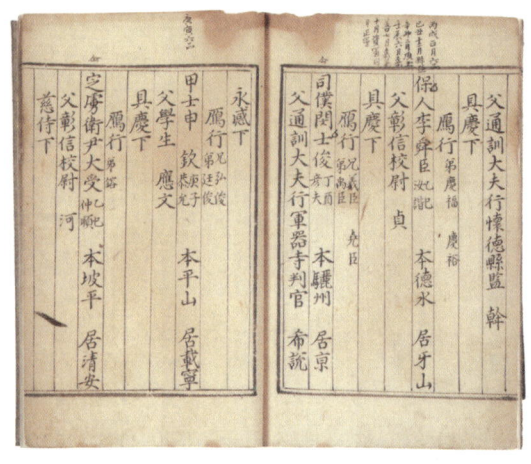

방목(傍目)
과거에 합격한 사람들의 명단을 수록한 책.
오른쪽에서 4번째 행에 '보인이순신(保人李舜臣)'이라는 글자가 보인다.
30.8×19.8cm 현충사 소장.

나아간 것은 같은 해 12월이었다. 그가 과거에 합격한 뒤에 기다린 기간만 거의 1년 가까이 되었으니, 당시 공무원에 임용되려면 지금보다 더 많은 시간을 기다려야 했던 것 같다. 이순신의 첫 임지는 동구비보_{童仇非堡}였는데, 그의 직책은 그곳의 책임자인 권관權管·종9품으로 오늘날의 소위이었다. 동구비보는 함경도 삼수三水 지역의 두메산골로, 당시 여진족과의 국경에 해당하는 지역이었다. 오늘날로 따지면 최전방의 작은 초소장이었다고 볼 수 있다. 옛날이나 지금이나 초임장교가 배치되는 곳은 말단 중에 말단, 오지 중에 오지가 될 수밖에 없다. 이순신도 첫 보직으로 여진족 오랑캐와의 접경 지역을 지키는 임무를 담당하게 되었다.

　이곳에서 이순신은 자신의 능력을 발휘하여 방어체제를 잘 갖추고 있었던 것으로 추정된다. 이 점은 그의 〈행록〉에 나오는 다음과 같은 이야기를 통해 알 수 있다. 그가 부임한 이후 함경도 관찰사, 청련靑蓮 이후백李後白·선조 전반기에 형조판서와 이조판서를 역임한 청백리이 도내의 각 진鎭을 순시하면서 변방 장수들에게 활쏘기 시험을 시

44

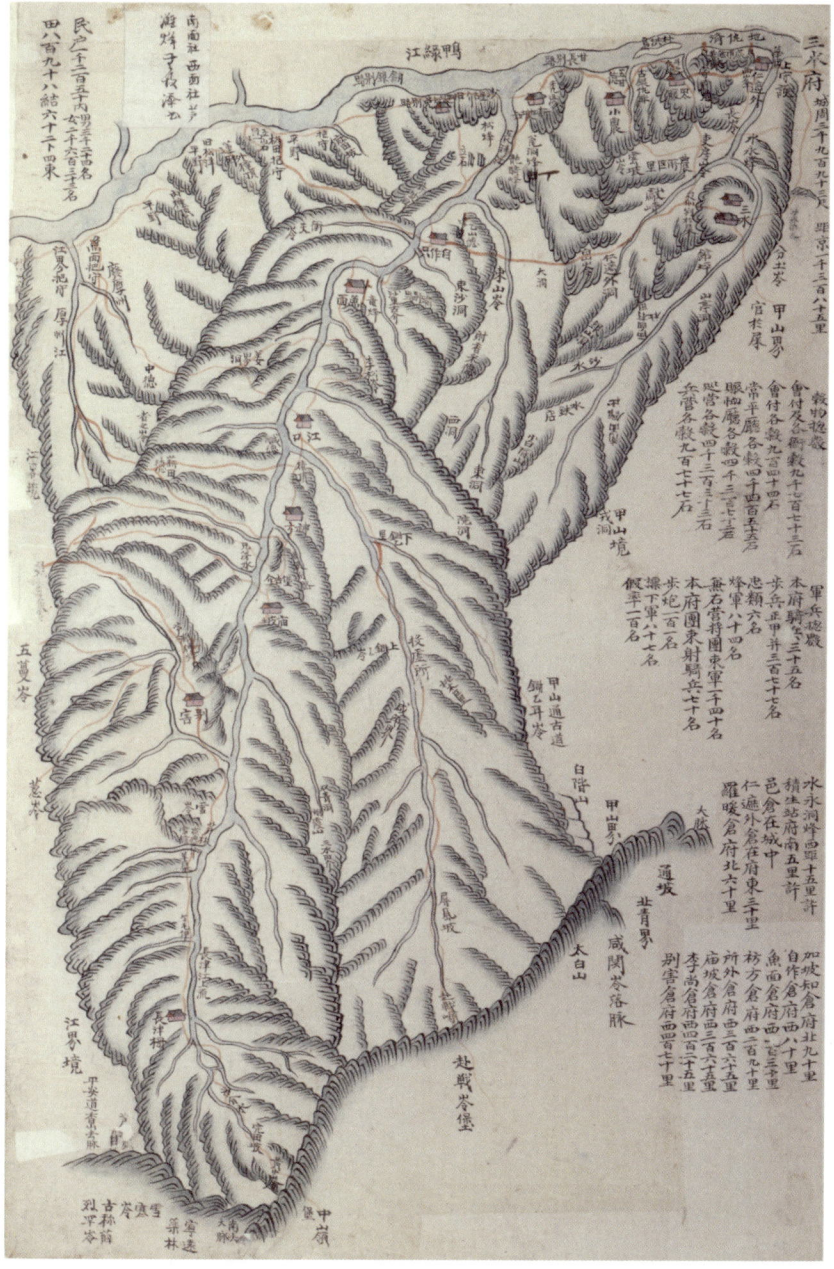

해동지도(海東地圖) 삼수부(三水府)

47.0×30.5cm 서울대학교 규장각한국학연구원 소장.

행했는데, 장수들 가운데 벌을 면한 자가 별로 없었다. 그런데 그가 이순신이 있는 곳에 와서는 매우 친절하게 대해 주었다. 이순신이 그 이유를 묻자, 이후백 감사가 "난들 어찌 옳고 그름을 가리지 않고 그리 하랴."라고 대답했다고 한다. 즉 순찰 결과 이상이 있었기 때문에 진장들이 혼쭐이 난 것이지, 잘 하고 있는데 그럴 리가 있었겠느냐는 말이다.

사실 이 이야기는 별로 중요하게 보지 않고 그냥 지나칠 수도 있다. 하지만 그동안 이순신이 강직한 성품 때문에 상관들과 불편한 관계를 맺었다는 식의 언급이 다수였기에, 첫 부임지에서부터 상관에게 인정받고 있는 그의 모습은 무척 신선하게 다가온다. 당시 대부분의 함경도 진장鎭將들이 벌을 면하지 못하는 상황에서, 초임장교인 이순신이 관찰사로부터 후대를 받은 것은 그만큼 본연의 임무를 잘 수행했기 때문이었다.

이곳에서 2년 임기를 채운 그는 선조 12년己卯·1579년 2월에 승진하여 한성의 훈련원 봉사訓練院 奉事·종8품가 되었다. 훈련원 봉사는 무과를 준비하거나, 관리들의 승진과 관련된 업무를 담당하는 자리였다. 때문에 이 자리에 오게 된 것은 그에게도 견문을 넓힐 수 있는 좋은 기회였다.

하지만 이 자리에 온 지 얼마 되지 않아 만난 직속상관 서익徐益은 이순신과는 악연惡緣 그 자체였다고 할 수 있다. 살다 보면 뭘 해도 맞지 않고 노력해도 맞출 수 없는 그런 사람들이 있기 마련이다. 그렇다고 서익이 나쁜 사람이라는 뜻은 아니다. 서익은 당시 서인西人에 속한 인물로서, 율곡 이이에 이어 차석갑과 2등으로 문과에 합격한 인재였다. 그의 직책인 병조정랑은 이조정랑과 함께 낭관정4품~종6품 중에서도 실세였다.

당시 이조정랑과 병조정랑은 관리의 인사 문제에 적지 않은 영향력을 행사할 수 있었다. 이렇다 보니 서익은 자기 당색이나 본인이 원하는 인물들을 승진시키려고 하급 실무자였던 이순신에게 모종의 지시를 했을 것이다. 이 부분도 《이충무공전서》에 나오는 부분을 직접 확인해 보자.

병부랑^{서익}이 자기와 친근한 자를 순서를 뛰어 참군^{参軍·정7품}으로 올리려 하자, 공은 담당관으로서 허락하지 않으며 "아래 있는 자를 건너 뛰어 올리면 당연히 승진할 사람이 승진하지 못하게 되는 일이라 공평하지 못할뿐더러 또 법규도 고칠 수가 없는 것이오."라고 하였다. 병부랑이 위력으로 강요했으나 공은 끝내 고집하고 듣지 않으니, 병부랑이 크게 성이 났지만 감히 마음대로 올리지 못하니 (후략)

결국 이 사건은 이순신이 고집한 대로 끝났다. 하지만 그 후폭풍은 두고두고 그의 앞날에 영향을 끼치게 되었다. 서익은 이 명령불복종 사건으로 인해 이순신을 아주 미워하게 되었고, 이순신의 앞길에 몇 차례 악영향을 끼쳤다. 사실 '원칙을 지켰다'는 점에서, 이 사건을 소신대로 처리한 이순신에게는 '잘못한 것이 없다'고 볼 수도 있다. 하지만 세상은 원칙대로만 되지 않을 뿐더러, 원칙만을 고집할 경우 융통성 없는 사람으로 낙인찍혀 사회생활을 하는 데 지장이 될 수도 있다.

예나 지금이나 원칙을 지켜야 한다는 데는 공감하지만, 최상위 계급은 원칙을 지키지 않거나 원칙을 자기 입맛에 맞게 바꾸려 하는 경우가 많다. 때문에 하급자들도 상급자에게 충성하는 차원에서 더러 원칙을 포기하게 된다. 하지만 이 사건에서 볼 수 있듯이, 현실적으로 조금 어렵더라도 원칙을 지키는 것이 장기적으로는 국가와 자신을 위해 바람직한 결과로 나타나게 될 것이다.

이 사건은 이순신의 앞날에 긍정적인 요소와 부정적인 요소를 동시에 안겨주었다. 한갓 종 8품 봉사에 불과했던 그가, 권력의 실세 앞에서도 원칙을 지켰다는 점은 많은 이들에게 깊은 인상을 주었다. 하지만 그 사건으로 인해 이순신은 관직에서 부정적인 영향을 받을 수밖에 없었다. 이 사건 당시 주변사람들이 '훈련원의 최하위직 낭관이 본조^{本曹·병조}의 정랑에게 대항하여 고집을 꺾지 않은 것은, 그가 앞날의 관직을 생각하지 않는 것이다.'라고 걱정했던 것처럼, 이순신은 훈련원 봉사 직책의 임기를 다 채우지 못하고 교체되었다. 이순신의 교체 과정에 대해서는 더 이상 자세한 언급이 없는데, 내직으로 온 지 겨우 8개월여 만에 다시 충청도병마절도사^{종2품}의 군관軍官으로 옮긴 것으로 볼 때 가히 짐작이 가고도 남는다.

아쉽게도 세 번째 직위였던 충청도병마절도사 군관 시절에 대한 이야기는 윤휴尹鑴가 《백호전서白湖全書》 권 23에서 "호서湖西·충청도에 가서는 자신을 검약儉約하게 단속하고 간간이 좋은 계책으로 도와주어 주장主將으로부터 많은 사랑과 공경을 받았다."라고 언급한 것 외에는 다른 기록이 없다. 때문에 자세한 사정은 알 수 없지만, 자신을 잘 단속했고 아이디어를 제공하여 상관에게 인정을 받았다는 것만으로도, 그가 더 큰 임무를 담당하기 위한 준비를 착실히 하고 있었다는 중요한 단서가 될 수 있다.

충청도 병마절도사의 군관으로 간 지 9개월여 만인 선조 13년^{1580년} 7월에, 이순신은 전라좌도全羅左道의 수군만호인 발포만호鉢浦萬戶로 영전했다. 만호는 종4품에 해당하는 직위인데, 문무^{동·서}반 모두에게 종4품은 의미가 크다. 왜냐하면 문신에게도 4품 이상부터 품계品階 명칭이 대부大夫가 되고, 무관은 4품 이상이 되어야 장군將軍이라는 명칭이 붙는다. 이순신이 36세에 발포만호가 된 것은 이때까지의 관력으로 보았을 때 결코 늦지 않은 승진이었다고 볼 수 있다. 비록 훈련원 봉사에서 교체되어 외직으로 옮겨가기는 했지만, 더 이상의 인사상 불이익은 없었던 것으로 추정해 볼 수 있는 대목이다.

이순신이 만호로 근무한 발포는 전라남도 고흥군 도화면 발포리 968번지로서, 오늘날까지 조그마한 만호성萬戶城으로 잘 남아 있다. 그곳은 고흥반도의 가장 남쪽 끝에 해당하는 곳인데, 주변에 내·외 나로도 등 많은 섬들이 산재해 있다. 이순신은 함경도 끝에서 남쪽 바다 끝으로 부임해 오면서, 등과한 지 4년 만에 종9품에서 종4품까지 빠르게 승진하였다.

그가 발포만호로 재임한 기간에 대해서는 기록에 따라 조금씩 엇갈린다. 《이충무공전서》의 맨 앞에 나오는 권수卷首의 연표年表 부분과 아홉 번째 권의 〈행록〉의 내용이 서로 다르다. 전자는 발포만호가 된 지 반년 만에 파직된 것으로, 후자는 1년 6개월 만인 그 다음 해^{1582년} 정월에 파직된 것으로 나온다. 다른 기록

1950년의 발포만
해군사관학교박물관 사진 제공

발포 만호성과 발포만
해군사관학교박물관 사진 제공

과의 비교와 정황 증거 상 후자가 옳은 것으로 판단되어 이를 기준으로 이순신의 발포만호 시절을 살펴보려 한다.

이순신이 발포만호로 부임한 지 얼마 되지 않아, 당시 전라도 관찰사 손식孫軾은 이순신을 비방하는 얘기를 듣는다. 이에 그는 흥양興陽·오늘날의 고흥군청 자리에 들러 이순신을 혼내줄 요량으로 진서陣書에 대해 강독하게 한 뒤, 연이어 진도陣圖를 그리게 한다. 하지만 이순신이 붓을 들고 정밀하게 그려내자, 손식은 이를 한참 본 뒤에 "어찌 이렇게 정밀하게 잘 그렸는가?" 하고 감탄하며 이순신의 조상을 묻고 태도를 고쳐 그 뒤로는 정중하게 대우했다고 한다.

이 이야기 역시 이순신이 상관에게 능력을 인정받은 예라고 볼 수 있다. 그것도 발포만호로 부임한 지 얼마 되지 않은 시점에서 전라도 관찰사에게 능력을 인정받았으니, 그의 뛰어난 능력을 확인하기에 부족함이 없다.

이 사건에 이어 이순신은 직속상관인 전라좌도 수군절도사 성박成鎛과의 사이에서 위인전을 통해 잘 알려진 '오동나무' 사건을 겪게 된다. 성박이 발포만호 영내의 객사客舍 뜰에 있던 오동나무를 베어다가 거문고를 만들려고 하였는데, 이순신이 "이것은 관官·공공기관의 물품이오. 또 여러 해 기른 것을 하루아침에 벨 수 없소이다."라고 하며 거절한 것이다.

크게 화가 난 성박은 자신의 뜻을 관철시키지 못해 원한을 품고 있다가, 후임자인 이용李戭에게 이순신에게 모욕당한 일을 전하며 대신 화풀이를 해달라고 부탁했다. 이에 이용은 수군절도사로 부임한 뒤 일을 만들어 이순신을 벌주기 위해 휘하의 5개 포구를 불시에 점검하였는데, 다른 네 곳은 결원 숫자가 많았는데 발포의 결원은 세 사람뿐이었다. 하지만 그는 이를 빌미로 장계狀啓·지방관이나 변방 장수의 보고서를 올려 이순신에게 죄 줄 것을 청하려고 하였다. 이때 이순신은 이용의 의도를 알아채고 다른 네 곳의 결원 명단을 확보해 두었는데, 이 사실을 알게 된 이용의 군관들이 이용에게 "발포의 결원이 가장 적고, 발포만호가 네 곳의 결원 명단을 가지고 있으니, 지금 장계를 올린다면 뒷날 후회할 일이 생길 수도 있습니다."라고 하며 일의 중지를 건의하여 이 일은 이 선에서 마무리되었다.

한편, 조선시대에는 1년에 두 차례 지방관과 변방 장수에 대한 인사고과를 실시하고 연말에 이를 왕에게 보고하는 것이 법제화되어 있었다. 그해 연말에 정기평가를 위해 모인 감사와 수사는 이순신에게 최하 점수를 주려 했는데, 이때 도사都事·종5품 관찰사 보좌관 중봉重峰 조헌趙憲이 이순신을 편들어 "(이순신이) 군사를 거느리는 법이 이 도에서 최고라는 말을 들어 왔는데, 다른 여러 진을 모두 아래에 둘 망정 이모李謀·이순신에게 하下를 줄 수는 없을 것이오."라고 우기는 바람에 이순신은 인사고과에서 꼴지를 면할 수 있었다.

중봉 조헌은 선조 때의 강직한 선비로, 훗날 임진왜란 초기에 의병을 일으켜 금산錦山 지역 전투에서 휘하 700여 명과 함께 전몰戰歿한 인물이다. 그의 당색은 서인西人으로 이순신의 지지 세력과는 달랐지만, 그는 사실을 사실대로 평가하는 강직한 모습을 보여 주었다. 이를 통해서도 이순신의 능력이 출중하였음을 다시 한 번 확인할 수 있다.

하지만 강직한 성품 때문인지, 이순신은 발포만호의 임기를 다 채우지는 못하였다. 선조 15년壬午·1582년 정월에 훈련원 근무 시절 이순신에게 앙심을 품은 서익徐益이 군기 경차관軍器 敬差官·검열관으로 발포에 와서, 이순신이 군기 관리를 소홀히 하였다고 장계하여 파직되고 말았다. 결국 서익은 자신을 무시하고 모욕한 이순신을 잊지 않고 있다가 검열관으로 와서 다시 한 번 화풀이를 한 것이다.

하지만 이순신은 첫 번째 만호 임지였던 발포에서의 근무 경험으로 많은 것을 얻는다. 즉 전라좌수사의 5관 5포 가운데 하나였던 이곳에서 1년 이상 근무함으로써 이 지역의 특징과 상황을 잘 파악할 수 있었는데, 이는 훗날 전라좌수사로 부임한 이순신에게 큰 도움이 되었을 것이다. 이상은 모두 《이충무공전서》 권9, 〈행록〉의 내용을 바탕으로 하였다.

발포만호에서 파직된 바로 그해 5월, 이순신은 훈련원 봉사종8품로 복직했다. 비록 복직은 되었지만 그가 두 번째로 역임했던 훈련원의 말직으로 다시 기용된 것이었다. 현재와 비교할 수는 없겠지만 조선시대의 경우 파직도 쉽고, 복직도 다소 융통성이 있었던 것 같다. 하지만 종4품에서 종8품으로 복직했으니, 이순신 개인으로서는 무척 힘겨운 상황이었으리라.

이순신이 훈련원 봉사로 복직했을 때, 당시 병조판서였던 유전柳㻳이 이순신에게 좋은 전통箭桶·화살통이 있다는 사실을 알게 되었다. 그 뒤 유전은 활쏘기를 하다가 이순신을 불러 그 전통을 자신에게 상납하라고 요구하였다. 이에 이순신은 전통을 주는 것은 쉬운 일이지만, 그로 인해 받는 사람이나 주는 사람 모두 지탄을 받을 것이라고 답한다. 이순신의 지혜로운 답변에 유전도 결국 자신의 요구를 철회하고 없던 일로 하였다. 옳고 그름에 대한 이순신의 판단은 정확할 뿐만 아니라 슬기롭기까지 하다. 그리고 이순신이 병조판서도 갖고 싶어 할 만큼 훌륭한 전통을 갖고 있었다는 것은, 그의 형편이 나쁘지 않았다는 것을 또 한 번 증명하는 것이 아닐까?

하지만 이순신의 두 번째 훈련원 봉사 재직 기간은 그리 길지 않았다. 해가 바뀐 선조 16년癸未·1583년 초에 북방 오랑캐 때문에 문제가 발생하여, 그 전에 전라좌수사로 함께 근무했던 이용李戴이 남병사南兵使·함경남도 병마절도사가 되었다. 이때 이용이 이순신을 자신이 데리고 갈 군관으로 지명해서 두 사람은 함께 임지로 가게 되었다. 이순신은 임지에서 병방군관兵房軍官으로서 남병사 이용을 보좌했는데, 이용은 이순신에 대해 제대로 알고 난 뒤에는 이처럼 그를 가까이에 두려 했다.

그런데 이순신은 여기서도 오래 근무하지 못하고, 곧이어 함경북도 경원군에 있는 건원보乾原堡의 권관권관·종9품이 되었다. 이렇게 된 데에는 그곳에 드나들며 소요를 일으킨 울지내[欝只乃 :《실록》에는 우을기내于乙其乃로 나옴]라는 오랑캐 때문이었던 것으로 보인다. 즉 이순신은 남병사의 군관으로 부임한 지 얼마 되지 않아 또다시 최전방 접경지역에서 오랑캐를 상대할 권관으로 발탁된 것이다.

그는 부임한 뒤 작전을 꾸며 울지내 등을 꾀어내어 사로잡는 큰 공을 세웠다. 하지만 이번에는 직속상관인 북병사北兵使·함경북도 병마절도사 김우서金禹瑞가 이순신이 자신에게 보고하지도 않고 함부로 작전을 벌였다는 내용으로 장계를 올려 조정의

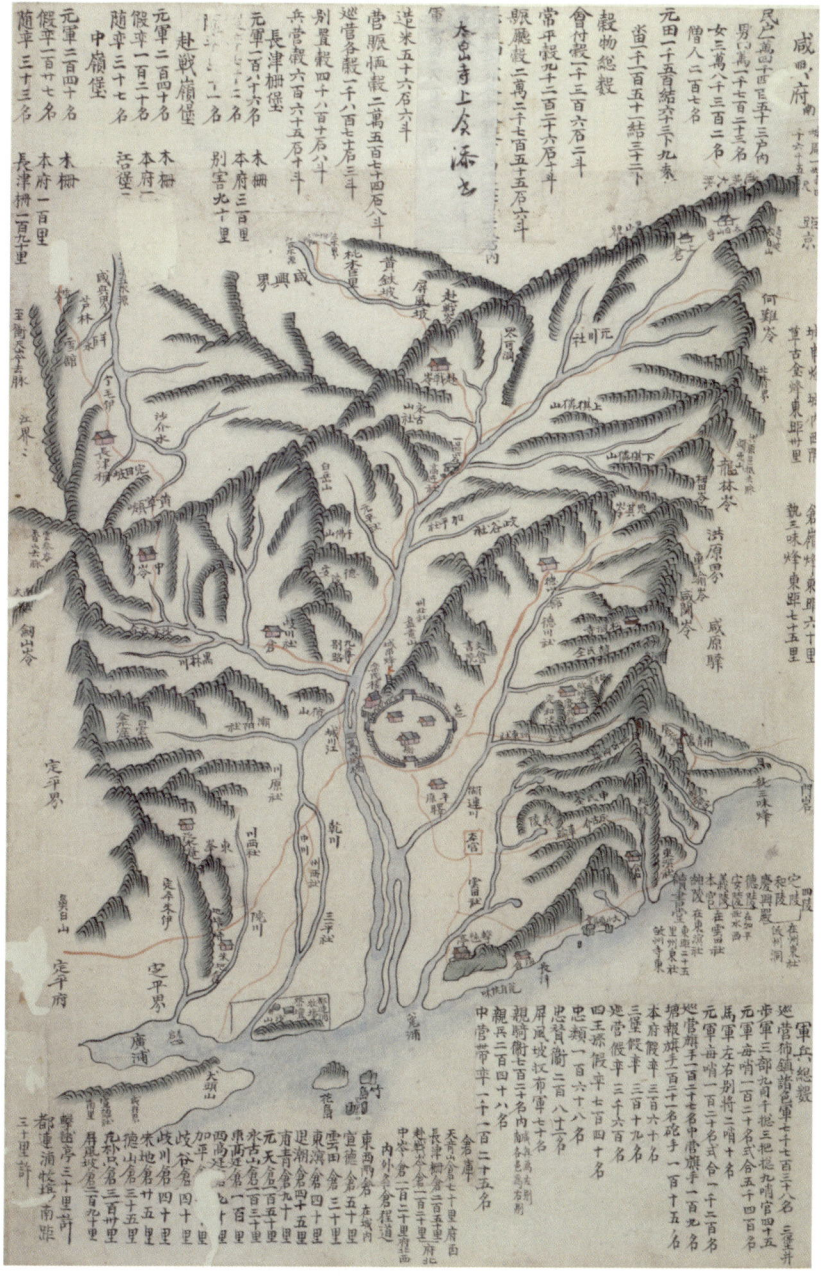

해동지도 함흥부
서울대 규장각한국학연구원 소장

시상施賞을 막았다고 한다. 이 점에 대해서는 《선조실록》에 우을기내를 잡은 공로로 북병사와 그의 군관에게 후한 상을 내렸다는 기록이 있다. 《선조실록》 권17, 선조 16년 7월 을축乙丑의 기사로 시기가 약간 차이가 나는데, 이는 선조 대의 사초史草가 전란으로 모두 소실되어 나중에 여러 기록을 모아 편집했기 때문에 다소 정확하지 않을 수도 있음을 고려할 때 동일한 사건이었다고 볼 수 있다. 이렇게 볼 때 이순신이 비록 큰 공을 세웠지만, 제대로 상을 받지 못했음을 추측할 수 있다.

〈행록〉의 다음 기록을 들여다보면, 이순신이 건원보에 있었지만 훈련원 봉사의 임기가 다 차서 참군參軍·정7품으로 승진했다고 한다. 이 기록으로 볼 때, 이순신은 이때 본직이 훈련원 봉사이면서 남병사 군관과 북병사 휘하의 건원보 권관으로 각각 파견 근무를 했던 것으로 추정된다.

같은 해1583년 겨울 11월 15일에 그의 부친 이정李貞이 아산牙山에서 세상을 떠났는데, 그는 다음해1584년 정월正月에야 부친의 부음을 접했다. 이때 함경도 감사로 있던 정언신鄭彦信이 함경도를 순시하다가 이순신의 분상奔喪 소식을 듣고 여러 가지로 보살펴 주었다. 천리 타향 변경에서 부친이 돌아가셨다는 소식을 듣는 심정이 어떠했을까? 이순신은 지체하지 않고 곧장 아산으로 돌아갔다고 한다.

당시는 성리학이 사회적으로나 문화적으로 완전히 정착한 16세기 말이었기에, 사대부이면 누구나 3년 상喪을 치렀다. 당시 무신武臣들도 문신들과 마찬가지로 대부분 이 예법을 따랐다. 다만 반란이나 전쟁과 같은 국가 위기상황일 경우 '기복'起復·상중이더라도 관직에 나가는 것할 수 있었지만, 예외적인 경우에 한정했다.

이순신도 부친의 삼년상三年喪을 마치고, 선조 19년丙戌年·1586년 1월에 사복시司僕寺 주부主簿·종6품으로 궁궐의 말 관리 책임자로 복직했다. 하지만 이 자리에 온 지 16일 만에 그는 함경도 두만강 부근의 조산보만호造山堡萬戶로 천거되었다. 두 번째로 만호 직책에 오른 것이다. 이곳 역시 여진족과의 접경 지역으로 골치 아픈 곳인데, 마침 자리가 비게 되자 후보를 엄선하는 과정에서 이미 두 차례나 함경도 지역에서 근무한 경력과 전투 경험이 있는 이순신이 선발된 것이다.

지금까지 이순신의 관력官歷·역임한 관직의 이력을 따라가다 보면 그가 '힘들고 어려운 자리를 많이 거쳐 갔다.'는 것을 한눈에 알 수 있다. 물론 그가 능력을 인정받았기 때문일 수도 있지만, 원래 군에서는 이렇게 고생하는 자리를 전전하는 경우가 종종 있다.

한 가지 언급할 것은 그가 두 번째이자 마지막으로 만호 직책을 맡게 되었는데, 두 자리 모두 수군만호였다는 것이다. 조선시대 무과 급제자들은 육군과 수군을 구분하지 않고 보직을 맡았다. 그런데 공교롭게도 이순신이 수행한 만호 이상의 모든 직책은 수군 소속이었다. 현재 대한민국 해군에서는 이순신의 공식적인 호칭을 '충무공 이순신 제독'이라고 한다. 이것은 장성에 대한 영어 표기가 육군과 해군이 다르기 때문이다. 육군 장성은 장군General이고 해군 장성은 제독Admiral이다.

물론 대다수의 국민이 역사적 용어로 굳어진 '이순신 장군'으로 부르고 있지만, 그의 호칭을 현대적으로 바꾼다면 우리 해군이 쓰는 명칭도 타당성이 있다.

본론으로 돌아가, 지금까지 나온 여러 저서는 '조산보만호'를 병마만호兵馬萬戶·육군로 잘못 기록하고 있다. 그런데 조선시대 헌법인《경국대전》부터 시작해 다른 여러 법전을 모두 살펴보아도 조산보는 함경도에 있는 유일한 수군만호가 확실하다. 아마 두만강 강변에 위치했기 때문에 수군만호가 배치된 것 같고, 주요 임무는 다른 변경 지역의 장수들과 마찬가지로 여진족과의 국경분쟁에서 효과적으로 적들의 침략을 저지하는 것이었다.

이곳 조산보에서 만호 직분을 충실히 수행하던 이순신은, 다음 해인 선조 20년丁亥·1587년 가을에 부근의 녹둔도鹿屯島 둔전관을 겸하게 되었다. 녹둔도는 두만강 하구에 생긴 섬으로 당시에도 조선에서 배를 타고 들어갈 수 있는 곳이었다고 한다. 한강의 여의도처럼 토사가 쌓여 만들어진 섬으로 넓고 비옥했기 때문에 조선군이 둔전屯田으로 활용했던 것이다. '둔전'이란 군인들이 군량을 마련하기 위해, 주변 경작지에 직접 농사를 지어 스스로 식량을 조달하는 방법이나 그 땅을 말한다.

수책거적도(守柵拒敵圖)
41.2×32.0cm 고려대학교박물관 소장. 북방 오랑캐와 맞서 싸워 적을 물리친 광경을 그린 것.

이 직임을 맡은 이순신은 이 섬이 외롭고 멀리 있을 뿐만 아니라, 이곳을 지키는 병력이 너무 적어 방어하기 곤란하다고 판단하였다. 때문에 그는 여러 차례 직속상관인 북병사 이일李鎰에게 수비하는 군사를 증원시켜 달라고 요청하였다. 하지만 이일은 이 요청을 무시하였다.

결국 이순신이 걱정한 대로 그해 가을에 여진족이 노략질을 하기 위해 침범하였다. 그는 노략질하고 도주하는 적을 공격하여 적의 간부급 중에 몇 명을 사살하고, 사로잡혔던 군사 60여 명을 구하는 등 최선을 다해 분전하였다. 이 과정에서 이순신도 왼쪽 다리에 화살을 맞는 부상을 입었다. 하지만 결과만 놓고 볼 때 이 전투는 '패전'이었다.

이런 상황이 되자 병사兵使 이일은 자신의 책임을 면하기 위해 이순신을 구속하고 심문하였다. 이때 이순신의 과거 합격 동기인 군관 선거이宣居怡가 그를 위해 술 한 잔을 권하였다. 하지만 이순신은 "죽고 사는 것은 천명天命인데 술은 마셔서 무엇 하겠소?"라고 거절하며 당당하게 심문에 임했다.

북병사 이일은 이순신에게 패전에 대한 책임을 지겠다는 심문서를 받으려 했으나, 이순신은 이를 거부하며 "이미 여러 차례 병력 증원을 청하였으나, 병사가 들어주지 않았는데 그 공문이 여기 있으니 조정이 이를 알면 그 죄가 나에게 있지 않을 것이오. 그리고 침입한 적을 추격하여 포로를 탈환하여 왔는데 패군으로 처벌하는 것이 옳단 말이오?"라고 하며 당당하게 항의하였다. 이렇게 되자 이일도 이순신을 함부로 처벌할 수 없었다.

결국 이 사건이 조정에 보고되자, 선조는 이 전투가 단순한 패전이 아니므로 이순신으로 하여금 '백의종군白衣從軍'하여 공을 세우도록 하라고 판결을 내렸다. 이렇게 해서 이순신은 생애 첫 번째 백의종군을 시작하였다.

그런데 우리에게 잘못 알려진 사실이 또 하나 있다. '백의종군'은 원래의 계급이 삭직 또는 강등되어 일개 병졸로 근무하는 것이 아니다. 원래의 직책만 정지될 뿐 신분은 그대로 유지한 채 대장을 보좌할 수도 있고, 전투에서 공을 세워 자신의 잘못을 만회하면 복직될 수도 있었다. 간단히 말해서 원래 직책의 직무가

녹둔도 싸움(십경도)
현충사 소장

일시 정지된 상태라고 할 수 있다. 따라서 백의종군 기간에도 고관高官일 경우 군관 1~2명의 보좌를 받을 수 있었고, 이동 시에는 말을 타고 다녔으며 출장비나 생활비까지 받을 수 있었다.

그 뒤 같은 해 겨울, 이순신은 신립申砬과 함께 조선군의 대대적인 여진족 토벌전인 시전부락 전투에 참여하여 전공戰功을 세우고 복직했다. 그는 부친상을 전후하여 두 차례에 걸쳐 최전방에서 여진족과 목숨을 건 전투를 경험했던 것이다. 그 과정에서 그는 적지 않은 전공을 세웠지만, 상관들의 시기와 방해로 오히려 상을 받기는커녕 백의종군의 징계를 받고 말았다.

결국 그 이듬해인 선조 21년戊子·1588년 이순신이 44세 되던 해 윤閏 6월에, 그는 조산보 만호의 임기를 다 채우고 고향집으로 돌아왔다. 32세에 무과에 합격하여 벼슬길에 오른 뒤 처음 갖게 된 휴식이었다. 그런데 이때는 이미 일본과의 관계가 심상치 않게 돌아가던 시점이었다. 이에 대응하기 위해 조정에서는 능력 있는 무장武將을 등용하려고 서열에 관계없이 추천하도록 하였는데, 이순신은 두 번째로 많은 추천을 받았다. 하지만 그는 이 시기에 맡은 보직이 없었기 때문에 꿀 맛 같은 휴식을 취할 수 있었다. 아마 이때 그는 다가올 대전란을 대비해 지난 시절의 군 생활을 정리하고 새로운 출발을 준비하고 있었던 것으로 보인다.

이순신의 관직 생활 전반기를 돌이켜보면, 그는 두 번째와 네 번째 근무지에서 적당히 넘어갈 수 있었던 일을 원칙에 입각해 처리함으로써 오히려 위기를 초래했다. 또한 이로 인해 그의 관직 생활은 평탄하지 않았고 예측할 수 없는 어두운 미래가 기다리는 듯했다. 하지만 그는 뛰어난 능력과 자신에 대한 믿음으로 위기를 극복하고 결국 상관의 인정을 받게 되었다. 그는 첫 번째 임지부터 두 차례의 만호 직책을 수행하는 과정에서 상관들로부터 여러 차례 능력을 인정받고 신임을 얻었다.

이런 과정에서 큰 전공을 세웠지만, 그는 상을 받거나 승진하기보다는 오히려 백의종군을 하게 되는 등 우여곡절을 겪었다. 하지만 여진족과의 전투 경험은 당시 조선의 무장으로서 경험하기 힘든 소중한 실전 경험이었다. 결과적으로 임진왜란이 일어나기 5년 전에, 이미 그는 목숨을 건 전투와 패전의 책임으로 처형될 위기상황에 빠지는 등 매우 값진 경험을 쌓고 있었다.

나는 조선의 수군 장수다

3월 초닷새양력 4월 16일

날이 맑다. 동헌에 나가 공무를 보았고, 군관들은 활을 쏘았다. 저물녘에 한양에 갔던 진무鎭撫가 돌아왔는데, 좌의정 유성룡柳成龍의 편지와 《증손전수방략增損戰守方略》이라는 책을 가지고 왔다. 이 책에는 수전水戰·육전陸戰·화공전火攻戰 등 모든 싸움의 전술이 낱낱이 설명되어 있었는데, 참으로 만고의 훌륭한 책이었다.

충무공 이순신이 1592년 3월 5일, 임진왜란을 일으킨 왜군의 선발대 고니시 유키나가小西行長가 부산성을 공격하기 한 달여 전에 쓴 일기다. 평상시처럼 그는

관청의 본관에 해당하는 동헌東軒에 나아가 공무를 처리했고, 군관들에게는 활쏘기를 시켰다. 늘 그래 왔듯이 그날에도 그는 적의 침공을 염두에 두고 장수로서의 임무를 게을리하지 않았다.

그날 저녁 무렵에는 한양에 갔던 하급관리 진무鎭撫가 좌의정 유성룡의 편지와 《증손전수방략增損戰守方略》이라는 책을 가지고 왔다. 그 책은 제목에 나와 있듯이 '싸우거나戰 지키는守 방법을方略 더하거나 빼增損' 최신 전법서戰法書였다. 이순신은 이 책을 가지고 부하 장수들과 밤늦게까지 공부하며 토론했던 것 같다. 요컨대 그는 전쟁이 일어나기 직전까지 최선을 다해 가상의 적군을 맞아 싸울 준비를 하고 있었다.

이때는 조선이 개국한 지 200년이 되는 해였다. 당시 조선은 16세기 초에 폭군 연산군이 폐위당한 뒤에도 사화士禍와 당쟁이 이어지면서 정치적 혼란을 겪고 있었다. 게다가 이때까지 이렇다 할 큰 전쟁이 없었기에, 조선은 위로부터 아래까지 평화로운 분위기에 취해 있던 상황이었다. 이러다 보니 율곡栗谷 이이李珥의 십만양병설十萬養兵說처럼 군사력을 키우거나 병법을 발전시키려는 시도는 먹혀들기가 매우 어려운 상황이었다. 하지만 이런 상황에서도 이순신은 전쟁에 대비해 중앙에 하급관리를 보내 책을 구해오고 이를 통해 전법을 연구하는 등 할 수 있는 모든 노력을 기울였다.

세상에는 원인 없는 결과는 없다. 준비와 노력 없이 성공할 수 없다는 얘기다. 우리나라 역사상 가장 사랑받는 위인 이순신은, 아마도 16세기 말 우리 강토를 휩쓴 대전란인 임진왜란을 위해 탄생하고 준비된 장수가 아니었을까? 이제 지도자 이순신의 전쟁 준비 자세를 자세히 들여다봄으로써, 국란을 막아낸 성웅이 어떻게 탄생하게 되었는지 살펴보자.

선조 22년己丑·1589년 2월, 아산牙山에서 휴식을 마친 이순신은 전라도 관찰사 이광李洸의 군관으로 다시 관직에 나아갔다. 당시 전라도 관찰사 이광은 그를 군관으로 삼을 때, "그대의 재주를 가지고도 이렇게 뜻을 펴지 못하고 지내는 것은 참으로 아깝다."라고 하면서, 이순신을 본도本道의 겸조방장兼助防將으로 삼았다.

│ 류성룡(유성룡) 영정

서애 류성룡 종가 제공

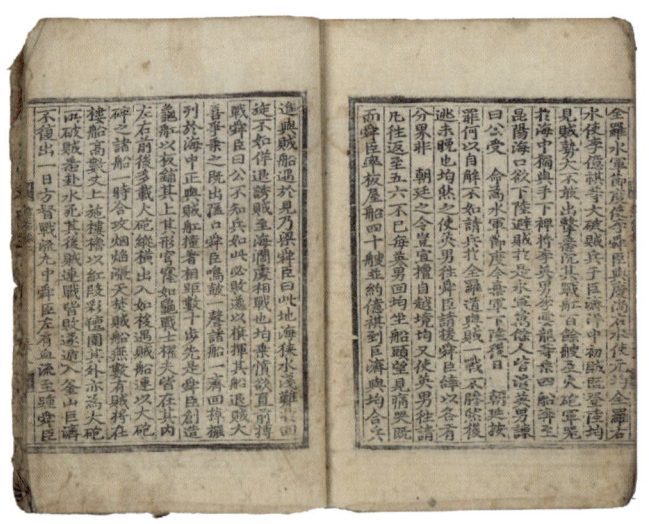

│ 징비록(懲毖錄)

28.5×20.0 현충사 소장.

겸조방장은 조방장을 겸한다는 뜻이다. 조방장은 정식 관직은 아니고 임시로 주장主將을 보좌하는 오늘날의 참모장 정도의 직책으로 볼 수 있다. 때문에 자신의 본직에 종사하면서 겸직하는 경우도 있었고, 본직에서 교체되었을 경우에는 조방장 역할만을 수행하기도 하였다.

이와 같이 그의 〈행록行錄〉에는 그가 능력과 재주에 비해 크게 출세하지 못한 것에 대해 주변 인물들이 안타까워했다는 내용이 종종 보인다.

기간은 길지 않았지만, 이순신은 전라감사 이광의 조방장 역할을 수행하였다. 한번은 그가 업무 때문에 순천順天에 간 일이 있었는데, 당시 그곳의 부사府使·종3품 권준權俊이 함께 술을 마시다가 그에게 "이 고을이 아주 좋은데 그대가 한 번 나를 대신해 보겠소?"라고 하며 자못 거만한 모습을 보였는데, 그는 그냥 웃고 말았다고 한다. 하지만 불과 2년 뒤 권준은 이순신의 핵심 참모가 된다. 이때는 입장이 뒤바뀔 줄 아무도 몰랐을 것이다. 앞에서 이순신의 증조부 이거李琚가 순천부사를 지냈다고 했는데, 현직 부사 권준도 이 고을이 참 좋다고 한 것으로 보아 인기 있는 외직이었음에 틀림없다.

같은 해 11월에 이순신은 겸선전관兼宣傳官이 되었는데, 선전관은 국왕의 근접 경호와 왕명의 출납을 담당하는 요직이었다. 무신으로서 선전관이 되는 것은 능력을 인정받아 출세하는 지름길이었다. 그런데 이순신은 그로부터 불과 한 달 만에 전라도 정읍현감井邑縣監·종6품이 되었다.

지금까지 알려지기로는 조선시대 사람들의 평균 수명은 50세가 채 되지 않았다고 한다. 때문에 일생에서 가장 큰 행사가 환갑還甲·만60세잔치였다고 해도 과언이 아닌 시절이었다. 이때 이순신의 나이 45세였고 그해의 연말年末이었으므로, '고생한 무장武將들이 편안하게 은퇴할 수 있도록 배려한 지방관 자리'에 그가 부임하게 되었던 것으로 추정된다.

그러면 그가 정읍현감으로 임명되었을 때로 돌아가 보자. 당시 그의 두 형님이 일찍 세상을 떠나는 바람에 어린 조카들만 남아 있었는데, 이순신은 모부인과 어린 조카들을 모두 데리고 정읍으로 부임하였다. 당시 법法에는 지방관이

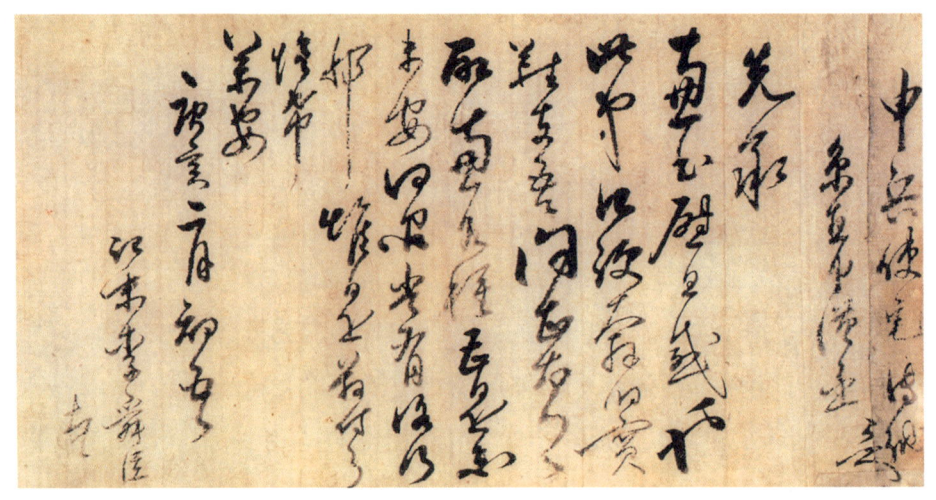

이순신이 정읍현감 때 보낸 편지
해군사관학교박물관 소장

자신의 식솔을 너무 많이 데리고 가는 것을 '남솔濫率'이라 하여 엄금했는데, 적발될 경우 파면되기도 했다. 어떤 사람이 너무 많은 식솔을 거느린 이순신의 처사를 트집 잡았는데, 이때 그는 눈물을 흘리며 "내가 남솔의 죄를 지을지언정 의지할 곳 없는 조카들을 차마 버릴 수는 없다."라고 하니, 듣는 사람들이 이를 의롭게 여겼다고 한다. 뿐만 아니라 그는 자신의 자녀들보다 형님들의 혈육을 먼저 시집장가 보낼 정도로 형제 우애가 깊었고 족친族親의 도리를 다했다.

이 때문에 장형長兄의 아들 가운데 이분李芬은 이순신 〈행록〉을 기록했고, 이분의 형제 이완李莞은 정묘호란丁卯胡亂 때 의주목사義州牧使로 있다가 순국했다. 중형仲兄의 아들 둘은 모두 무과에 급제한 뒤 첨사僉使와 주부主簿 벼슬을 역임했다. 이순신의 아들들에 비해 결코 뒤떨어지지 않은 결과인데, 여기에는 그의 보살핌과 가르침이 적잖은 역할을 했다.

정읍현감 시절, 이순신은 오랫동안 현감이 공석空席이었던 이웃 고을 태인현泰仁縣에 가서 공무를 대신 처리한 적이 있었다. 이때 그는 미결로 남아 있던 많은 문건들을 단 시간에 처리하는 뛰어난 업무 능력을 보여 주었다. 이런 모습을 지켜보던

자들은 모두 탄복하였고, 그를 태인현감으로 보내달라고 어사御使에게 요청하기까지 했다고 한다.

현감의 역할은 변경의 무장武將과는 차이가 있기 때문에, 이순신으로서는 자칫 버거울 수도 있는 직책이었다. 하지만 이순신은 웬만한 문신만큼의 지적인 능력은 물론이고 행정능력까지 갖추고 있었기에, 현감 역할을 탁월하게 수행할 수 있었다.

정읍현감 시절, 한번은 이순신이 차사원差使員·관찰사가 공무로 지방관 중에서 뽑아 한성부로 파견한 관원이 되어 한성부에 간 일이 있었다. 마침 이때는 기축옥사己丑獄事로 알려진 '정여립鄭汝立 모반 사건'이 발생한 시점이었다. 정여립 모반 사건은 현재까지도 논란이 계속되고 있는데, 한 쪽에서는 그가 모반을 일으켰다고 주장하고 다른 한 쪽은 무옥誣獄·무고로 발생한 옥사이라고 한다. 이 옥사로 인해 처형되거나 귀양 등 처벌을 받은 사람이 1,000여 명이 넘었는데, 이런 대규모 옥사로 인해 정치적 불신과 정국 혼란이 심각한 상황이었다.

이순신이 한성부에 도착했을 때는 공교롭게도 정언신鄭彦信이 옥사獄숨에 갇혀 조사를 받고 있었다. 정언신은 서애 유성룡과 함께 그를 천거했던 인물로서 부친상을 당한 이순신에게 여러 모로 지원을 아끼지 않았던 사람이었다. 이순신과 연이 닿았을 당시 그는 함경도 관찰사였는데, 그 뒤 우의정右議政에 올랐지만 정여립 모반 사건에 연루되어 고초를 겪고 있었다. 이때는 죄인과 어떤 식으로든 연루가 되면 극심한 처벌을 받던 살벌한 상황이었다. 때문에 평소에 잘 알고 지낸 사이라 하더라도 옥에 갇혀 있는 사람을 면회한다는 것은 보통 사람은 생각지도 못할 일이었다. 하지만 그는 위험을 무릅쓰고 옥중의 정언신을 찾아 문안을 올렸다고 한다.

뿐만 아니라 그곳에서 금오랑金吾郎·의금부義禁府의 종5품 도사都事의 별칭들이 당상堂上에서 술을 마시며 노래를 부르고 있는 것을 보고, 이순신은 "죄가 있고 없고를 떠나 일국의 대신이 옥에 갇혀 있는데, 이렇게 당상에서 풍류를 즐기며 노는 게 미안하지도 않소?"라고 지적하니 금오랑들이 정색을 하고 사과했다고 한다. 이 두 가지 일화는 모두 그의 정정당당하고 용감한 모습을 보여 주는 적절한 사례이다.

다음 해인 선조 23년庚寅·1590년 7월, 46세의 이순신은 고사리진 첨사[高沙里鎭僉使 : 함경북도 강계江界 서쪽 125리에 있다. 종3품이고, 첨절제사의 약칭이다.]로 임명되었다. 하지만 임기를 반도 못 채운 수령을 다른 곳으로 보낼 수 없다고 대간臺諫이 들고 일어나는 바람에 취소되고 말았다. 대간臺諫은 사헌부, 사간원, 홍문관 등의 언론기관을 총칭하는 말이다. 당시 법으로 종3품 이하 당하수령은 30개월, 정3품 당상수령은 20개월, 변방 수령은 만 1년이 넘어야 다른 직책을 맡을 수 있었다.

그 뒤 채 한 달도 되지 않은 같은 해 8월, 조선 조정은 이순신을 당상堂上·정3품의 품계로 올려 다시 만포진 첨사滿浦鎭 僉使·앞의 고사리진 바로 옆 첨사진로 임명하였다. 하지만 이번에는 승진이 너무 빠르다는 이유로 대간이 또다시 들고 일어났다. 이 때문에 이순신은 만포진 첨사가 되지도 못했다. 하긴 조선시대는 우리가 생각하는 것보다 훨씬 합리적인 사회였기 때문에, 종6품 현감에서 정3품 당상관으로 한꺼번에 7품계나 승진하는 것은 조선과 같은 계급사회에 엄청난 충격을 주는 일이었다. 이렇다 보니 이순신의 입장에서는 안타깝고 아쉬울 수밖에 없었지만, 대간의 반응은 조선 사회가 그만큼 건강했다는 얘기다.

그런데 이런 시도는 바로 이조판서 유성룡이 이순신을 요직에 앉히기 위한 사전 작업이었다. 정읍현감으로 나간 지 채 1년도 되지 않은 이순신을 두 차례에 걸쳐 첨사에 임명하려 한 것은, 그를 더 중요한 직책에 앉히기 위한 사전정지事前整地 작업이었던 셈이다.

해가 바뀐 선조 24년辛卯·1591년 2월, 유성룡은 대간의 반대를 고려해 좀 더 용의주도하게 움직인다. 그는 먼저 이순신을 진도군수珍島郡守·종5품로 임명했다가 곧바로 가리포 첨사加里浦 僉使·전라남도 완도군 소재. 종3품로 고쳐 임명했으며, 마지막 순간에 다시 자리를 바꿔 전라좌도수군절도사全羅左道水軍節度使·정3품. 줄이면 전라좌수사로 임명한 것이다.

1591년 음력 2월 13일, 이순신은 임진왜란이 일어나기 14개월 전에 자신의 능

1889년의 전라좌수영 전경
해군사관학교박물관 사진 제공

력과 뜻을 펼 수 있는 전라좌수사로 부임하였다. 하지만 이번 임명 과정도 그리 순탄하지 않았다. 《선조실록》에 의하면, 이순신이 부임한 전라좌수사 자리는 원래 원균元均에게 가야 했는데, 그에게 결격 사유가 생기면서 이순신이 대신 임명된 것이었다.

하지만 정3품 전라좌수사 자리는 비었다고 해서 아무나 앉을 수 있는 자리가 아니었다. 이번에도 대간은 그 결정의 부당함을 아뢰었다. 조선시대에는 관리를 임명할 때 대간臺諫이 주도하는 서경署經제도, 즉 오늘날로 따지면 일종의 인사청문회와 같은 인사검증시스템이 상설화되어 있었다. 즉 대간은 적임자가 임명되었는지, 집안이나 개인에게 문제는 없는지, 너무 지나친 승진은 아닌지 등을 조사해, 한 가지라도 문제가 되면 그 인사를 취소할 것을 강하게 건의하곤 하였다. 그런데 이순신의 전라좌수사 임명은 7품계나 건너뛰는 파격적인 인사였기 때문에, 대간의 눈에 띌 수밖에 없었다. 때문에 대간에서는 이순신의 승진임용에 문제가 있으니 임명을 취소하라며 여러 차례 상소를 올렸다. 이에 대해 당시 우의정

겸 이조판서였던 유성룡은 정치적인 명분과 타협을 통해 이순신을 전라좌수사로 임명하는 데 성공한다.

당시 일본과의 사이에 이미 전운戰運이 감지되고 있었기에, 이런 비상시국에는 인재를 선발해 적재적소에 배치하는 등 특단의 대책을 세울 수밖에 없다는 명분으로 대간을 설득한 것이다. 또 그는 이순신의 과거 합격 동기로 비슷한 시기에 나주목사羅州牧使·종3품로 승진한 이경록李慶祿의 임명을 취소함으로써 대간이 물러설 명분을 제공해 주었다. 즉 대간이 주장한 두 사람의 임명 취소 건에 대해 한 건을 들어줌으로써 정치적 절충을 모색한 것이다.

이러한 우여곡절 끝에 이순신은 전쟁 발발 14개월 전에 전라좌수사가 될 수 있었다. 이 인사 조치는 전적으로 서애 유성룡의 작품이었다고 해도 과언이 아니다. 이순신을 파격적으로 승진시켜 나라의 대임을 맡길 수 있었던 것은, 이순신의 능력과 자질을 알아본 유성룡의 혜안과 주도면밀한 노력 때문이었다. 그리고 조선 후기에 이르기까지 유성룡의 이순신 천거를 최고의 인재 추천 사례로 들면서, 재상宰相들의 인재 추천을 촉구하는 기사가 《실록》에 여러 차례 나온다.

한편 임진왜란이 일어나기 여러 해 전부터 전쟁이 곧 터질 것이라는 징후가 포착되었고, 이에 따라 조선도 가능한 범위에서 전쟁에 대비하게 되었다. 그 대책 가운데는 적합한 인재를 주요 사령관에 임명하는 것이었는데, 이순신이 파격적으로 승진할 수 있었던 것도 바로 이 때문이다.

전쟁에 대비한 인사 조치에 이어 조선 조정이 준비한 또 다른 대책은, 당시 탁월한 장수將師로 인정받고 있던 신립申砬과 이일李鎰을 각 지방에 보내 전쟁 대비태세를 점검하도록 한 것이다. 그런데 당시 경기도 지방의 대비태세를 확인하고 온 신립은 "일본의 장기는 수전水戰이고, 조선의 장기는 육전陸戰·기병전騎兵戰이므로 수군을 폐지하고 육군에 집중하는 것이 좋겠다."라는 다소 파격적인 견해를 담은 상소를 올린다.

당시 조선의 국방태세가 해이해진 것을 확인한 신립으로서는, 육군과 수군으

로 전력을 분산하기보다 육군에 집중하는 게 낫겠다고 판단한 듯하다. 이러한 논의가 일자, 이순신은 상소上疏를 올려 "바다로 오는 적을 막는 데는 수군만한 것이 없으니 수군과 육군 어느 한 가지도 없앨 수 없습니다."라고 주장했다. 그리고 조정에서도 그의 의견을 옳게 여겨, 이 논의는 더 이상 진행되지 않고 그대로 중단되었다고 한다.

사실 이보다 먼저, 조선은 개국 초기부터 왜구 대책의 일환으로 강한 수군水軍을 건설하기 위해 국가 차원의 정책적인 노력을 기울였다. 15세기 중반인《세종실록지리지世宗實錄地理志》단계의 수군 병력만 해도 5만여 명이었고, 태종과 세종이 연이어 노력한 결과 보유한 군선軍船은 600여 척에서 800여 척으로 증가했다. 또한 명明·일본日本·류큐琉球 등 각국의 조선造船 기술자들을 초빙하여 우수한 군선을 제작하기 위해 노력했다.

이어 15세기 후반, '조선의 헌법'이라 할 수 있는《경국대전》단계의 수군 병력은 4만 8,800명으로 이전과 대동소이했다. 군선은 대·중·소맹선으로 구성된 맹선猛船 체제를 완성하였는데, 유사시에 대비한 무군선無軍船 240여 척을 포함해 모두 730여 척을 보유하고 있었다.

조선전기에는 경상도와 전라도에 각각 좌·우도 수군절도사를 별도로 두었고, 충청도와 경기도 등에도 수군절도사를 두는 등 규모와 조직이 모두 탄탄했다. 그리고 수군절도사 아래에 수군첨절제사와 수군만호로 이어지는 일원적인 지휘체계에 따라 일사분란하게 움직였다.

이런 강하고 조직적인 수군은 대략 15세기 말까지 어느 정도 유지되었던 것 같다. 하지만 16세기에 접어들면서 국방태세가 해이해지고 상비군 부재 상황이 발생하였는데, 수군도 예외는 아니었다. 특히 수군은 다른 군역에 비해 근무 기간도 두 배나 길고, 선상船上에서 생활하는 등 그 군역이 훨씬 무거웠기 때문에 다른 병종兵種보다 병력 충원이 상대적으로 더 어려웠다.

하지만 16세기 중반에 일본에서 이른바 '후기 왜구'가 출몰하는 왜변이 세 차례나 일어나면서, 수군이 재정비될 수 있는 상황이 만들어졌다. 일본의 연구에 따르면 14세기 왜구를 '전기 왜구', 16세기 왜구를 '후기 왜구'로 구분한다. 전기 왜구는 한반도와 중국의 동북부 해안, 후기 왜구는 남중국 해안이 주요 침탈 대상 지역이었다.

즉 1510년에 일어난 삼포왜변三浦倭變, 1544년의 사량진왜변蛇梁鎭倭變, 1555년의 을묘왜변乙卯倭變은 조선 조정을 긴장시키기에 충분했고, 결과적으로 조선 수군의 군선과 무기체계 혁신의 계기가 되었다.

특히 1544년의 사량진왜변 때에는 명나라의 영향을 받은 왜구 선박의 크기가 커지고 대형화기大形火器까지 갖추게 되자, 이를 매우 심각하게 받아들인 조선은 대책을 강구할 수밖에 없었다. 그 결과 1555년 을묘왜변 때 처음으로 판옥선板屋船이 개발되었고, 천·지·현·황자天·地·玄·黃字 총통銃筒 등 임진왜란 시기의 주력 무기들이 만들어지게 되었다. 요컨대 임진왜란 때 사용된 조선 수군의 무기체계는, 아이러니하게도 16세기 중반 왜구에 대응하기 위한 차원에서 개발되었으며 임진왜란이 일어나기 약 30여 년 전에 갖추어졌다.

또한 이러한 조선 수군의 변화와 함께 언급해야 할 사건이 있다. 선조 20년1587년 2월에 왜선倭船 18척이 전라도 흥양興陽 지역에 침입하였다. 이때 조선은 왜구에 맞서 싸웠던 녹도권관鹿島權管 이대원李大源이 전사戰死하는 피해를 입었다. 흥양은 바로 전라좌도 수군의 5관 5포 중에 1관 4포가 있는 가장 핵심적인 지역이었다. 이때의 왜구들은 흥양에 이어 가리포加里浦·전남 완도 소재를 침략해 병선兵船 4척을 빼앗고 도주하는 등 소란을 일으켰다.

이에 조선 조정은 김명원金命元을 전라도 순찰사巡察使로, 신립申砬을 방어사防禦使로 파견하여 변란을 수습하게 하였다. 하지만 이들이 현지에 도착했을 때에는 이미 왜구가 노략질을 끝내고 물러난 뒤였다. 그런데 그 뒤 발생한 일련의 사건들은 전라좌도 수군의 군기軍紀 유지에 큰 영향을 주었다. 이 변란變亂을 마무리하는 과정에서 당시 전라좌수사 심암沈巖은 주장主將으로서 사사로운 감정을 품고 녹도권관 이대원을 구원하지 않았음이 드러나 처형處刑 당하는 중벌을 받았다. 이와 동

시에 도망치거나 이대원을 구원하지 않은 장수들도 조사를 받아 전라감사全羅監司 한준韓準이 파직되는 등 처벌이 이어졌다. 그 뒤 조선 조정은 홀로 분전하다 전사한 이대원을 위해 사당을 만들고 추숭追崇하는 한편, 윤두수尹斗壽를 감사로 파견하여 민심을 수습하는 등 일련의 조치들을 취했다.

이런 상황에서 새로 부임한 전라좌수사 이천李薦이 예하 수군의 합동훈련을 위해 휘하의 제장諸將을 소집하였는데, 부하 장수들이 약속한 시간에 늦게 도착하는 일종의 군기문란 사태가 빚어졌다. 이에 이천은 순천부사 성응길成應吉과 보성寶城·낙안樂安·흥양興陽·광양光陽 등의 지방관들을 장벌杖罰했는데, 이 과정에서 보성군수 이흘李屹이 곤장을 맞고 사망한 사건이 발생했다.

이번에는 다시 이 사건에 대한 자세한 조사가 진행되었는데, 이때 보성군수가 방어사 신립이 작성한 지체 사유를 밝힌 문건文件을 제출했는데도, 전라좌수사 이천이 이를 고려하지 않은 사실이 드러났다. 이 때문에 이천은 상관의 명령을 무시한 죄목罪目으로 곤장 80대를 맞는 등 엄중한 처벌을 받았다.

이 사건은 전라좌수사 이천이 휘하 장수를 필요 이상 가혹하게 다루었고, 결과적으로 자신도 처벌받게 된 우발적인 사건처럼 보인다. 하지만 이 사건은 왜구가 물러간 직후에 신임 수사水使가 전라좌도 수군의 군기를 엄정하게 유지하려고 노력했던 것으로 볼 수 있다. 그리고 이 사건이 발생한 지 불과 4년 뒤에 이순신은 전라좌수사로 부임한다.

이 시점은 또한 이순신이 앞에서 언급했던 조산보 만호와 녹둔도 둔전관을 겸할 때, 오랑캐와 벌인 전투에서 패전의 명에를 쓰고 첫 번째 백의종군을 했던 시기와 비슷하다. 요컨대 임진왜란이 일어나기 5년 전인 1587년에 발생한 북로남왜北虜南倭의 두 사건은 이순신과 전라좌도 수군이 모두 실전實戰을 경험하는 계기가 되었고, 전라좌도 수군의 군기가 다른 어느 곳보다 더 엄정하게 유지될 수 있는 상황을 제공했다.

이와 같은 역사적 흐름 속에서, 1591년 2월부터 전라좌수사 이순신은 임진왜란이 일어나기 전 14개월 동안 전쟁에 대비한 준비를 하기 시작했다. 그렇다면

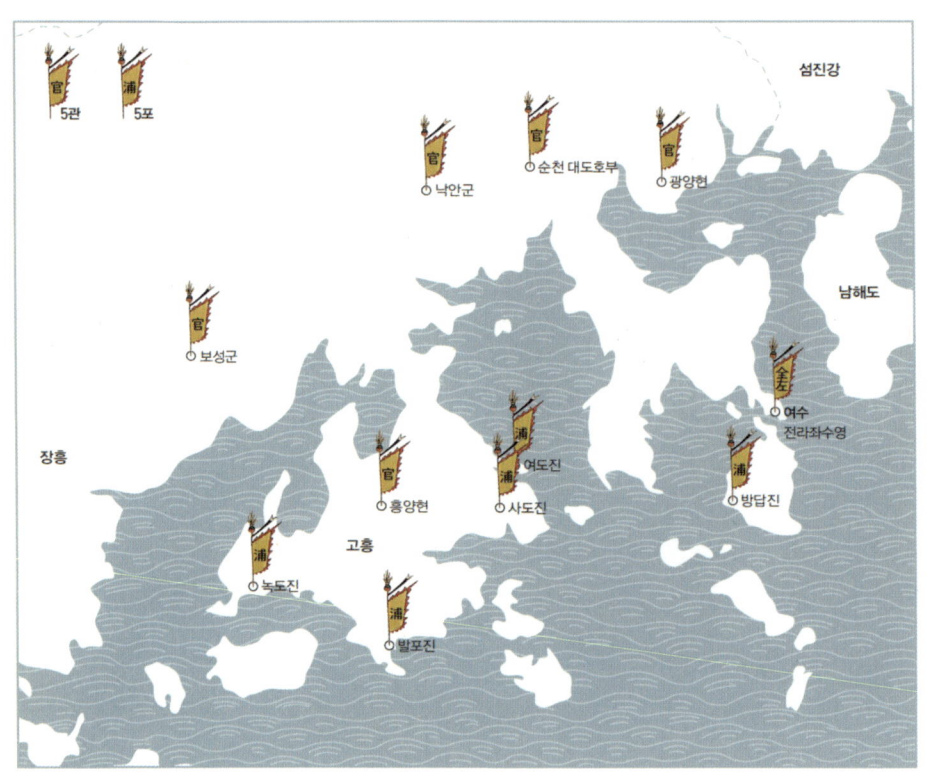

전라좌수사 5관 5포 지도
현충사 제공

그는 이 시기에 구체적으로 어떤 것들을 준비했을까? 당시 이순신의 행적은 《난중일기》에 자세히 드러난다.

　구체적인 준비 내용을 살펴보기 전에, 그가 전쟁을 치르기 위해 준비한 핵심적인 것들부터 먼저 확인해 보자. 우선 그는 전쟁에 대비하는 차원에서 병력 충원, 전선戰船·판옥선 건조와 거북선의 창제, 총통류銃筒類 등 무기체계의 준비, 그리고 군사 훈련 등을 좌수영뿐만 아니라 예하의 5관 5포 모두를 동원해서 1년 이상 철저하게 준비했다. 위 지도에서 보듯이 5관 5포는 전라좌수사 예하의 5개 지방관과 5개 군진軍鎭을 말한다. 5관은 순천부사, 낙안군수, 보성군수, 광양현감, 홍

양현감이고, 5포는 방답첨사, 사도첨사, 녹도만호, 발포만호, 여도만호이다.

그중에 이순신이 가장 중요하게 관리한 것은 병력 충원 문제였다. 이것도 임진왜란 직전까지의 상황을 기록한 그의 일기를 통해 쉽게 확인할 수 있다. 사실 《난중일기》는 공교롭게도 임진왜란이 일어나는 선조 25년王辰·1592년 1월 1일 일기부터 남아 있다.

❶ 1월 초사흘甲子 맑다. 동헌東軒에 나가 별방군別防軍을 점검하고 각 지방관과 진영5관 5포에 공문을 써 보냈다.

❷ 1월 19일庚辰 맑다. 동헌에서 공무를 본 뒤 각 군사를 점검했다.

❸ 2월 16일丁未 맑다. 동헌에 나가 공무를 본 뒤 활 여섯 순을 쏘았다. 신구번新舊番의 군사를 점검했다.

❹ 3월 초하루辛酉 망궐례를 했다. 식사를 한 뒤에 별군과 정병을 점고하고, 하번군을 점검하고서 놓아 보냈다. 공무를 마친 뒤에 활 열 순을 쏘았다.

❺ 4월 초하루庚寅 흐렸다. 새벽에 망궐례를 했다. 공무를 본 뒤에 활 열다섯 순을 쏘았다. 별조방군을 점검했다.

❻ 4월 17일丙戌 흐리고 비오더니 저녁나절에 맑았다. (중략) 저녁나절에 활 다섯 순을 쏘았다. 번을 그대로 서는 수군仍番과 새로 번을 서는 수군上番이 잇따라 방비처로 왔다.

이렇게 4월 중순까지의 병력 관련 기록을 보면, 이순신이 상·하번 병력을 정기적으로 교대시키면서 인원을 일일이 점검한 것을 확인할 수 있다. 그리고 이와는 별도로 매월 초에는 별방군이 소집되었고, 이들도 정규 병력과 마찬가지로 2개월 동안 근무했던 것으로 추정된다. 따라서 3월 초하루의 별군과 정병을 점고했다는 것은, 새로 교대한 별방군은 물론이고 기존 정병의 인원까지 모두 점검한 것으로 볼 수 있다. 이날 하번군은 당연히 별방군으로서 2개월 근무한 뒤에

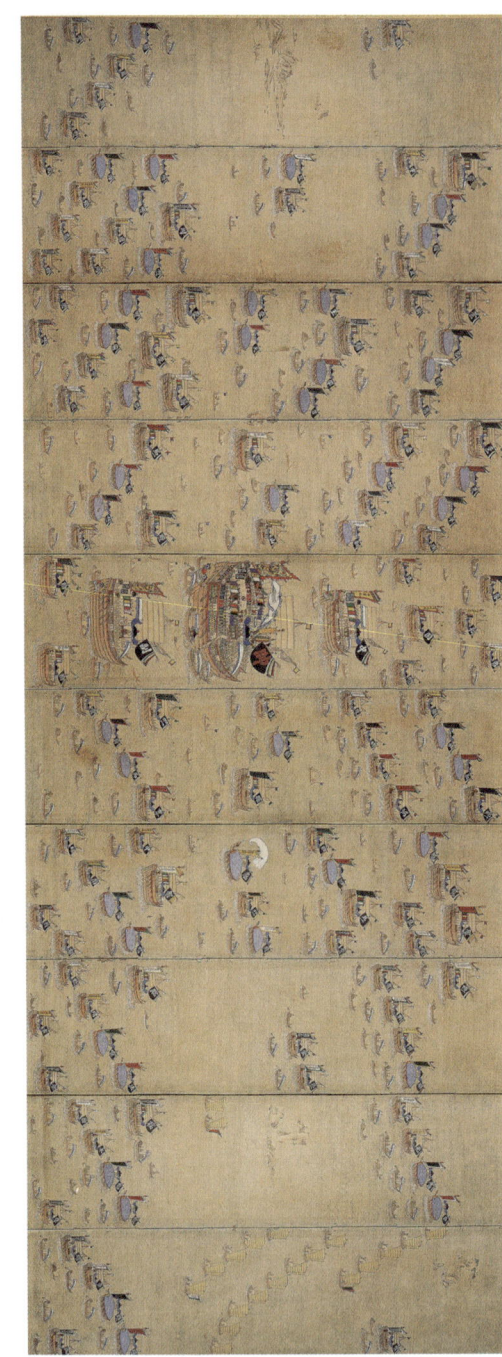

수군조련도(水軍操鍊圖)

조선 19세기 직물. 169.4cm×42.3cm 《하기번호 진박2012|210~23》
국립중앙박물관 소장.

교대한 병력으로 추정된다. 이처럼 이순신은 거의 모든 병력 동원 과정을 직접 관리하였다. 뿐만 아니라 불시에 군사를 점검하기도 했는데, 앞의 두 번째 인용문이 이에 해당한다.

그리고 별방군과 함께 별조방군이라는 명칭이 나오는데, 이것이 같은 종류의 병력인지 아니면 별도의 병력이었는지는 분명하지 않다. 다만 군사들이 2개월씩 근무했던 것으로 볼 때, 그 교대 시점이 달랐으므로 서로 다른 병력이었을 것으로 추정된다. 즉 이순신은 정규군에 해당하는 상·하번 정병 외에도 별방군, 별조방군 등 다양한 형태의 병력을 징발해 전쟁에 대비했던 것이다.

앞에서 언급한 것처럼, 16세기 말에는 군역의 회피가 일반적인 상황이었다. 다시 말해 군적軍籍에는 일정한 수효가 올라 있으나, 실제 군역을 지는 병력은 거의 없었다. 발포만호 시절부터 이런 상황을 잘 파악하고 있던 이순신은 전라좌수사가 되자, 본영을 필두로 휘하의 5관 5포에 대해 원칙대로 모든 병력을 징발하도록 지시하고 이를 철저히 감독했던 것이다. 때문에 다른 곳과는 달리 전라좌도 수군은 상비 병력이 잘 유지되고 있었다.

다음으로 그는 기존의 주력함인 판옥선을 유지보수하거나 새로 건조하고, 돌격선인 거북선을 창제하였다. 조선 후기에 이르면 각 도의 수군절도사와 수군첨사, 그리고 수군만호가 거느리는 전선戰船·판옥선의 척수가 각각 4척, 2척, 2척으로 정해졌다. 이것이 언제부터 원칙으로 자리 잡혔는지는 알 수 없지만, 이순신 휘하 병력 배치상황을 볼 때 이러한 원칙은 당시 이순신과 휘하 5관 5포에 적용되고 있었던 것으로 보인다.

그는 전선을 정비하거나 새로 건조할 것을 휘하 장수들에게 미리 지시하고 수시로 감독하였다. 《난중일기》의 기록만 보더라도, 이순신은 1월 16일에 병선兵船·문맥상 전투에 쓰인 판옥선을 말하며, 조선 후기에는 전선戰船으로 불림을 수리하지 않은 방답진의 군관과 색리色吏·아전에게 장벌杖罰을 내리고 있다. 뿐만 아니라 휘하 부대를 순회점검할 때도 전선에 대해 가장 주안점을 두고 점검한 예가 여러 차례 발견된다.

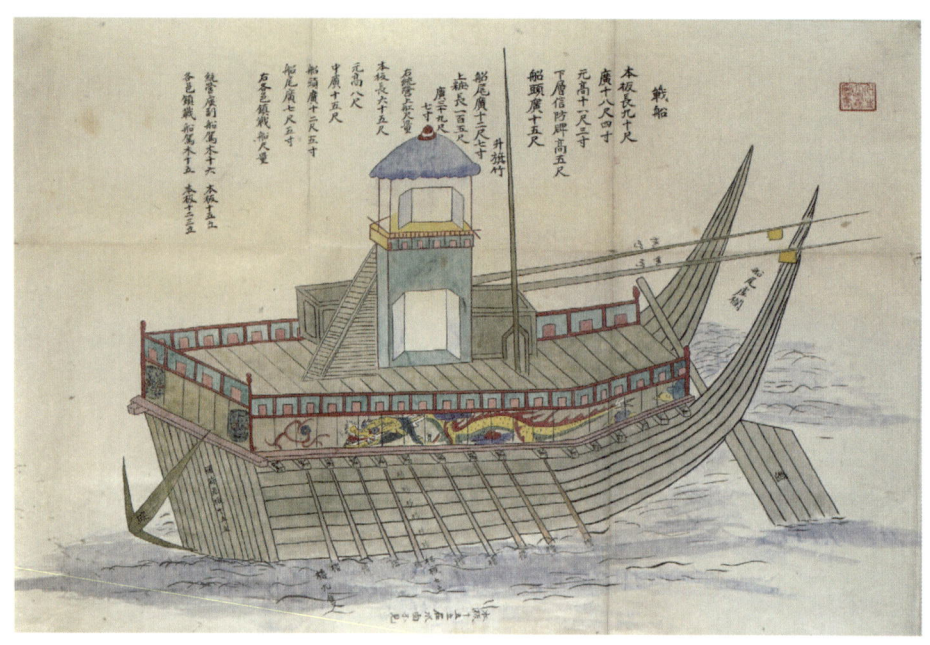

각선도본(各船圖本) 전선(戰船)
35.4×26.4cm 서울대학교 규장각한국학연구원 소장.

　　이순신의 본영인 전라좌수영에서도 주도적으로 전선을 건조했는데, 이는 3월 12일 일기에 나오는 "아침에 좌수영 소속의 전선을 두는 곳으로 나아가 전선을 점검했다."라는 기록에서도 확인할 수 있다. 이처럼 그는 본영이나 휘하의 5관 5포에 대해 전선을 철저히 준비하도록 관리했던 것이다.

　　이와 함께 그는 약 2세기 전인 14세기 전반에 만들어져 한강漢江에서 시험 운행을 했었다는 '거북선龜船'을 다시 창제하였다. 거북선은 잘 알려진 바와 같이 조선의 주력선인 판옥선과 함께 임진왜란 해전의 완승을 이끈 무적의 함선이었다. 이순신의 거북선은 기존의 거북선에 비해 배의 크기와 형식이 전혀 달랐기 때문에 창제創制라는 용어가 더 적절해 보인다. 이와 같이 해전에서 사용할 돌격선突擊船을 미리 만들었던 흔적도《난중일기》에서 확인할 수 있다.

2월 초여드레己亥 맑다가 또 바람이 세게 불었다. 동헌에 나가 공무를 봤다. 이 날 거북선 돛에 쓸 베 스물아홉 필을 받았다.

3월 27일丁亥 맑고 바람조차 없다. 일찍 아침밥을 먹은 뒤 배를 타고 소포여수시 종화동 종포에 이르러 쇠사슬을 가로질러 설치하는 것을 감독하고, 종일 나무기둥 세우는 것을 바라보았다. 겸하여 거북선에서 포를 쏘는 것도 시험했다.

4월 12일辛丑 맑다. 식사를 한 뒤에 배를 타고 (나아가) 거북선의 지자地字·현자女字 포砲를 쏘았다.

2월 초여드레에는 거북선에 쓸 돛을 만들기 위한 베帆布 29필을 받은 사실이 기록되어 있고, 4월 11일에는 베로 돛을 만들었다는 기록도 나온다. 여기에는 거북선의 돛을 만든 과정과 거북선에서 쏠 화기를 점검한 것까지 담겨 있는데, 이순신은 실제 거북선을 타고 나아가 화포를 쏘는 연습까지 실시했다. 이것은 임진왜란이 발발하기 불과 사흘 전의 일이었다.

한편 이순신은 임진왜란 직전에 전사좌수영 휘하의 5관 5포의 전비태세戰備態勢에 대한 순회점검巡廻點檢·순시을 실시했다. 전비태세의 주요 점검 대상은 전선戰船, 병력兵力, 무기武器, 성곽城郭과 해자垓字 등이었다.

이에 앞서 좌수영 본영에 대한 전비태세와 군기류 점검의 예부터 살펴보면, 우선 수시로 주변의 성곽과 해자 등 방어 시설을 점검하고 잘못된 경우에는 담당자를 처벌한 예가 《난중일기》 곳곳에서 발견된다. 특히 3월 초엿새의 일기에는 "아침식사를 마친 뒤에 출근하여 군기軍器·무기류를 포함한 장구 일체를 점검했는데, 활·갑옷·투구·전통·환도 등이 깨지고 헐어버린 것이 매우 많아 색리色吏·궁장弓匠·감고監考 등을 처벌했다."라는 기록이 있다. 이처럼 이순신은 가장 먼저 자신이 관할하는 좌수영의 방어시설과 전선戰船, 군기물 등을 철저히 준비하고 있었다.

순회점검은 선조 25년인 임진년壬辰·1592년 2월 19일부터 27일까지 9일간, 휘하의 주요 군진軍鎭인 5포浦를 중심으로 실시되었다. 이때의 순시 일정을 날짜별로 간략히 정리하면 다음과 같다.

興陽縣

邑城周圍三
十八百把

距京都九百六十里
梁溝門圖背五十里

東距古島鎭海門四十里
西距寶城界七十里距寶城一百里

南距蔣溝鎭海門四十里
北距寶界七十里距京三九九里

邑內面
終境七里

豆原面
初境十里
終境二十里

道陽面
初境平里
終境四十里

古邑面
初境十里
終境平里

道化面
初境三里
終境七里

酒頭面
初境平里
終境七里

占巖面
初境四里
終境六里

南面
初境四里
終境四里

南陽面
初境七里
終境平里

南西面
初境六里
終境七里

大西面
初境平里
終境六里

大江面
初境六里
終境七里

東面
初境平里
終境七里

해동지도(海東地圖) 흥양현(興陽縣)

47.0×30.5cm 서울대학교 규장각한국학연구원 소장.

19일 : 순천부사 권준 마중백야곶. 여도만호진呂島萬戶鎭에 도착해 전비태세 검열. (여도만호진은 전남 고흥군 점암면 여호리 여호마을에 위치한 조선시대 수군 만호진이다.)

20일 : 점검 계속. 전선은 새로 만들어 좋음. 무기도 구비. 늦게 흥양현 도착.

21일 : 흥양에서 활쏘기. 조방장정걸 등과 회식.

22일 : 흥양 선소船所·배 만드는 곳의 배와 집기류 점검. 녹도만호진鹿島萬戶鎭에 도착해 방비태세 점검. 화포 발사 시범 후 회식. (녹도만호진은 전남 고흥군 도양읍 녹동에 위치한 수군 만호진으로, 당시 만호는 정운鄭運이었다.)

23일 : 우중雨中에 발포만호진鉢浦萬戶鎭에 도착해 전비태세 점검. (발포만호진은 전남 고흥군 도화면 내발리 968번지에 위치한 수군 만호진으로, 이순신이 만호로 재직했던 곳이다.)

24일 : 우중에 이동. 사도첨사진蛇島僉使鎭에 도착해 전선을 점검했으나 날이 저물어 중단. (사도첨사진은 전남 고흥군 영남면 금사리 사도마을에 위치한 수군 첨사진으로, 당시 첨사는 김완金完으로 추정된다.)

25일 : 사도진 점검 결과 전비태세가 가장 허술해, 첨사를 잡아들이고 책임자를 처벌함. 유숙留宿.

26일 : 방답첨사진防踏僉使鎭에 도착해 점검한 결과 장전과 편전은 불량하나 전선은 양호. (방답첨사진은 전남 여수시 돌산읍 군내리에 위치한 수군 첨사진으로, 당시 첨사는 새로 부임한 이순신李純信이었다.)

27일 : 방답진의 성지城池 점검 결과 엉성(우려). 본영本營으로 늦은 시간에 귀환. 아우 여필과 군관 등이 마중 나와 회식.

이때는 이미 이순신이 전라좌수사로 부임한 지 1년이 지난 시점이었다. 때문에 이번 점검은 휘하 부대에 내려졌던 전선을 비롯한 전비태세 전반에 대한 정비 명령을 확인하는 차원이었던 것으로 보인다.

이 과정을 좀 더 자세히 살펴보면 다음과 같다. 가장 먼저 도착한 곳은 백야

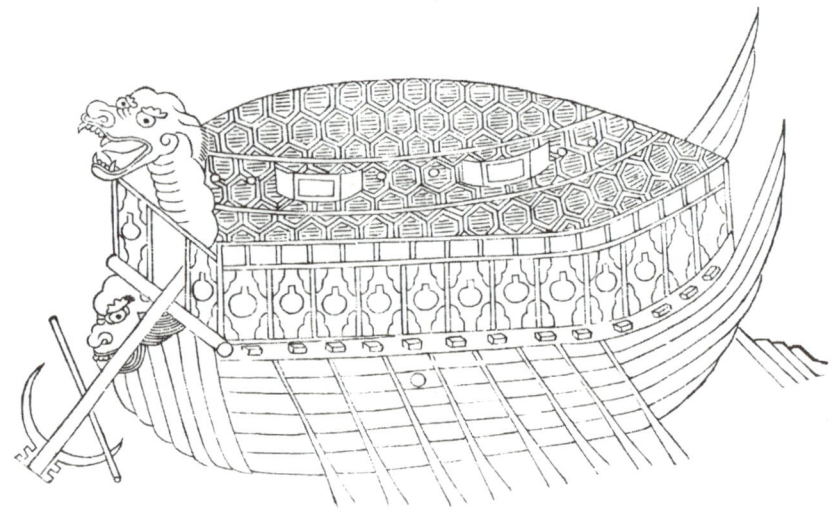

곳이었는데, 그곳은 선박에 쓸 소나무를 재배하는 지역이거나 목장이었을 것으로 추정된다. 이순신이 이곳에 이르렀을 때, 근처의 가장 큰 지방관인 순천부사 권준이 동생과 기생들을 데리고 마중 나와 있었다. 이순신은 권준과 잘 아는 사이였고 평시였기에 큰 긴장감 없이 이곳에서 잠깐 시간을 보낸 듯하다.

같은 날인 첫날 오후에 다시 출발해서 두 번째로 도착한 곳은 여도진인데, 이곳은 여수를 기준으로 고흥반도에서 가장 가까운 군진軍鎭이었다. 이곳에서 이순신을 맞이한 사람은 고흥반도의 지방관인 흥양현감이었다. 이순신은 도착하자마자 점검을 시작했으나 날이 저물어 다음 날로 미루고 첫날 일정을 마무리했다.

다음 날인 2월 20일에는 오전부터 여도진의 전선과 군기를 점검하기 시작했다. 다행히 전선은 새로 만들어 상태가 좋았고, 군기도 어느 정도 갖추어져 있었던 것 같다. 첫 번째 점검 대상이었던 여도만호진은 대체로 양호한 판정을 받았다. 이날 오후에 다시 길을 나서 흥양 관아로 이동했다. 이동하던 중에 이순신은 들에 핀 봄꽃을 보고 첫날 백야곶을 지날 때 느꼈던 봄 경치에 대한 진한 감흥을 또 한 번 느꼈다. 사실 이순신은 참 감성적인 인물이었는데, 이 점에 대해서는 뒤에 다시 살펴보기로 하자.

다음 날 흥양 관아에서 공무를 본 이순신은, 당시 감영도청 소재지과 지방관 사이에서 연락을 취하는 역할을 했던 주인영저리營邸吏들이 마련한 자리에서 활을 쏘고 술자리를 갖게 되었다. 이처럼 지역 사령관과 지방관 등 관련자들이 함께 어울린 것은 당시의 관례였던 것 같다.

이런 관례는 오늘날의 군대에서도 찾아볼 수 있다. 지역의 군 사령관이 현지 시찰을 가면, 점검과 시찰을 마친 뒤 '격려'하는 자리가 있기 마련이다. 이날의 모임에는 군문의 대선배이자 전라좌수사를 역임한 조방장助防將 정걸丁傑·이때 80을 넘긴 나이였으며 82세 때에도 충청수사를 역임과, 전라좌수사 휘하는 아니지만 능성현감 황숙도黃叔度 등이 참석했다. 이날은 수행원들에게까지 술을 내리고 함께 즐기며 쉬었다.

2월 22일, 이순신은 흥양의 선소船所·배 만드는 곳에 들러 전선과 군기를 점검했는데, 아무런 지적 사항이 없는 것으로 보아 대체로 만족했던 것 같다. 곧이어 그는

흥양읍성 성적
해군사관학교박물관 사진 제공

방답진성 유적
해군사관학교박물관 사진 제공

만호 정운이 관할하던 녹도진으로 이동했는데, 이곳의 방비 상황 역시 그가 보기에 흡족했던 것 같다. 그리고 저녁 식사를 할 때는 대포를 쏘는 시범도 있었다. 이날은 저녁 무렵에 시작된 술자리가 밤늦게까지 계속되었는데, 홍양현감 배흥립, 능성현감 황숙도, 녹도만호 정운 등이 함께 했다. 이와 같은 행적으로 볼 때 권준, 배흥립, 정운 등은 이미 이 시기에 이순신과 뜻이 서로 통했던 것 같다.

다음날인 23일은 일기가 좋지 않았다. 전날 늦어진 술자리 때문인지, 날씨 때문인지 알 수 없지만 오후 늦게 출발해서 겨우 발포진으로 이동하였다. 이동 중에 모든 이가 봄비에 흠뻑 젖었고 발포에 도착했을 때는 이미 해가 저문 뒤였다. 아마 그 이튿날 오전 일찍부터 방비태세를 점검한 듯하다. 이곳에서도 별다른 기록이 없는 것으로 보아 방비태세는 어느 정도 만족할 만한 수준이었던 것 같다.

이어서 24일에도 날씨가 좋지 않은 가운데, 사량蛇梁에서 배로 이동한 이순신 일행은 사도진에 오후 늦게 도착하였다. 전선을 점검하던 도중에 날이 저물어 일정이 다음날까지 이어졌는데, 그 다음날인 25일에 일이 터졌다. 아침부터 다시 점검을 시작한 이순신은 순회점검을 떠난 이후 처음으로 군기와 방비태세 불량을 많이 발견했다. 이 때문에 첨사를 잡아들이고, 관련 분야의 책임자들을 처벌하였다. 이보다 얼마 전에 순찰사가 사도첨사진의 방비태세가 훌륭하다고 포상을 건의한 적이 있었기 때문에, 이렇게 부실한 상황을 인식조차 못하고 있었다고 한다. 당시 사도첨사는 김완이었다. 김완은 처음에는 이순신과 그리 잘 통하는 인물은 아니었던 것 같다. 하지만 임진왜란 초기부터 해전에 참가해 이순신과 교감을 쌓아 가면서 점차 훌륭한 장수로 성장한 것으로 보인다.

2월 26일, 이순신은 마지막 목적지인 방답진으로 향했다. 사도진으로부터 개이도를 거쳐 방답진에 도착한 것은 날이 저물 무렵이었다. 이때는 조선왕실의 종친이자 양녕대군의 후손이었던 이순신李純信이 방답첨사로 부임한 지 얼마 되지 않은 시점이었다. 전라좌수사 이순신은 저물 무렵 방답진의 군기를 점검한 결과 장전長箭과 편전片箭은 쓸 만한 것이 없었지만, 전선은 그런 대로 만족할 만했다.

활쏘기를 독려하는 이순신
해군사관학교박물관 소장

    그런데 날이 저물어 다음날까지 이어진 점검에서 이순신은 이곳에도 심각한 문제가 있음을 알게 되었다. 외딴 섬에 자리 잡은 방답진은 사방에서 적의 공격을 받을 우려가 있었고, 성곽과 해자도 모두 허술해서 걱정스러운 상황이었다. 첨사가 부임한 뒤 노력은 했으나 아직 제대로 자리를 잡지 못한 상태였다.

    2월 27일 늦은 오후, 점검을 마무리한 이순신은 배를 타고 본영으로 향했다. 좌수영 관내에 들어서자 동생 여필汝弼·우신禹臣으로 추정됨과 조이립趙而立, 우후虞侯·참모장, 군관軍官 등이 술을 가지고 마중을 나와 있었다. 이순신은 이들과 어울린 뒤 밤이 늦어서야 관청으로 돌아왔다.

    이상과 같은 8박 9일의 순회점검을 통해 이순신은 휘하 5포에 대한 전비태세를 꼼꼼하게 확인하였다. 부임한 지 1년이 지난 시점에 이루어진 이 순회점검은, 그가 지시했던 전선과 군기의 준비 태세를 확인하기 위한 것이었다. 그 결과 전

선戰船의 경우, 대부분의 군진에서 새로 만들거나 보수를 해서 어느 정도 만족할 만한 수준이었다. 또 사도진처럼 군기가 허술한 곳을 적발하고 바로잡는 성과를 거둔 것도 순회점검의 중요한 결과와 의의였다.

군사훈련 분야는 명확한 기록이 없어서 언급하기 쉽지 않지만, 굳이 따져 본다면 《난중일기》에는 활쏘기에 대한 기록이 가장 많이 나온다. 그는 본영에 있을 때 솔선수범해서 활을 쏘았고, 순회점검 때에도 회식에 앞서 활을 쏘았다.

활쏘기는 이순신이 가장 자주 시행한 군사훈련 방법이었는데, 그는 매섭게 추운 1, 2월에도 기회만 되면 활을 쏘았다. 1월 15일과 3월 15일에 군관들에게 활쏘기 시합을 시켰다고 한 이순신의 일기를 볼 때, 그는 군사들의 활쏘기 실력을 정기적으로 점검했던 것으로 추정된다. 이와 같이 그가 활쏘기를 중시한 데는 그럴 만한 이유가 있는데, 이 점에 대해서는 뒤에서 다시 자세히 설명할 것이다.

활쏘기와 같은 군사훈련과 함께, 이순신은 이번 장의 앞머리에서 소개한 것처럼 전쟁에 대비한 전략전술도 준비했다. 이미 언급했듯이, 1592년 3월 5일 그는 좌의정 유성룡으로부터 최신의 전법서戰法書를 전달받고, 이를 부하 장수들과 함께 밤늦게까지 읽고 토론하면서 실전에 활용할 수 있는 많은 전술적 방안을 얻기도 하였다.

보기에 따라 이순신이 부하들에게 많은 부담을 주었을 것 같지만, 이런 과정에서 그는 그야말로 준비된 리더전라좌수사의 모습을 여실히 보여 주었다. 이 가운데 한 가지 예를 더 들자면, 그는 부하 장수들과 격의 없는 대화를 나누기 위해 회식과 술자리를 자주 가졌다. 이 과정에서 그는 자신의 목적이나 의도를 부하 장수들과 자연스럽게 공유했을 것이다.

요컨대 이순신은 1591년 2월, 전라좌수사로 부임한 뒤 한결같은 모습으로 가능한 한 모든 분야에서 전쟁을 대비했다. 그리고 이런 철저한 준비야말로 임진년 첫 해의 모든 해전에서 완벽하게 승리할 수 있었던 근본적인 배경이자 원인이었다.

제2부

임진년 해전과
영웅의 탄생

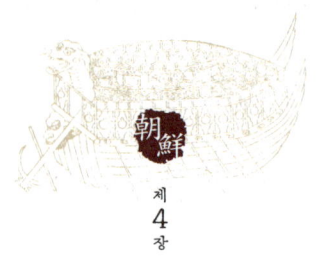

동북아 대전쟁,
임진왜란이 터졌다

1592년 음력 4월 13일, 조선 수군은 갑작스레 찾아온 더위에 신경이 곤두서 있었다. 습한 바닷바람을 견디기에도 진이 빠질 지경인데 날씨마저 도와주지 않으니, 수병들은 죄다 파김치가 되어 있었다. 망루에서 이런 광경을 지켜보던 부산진釜山鎮 첨사僉使·종3품 첨절제사僉節制使 정발鄭撥은 뭔가 결심한 듯 사령使令을 불렀다.

그가 동래부오늘날 부산광역시의 일부의 수군 진영인 부산진 첨사로 부임한 지 오늘로 2개월이 넘었다. 1579년에 무과에 급제한 이후 선전관과 현령, 훈련원 부정을 거쳤지만 그가 국경의 최전선에 서게 된 것은 이번이 처음이었다. 그렇기에 열도를 통일한 왜적이 언제 침입할지 모른다는 소문은 그를 더욱 긴장시켰다. 부산진이

뚫린다면 전쟁준비를 충분히 하지 못한 조선으로서는 힘든 싸움을 할 게 뻔했기 때문이다.

지난 2개월 동안, 정발은 자신이 직전에 몸담았던 훈련원의 선진 기술을 부산진 수병들에게 전수하고자 애썼다. 지난 12년 동안 줄곧 엘리트 코스를 밟아왔고 계획한 것은 뭐든 해내곤 했던 그였다. 그래서일까. 그는 부산진 첨사에 제수되었을 때도 자신만만했다. 그는 이번에도 자신이 계획한 대로 해낼 거라고 확신했다.

그동안 수병들의 일거수일투족을 남김없이 훑었던 그는 기술 연마에 앞서 체력단련과 정신력 강화를 서둘러야 한다는 사실을 절감했다. 이른 더위에 신임 첨사의 선진 기술을 이식받느라 지친 모습을 보이기는 했지만, 수병들은 흉흉한 소문에도 아랑곳하지 않고 훈련에 잘 따라 주었다.

'그래, 이제 사냥을 할 때가 된 거야.'

신임 첨사 정발은 자신이 맡고 있는 수병들이 실전에서 얼마나 위력을 발휘할지 알고 싶었다. 사냥은 연병장에서만 이루어진 수병들의 훈련 상태와 군관들의 활솜씨를 평가할 수 있는 좋은 기회였으니, 이를 위해 그는 수병들을 독려해 부산진 앞바다에 위치한 절영도絶影島로 사냥을 나선 것이다.

이날 사냥은 그가 생각했던 것보다는 훨씬 나은 결과를 보여 주었다. 수병들은 예상 외로 잘 단결했고 사냥 결과도 그가 예상한 것보다 훨씬 나았다. 점심을 먹고 다시 사냥에 나서려는데 군관 하나가 달려와 급하게 보고를 했다.

"일본 쪽에서 배들이 떼로 몰려오고 있습니다."

정발은 사냥으로 오른 흥을 깨기 싫었다. 하지만 곧 정색을 하고 지시를 내렸다.

"다시 살펴보고 확인하는 대로 신속하게 보고하라."

얼마 되지 않아 다시 군관이 올라왔다.

"일본 쪽에서 몰려온 배는 90여 척이고, 한 식경 내외의 거리에 있습니다."

한 식경이면 두 시간 정도면 닿을 수 있는 짧은 거리였다.

정공단충장공정발장군비
해군사관학교박물관 사진 제공

자성대(부산진 지성) 정상 부근의 진남대
해군사관학교박물관 사진 제공

'그동안 오지 않던 세견선歲遣船인가? 하지만 세견선은 아무리 많아도 50척을 밑돌지 않는가? 그렇다면?'

정발은 아차 싶었다. 그동안 일본이 전쟁을 일으킬 수도 있다는 말을 여기저기서 들었는데, 하필 진영을 떠나 사냥하고 있을 때 급보를 접하다니.

'정신을 차리자.'

그는 즉시 휘하 군관들에게 명령을 하달했다.

"신속하게 사냥을 마무리하고 모두 진성鎭城으로 복귀해 다음 명령을 기다리라."

이때 정발은 자신이 거느린 전선戰船 몇 척만으로는 바다에서 응전할 수 없다고 판단했다. 때문에 신속하게 진성으로 복귀해 전투를 준비할 수밖에 없었다.

진성에 도착한 정발은 서둘러 휘하에 전투 준비를 지시했다. 동시에 그는 주변에 이런 상황을 긴급하게 알렸다. 인근의 동래부사와 자신의 직속상관인 경상좌수사慶尙左水使에게 상황을 전파한 뒤, 그는 전투 준비 상황을 둘러보았다. 일단 부산진은 소규모 왜구를 막기에는 적절할지 몰라도 대군을 막기에는 규모가 작았고 병력도 너무 부족했다. 서둘러 전투 준비를 하면서, 정발은 일본군의 움직임을 주시했다.

최초 보고와는 달리 부산진 앞바다에 도착한 일본군은 4~500척이나 되는 엄청난 규모였다. 질서정연하게 정박한 일본군 선박들은 보기만 해도 위압을 느낄 만큼 바다를 꽉 채우고 있었다. 이들과 맞선 부산진은 새로 부임한 정발이 그동안 공을 들여 준비했음에도 불구하고 약세를 면할 수 없었다. 하지만 비록 소수였지만 군사들은 훈련이 잘 되어 있었고, 지휘관을 중심으로 일치단결하여 일전을 불사할 각오를 하고 있었다.

이날 일본군은 상륙하지 않았다. 해가 질 무렵, 평소 부산과 동래를 자주 드나들었던 쓰시마 사람 일부가 부산진성에 와서 항복할 것을 권유했다. 정발은 이를 단호하게 거절하고, 다음날 시작될 전투를 준비했다.

《징비록懲毖錄》 등의 기록을 보면, 임진왜란이 일어난 첫날의 모습이 바로 이러

부산진순절도(釜山鎭殉節圖)

147.0×97.0cm 보물 제391호, 육군박물관 소장.

했으리라. 앞 장에서 언급했듯이 임진왜란은 어느 정도 예견된 상태였고, 이와 관련된 기록도 많이 남아 있다. 하지만 임진왜란은 이처럼 일본군의 기습적인 침략으로 시작되었다. 한 가지 재미있는 점은 일본군은 다른 나라를 침입하거나 전쟁을 시작할 때 대부분 기습 공격으로 시작했다. 이것은 일본이 임진왜란 이후 청일전쟁이나 러일전쟁도 기습으로 시작했고, 제2차 세계대전의 태평양전쟁도 진주만 기습으로 문을 열었던 것에서 잘 드러난다.

본격적으로 나아가기에 앞서 '임진왜란이라는 전쟁을 어떻게 볼 것인가?' 하는 중요한 과제가 있다. 먼저 '임진왜란'을 제대로 이해하려면, 이 전쟁의 원인과 정체성, 참전국인 조선, 명, 일본 3개국의 임진왜란 직전 상황 등을 살펴봐야 한다. 특히 참전국의 정치적 배경과 이순신과 관련된 일본 수군의 준비 상황 등을 가능한 범위에서 살펴보기로 하자.

임진왜란은 16세기 말에 동북아 삼국이 맞붙은 미증유의 국제적인 대전쟁大戰爭이었다. 중원 침략을 목표로 전쟁을 일으킨 일본, 직접적인 전장이 됨으로써 전쟁의 가장 큰 피해자가 된 조선, 본토 밖에서의 전쟁 종식을 목표로 시종일관 임진왜란에 관여한 명나라가 바로 임진왜란의 주역이었다. 그리고 이 전쟁은 조선 땅을 무대로 7년에 걸쳐 진행되었다.

참가한 병력 규모만 보더라도 일본은 약 30만 명의 병력을 동원했고, 명나라도 총인원 10만 명 정도가 참전했다. 조선은 전장으로 입은 인적 피해가 100만 명을 넘어선 것으로 추정되고, 전쟁 포로로 잡혀간 인원도 10여 만 명에 이르는 것으로 알려져 있다.

임진왜란은 규모만 컸던 것이 아니라 전후 동북아 3국에 큰 변화를 가져왔다. 먼저 일본은 임진왜란을 일으킨 도요토미 히데요시豊臣秀吉가 죽으면서 17세기 초에 도쿠가와 이에야스德川家康·1543~1616년가 새로운 정권幕府을 세워 에도시대江戶時代를 열었다. 그리고 훗날의 이야기이지만 임진왜란으로 유입된 인적·물적 자원을 일본화하는 과정에서 17~18세기의 국학國學이 만개하는 에도시대의 전성기를 맞게 되었다.

명나라는 임진왜란 당시 국력을 너무 소진한 탓인지 얼마 버티지 못하고, 새로 흥기한 여진족 후금後金·청나라에게 대륙의 주인 자리를 넘겨주고 말았다. 1618년 결국 명나라는 역사의 뒤안길로 사라지고, 중원의 마지막 이민족 왕조인 청나라가 동북아의 패자로 등장하게 된다.

조선 역시 종묘사직은 보존할 수 있었지만 임진왜란을 기점으로 많은 변화가 일어났다. 우선 이 전쟁은 조선 전기에 구축된 사회 전반의 기틀을 뒤흔들었다. 선조 즉위 이후 쇠락하기 시작한 훈구파는 임진왜란 이후 역사의 무대에서 자연스럽게 사라졌다. 이를 대신한 서인과 남인, 북인 등 사림 세력은 임진왜란의 후유증을 극복하기 위해 대동법 시행 등 제도적 개혁을 추진했다.

여기서 한 가지 언급할 것은, 1980년대 초반에는 조선시대를 전기와 후기로 양분하는 기준

| 도요토미 히데요시

| 오사카성

94

이 임진왜란이었다. 그 후 20여 년의 세월이 흐른 뒤 이 분야를 전공하기 위해 공부하던 시절, 임진왜란이 아닌 1623년의 인조반정仁祖反正이 조선 전기와 후기의 분기점이라는 새로운 학설을 접한 바 있다. 하지만 개인적으로 인조반정보다는 임진왜란이 조선 전기와 후기를 가르는 분기점이라는 옛 시각이 더 옳다고 본다.

그렇다면 임진왜란은 왜 일어났을까? 임진왜란의 원인原因으로는 침략 전쟁을 일으킨 일본의 입장을 중심으로 몇 가지 설이 있었다. 그중에 대표적인 것은, 일본 전국통일 이후 정권의 안정을 도모하기 위해 전국 다이묘大名·중세 일본의 중소 규모 지역을 다스리던 지배자들의 군사력을 대외 정복으로 돌렸다는 설, 도요토미 히데요시의 개인적인 정복욕征服慾 때문이었다는 설, 명나라와 조선과의 통교 및 통상 불가 상황을 타개하기 위한 사회경제적 욕구설이다.

이 중에서 첫 번째 설은 나중에 다시 언급하기로 하고, 두 번째와 세 번째 설을 좀 더 자세히 살펴보기로 하자.

도요토미 히데요시의 개인적인 정복욕 때문이라는 설을 처음 주장한 것은 일본 학자들이었다. 히데요시의 개인적인 정복욕이 전쟁의 원인이라는 설은, 전쟁 이후 양국에서 널리 알려졌는데, 그 원인은 도쿠가와 막부의 전쟁 책임 회피도 어느 정도 영향을 미쳤다고 볼 수 있다. 히데요시는 일본 전국시대戰國時代·1467~1590년가 막바지에 이르렀던 1587년의 규슈九州 출병 때부터 장차 명나라를 치고 인도印度까지 진출하겠다는 자신의 의지를 휘하 장수들에게 몇 차례 드러냈다고 한다. 좀 더 구체적으로 보면, 주군主君으로 섬겼던 오다 노부나가織田信長의 대륙 진출 계획에 영향을 받은 히데요시가 이를 실행에 옮겼다는 것이다. 또한 어렵게 얻었던 아들 쓰루마스鶴松가 1591년에 세 살의 나이로 병사하자, 낙심한 히데요시가 불안한 심리상태를 이기지 못하고 해외 출병에 집착했다는 설도 있다. 요컨대 이 설은 일본의 전국을 통일한 히데요시의 무리한 정복욕이 임진왜란의 원인이라는 것이다.

세 번째 사회경제적 욕구설은 16세기 전반 이후 명나라와의 공식적 통교가 단절된 일본의 상황에 근거를 둔 것이다. 당시 일본은 대륙과의 통교 단절로 밀무역이나 왜구倭寇 같은 비정상적인 방법 외에는 높아진 경제적·문화적 욕구를 해소할 방법이 없었다. 뿐만 아니라 공식·비공식적으로 통교와 통상관계를 유지하던 조선마저도 16세기 중반까지 거듭된 왜변倭變으로 인해 점차 일본과의 통상을 제한하는 정책을 펴나갔다. 상황이 이렇게 되자, 일본은 자국의 사회경제적 욕구를 충족시킬 수 있는 새로운 방법을 모색할 수밖에 없었다. 바로 이런 상황을 타개하기 위해 임진왜란을 일으켰다는 것이 이 설의 핵심이다.

필자는 이들 가운데 한 가지만이 아니라 세 가지 원인이 모두 복합적으로 작용했을 것으로 생각한다. 여기에 더해 15~16세기 동북아 3국의 서로에 대한 무지無知와 소통의 부재가 임진왜란과 같은 끔찍한 전쟁을 불러오는 또 한 가지 원인이었다고 생각한다. 물론 당시에도 인적·물적 교류는 상당히 진행되고 있었을 것이고, 또 이를 통해 서로에 대해 어느 정도는 알고 있었을 것이다. 하지만 당시 각국의 정책 결정권자들 대부분이 국제 관계에 대한 관념이나 상대 국가에 대한 지식이 거의 없었다는 게 문제였다. 결국 이런 상황도 임진왜란이라는 대전란이 발생하는 근본적인 원인이 되었다고 볼 수 있다.

그렇다면 임진왜란이 일어났던 시기에 각국은 어떤 상황이었을까? 이 점을 확인하기 위해 당시 각국의 정치 상황을 중심으로 전쟁 이전의 배경을 간략하게 살펴보자.

먼저 일본을 살펴보자. 일본은 1467년 쇼군將軍 아시카가 요시마사足利義政의 후계를 둘러싼 권력 다툼에서 시작된 '오닌應仁의 난' 이후 전국 각 지방의 패권을 장악한 다이묘들과 그들의 가신家臣 등 무장들이 100여 년 이상 피를 뿌리며 싸운 전국시대戰國時代가 시작되었다. 이런 상황은 16세기까지 이어져 각 지역별로 패권을 차지하려는 다이묘 간의 전쟁이 계속되었고, 기존 무사 집단의 주종관계는 크게 바뀌었다. 즉 무능한 다이묘를 축출하는 하극상이 일반화되고 실력 제일주의 풍토가 만연하게 되었다.

그런데 전쟁이 한창이던 1543년, 다네가시마種子島에 들어온 포르투갈 상인들에 의해 유럽의 신무기, 조총鳥銃이 전래되었다. 16세기 유럽에서 발명된 화승총으로, '날아가는 새도 떨어트릴 수 있다.'는 데서 조총이라는 이름이 붙었다. 일본에서는 뎃포鐵砲로 불리었고, 일본의 전국통일을 앞당기는 촉매 역할을 한 신무기였다. 수십 년 동안 지속된 전쟁 가운데 우에스기 켄신上杉謙信이나 다케다 신켄武田信玄과 같은 전설적인 용장勇將도 나왔고, 호조 우지야스北条氏康나 모리 모토나리毛利元就 등 각 지역에서 세력을 키운 다이묘들도 속속 등장했다. 이처럼 군웅이 할거하는 전국시대는 능력 있는 자에게는 기회의 시대였다. 그리고 이런 가운데 점차 전국의 통일을 꿈꾸는 인물들이 등장했다.

가장 먼저 등장한 통일 전쟁의 영웅은 오다 노부나가織田信長였다. 그는 일본 중부의 오와리尾張 지역 다이묘의 차남으로 태어나 젊은 나이에 부친의 자리를 승계했고, 그 뒤 대부분의 생애를 전장에서 보냈다. 그는 히데요시 등 평민 출신도 능력만 있으면 신분과 관계없이 가신으로 발탁했고, 백성들과 자주 어울릴 만큼 소탈한 면도 있었다고 한다.

그는 1568년 교토京都에 진출하여 아시카가 요시아키足利義昭를 쇼군으로 옹립하면서 전국 통일의 주도권을 잡았다. 그 뒤 자신이 옹립한 요시아키와 불편한 관계가 되면서 두 차례에 걸쳐 '반反 오다 동맹'이 만들어지는 등 난관이 있었지만, 이를 극복하고 전국 통일을 달성하는 듯했다. 하지만 1582년 여름, 모리씨와 전투를 벌이기 위해 구원군을 이끌고 출전하던 도중에, 최측근 가신으로 오다 사천왕四天王 가운데 한 사람인 아케치 미쓰히데明智光秀의 배신으로 인해 혼노지本能寺에서 자결하고 말았다.

오다 노부나가의 뒤를 이은 평민 출신의 히데요시는 하급 군인으로 복무하다가 중도에 포기하고, 오다 노부나가의 측근이 된 뒤 출세가도를 달렸다. 그래서인지 그는 오다 노부나가의 영향을 많이 받았고, 전국을 통일한 뒤에도 모시던 주군의 정책을 그대로 추진하기도 했다. 1582년 혼노지의 반역 사건이 발생할 무렵, 이미 그는 사천왕에 버금가는 오다 노부나가의 측근으로 자신의 세력을 구축하고 있었다. 우선 그는 오다 노부나가가 자결하자 경쟁자였던 시바타 가쓰이에柴田勝家·1522~1583년보다 먼저 아케치 미쓰히데를 처단함으로써 후계자로서의 입지를 구축했다. 곧이어 오다 가문의 전 세력을 장악하여 실질적인 후계자가 되었다. 그 역시 오다 노부나가처럼 능력만 있으면 과거를 묻지 않고 휘하에 거두는 등 강한 리더십과 조직력을 바탕으로 급속하게 세력을 팽창하면서 전국 통일 전쟁을 진행해 나갔다.

곧이어 그는 남서부의 시코쿠四國와 규슈를 연이어 정벌하고, 1590년에 호조 씨를 정벌함으로써 전국 통일을 달성했다. 하지만 그의 전국 통일은 완벽한 것은 아니었다. 그의 군사력이 일본 전국을 지배한 것이 아니었고, 각 지방별로 도쿠가와 이에야스처럼 그와 동맹을 맺은 수준의 다이묘 세력들이 산재해 있었다. 이 때문에 히데요시가 다이묘들의 막강한 군사력을 외국 원정을 통해 소모하기 위해 임진왜란을 벌였다는 설이 등장한 것이다.

다음으로 임진왜란 발발 직전의 명나라로 가 보자. 1368년 개국한 이래 200여 년이 지난 16세기 중반, 명나라는 지방 토착세력의 반란과 정치적 혼란 등의 내우內憂와 북로남왜北虜南倭로 대표되는 외환外患이 끊이지 않는 왕조 말기적 상황에 처해 있었다.

명나라 황제의 지배력이 약화되면서 지방 토착 세력이 들고 일어나 반란을 일으키기 시작한 것도 이 무렵이었다. 이때 북쪽에서는 몽고족이 침입해 변경을 어지럽혔고, 남쪽에서는 왜구가 침략과 약탈을 일삼으면서 국가의 존립을 위태롭게 할 정도로 위협을 가했다.

바로 이때, 어린 나이에 즉위한 신종神宗 황제를 보필하면서 집권한 장거정張居正의 개혁이 1572년부터 1582년까지 10여 년간 추진되었다. 그는 먼저 몽고족과 화친을 하면서 내치內治를 다질 수 있는 시간을 벌고, 척계광戚繼光을 등용해 남서쪽 해안의 왜구를 토벌하는 데 성공했다. 이어 관리에 대한 고과제도 등을 실시해 국가기강을 바로잡았고, 전국적으로 토지측량을 실시해 국가수입을 늘렸다. 또한 모든 세금을 토지에 묶어서 은銀으로 내게 하는 일조편법一條鞭法을 실시하는 등

강력한 개혁정책을 추진했다.

　그 결과 기울어가던 명나라는 새로운 힘을 얻게 되었다. 본인 사망 이후 가문이 몰락하는 등 말로末路가 좋지 않았지만, 장거정은 명대 최고의 재상으로 꼽힐 만한 인물이었다. 그가 추진한 개혁의 결과 명나라의 재정 상태와 국방태세가 충실해졌는데, 이로 인해 명나라의 수명이 50년은 길어졌다고 해도 과언이 아닐 것이다. 명나라가 임진왜란 때 조선에 파병할 수 있었던 것도 이런 개혁의 성과 때문이었다.

　임진왜란 직전 조선의 상황은 앞에서도 일부 언급했기 때문에 간략하게 정리하고자 한다. 1589년 발생한 기축옥사己丑獄事·정여립의 난로 인한 정치적 불신과 정국 불안은 국가 전반에 영향을 미쳤다. 특히 전쟁의 조짐이 있었기 때문에 해이해진 국방태세를 바로 잡고 전쟁에 대한 대비가 필요한 시점이었는데, 이 사건으로 인해 조선 조정은 충분한 준비를 하지 못했다. 당시 조선 조정은 전쟁에 대비해 이순신을 전라좌수사로 발탁했고, 전국 요충지에 산성山城을 쌓도록 지시했으며, 전쟁 직전에 신립 등으로 하여금 전국의 방어태세를 점검토록 했다. 하지만 신립 등의 방어태세 점검은 지방을 돌며 소요만 일으켰다고 평가받을 정도로 문제가 많았다. 전란이 임박한 상황에서 조선 조정이 얼마나 방심했었는지를 여실히 보여 주는 대목이다.

　또 한 가지 문제점은, 당시 조선 조정의 시선이 북방의 명나라와 여진족에게만 집중해 있었던 점이다. 16세기에 일어난 세 차례의 왜변으로 인해, 수군의 무기체계를 전폭적으로 교체했음에도 불구하고, 조선 조정은 일본의 전국 통일과 대륙 침략 시도라는 정보에 대해 이렇다 할 대책을 마련하지 못했다. 200여 년의 오랜 평화로 인해 '설마 섬나라 일본이 특별한 이유 없이 조선을 침략할 수 있을까?' 하는 무사안일의 심리가 전쟁 준비를 제대로 하지 못한 근본적인 이유였다고 판단된다.

　그렇다면 일본은 임진왜란 이전에 어떤 준비를 했을까? 히데요시는 전국 통일 직후부터 대륙 침략을 준비했는데, 그 출발점은 1591년 7월부터 히젠肥前에 나고야名護屋성을 축조한 것이다. 나고야 성은 오늘날의 사가현佐賀縣 가라쓰시唐津市에 있는 성으로 아이치현愛知縣의 나고야名古屋성과 한자만 다르고 발음이 같아서 역사에 관심이 있는 사람들 외에는 일본인들도 잘 모른다. 이 성은 부산과 쓰시마對馬島], 이키시마一岐島에서 가장 가까운 일본 규슈의 남서쪽 끝부분 해안에 자리 잡고 있다. 축성 전문가인 가토 기요마사加藤淸正 등 규슈 지방의 다이묘와 백성을 동원해서 쌓았는데, 일본 전역의 지원을 받아 불과 8개월 만에 완성했다. 나고야성은 당시 규모가 가장 컸던 오사카大坂성 다음으로 일본에서 두 번째로 큰 성이었다. 성의 정상부에는 7층 높이의 거대한 천수각을 만들었는데, 이곳에는 히데요시가 임진왜란 발발 직후에 들어가 1년 이상 머물면서 전쟁을 지휘했다고 한다.

나고야성은 성 자체도 규모가 매우 컸지만, 히데요시의 명에 따라 전국의 다이묘들이 모두 성 주변에 근거지를 마련하고 병력과 함께 주둔하고 있었기에 위세가 대단했다. 나고야성을 중심으로 수십 군데의 다이묘 주둔지를 포함하면, 이곳은 임진왜란을 위한 병력과 주민 등 20여 만 명이 생활하는 대규모 신도시였다.

생애의 많은 시간을 전장에서 보낸 히데요시는 대륙 침략 기지인 나고야성을 매우 호화롭게 건설하고 이곳에서 직접 전쟁을 진두지휘할 생각이었다. 더 나아가 이곳뿐만 아니라 이키시마와 쓰시마에도 같은 시기에 축성築城이 있었다. 바로 이키시마의 카츠모토성勝本城과 쓰시마의 시미즈야마성淸水山城은 임진왜란 당시 대표적인 중간 기착지에 쌓은 성들이다. 이 두 섬은 전쟁 동안 조선으로 건너가는 일본군이 잠시 머무는 징검다리 역할을 했다. 히젠 나고야성에서 이키시마까지 한 나절, 이키시마에서 쓰시마까지 하루, 쓰시마에서 부산까지 하루가 걸리니 일본 본토에서 부산까지 사흘이 소요되었다.

임진왜란이 시작되면서 조선에 파병된 일본의 전체 병력은 1번대부터 9번대까지 모두 15만 8,000여 명이었다. 그중 수군은 따로 9,200명 수준으로 편성되었던 것으로 알려져 있는데, 자세한 일본 수군의 편성은 다음 표와 같다.

■ 임진왜란 당시 일본 수군 편성

장수	근거지	병력 수(명)
구키 요시타카[九鬼嘉隆]	시마 도바[志摩鳥羽]	1,500
도도 다카토라[藤堂高虎]	이세 이가[伊勢伊賀]	2,000
와키사카 야스하루[脇坂安治]	아와지 스모토[淡路洲本]	1,500
가토 요시아키[加藤嘉明]	이요 마쓰자키[伊予松崎]	750
구루시마 미치유키[来島通之]・이요 구루시마[伊予来島]	구루시마 미치후사[来島通總]	700
스게 다쓰나가[菅達長]	아와지 이와야[淡路岩屋]	250
구와야마 가즈하루[桑山一晴]・구와야마 마사하루[桑山貞晴]	기이 와카야마[紀伊和歌山]	1,000
호리우치 우지요시[堀内氏善]	기이 신구우[紀伊新宮]	850
스기와카 우지무네[杉若氏宗]	기이 다나베[紀伊田辺]	650
계	9,200	

그런데 이와 같이 편성된 일본 수군은 단일 함대 혹은 몇 개의 함대로 조직되어 일사분란하게 활동한 것이 아니었던 것 같다. 다시 말해 처음부터 일본 수군은 하나의 조직으로 운영되지 않았다는 것이다. 이 점에 대해서는 좀 더 살펴볼 필요가 있는데, 일단 일본 수군 편성의 특징과 그렇게 된 이유를 살펴보자.

조금 단정적인 표현이기는 하지만, 당시 일본 수군은 14세기부터 전국시대 말기까지 이어진 왜구倭寇 세력과 일본 연안에서 활약하던 해적海賊에 그 뿌리를 두고 있다. 이 시기의 일본 해상 세력을 지역적으로 나누어 살펴보면 그 이유를 쉽게 확인할 수 있다. 일본 전체 해역은 왜구의 근거지인 사이카이도西海道 연안, 일본 혼슈本州와 시코쿠四國 사이의 세토나이카이瀬戸内海 해역, 키나이畿内를 둘러싼 연안 해역, 그리고 도카이도東海道 연안 해역 등 크게 네 개의 해역으로 나누어 볼 수 있다.

이들 네 지역을 차례로 살펴보면, 먼저 우리나라와도 밀접한 관련이 있는 규슈 해역은 설명이 필요 없는 왜구의 근거지였다. 하지만 전국시대가 무르익으면서 이 지역의 왜구들도 점차 각 지역의 다이묘 휘하로 재편되었다. 그중에 가장 유명한 왜구 집단이던 마쓰우라松浦 세력, 고도五島 세력 등은 여러 다이묘 휘하를

히젠 나고야성 성벽과 출병한 포구 모습
해군사관학교박물관 사진 제공

거쳐 임진왜란 때는 고니시 유키나가小西行長 예하의 수군으로 참전했다.

특히 1588년 7월에 히데요시가 "해상 적선의 금지령海上賊船の禁止令"을 선포함으로써, 왜구나 해적은 더 이상 존립할 수 없게 되었다. 결국 일본 전역의 왜구와 해적 세력은 독자 생존을 포기하고 근처의 유력 다이묘 휘하에 편입될 수밖에 없는 상황이었다.

두 번째 해역인 세토나이카이와 세 번째 해역인 키나이 연안의 해적들은 다른 지역의 해적들에 비해 유력 다이묘들의 휘하로 빨리 흡수되었다. 전국 통일 전쟁을 치르면서 수군의 중요성을 절감한 다이묘들이 해적들을 적극적으로 활용하려 했기 때문이다. 예를 들어 오다 노부나가 휘하에서 활약했던 해적 출신의 구키 요시타카九鬼嘉隆, 스게 다스나가菅達長, 호리우치 우지요시堀內氏善 등은 히데요시의 수군으로 편입되었는데, 특히 구키는 통일 전쟁에서 큰 공을 세워 히데요시 수군의 대표 다이묘로 성장했다. 무라카미村上 해적 출신으로 유명한

구루시마米島 형제 역시 이들과 비슷한 경로로 히데요시의 직속 수군으로 편성되어 임진왜란에도 참전한다.

앞에서 언급한 임진왜란 당시 일본 수군 편성의 특징은, 이 두 해역 출신으로만 구성되었다는 점이다. 그 이유는 바로 키나이 해역과 세토나이카이의 이요伊子 해역 출신의 해적들이 모두 히데요시의 직속 수군으로 재편되었기 때문이다. 물론 이 지역 해적의 일부는 히데요시의 수군 외에 모리씨나 고바야카와小早川씨 등 각 지역 유력 다이묘의 수군으로 편입된 경우도 있었다.

한편 앞에서 언급한 도도 다카토라, 와키자카 야스하루, 가토 요시아키 등의 수군은 원래 해적 출신은 아니었다. 이들은 전국 통일 전쟁에서 여러 차례 전공戰功을 세워 영지領地를 넓히거나 확대 이전하면서 당시 해상 교통의 요지에 자리를 잡은 다이묘 집단이라고 할 수 있다. 예를 들어 도도 다카토라는 원래 기이紀伊 지방의 고카와粉河 성주였고 그의 영지는 산간 지방에 있었다. 하지만 통일 전쟁 과정에서 이요를 거쳐 임진왜란 무렵에는 이세伊勢의 이가伊賀를 차지한 다이묘가 되었다. 와키자카 야스하루 역시 야마시로山城, 셋츠攝津, 야마토大和 등지를 전전하다가 1585년 이후에 해상 교통의 거점인 아와지 인근을 다스리는 다이묘가 되었다. 가토 요시아키 역시 이들과 비슷한 경로를 거쳐 연안 지역의 다이묘가 되었다. 이들은 모두 키나이 해역의 주요 해상 거점, 즉 지역적 특성에 따라 히데요시의 직속 수군으로 편성된 부류들이다.

마지막 네 번째 해역인 도카이도 해역의 해적 세력은 다른 지역과 마찬가지로 각 지역 유력 다이묘 휘하의 수군으로 재편되었다. 전국 통일이 이루어질 무렵, 이 지역 해적 출신들은 대부분 도쿠가와 이에야스의 수군으로 편입되었지만, 임진왜란에는 동원되지 않았다고 한다.

이렇게 볼 때 일본 수군은 히데요시 직속의 중앙 수군과 각 지역 다이묘 휘하의 지방 수군으로 이중적인 형태를 띠고 있었다. 이 때문에 일본 수군 편성표에는 다만 중앙의 수군만이 편성되어 있을 뿐이고, 1번대부터 9번대까지 편성된 각 다이묘 휘하의 자체 수군지방 수군이 따로 존재하고 있었다. 사실 이런 상황은 이미 수군 조직에 큰 문제가 있음을 보여 준다. 즉 수군의 지휘 계통이 확실하지 않다는 것인데, 일본 수군의 총사령관도 분명하지 않을 뿐더러 지휘계통도 불확실했다.

분명한 것은 임진왜란 당시 일본 수군의 뿌리는 왜구와 해적에서 비롯되었다는 점인데, 이것은 일본 수군이 통일 전쟁에서 펼친 해전 방식에서도 잘 나타난다. 일본 수군의 정체성을 확인하는 작업은, 임진왜란 당시 일본 수군의 특성과 전술적인 배경을 살펴볼 수 있다는 점에서 의미가 있다.

일본의 전국시대는 100여 년이 넘게 진행되었기 때문에, 그 동안 수많은 해전이 있었을 것으로 예상하기 쉽다. 하지만 특이하게도 이 시기의 해전으로 현재까지 알려지고 있는 것으로는, 1551년에 벌어진 모리씨와 스에陶씨 간의 이쓰쿠시마嚴島해전과, 1576년과 1578년 두 차례에 걸쳐 벌어진 이시야마石山 해전뿐이다.

먼저 이쓰쿠시마 해전에서는, 모리씨 쪽이 오우치大內씨의 휘하였던 세토나이카이 연안의 해적과 무라카미村上 해적 등을 동원하여 스에씨 세력과의 전투에서 승리했다. 하지만 엄밀하게 말해서 이때는 해전이 벌어진 것은 아니었다. 즉 이 시기에는 상대 수군을 의도적으로 공략한 것이 아니라, 해상 요충지를 점거하면서 상대 병력이나 군량 수송을 차단하는 것이 주 임무였고, 때에 따라 상륙해서 공성전攻城戰에 참가하는 정도였다.

두 번째 이시야마 해전은 오다 노부나가와 일향종一向宗 세력이 서로 맞붙었을 때, 이쓰쿠시마 해전으로 막강한 수군력을 확보한 모리씨가 일향종 편을 들면서 노부나가와 모리씨 간의 대결이 되었다. 먼저 제1차 이시야마 해전은 약 7~800척으로 두 배 가까운 압도적인 전력을 보유한 모리씨의 승리로 끝났다. 이 전투에서 모리씨의 수군은 해적 집단의 기본 전법인 등선육박전술登船肉薄戰術·일본식 표현은 키리토리切り取り로서 '(배에 올라타서) 사람을 쳐 죽이고 물품을 빼앗다.'라는 의미이 아닌 불화살을 사용한 화공전술火攻戰術을 최초로 사용했다고 한다. 하지만 이 전투도 모리 수군이 노부나가의 수군을 격파했다기보다는 이시야마 혼노지石山 本願寺의 봉쇄를 풀고 군량을 보급함으로써 노부나가의 공세를 저지한 정도였다.

이 전투에서 패한 노부나가는 구키 요시타카^{九鬼嘉隆} 등에게 대형 선박^{大船·임진왜}란 시기 일본 수군의 대형 선박인 아타케부네 7척을 건조하도록 명령했다. 제2차 이시야마 해전은 7척의 대선을 중심으로 한 노부나가 측이 승리를 거두었다. 이때 노부나가 측은 7척의 대선에 각각 3문의 대포^{大砲}와 파괴력이 큰 대철포^{大鐵砲}를 설치해 적선의 접근을 막았고, 결국 이시야마 혼노지에 군량 공급을 차단하여 일향종을 타도하는 데 성공했다.

제2차 이시야마 해전은 새로운 전술과 아타케부네가 등장한 최대 규모의 해상 대결이었지만, 어느 한 쪽도 괴멸되지는 않았다. 함대 간에 해전을 치러 공멸의 위험을 감수하기보다는, 적선 일부를 파괴함으로써 해로^{海路}를 막아 병참선을 차단하는 것에 의미를 두었기 때문이다. 이때 새로 등장한 대형 선박도 바다의 성^城이자 기지^{基地} 역할을 하면서 적의 보급로를 차단하는 것이 주된 목표였다.

요컨대 전국시대 통일 전쟁이 진행되는 동안, 일본에서는 각 지역의 수군 세력이 많은 전쟁에 동원되지만, 양측이 해상 전투를 벌여 상대 수군을 괴멸시키고 제해권^{制海權}을 장악하는 등의 해전^{海戰} 개념이나 해양전략^{海洋戰略} 등은 존재하지 않았다.

이런 일본 수군의 한계는 히데요시가 임진왜란을 준비하면서 휘하 다이묘들에게 내린 명령서를 통해서도 확인할 수 있다. 임진왜란과 관련된 히데요시의 명령서^{붉은색 도장을 사용해서 주인장朱印狀이라 했다}는 1591년 1월과 1592년 3월에 내려졌는데, 그중에는 수군과 관련된 내용도 포함되어 있다. 우선 첫 번째 명령서는 각 다이묘들이 준비해야 할 군선^{軍船}의 수와 병력 숫자 등에 대한 내용을 담고 있다. 두 번째 명령서는 앞에서도 언급한 제1번대부터 제9번대까지 약 15만 8,000여 명의 병력 구성과 함께, 이들에게 내린 5개 조항의 명령이 포함되어 있다. 그중에 수군과 관련된 제4, 5항을 소개하면 다음과 같다.

[제4항] 이번 출정에는 선박이 매우 중요하니 많이 준비하는 것을 공으로 삼을 것이며, 모든 부대의 선박을 기록하여 선봉행^{船奉行}에게 바치고 그 지시를 받은 다음에

순차적으로 건너가라. 조선 땅에 상륙을 마치면 각 부대 선박에는 자대의 봉행奉行 1명씩을 붙여서 쓰시마로 돌려보내 후속 부대가 바다를 건널 수 있도록 하라.

[제5항] 조선 왕이 일본에 입조入朝 하기로 한다면 규정한 서열에 따라 순차적으로 상륙할 것이며, 만약 입조를 거부하면 선박을 부근 도서島嶼에 집결하고 전군全軍이 서로 협의한 후 규정한 서열과 관계없이 일시에 조선의 여러 포구에 상륙하여 진지陣地를 선정하고 축성築城 공사를 견고히 하라. 이런 경우에는 규슈와 시코쿠과 츄고쿠中國 지방의 군사는 물론이고 아와지淡路 병력과 구키 요시타카 등의 수군도 동시에 모두 건너갈 것이다.

— 이형석李炯錫, 1967, 《임진전란사壬辰戰亂史》 상권, 서울대학교 출판부, 136쪽에서 재인용.)

위의 제4항은 선박이 많이 필요하므로 선박을 많이 준비하는 것으로 공적을 삼는다는 것과 일종의 선박 감독관인 후나부교船奉行를 둔다는 사실을 밝히고, 각 부대가 보유한 선박을 대마도로 돌려보내 후속 부대가 계속 바다를 건널 수 있도록 하라는 명령이다. 그리고 제5항은 조선을 침공하게 될 때에는 일시에 여러 포구에 상륙하여 진지를 정하고 성을 쌓으라고 명령한 것이다.

이 두 조항 외에 조선 수군을 공격한다거나, 해전을 통해 해로를 확보하라는 명령은 없다. 요컨대 일본은 당초 계획에서부터 해전을 통한 조선 수군 격파와 해로 장악에 대한 목표는 없었고, 단지 상륙과 축성을 통해 교두보를 마련하고 조선의 내륙 지방을 탈취한다는 육전陸戰의 개념만 생각했던 것이다. 이 점은 20세기 전반, 일본의 군인 출신 해전사가에 의해 "국내日本 전쟁의 경험이 해전의 개념을 발달시키지 못해 이름은 수군이라 칭했지만, 그 실제는 선박을 보유한 육군의 관념에 지나지 않았기에, 임진왜란 때 일본 수군이 맛본 고배苦杯·패배의 쓴 잔는 자연스러운 귀착이다."라고 정리되기도 했다.

(아리마 세이호有馬成甫, 1942, 《조선역 수군사朝鮮役水軍史》, 海と空社, 17~18쪽. 1992년 민속원民俗苑 재발행.)

다음으로 임진왜란 초기의 전투 상황과 조선군의 대처, 특히 경상좌도 수군의 대응과 주요 육전을 차례로 살펴보고, 이어서 전라도 수군의 상황을 살펴보기로 하자.

일본의 선봉 제1대는 1592년 4월 13일 오후 4시 전후에 부산포 앞바다에 도착했다. 도착한 첫날 일본군은 일부 인원만 상륙하고, 나머지 병력은 배를 정박한 채로 밤을 지냈다. 이튿날인 14일 이른 아침, 상륙을 마친 일본군은 곧바로 부산포 진성釜山浦鎭城을 공격했다. 부산포 수군첨사 정발과 휘하 장병이 최선을 다했지만 전투 결과는 두 시간 만에 성이 함락되고 말았다. 우리 측 자료에는 한나절을 버티고 정오경에 화살을 다 소비한 정발이 총에 맞아 전사하면서 성이 함락되었다고 알려져 있지만, 일본 측 기록에는 오전 6시에 시작된 전투가 8시경에 끝났다고 간단히 언급되어 있다.

두 시간을 버틴 것도 정발과 부산포의 장병이 최선을 다한 결과라고 볼 수 있다. 수백 명 대 1만 7,000여 명의 대결, 그것도 전투 경험이 없는 조선군과 전국시대를 막 끝낸 일본 정예군의 대결 등 여러 가지를 종합해 볼 때, 부산포 수군첨사 정발과 장병들이 끝까지 분전하다가 전원 옥쇄한 것은 조선군의 저항 정신을 보여 주었다는 점에서 상징적인 의미가 있다.

부산포를 함락한 일본군은 동래부를 공략하기 전에 부산포의 좌우에 포진하고 있던 경상좌도 수군의 주요 군진들을 장악하기 위해 병력을 나누어 파견했다. 먼저 부산포로부터 동북쪽으로 멀지 않은 거리에 있었던 경상좌도의 본영인 좌수영左水營에 일본군이 도착했을 때는 경상좌수사 박홍朴泓이 진성의 방어를 포기하고 떠난 뒤였다.

경상좌수사 박홍은 어느 누구보다 일본군의 정세에 대해 잘 알고 있었던 것으로 추정된다. 그는 재빨리 좌수영을 포기하고 동래부東萊府 성城에 들러 동래부사 송상현과 현 사태에 대해 논의한 뒤 동래부를 떠나 후퇴를 거듭했다. 도주가 아니라 후퇴라고 표현한 것은 그가 전쟁 상황을 주변과 상부에 보고 내지는 전파하면서 행동을 이어갔기 때문이다.

박홍의 보고는 4월 17일 오후 4시경에 한성부漢城府까지 전달되었다. 일본군이 부산포에 들어온 지 정확하게 4일 만에 수도 한성에서도 전쟁이 일어난 소식을 접한 것은 장계가 올라가는 속도가 그 정도였기 때문일 것으로 추정된다. 장계보다는 봉화를 통한 소식 전파가 빨랐을 것인데, 이와 관련된 기록은 현재 정확하지 않다. 박홍의 전파는 이순신에게도 전달되었는데,《난중일기》에 의하면 4월 15일 해질녘에 원균의 전통傳通과 박홍 등이 보낸 공문關이 함께 도착한 것으로 되어 있다. 즉 전라좌수사 이순신은 일본군이 도착한 지 이틀 뒤에 개전 소식을 처음 접하게 되었다.

부산포 첨사진을 기준으로 남서쪽 해안에는 서평포西平浦 만호진과 다대포多大浦 첨사진이 있는데, 좌수영과 동시에 이곳에도 일본군 병력이 파견되었다. 서평포는 다른 기록이 없는 것으로 보아 무혈점령된 듯하다. 그런데 다대포에서는 이와 다른 상황이 벌어졌다. 유성룡의《징비록》에는 간략하게 다대포첨사 윤흥신尹興信이 '적과 맞서 싸우다가 전사했다.'라고 간략하게 언급되어 있다. 하지만 다른 기록에 의하면 부산포가 함락된 당일 일본군 부대는 다대포를 함락시키지 못했다.

다대포는 낙동강 하구에서 부산 쪽으로 굽어 들어갈 때 가장 가까운 쪽에 돌출된 포구로 대일 관계에서 중요한 위치를 차지하는 수군 첨사진이다. 당시 이곳의 첨사 윤흥신에 대해 간략하게 소개하면 다음과 같다.

윤흥신은 1545년 을사사화 때 화를 당한 대윤의 영수 윤임尹任의 다섯 째 아들이다. 어린 시절 유복했으나, 사화로 인해 부친과 위로 세 형을 한꺼번에 잃고 자신은 노비 신세로 전락했다. 그로부터 32년이 흐른 뒤인 1577년 윤임이 신원伸寃·원통함을 푼다는 뜻으로 사면복권을 의미되었을 때는 그도 이미 40대 중반의 나이였다.

일설에는 그가 부친 윤임과 마찬가지로 무과武科에 급제했다고 하는데, 방목 등 자료상으로는 관련 기록을 찾을 수 없다. 아마 부친의 관직과 품계가 모두 회복된 이후 음서蔭敍·조상 덕으로 벼슬함로 관직에 진출했던 것 같다. 그는 진천현감 등을 역임하고 임진왜란 직전에 다대포첨사가 되었는데, 이때는 60세에 가까운 나이였다.

동래부순절도(東萊府殉節圖)

145.0×96.0㎝ 보물 제392호, 육군박물관 소장.

임진왜란이 터지자 그는 휘하 병력과 함께 진성을 지키고 있다가, 4월 14일 오후에 일본군의 공격을 받았다. 이때 그와 다대포의 장병은 공격해 온 수백 명의 일본군을 물리치고 임진왜란 최초로 승전을 거두었다. 지금까지 임진왜란에서 조선군이 거둔 첫 번째 승리는 부원수 신각申恪이 경기도 양주시의 해유령蟹踰嶺 전투에서 일본군 70여 급級을 벤 것으로 알려져 왔다. 하지만 임진왜란의 실질적인 전투가 벌어진 첫날인 4월 14일 오후, 윤흥신과 다대포 첨사진의 장병들은 이곳을 공격해 온 일본군 부대를 방어해 내며 첫 번째 승리를 거둔 것이다.

첫날 승리를 거둔 후 윤흥신의 휘하 군관들은 다음날 일본군이 증원된 병력으로 다시 공격해 올 것이 분명하므로 일단 후퇴해서 훗날을 도모하는 것이 좋겠다는 주장을 했다. 하지만 윤흥신의 의지는 단호했다. 그는 '변방의 장수는 임지를 지키다가 죽을 뿐 어디로 물러난다는 말인가!'라고 자신의 의지를 밝히고, 다음날인 15일 예상대로 병력을 크게 증원해서 공격해 온 일본군과 맞서 싸우다가 장렬하게 전사했다.

오늘날의 부산 지역을 대표하는 조선시대 지방관은 동래부사였다. 동래부사는 지역적 특성 때문에 문신과 무신이 번갈아가면서 임명되었지만, 외교적 중요성 때문에 문신 중에서도 이 분야의 능력과 경력이 있는 사람이 임명되는 자리였다. 임진왜란 당시 동래부사는 문신 송상현宋象賢이었다. 그는 문신이면서도 동래성을 포기하지 않고 방어 전투에 임했다가 패하여 전사했다.

사실 동래성은 부산진성보다 규모가 더 크고 방어시설이 제대로 갖추어지지 않았기 때문에 일본군에 의해 쉽게 함락되었다. 결국 부산 지역에서는 임진왜란 초기 경상좌병사와 경상좌수사 등 육군과 수군의 지역 사령관들이 모두 자리를 지키지 않고 도피하여 무인지경이 된 상황이었다. 다만 두 곳의 수군 첨사와 동래부사, 정발과 윤흥신, 그리고 송상현이 자신의 위치를 고수하며 끝까지 저항했을 뿐이다. 이 과정에서 특히 윤흥신은 임진왜란 당시 조선군의 첫 번째 승리를 거두기도 했다.

불과 이틀 만에 부산의 모든 해안 지역을 점령해 교두보 마련에 성공한 일본

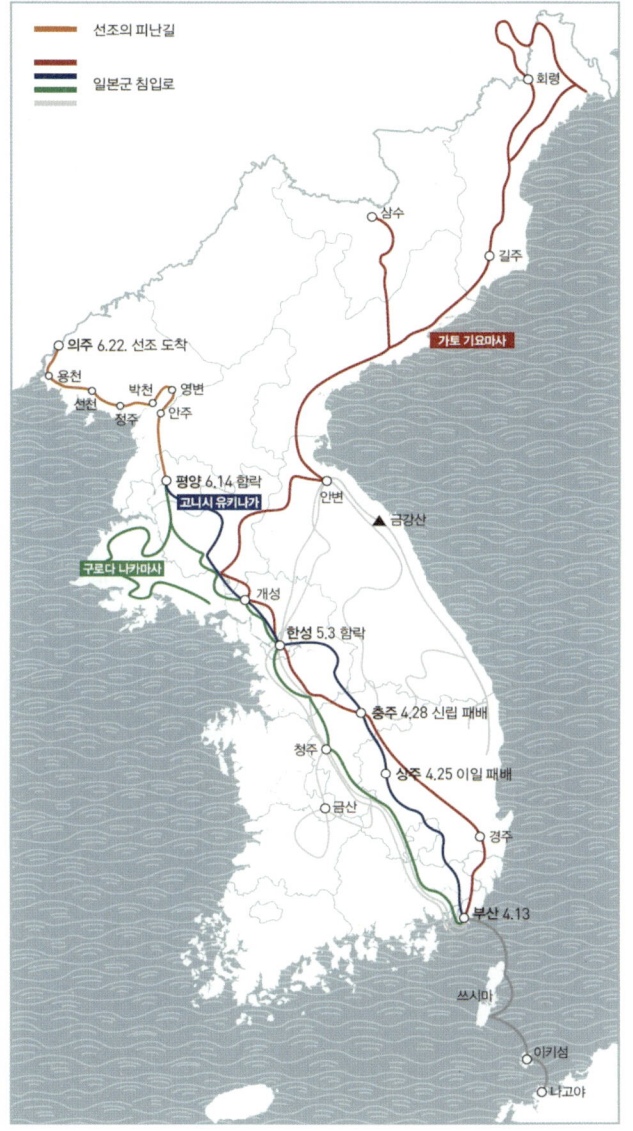

┃ 일본군 북진 침공로
현충사 제공

군은 서둘러 북쪽으로 진격해 나갔다. 잘 알려진 것처럼 일본군은 선봉대 1, 2, 3 군이 각각 중로, 좌로, 우로 등 세 갈래 길로 조령鳥嶺, 추풍령秋風嶺, 죽령竹嶺을 향해 북진을 거듭했다.

한편 4월 17일 전쟁 발발 소식을 접한 조선 조정은 그날로 이일李鎰을 순변사巡邊使로 삼아 상주尙州에서 적을 막도록 했고, 신립申砬을 삼도순변사三道巡邊使로 삼아 군사적인 모든 권한을 주어 일본군에 맞서 싸우도록 인사조처를 단행했다. 하지만 서둘러 상주로 내려갔어야 할 이일은 한성부에서 원하는 병력 300명을 얻지 못해 지체하고 있었다. 결국 그는 부족한 병력은 추가로 받기로 하고, 사흘이나 지나서 수십 명만을 이끌고 출발했다.

이때 경상도에서는 이미 동래성과 밀양성이 함락되고, 일본군은 파죽지세로 북상하고 있었다. 전쟁이 발발하자 제승방략制勝方略 체제에 따라 문경聞慶 이하의 경상도 병력은 모두 대구大邱 감영에 모여 서울로부터 내려올 경장京將·이때는 이일을 기다렸다. 하지만 경장은 며칠이 지나도 오지 않고, 일본군이 북상해서 접근 중이라는 소식이 전해지자 그나마 집결했던 병력은 하루아침에 해산하고 말았다. 그래서 이일이 문경에 도착했을 때는 대구에 집결했던 병력이 모두 해산하고 난 뒤였다.

이일은 4월 23일 상주尙州에 도착했다. 하지만 상주목사 김해金澥는 이미 성을 버리고 떠난 뒤였고, 이일은 판관 권길 등을 통해 상주 백성을 급하게 소집해 자신이 거느린 군사까지 합해서 모두 1,000명 남짓한 부대를 만들었다. 그는 24일, 상주성을 나와 북천北川 강가에서 막 소집한 병사들을 훈련시키면서 일본군과의 전투를 준비했다.

한 가지 이해할 수 없는 것은 아무리 평화가 오래 지속되었다 하더라도 부대를 통솔하면서 경계나 정찰을 왜 하지 않았느냐 하는 점이다. 4월 25일 아침, 일본군 정찰부대는 제대로 훈련받지 못한 이일의 병력을 공략했고, 이일의 군사들은 적의 기습에 놀라 응전조차 하지 못한 채 패하여 흩어졌다. 정확히 말해서

군관 몇 명이 총에 맞아 전사했고, 농민으로 구성된 나머지 병력은 모두 도주했다. 이일도 겨우 몸만 빠져나와 신립이 있는 충주 쪽으로 후퇴했다.

당시 조선에서 두 번째 자리에 있던 장수가 너무 허무하게 패한 것이다. 파죽지세로 상주를 공략한 일본군은 문경의 조령鳥嶺·새재을 통과해 북상했다. 조령은 남부지방에서 한성으로 가는 세 갈래 길 가운데 중간에 위치한 요충지였다. 일본군의 제1번대 대장 고니시 유키나가도 이곳을 통과할 때 매우 긴장하며 통과했다고 한다.

일본군을 막아내려고 남하한 삼도 순변사 신립은 휘하 장수들의 이견에도 불구하고 일본군과의 대결 장소로 충주의 탄금대彈琴臺, 즉 남한강의 강변을 택했다. 신립의 계산으로는 평소 훈련도 되지 않은 조선군이 엄청난 일본군의 전력에 놀라 도망칠 것을 염려한 나머지 배수진背水陣을 쳤던 것으로 추정된다. 그리고 자신이 장기라고 여겼던 기병騎兵을 활용한 돌격전술로 일본군과 맞섰는데, 일본군의 전력이나 조총 부대 등에 대해 전반적인 정보가 없었던 것 같다. 충주전투에서 신립과 조선군은 일본군에게 완패했고, 신립도 탄금대에서 전사했다. 충주의 패배는 4월 28일이었고, 패보敗報·패한 소식도 같은 날 조정에 알려졌다.

충주에서의 패전은 엄청난 충격으로 다가왔다. 조선에서 최고의 장수로 여겼던 신립과 충청도의 전체 병력 8,000명이 처음으로 일본군과 전투다운 전투를 벌였는데 허망하게 전멸했기 때문이다. 신립의 패배는 지휘관의 일본군에 대한 정보 부족과 전략전술의 착오 때문이라고 볼 수도 있지만, 여기에 더해 조선군의 상비군 부재, 즉 훈련 받은 정규 병력의 부족이 가장 큰 패인이었다. 이 전투에 대한 일본 측의 기록을 보면, "조선군은 지휘관 등 상층부는 무척 용감한데, 그 이하는 비겁했다."라고 되어 있어 이 문제를 정확하게 지적하고 있다.

결국 조선이 가장 믿었던 두 장수 신립과 이일은 연이어 패했고, 4월 28일 충주의 패전 소식을 접한 선조와 조정은 이날 처음 파천播遷·왕의 피난, 즉 수도를 옮김을 의논하기에 이르렀다. 이날 조정 회의에서는 대부분의 신하가 파천을 반대했다. 영의정 이산해李山海 등 일부가 찬성하기도 했지만, 민심 이반 등 걷잡을 수 없는 혼란 상황에 대한 우려 때문에 대부분의 신하들이 반대했던 것이다. 하지만 이미 파천 관련 정보는 한성부 장안에 급속히 퍼져 나갔다. 궁궐에서부터 시작된 사재기가 일반 백성들에게까지 이어지면서, 피난용 미투리_{짚신·오늘날의 신발} 값이 평소보다 몇 배나 뛰었다.

선조는 사태의 심각성을 간파하고, 4월 30일 이른 새벽 파천을 단행했다. 충주에서 패한 지 이틀 만에 한성을 포기하고 임진강을 건너 개성開城으로 향한 것이다. 결과적으로 이 판단은 옳았다. 선조 일행은 5월 1일에 개성에 도착했고, 다시 3일에 개성을 출발하여 5월 7일 평양성에 도착했다.

일본군은 5월 3일에 조선 국왕이 떠난 한성을 무혈점령했다. 4월 14일, 부산진 전투 이후 시작된 일본군의 북진은 불과 20일 만에 조선의 수도 한성을 점령할 정도로 빠른 속도로 이루어졌다. 임진왜란 당시 부산에서 서울까지 도로 사정이 좋지 않았음을 고려하면 적어도 6~700킬로미터쯤 되는 거리였을 텐데, 조선 영토의 절반에 해당하는 땅을 채 한 달도 지나지 않아 점령한 것이다. 따라서 일본군은 날마다 30~35킬로미터를 이동했다는 계산이 나온다. 교통이 발달한 오늘날에도 쉽지 않은 속도임을 볼 때 임진왜란 초기 상황을 '토붕와해土崩瓦解·흙이 무너지고 기와가 흩어지는 것처럼 와르르 무너짐'로 표현한 것이 이해가 된다.

다음으로 같은 시기 경상우도 수군의 움직임을 살펴보자. 임진왜란이 일어났을 때, 경상우수사는 부임한 지 2개월째 되는 원균元均이었다. 원균이 위치한 경상우수영은 거제도의 오아포烏兒浦·거제시 가배량에 있었고 휘하 세력은 8관 15포8官 15浦·예하에 지방관이 8명, 첨사와 만호가 15명이라는 뜻로 전라좌수사보다 두 배 이상 많았다. 원래부터 전라도보다 경상도가 왜구의 근거지에 가깝고, 이들과 맞서고 있던 지역이었기 때문에 조선 초기 이후 경상도 수군이 전라도 수군보다 규모가 더 컸다. 그중에서도 경상우도 수군은 규모가 가장 큰 수영水營이었다.

임진왜란 초기에 원균의 활동 상황은 그다지 자세하게 알려져 있지 않다. 다만

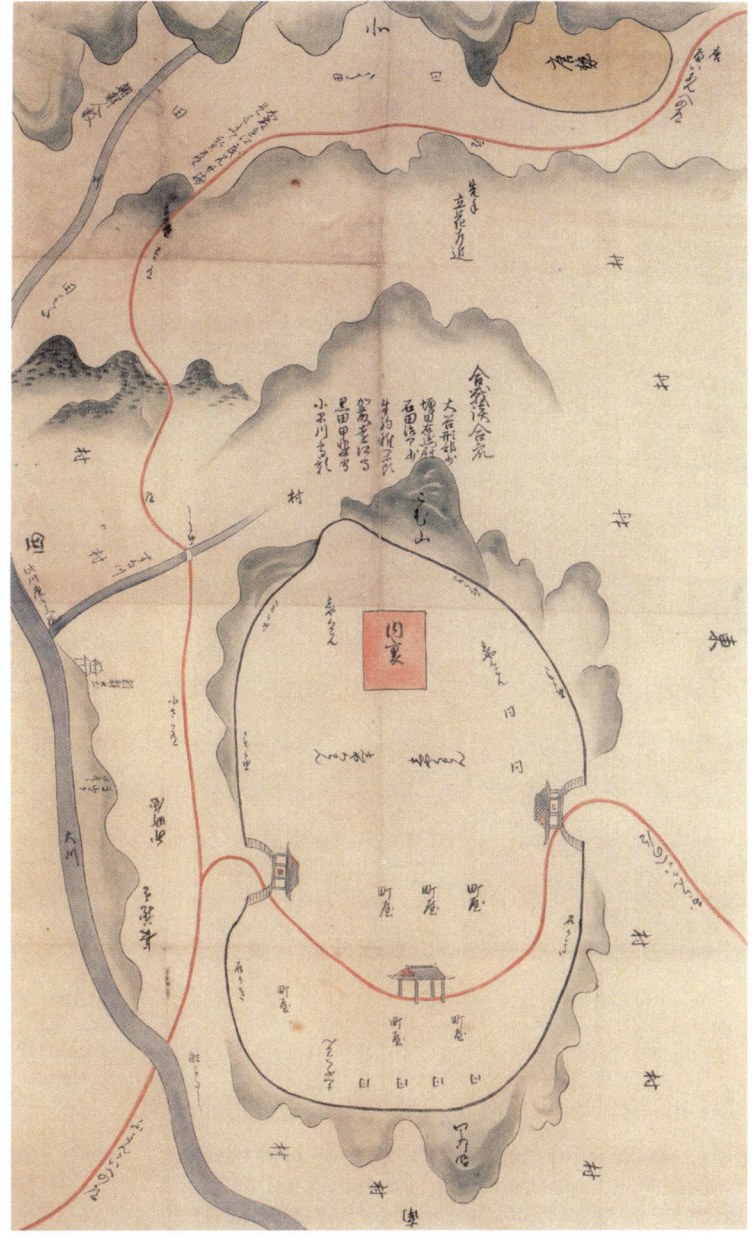

임란황성포위도(壬亂皇城包圍圖)

일본. 104.0×66.0cm 〈허가번호 진박201210-16〉
국립중앙박물관 소장

이순신의 《난중일기》 4월 30일자를 보면, 원균이 같은 달 29일 보낸 공문에 자신이 경상도 해역에서 몇 차례 해전을 벌여 일본군선 10여 척을 분멸焚滅·불태워 없앰했다고 한다. 대체로 이 내용은 이순신뿐만 아니라 원균에 의해 다른 지방에도 전파되어 조선 수군이 해상에서 거둔 최초의 승전보로 알려졌다. 이것은 당시 일기 자료로 유명한 조경남趙慶南의 《난중잡록亂中雜錄》이나 오희문吳希文의 《쇄미록瑣尾錄》 등에도 기록되어 있다.

원균이 이런 전과를 올렸지만, 그는 전쟁 초기에 자기 휘하의 세력을 통합하지 못하는 결정적 실책을 범하고 만다. 즉 그는 휘하의 전 세력을 동원할 경우 전선 50여 척에 가까운 대규모 함대를 갖출 수 있었다. 하지만 원균은 4월 29일까지 휘하 세력을 결집하지 못하고 우수영을 우후虞侯에게 맡긴 채 단지 전선 4척에 휘하 장수 오륙 명과 함께 바다로 나아가 경상도의 가장 서쪽 해역인 곤양昆陽까지 물러나 있었다. 이를 두고 유성룡은 《징비록》을 통해 경상우수사 원균이 전선 100여 척을 가라앉히고 1만 명의 병력을 해산시켰다고 비난했다.

이런 가운데 경상우수사 원균은 개전 이후 해상의 상황을 예의주시하면서 이순신에게 상황을 계속 전파했다. 그리고 전라좌도 수군이 경상도 수군을 돕기 위해 경상도 해역으로 출전하도록 구원을 요청한 것은 원균이었던 것으로 알려져 있다. 원균의 구원 요청도 있었지만, 이순신의 《임진장초壬辰狀草》에 의하면 경상감사 김수金睟가 4월 20일에 바다로 출전하여 적과 맞서고 있던 경상우수사 원균을 도울 수 있도록 먼저 조정에 요청했던 것으로 확인된다.

원균이 이처럼 자신의 세력을 한 데 모으지 못한 이유는 무엇이었을까? 원론적으로 볼 때 지휘관인 원균이 그 책임을 면할 길은 없다. 그도 분명히 휘하 세력에 대해 집결 명령을 내렸을 것으로 추정된다. 그런데 결과는 전선 4척과 도주하지 않은 장수 몇 명이 고작이었다. 이런 상황이 되어버린 원인은 경상우수영 소속 지방관이나 변장들 가운데 전쟁 준비를 제대로 한 사람이 없었다는 것, 그리고 전쟁이 나자 모두 제 살 길을 찾아 임지를 벗어나 도망쳤기 때문이었다. 원균이 전체는 아니더라도 자신의 본영인 우수영 가까이에 있던 거제도 세력만이

라도 거느릴 수 있었더라면 어떻게 되었을까 하는 아쉬움이 남는다.

이제 이야기의 초점을 이순신과 전라좌도 수군으로 돌려보자. 앞에서 언급한 것처럼, 이순신은 4월 15일 저녁 무렵 경상우수사와 좌수사의 통보로 임진왜란 발발 사실을 알게 되었다. 그 이후 그는 어떤 준비와 조처를 취하고 있었을까?

그가 첫 번째로 한 일은, 전쟁 발생 상황을 주변의 지휘관들과 휘하에 정확하게 전달하고 소집 명령이 있을 경우 신속하게 응할 수 있도록 만반의 준비를 하라고 지시한 것이었다. 이외에 그가 취한 조처들을 《난중일기》의 일자별로 정리하면 다음과 같다.

■ 임진왜란 발발에 따른 이순신의 조처

일자	이순신의 조처
4월 17일	적의 정세를 전해 들었고, 교대할 수군들이 속속 도착하다.
4월 18일	군관 나대용을 발포권관 대리로 정해 보내다.
4월 19일	신병 700여 명이 좌수영에 도착하다.
4월 21일	순천부사가 와서 약속을 정하고 돌아가다.
4월 22일	배응록, 송일성 등 군관을 각지에 보내 망보는 일과 정찰 활동을 펼치다.
4월 27일	휘하 장수들에게 수군을 인솔하여 29일까지 좌수영에 도착할 것을 명령하다.

이순신, 《난중일기》·《임진장초》, 임진년(1592년) 4월

4월 15일 처음 전쟁 소식을 접한 뒤, 이순신은 20일까지 거의 매일 경상우수사, 경상우병사, 경상감사 등으로부터 공문 형식으로 전황戰況에 대한 정보를 얻고 있었다. 이를 좀 더 구체적으로 살펴보면, 16일에는 부산진성이 함락되었다는 원균의 공문이 왔고, 17일에는 경상우병사 김성일金誠一로부터 '일본군이 부산을 함락시킨 뒤 물러나지 않고 있다.'는 전갈을 받았다. 이어 18일에는 원균으로부터 동래성이 함락되었다는 소식을 들었고, 20일에는 경상감사 김수가 일본군이 파죽지세로 북진하고 있으며 전라좌도 수군의 전선을 정비해서 경상도 수군을 도와주도록 조정에 장계를 올렸다는 사실을 전해 왔다.

20일에 전해진 김수의 공문은 이순신의 전라좌도 수군이 경상도 해역에 출전하는 것을 최초로 언급한 기록이다. 이 소식을 듣기 전까지 이순신은 일본군이 침략할 경우 전라좌도 수군을 소집해서 자신의 임지를 방어한다는 생각뿐이었던 것 같다. 그럴 수밖에 없는 것이 조선시대 변장이 자신의 영역 바깥으로 병력을 이동하려면 국왕의 명령이나 승인이 있어야 했다.

따라서 경상감사 김수의 지원 요청으로 경상도 해역에 출전할 수 있게 되면서, 이순신은 출전 준비를 서두르게 된 것으로 보인다. 그는 곧바로 장계를 올려 경상도 해역으로 출전할 수 있도록 승인해 줄 것을 요청했다. 이와 함께 휘하 세력에게는 출전 준비를 충실히 할 것과 출동 명령이 떨어지면 즉시 좌수영으로 집결하도록 명령을 하달했다.

《난중일기》의 4월 21일 기록에는 순천부사 권준이 좌수영에 와서 약속을 정한 뒤에 돌아갔다고 하고, 22일에는 정탐과 부정 사실 조사를 위해 군관을 몇 곳에 나누어 보냈다고 한다. 하지만 30일까지는 일기가 없다. 순천부사와 정한 약속이 무엇인지는 알 수 없으나 출전과 관련된 내용일 것으로 추정된다. 그 뒤 경상도 해역에 출전하는 절차와 준비 때문에 많은 일들이 있었을 것인데, 그 정확한 사정을 알려주는 시기의 일기가 빠져 있으니 무척 아쉽다.

이때까지의 준비 내용을 검토해 보면, 전쟁 이후에도 이전과 비교해서 크게 달라진 것은 없었다고 볼 수 있다. 기존과 마찬가지로 전쟁 준비를 착실하게 진행하는 모습이었다. 다만 전쟁 소식이 속속 전해지는 가운데, 교대 없이 대기하는 하번 군사들과 새로 전라좌수영으로 들어오는 상번 군사들의 모습을 통해 전시 체제에 들어갔음을 확인할 수 있다.

전라좌수사 이순신의 첫 번째 출전 이전까지의 상황을 살펴보면, 그가 매우 신중하고 철저하게 전쟁을 준비했음을 알 수 있다. 그는 이 기간 동안 휘하 세력에게 출전 준비를 완벽하게 갖출 것과, 출동 명령이 떨어지면 즉시 좌수영으로 집결할 것을 거듭 지시했고 본영의 출전 준비 또한 서둘렀다. 이와 함께 주변 지휘관들과 전쟁 관련 정보를 쉴 새 없이 주고받았고, 자체적으로 군관을 파견해

▌경상우수영 앞바다
해군사관학교박물관 사진 제공

▌경상우수영이 있던 곳
해군사관학교박물관 사진 제공

정보를 수집하는 등 빈틈없는 모습을 보여 주었다.

《임진장초》에 의하면, 4월 26일과 27일에 경상도 해역에 출전할 것을 허락하는 조정의 연락, 즉 좌부승지左副承旨의 서장이 전라좌수영에 연이어 도착했다. 먼저 26일 도착한 서장書狀에는, "일본군의 후방 교란을 위해 신중하게 출전하되 현지 지휘관의 재량으로 판단하라."라는 다소 애매한 명령이 담겨 있었다. 이에 대해 이순신은 독자적인 판단을 유보하고 전라감사와 우수사 등에게 이 사실을 알리는 한편, 경상도 쪽에도 적에 대한 정확한 정보와 연합 작전을 위한 기밀 사항 등을 알려달라고 요청했다. 아울러 휘하 세력에 대해서도 다시 한 번 전비 태세를 완비하고 출동 명령을 기다릴 것을 지시했다.

이어서 27일에 도착한 서장에는, "바다경상도 해역에 나가 일본군을 공격하려는 원균을 지원하라."라는 명령이 담겨 있었는데, 이는 이순신과 전라좌도 수군의 경상도 해역 출전을 승인하는 명확한 내용이었다. 이 서장에 따라 이순신은 경상도로 출전하기 위해 휘하의 5관 5포 세력에 대해 4월 29일까지 좌수영으로 집결하라는 명령을 하달한다. 이로써 이순신과 전라좌수군의 제1차 경상도 해역 출전이 시작되었다.

정리해 보면, 임진왜란이 일어난 뒤 이순신의 경상도 출전이 결정되기까지 12일이 걸렸다. 이순신과 휘하 세력은 이 기간을 활용해 꾸준히 진행해 왔던 전쟁 준비를 마무리할 수 있었을 것으로 보인다. 전라좌수영에서 가장 먼 곳에 위치한 녹도와 보성군의 병사들이 본영까지 집결하는 데 사흘이 소요된다는 기록으로 볼 때, 전라좌도 수군이 좌수영에 모두 집결한 시점은 4월 30일쯤이었다.

당시 이순신의 전라좌도 전선의 전력은, 본영에 있던 4척과 5관 5포가 2척씩 확보한 것을 합해 판옥선 24척이 전부였다. 이것은 500여 척이라고 알려진 일본군 전선에 비해 절대 열세였다. 이 때문에 원래 집결과 동시에 경상도로 출전할 예정이었지만, 이순신은 전라우도 수군을 기다려 함께 출전하는 것이 좋겠다고 판단한 것 같다.

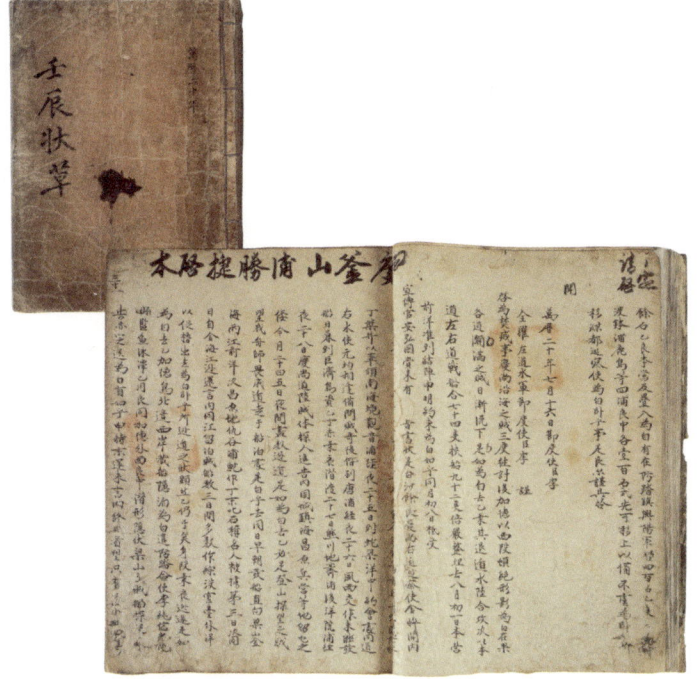

《임진장초(壬辰狀草)》
현충사 소장

마침 우수영에서 출전하겠다고 했기 때문에 원균으로부터 몇 차례 구원 요청이 왔지만 이순신은 급하게 서두르지 않고 전라우도 수군을 기다렸다. 하지만 오기로 했던 전라우도 수군은 나타나지 않았고 연락까지 끊어졌다. 이렇게 상황이 바뀜에 따라, 이순신은 휘하 장수들과 의논하면서 전라좌도 수군의 단독 출전 쪽으로 결심을 굳혔다. 출전이 임박한 시점에 휘하 장수들 가운데는 자신의 영역을 지키면서 기다리자는 소극적인 태도를 취한 이들도 있었다. 이런 상황에서 이순신과 전라좌도 수군의 역사적인 첫 번째 출전은 점점 다가오고 있었다.

서전 승리와
조선 연합함대

왠지 상하 수병들 모두 불안해 보였다. 왜적이 파죽지세로 진군하고 있다는 소식과 아군의 연이은 패전 소식은, 익숙하지 않은 경상도 해역으로 첫 출전에 나서는 장수들의 마음을 무겁게 했다. 수병들은 태어나서 처음 맞게 될 전투를 앞두고 잔뜩 긴장한 채 상부의 명령만 기다리는 상황이었다.

이순신은 밤중에 장수들을 불러 또다시 회의를 열었다. 전라좌수영 휘하 장수들이 모두 모이자, 기다렸다는 듯 이순신이 말문을 열었다.

"제장들도 아시다시피, 왜적들의 침략을 받은 경상도의 사정이 무척 안 좋은 것 같소이다. 오늘 회의를 소집한 것은 경상도 해역으로 출전하는 일정 때문이오. 의견이 있는 분부터 말씀해 보시오."

이미 결심을 굳힌 그였지만 내심 부하들의 반응을 확인하고 싶었다.

가장 먼저 흥양현감 배흥립裵興立이 발언을 신청했다. 언제나 그랬듯이 그는 이순신의 의중을 잘 파악하고 있었다. 그냥 앉아서 기다리다가 적을 맞는 것보다는 신중하게 주변을 살피면서 경상도 해역으로 진출하는 것이 좋겠다는 의견이었다.

이번에는 낙안군수 신호申浩가 반대 의견을 내 놓았다.

"전선 24척으로 500척이나 되는 왜적에 맞선다는 것은 중과부적이라고 봅니다. 차라리 우리가 책임을 맡은 전라도 해역을 지키는 편이 더 적절할 것 같습니다."

사도첨사 김완金浣도 거든다.

"저도 같은 생각입니다. 전력상 전라좌도 수군만으로 경상도 해역에 진출하는 것은 어렵다고 봅니다. 전라우도 세력과 함께 나가는 방법도 있을 수 있으니, 좀 더 신중하게 검토해 보고 출전하시지요."

그러자 뒷줄에 앉아 있던 군관 송희립宋希立이 울분을 참지 못하겠다는 듯 자리에서 벌떡 일어나 큰 소리로 말한다.

"지금 경상도, 전라도가 무슨 소용입니까? 경상도가 절단나면 왜적은 당연히 전라도로 올 것인데, 앉아서 적을 맞기보다는 우리가 찾아 나서야 하지 않겠소이까? 그리고 전라우도 수군과는 현재 연락도 안 되는데 언제까지 기다릴 겁니까? 실기할까 두려우니 속히 출전하는 것이 좋겠사옵니다."

듣고만 있던 백발노장 정운鄭運이 낮지만 강한 목소리로 말한다.

"송 군관의 말이 맞소이다. 더 이상 지체하는 것은 의미가 없어요. 우리 전력만으로 한번 부딪쳐 보는 것이 상책이외다. 출전하시지요. 당장."

전라좌도 수군이 4월 30일에 좌수영에 모인 이후 벌써 나흘이 지나고 있었다. 5월 3일 밤, 이순신은 이날 회의를 통해 경상도 해역으로 출전하기로 방침을 정하고, 바로 다음날인 4일 새벽에 출항할 것을 명령했다. 원래 전선 24척에는

부속선인 사후선伺候船·땔감이나 물을 구해오거나 적정을 살피는 5인승의 배이 한 척씩 있었는데, 전력
이 약해 보일 것을 우려해 임시로 징발해 둔 포작선鮑作船 46척을 포함해 모두 85
척이 출전하기로 했다. 하지만 포작선은 말 그대로 고기잡이 배였기 때문에 전투
력은 없었다. 때문에 전라좌도 수군의 첫 번째 출전 당시 전력은 판옥선 24척이
전부였다고 보는 것이 정확하다.

출전하기 전날인 5월 3일, 여도呂島 소속의 수군 황옥천黃玉千이란 자가 두려운
나머지 자기 집으로 도망쳤다. 이순신은 조금도 망설이지 않고, 신속하게 체포해
오라고 명령했다. 붙들려온 황옥천은 평범한 수군으로 노모老母를 뵙고자 집에
들른 것일 뿐 도망칠 생각은 아니었다고 해명하며 선처를 요청했다. 하지만 이순
신은 개인적인 사정보다는 엄정한 군기軍紀 확립이 필요했기 때문에 '즉시 처형하
고 효수梟首·처형한 후 머리를 매달하라.'라는 추상같은 명령을 내렸다.

왜적과의 첫 번째 싸움을 하러 나가기 전날 이순신은 부하 수군의 목부터 베
었다. 비록 한 명이었지만, 그 의미는 컸다. 수군은 배를 타고 바다에 나가게 되면
탈영이나 도망이 사실상 불가능하다. 육지에 있을 때가 문제인데, 전쟁이 난 후
첫 번째 탈영자를 처형함으로써 "도망자는 사형死刑"이라는 군율을 그대로 시행
해 보였던 것이다.

계획대로라면 4월 30일에 이미 출전했어야 했다. 하지만 병력을 좀 더 모아 출
전하는 편이 나을 것으로 판단해 전라우도의 연통을 기다렸는데, 연락이 끊어
지는 바람에 출전은 속절없이 지체되고 있었다. 더 이상 기다릴 수 없다고 판단
한 이순신은, 제장들과 회의를 거쳐 5월 4일 새벽에 출항하기로 결정했다. 경상
도 해역 출전을 결정한 5월 초사흘은 일본군 선봉대 제1, 2군이 수도 한성漢城을
점령한 바로 그날이었다.

1592년 5월 4일 새벽 2시丑時를 조금 지나 전라좌도 수군이하 이순신 함대로 칭하기로 함
은 좌수영을 출발해 첫날 항해를 시작했다. 임진왜란이 일어난 뒤 전라좌수영

멀리서 바라본 미조항
해군사관학교박물관 사진 제공

수병들이 일본 수군을 치기 위해 나선 첫 번째 움직임이었다. 그렇다면 이들은 왜 이처럼 꼭두새벽에 움직였을까? 임진왜란 해전을 살펴보면 새벽 출전이 가장 많고 심지어 밤을 이용해서 이동하는 경우도 있었다. 오늘날처럼 항해 장비가 좋고, 일기예보도 정확하고 동력이 있는 선박을 움직인다면 그렇게 서두를 필요가 없었으리라. 옛 어른들이 이른 새벽부터 논밭에 일하러 나갔던 것처럼 전기가 없던 시절 이른 새벽은 가장 움직이기 좋은 시간이었다. 달빛이 조금만 있어도 항해에 불편함이 없었고, 새벽부터 나서야 돌발 상황이 발생하더라도 목표한 곳까지 이를 수 있었다.

　좌수영을 출발한 이순신 함대는 병력을 둘로 나누어 좌수사를 포함한 본대는 돌산도 북쪽을 지나 남해도 연안을 따라 평산포, 곡포, 상주포를 거쳐 동쪽으로 항해하여 미조항彌助項으로 향했고, 다른 한 쪽은 돌산도 남쪽의 개이도介伊島·오늘날의 전남 여천군 화정면 개도 주변을 수색한 뒤 다시 남해도 연안을 따라 미조항에 이르도록 했다. 이처럼 함대를 나누어 전라좌도의 남방 해역을 수색하고 미조항에 집결하도록 한 것은, 일본 수군이 혹시라도 이 해역까지 진출했을 가능성을 살피기 위한 것으로 그만큼 첫 번째 출전에 신중을 기했다는 증거다.

예상했던 대로 이곳에 일본 수군의 흔적은 없었다. 미조항에서 합류한 이순신 함대는 오후에 다시 항해를 시작해서 저물 무렵에는 경상우도의 소을비포所乙非浦 앞바다에 정박했다.

이보다 앞서 이순신은 첫 번째 출전과 전투를 위해 전라좌도 수군을 다음과 같이 나누어 편성했다.

중위장中衛將	방답첨사	이순신李純信
좌부장左部將	낙안군수	신호申浩
전부장前部將	흥양현감	배흥립裵興立
중부장中部將	광양현감	어영담魚泳潭
유군장遊軍將	발포가장	나대용羅大用
우부장右部將	보성군수	김득광金得光
후부장後部將	녹도만호	정운鄭運
좌척후장左斥候將	여도권관	김인영金仁英
우척후장右斥候將	사도첨사	김완金浣
한후장扞後將	영 군관	최대성崔大成
참퇴장斬退將	영 군관	배응록裵應祿
돌격장突擊將	영 군관	이언량李彦良
선봉장先鋒將	경상우도	미정未定
본영유진장本營留鎭將	우후	이몽구李夢龜
5개 포 가장假將	군관	5명 파송

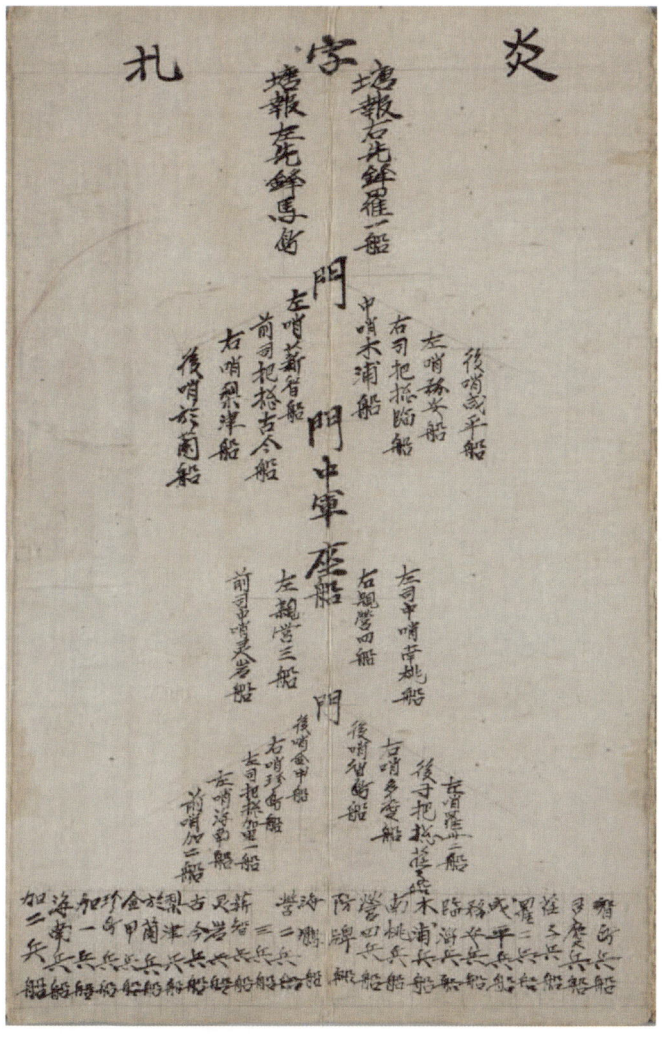

충무이공전진도첩(忠武李公戰陣圖帖)의 첨자찰(尖字札)

함대가 출전할 때 갖춘 진형.
뾰족한 첨(尖)자 형태에 갑옷미늘[札]처럼 생겨 첨자찰이라 불렀다.
현충사 소장

그런데 전라좌수사 휘하의 5관 5포 진장 가운데 순천부사 권준權俊이 안 보인다. 이때 권준은 전라감사 이광李洸의 갑작스런 호출을 받아 육군에 차출되어 전주全州에 가 있었다. 원래 감사는 병마절도사와 수군절도사를 겸직하기 때문에 한 도에서 가장 높은 지휘관이었다. 때문에 앞 장에서 권준이 4월 21일 이순신을 만나 약속을 정하고 돌아갔다는 일기는, 아마 전라감사의 호출을 받고 전주로 갈 수밖에 없는 상황에 대해 논의했던 것 같다.

어찌 되었건 간에, 전라감사가 수군 소속의 장수를 육전에 차출해 간 것은 요즘 시각으로는 이해가 되지 않는 부분이다. 또한 이순신의 장계에 의하면 여러 차례 수군에 소속된 고을에서도 육군의 병력 차출이 이루어진 것을 지적하고 있다. 안 그래도 수군 군역이 고역이었기 때문에 병력 차출이 어려웠는데, 연안 지역에서까지 육군 병력 차출이 이루어졌다는 것은 당시 조선군의 병력 상황이 매우 어려웠음을 보여 주는 사례이다. 이 때문에 이순신은 전투를 치르면서 중간 중간에 연안 지역만큼은 전적으로 수군에 소속시켜 달라고 여러 차례 조정에 요청하곤 했다.

이 전투 조직의 구성 내용을 모두 알 수는 없지만, 대체로 조선 전기부터 체계화된 5위 체제에 기반을 둔 전투 조직으로 추정된다. 중위장은 대장을 호위하며 전투 대형의 중앙 후면에 자리 잡았을 것이고, 나머지 전·후·좌·우·중부의 각 부장은 각 방향의 전투 책임을 맡은 것으로 보인다. 유군장遊軍將은 5부장 외에 필요한 경우 공격을 펼칠 유격부대, 좌·우 척후장은 말 그대로 좌우에서 망보는 역할, 한후장扞後將은 후방을 막아내는 역할, 참퇴장은 도망자를 처단하는 역할, 그리고 돌격장은 상대 진형을 무너트리기 위해 공격의 선봉에 나서는 역할 등으로 전투 편제가 이루어졌던 것으로 보인다.

5월 4일 첫날 정박한 소을비포는 이전 시기에 수군 만호진이 있었던 요충지였다. 이곳은 내륙의 고성固城과 사천泗川의 중간 위치에 있는 연안으로 정면 아래쪽에는 사량도蛇梁島가 있고, 남해 바다를 기준으로 좌측은 남해도, 우측은 고성과 미륵도彌勒島로 연결되는 바닷길의 중간 지점이었다. 즉 이순신 함대는 좌수영을

▌**곡포 별장진**

　폐교의 담벼락으로 남아 있는 곡포성 흔적. 이순신 함대는 이곳 곡포 앞바다를 거쳐 소비포로 이동했다. 해군사관학교박물관 사진 제공.

▌**경상남도 남해군 이동면 화계리 성남초등학교(폐교)에 남아있는 곡포 별장진 흔적**
　해군사관학교박물관 사진 제공

출발한 첫날에 남해도_{南海島}를 지나 경상도 해역 쪽으로 깊숙이 들어온 셈이다.

이것은 이순신이 출전하기 전에 이미 탐망군을 통해 남해도 지역에 주둔해야 할 변장_{邊將}과 군인들은 모두 도망쳤고, 섬은 비어 있으나 일본군이 점령하지 않은 상태라는 것을 확인했기 때문에 가능한 것이었다. 훗날 원균의 부하 장수들은 이순신 함대가 이때 남해도의 몇몇 진영을 불사른 것을 문제 삼았다. 하지만 전라좌수사 이순신의 입장에서는 당연히 그렇게 할 수밖에 없었다. 일본 수군이 남해군의 수군 진영을 점령했을 경우, 그곳에 보관 중인 무기와 군량을 누가 차지할 것인지를 생각하면 답은 간단하다. 만약 그곳에 가장_{假將}이라도 남아서 지켰더라면 소개하는 것을 막을 수 있었을 것이고, 그렇게 하지 못했다면 그 책임은 당시 남해도의 변장들에게 있다고 봐야 할 것이다.

5월 5일, 이순신은 역시 새벽에 함대를 움직여 미륵도 남서쪽의 당포_{唐浦}에 도착했다. 이곳에서 경상우수사 원균을 만나기로 했는데, 이날 원균은 그곳에 오지 않았다. 이순신은 경쾌선을 보내 "당포로 빨리 오라."라고 공문을 보냈다. 이날은 어쩔 수 없이 당포에서 정박하며 머물렀다. 이곳 당포 역시 전략적인 요충지였는데 이 점은 뒤에 다시 살펴보기로 하자.

경상우수사 원균은 다음날인 5월 6일 오전 8시경, 한산도_{閑山島}에서 전선_{戰船·판옥선} 1척을 타고 이순신 함대가 정박 중인 당포에 도착했다. 그런데 이때 경상우도 소속의 전선 4척이 한꺼번에 온 것이 아니라 남해현령 기효근_{奇孝謹}, 미조항 첨사 김승용_{金勝龍}, 평산포 권관 김축_{金軸} 등이 전선 1척에, 사량만호 이여념_{李汝恬}, 소비포 권관 이영남_{李英男} 등은 각각 협선_{挾船}을 타고, 영등포 만호 우치적_{禹致績}, 지세포 만호 한백록_{韓百祿}, 옥포만호 이운룡_{李雲龍} 등은 판옥선 2척에 함께 타고 5일과 6일 사이에 각각 도착했다.

원균을 제외하고 첨사 1명, 만호 4명, 현령 1명, 권관 2명 등 8명의 장수가 함께 도착했는데, 전선은 4척뿐이었으므로 경상우도 수군의 전쟁 준비 상태가 어

땠는지를 알려 준다고 볼 수 있다. 그리고 당시 이들 장수들이 각각 흩어져 있다가 당포로 모였다는 것으로 볼 때, 이 시점까지는 일본 수군이 거제도 이서以西 해역까지 진출하지 않았음을 알 수 있다. 즉 일본 수군은 계획한 대로 5월 초까지는 일본군 후발대를 히젠肥前 나고야名護屋로부터 부산까지 운송하는 데 치중하고 있었다.

5월 6일, 드디어 당포에서 경상우도와 전라좌도 수군이 최초로 연합함대를 형성했다. 이순신은 두 도의 장수들을 한 곳에 불러 작전회의를 하면서 약속을 두 번 세 번 확인한 뒤에 거제도 송미포松未浦 앞바다로 이동해 정박했다. 이것은 그가 전투 상황에서 누가 어떤 역할을 어떻게 할 것인지에 대한 전술적 약속을 미리 해 두었으며, 전쟁이 임박한 상황에서 그것을 제장들에게 여러 차례 확인했다는 의미다.

그런데 최초의 해전인 옥포해전玉浦海戰이 일어나기 하루 전날, 이순신 함대가 머물렀던 송미포의 위치 문제를 짚어볼 필요가 있다. 송미포의 위치에 따라 옥포해전을 위해 이순신 함대가 거제도 북단을 돌아갔는가北로설 아니면 남단을 돌아 옥포만으로 이동했는가南로설의 향방이 갈린다. 필자는 송미포가 오늘날의 거제시 남부면 다포리의 대포항으로 보고 남로설을 주장하고 있으며, 이 책에서는 남로설에 근거해 서술하려고 한다.

송미포에서 밤을 보낸 이순신 함대는 5월 7일 새벽, 다시 출항하여 일본군이 있다는 가덕도加德島 쪽으로 항해하기 시작했다. 이날 정오경에 옥포玉浦 앞바다에 이르렀을 때, 우척후장 김완 등이 신기전神機箭을 쏘아 올려 적 함대 발견을 알려왔다. 좌수영을 나선 지 4일 만에 처음으로 일본 수군을 만난 것이고, 임진왜란 최초의 해전이 벌어지는 순간이었다.

이순신은 가장 먼저 장수들에게 "물령망동 정중여산勿令妄動 靜重如山", 즉 "함부로 가볍게 움직이지 말고 태산 같이 신중한 행동을 취하라."라는 지시를 내렸다. 자칫 장수들이 먼저 흥분하면 부하들까지 사지死地로 내몰 수 있기 때문이었다.

이순신은 첫 번째 해전에서 이 점을 지적하고 휘하 장수들에게 침착하게 전투에 임하라고 명령한 것이다.

이순신 함대가 첫 번째 해전을 벌이게 된 옥포玉浦는 거제도 인근으로 현재 모 조선소가 위치한 곳이다. 원래는 조선소 필드 대부분이 바다였으므로 옥포만은 작지 않은 포구였고, 현재 필드에서 옥포동 쪽으로 보이는 바다가 바로 옥포해전이 벌어진 장소다. 이곳은 입지조건이 좋아서인지 그때나 지금이나 거제도에서 가장 인구가 많은 곳이다. 일본 수군은 옥포만 부근의 마을을 약탈하던 중이었는데, 조선 수군이 갑작스레 포구 안으로 진입해 온 것이었다.

일본 수군도 조선에 상륙한 이후 조선 수군과의 대결은 처음이었다. 서로를 잘 알지 못하는 상황에서 일본 수군은 약탈을 중지하고 배로 돌아와 전선을 몰고 바다로 나왔다. 이날 옥포만에 있던 일본 세력은 도도 다카토라의 휘하 세력이었다고 하는데, 큰 배와 작은 배를 합쳐 모두 30여 척이었다. 이순신 함대와 맞선 일본 함대는 우리 측 기록으로는 알 수 없고, 일본 측 연구에 의하면 이설이 분분하다. 일단은 일본 참모본부와 도쿠토미 이이치로德富猪一郎 등의 저서를 기준으로 도도 다카토라 세력으로 추정해 보았다.

그중에 6척이 선봉 부대로 이순신 함대에 돌진해 왔는데, 이때 조선 수군은 이들을 동서로 포위하면서 총통銃筒과 활을 쏘며 치열한 접전을 벌였다. 일본 수군도 조총을 쏘면서 저항했지만, 얼마 버티지 못하고 패할 수밖에 없었다. 조총보다 훨씬 위력이 센 총통의 근거리 공격과, 가까이 접근할 수 없을 만큼 날아오는 소나기 같은 화살에는 속수무책이었기 때문이다. 일본 수군은 대부분의 병력이 화살에 맞아 바다에 떨어지거나 죽고, 군선들은 총통 공격에 허무하게 깨지고 날아온 불화살에 활활 타올랐다. 평소 해전다운 해전을 경험하지 못했던 일본 수군은 제대로 저항 한 번 해보지 못하고 순식간에 수장되고 말았다.

선봉에 나선 6척을 격파해 승기를 잡은 조선 수군은 나머지 일본군선을 향해 돌진했다. 척수는 비슷했지만, 조선의 판옥선은 일본의 대선 크기에 해당했기

옥포해전 격전지
해군사관학교박물관 사진 제공

옥포해전 상상도
해군사관학교박물관 사진 제공

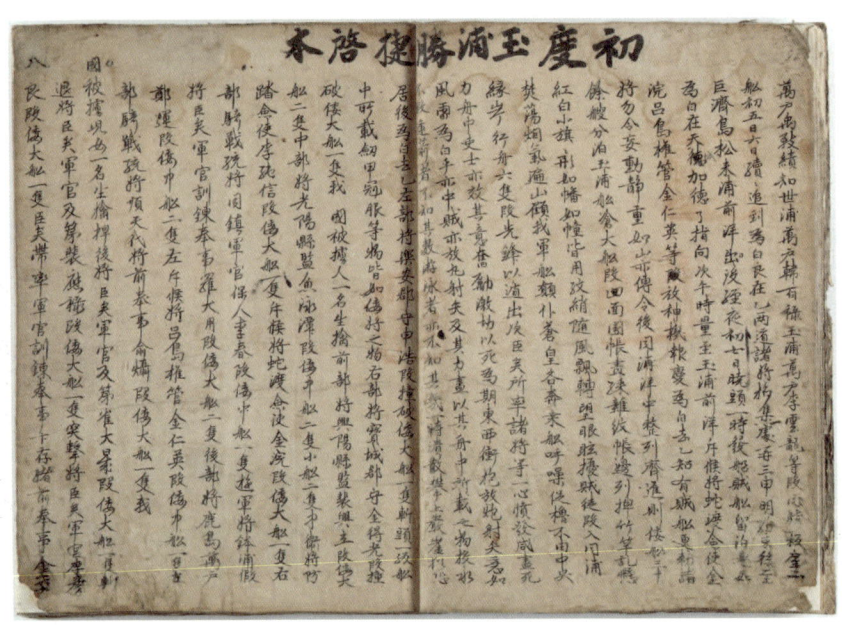

《임진장초(壬辰狀草)》 1592년 5월 10일 부분
옥포해전의 승리를 아뢰는 장계.
현충사 소장.

때문에 전투력 면에서 조선 수군은 일본 수군을 압도했다. 결국 이 해전은 총통을 이용한 당파 전술과 화살을 통한 개인 살상, 그리고 화공으로 일본군선을 분멸焚滅시킨 이순신 함대의 완승으로 끝났다.

이순신과 조선 수군은 이 해전을 통해 대선 13척, 중선 6척 등 모두 26척을 분멸하면서 서전을 통쾌한 승리로 장식했다. 그리고 이 승리를 통해 조선 수군은, 일본 수군과 맞서 싸워 이길 수 있다는 자신감도 함께 얻었다.

임진왜란이 터진 상황에서 처음으로 출전해 옥포해전 승리라는 전과를 올린 이순신은 이날 거둔 승리에 대해 조정에 상세히 보고한다.

좌부장 낙안군수 신호申浩는 왜 대선 1척 당파撞破, 왜적 1급 참수
우부장 보성군수 김득광은 왜 대선 1척 당파, 우리나라 포로 1명 구출

전부장 흥양현감 배흥립은 왜 대선 2척을

중부장 광양현감 어영담은 왜 중선 2척, 왜 소선 2척을

중위장 방답첨사 이순신李純信·충무공 이순신과 다른 사람은 왜 대선 1척을

우척후장 사도첨사 김완은 왜 대선 1척을

우부기전통장騎戰統將 사도진군관 이춘李春은 왜 중선 1척을

유군장 발포가장 나대용은 왜 대선 2척을

후부장 녹도만호 정운은 왜 중선 2척을

좌척후장 여도권관 김인영은 왜 중선 1척을

좌부기전통장 순천대장 유섭兪燮은 왜 대선 1척을 당파하고, 소녀 1명을 구출했고

한후장 영 군관 최대성은 왜 대선 1척을

참퇴장 영 군관 배응록은 왜 대선 1척을

돌격장 영 군관 이언량은 왜 대선 1척을

대솔군관 변존서卞存緖와 전 봉사 김효성金孝誠이 힘을 합해 왜 대선 1척을 당파했으며

(이상 전라좌도 왜 대선 13척, 중선 6척, 소선 2척 등 21척 당파)

경상우도 수군이 왜선 5척을 당파, 우리나라 사람 1명 구출

총 26척을 당파분멸撞破焚滅·쏘아 맞춰 깨트리고 불로 태워버림하고 승리함

이 내용을 보면 이순신이 장수들의 전과를 매우 자세하게 보고하고 있음을 알 수 있다. 이순신의 이와 같은 보고는 휘하 장수들의 논공행상論功行賞을 위한 것이었다. 훗날 《선조실록》에 의하면 이순신의 부하 장수들은 진급이 모두 빨랐는데, 원균의 부하 장수들은 그렇지 못해 불만이 있었다고 한다. 이런 결과는 이와 같은 이순신의 철저한 보고 방식 덕분이었다.

서전을 승리로 장식한 이후 이순신은 승세를 이어 옥포만 주변의 산지山地로 도주한 일본군을 추격할까도 고려하지만, 거제도의 산세가 험준할 뿐 아니라 병력을 나눌 경우 위험할 수도 있다고 판단해 다른 쪽으로 방향을 돌린다.

그 뒤 이순신은 전 함대를 영등포永登浦·거제시 장목면 구영리로 이동했다. 그는 이곳에서 정박할 생각으로 물을 긷고 나무를 해오라고 명령을 내리고 대기 상태에 있었는데, 오후 4시쯤 "멀지 않은 바다에 왜선 5척이 지나가고 있다."라는 척후장의 긴급한 보고가 올라왔다. 이에 이순신은 여러 장수들을 거느리고 이들을 추격했다. 이순신의 함대가 이들을 추격해서 웅천熊川 땅 합포合浦에 이르렀을 때, 일본 수군의 작은 선단은 해상으로 도주하는 것을 포기하고 군선을 바다에 버려둔 채 육지로 올라 도망쳤다.

이것이 제1차 출전의 두 번째 해전인 합포해전合浦海戰으로, 이순신 함대는 도주하는 일본 수군을 추격하여 웅천 땅 합포 앞바다에서 대선 4척과 소선 1척 등 모두 5척을 분멸하는 성과를 거두었다. 이때의 전투 상황으로 보았을 때 당시 일본 수군이 약탈을 통해 많은 짐을 실어서 속도가 느렸을 수도 있지만, 조선 수군을 보고 달아나는 상황이었다면 이미 짐을 바다에 던졌을 것이다. 따라서 당시 조선 판옥선의 속도가 일본의 군선, 즉 아타케부네安宅船나 세끼부네關船보다 느리지 않았음을 증명한다고 볼 수 있다. 그리고 합포해전에서 일본 수군이 배를 버려두고 도망친 것은, 왜선의 척수가 상대적으로 적었기 때문으로 볼 수도 있지만 육지와는 반대로 일본 수군이 조선 수군을 만나면 도망치는 상황이었음을 보여준 해전이다.

그런데 이 합포해전에 대해서는 아직도 한 가지 이설이 존재한다. 합포의 위치와 관련된 것인데, 최초에 임진왜란 해전을 정리한 소설가 고故 노산 이은상李殷相 선생의 설을 무분별하게 추종하는 이가 아직도 있다. 즉 이순신 함대가 거둔 두 번째 승리가 펼쳐진 장소가 오늘날의 마산 지역에 있는 합포진해만을 돌아 마산항 안쪽으로 쑥 들어간 곳라는 것이다.

하지만 충무공 이순신의 장계를 조금만 들여다보면, 합포해전의 합포가 오늘날 마산 합포가 아니라는 것을 알 수 있다.

첫째, 이순신은 첫 번째 출전의 승전 보고서에서 합포를 웅천 땅 합포熊川地合浦라고 밝히고 있다. 그리고 이어지는 두 번째 출전 보고서에서 그는 창원 땅 마산포

를 언급했다. 이순신이 오늘날의 마산 합포를 창원 땅 마산포로 명기했고 같은 장소를 다르게 불렀을 리는 만무하기 때문에, 그가 두 번째 승리를 거둔 곳은 웅천 땅 합포였음을 쉽게 알 수 있다.

둘째, 이순신이 옥포해전을 마치고 잠시 머문 거제도 북단의 영등포에서 출발한 시각이 오후 4시경이었는데, 당시 이곳에서 창원 땅 마산포까지는 적어도 서너 시간 이상이 걸리는 먼 바닷길이었다. 해질 무렵이 가까워 정박을 고려했던 시각임을 고려할 때, 웅천 땅 합포가 직선거리로 한두 시간 정도면 도착할 수 있는 가장 가까운 거리다. 오후 네 시에 출발해서 한 두 시간 추격과 전투를 하고 건너편 창원 남포까지 이동해서 그곳에서 정박했다. 이런 상황을 고려한다면, 합포해전이 벌어진 장소는 웅천 땅 합포일 수밖에 없다.

셋째, 현재 진해시 원포동에는 합개 마을이 현존하고 있다. 합개의 '개'는 순 우리말로 포구를 뜻한다. 즉 합개는 합포, 모자랑개는 모자랑포로 표기할 수 있다. 따라서 문헌적으로도, 상황론적으로, 그리고 현지에 남아 있는 지명의 흔적으로도 두 번째 해전이 펼쳐진 합포는 진해시 원포동의 합포가 분명하기 때문에 이론의 여지가 없다.

옥포해전과 합포해전을 연거푸 치르며 긴 하루를 보낸 이순신 함대는 다시 창원 땅 남포^{마산 합포구 구산면 남포리}로 이동해 정박했다. 이날 함대를 남포로 이동한 것은 이후 진해만 주변 해역에서 일본 함대를 수색하려고 했던 것으로 추정된다.

이튿날인 5월 8일 아침 일찍, 이순신 함대는 "진해 땅 고리량^{古里梁}에 일본군선들이 머물고 있다."라는 첩보를 듣고 즉시 남포에서 출항했다. 이른 새벽부터 주변을 수색하면서 저도^{猪島}를 지나 고성^{固城} 땅 적진포^{赤珍浦}에 이르자 일본군선 대·중선을 합쳐 13척이 포구에 나란히 정박하고 있는 것을 발견했다.

그런데 아쉽게도 고성 땅 적진포의 위치는 아직까지 이설이 존재한다. 고 노산 이은상이 적진포의 위치로 비정했던 통영시 광도면 적덕동은, 일제강점기에 조선사편수회가 활자본으로 간행한 《난중일기초·임진장초^{亂中日記草·壬辰狀草}》의 내용을 무비판적으로 받아들인 것으로 보인다. 왜냐하면 '해전이 끝난 뒤에 아침을 먹었다.'는 정황으로 봤을 때 남포로부터의 이동 거리가 너무 멀기 때문이다.

현재 적진포의 위치에 대해서는 두 가지 설이 있는데 그 하나는 고성군 동해면 내산리 전도마을_{적포}이라는 설이고, 다른 하나는 고성군 거류면 당동리의 신리마을_{조선 후기의 남촌진보다 더 안쪽에 있는 포구}이라는 설이다. 앞에서 말한 해전이 끝난 뒤 아침 식사를 했다는 정황 논리와 고성과 진해의 경계 지역이었다는 점에서는 전자가 더 합당하다고 여겨지나, 아직까지 학설로 확정된 단계는 아니기 때문에 지금으로서는 더 연구가 필요한 부분이다.

갑작스런 조선 수군의 등장과 공격에 놀란 일본 수군은 군선을 포기하고 처음부터 육상에서 조총鳥銃으로 반격을 시도했다. 이에 이순신 함대는 그들의 빈 배를 공격하여 대선 9척과 중선 2척 등 모두 13척을 분멸焚滅했다.

이로써 제1차 출전의 세 번째 전투인 적진포해전도 해전다운 해전은 아니었지만, 조선 수군이 일방적인 승리를 거두었다. 적진포해전에서도 앞의 두 차례 해전과 마찬가지로 총통을 이용한 당파전술撞破戰術로 적선을 파괴하고, 불화살로 태워버리는 일본 수군의 전법과는 차원이 다른 해전 전술을 펼쳤다.

일본 수군은 세 차례의 해전을 치르는 동안, 자신들의 고유 전술인 등선육박전을 펼치기도 전에 조선 수군의 화기火器인 총통 공격으로 배가 부서지고 폭우처럼 쏟아진 화살에 전투 병력이 죽어나갔다. 이 때문에 일본 수군은 제대로 저항도 하지 못한 채 해안으로 상륙해 도주하기 바빴다.

5월 8일 적진포해전을 마친 지 얼마 되지 않은 시점에, 이순신은 전라도의 도사都事·종5품 최철견崔鐵堅으로부터 "국왕이 관서關西 지역으로 피난했다."라는 기별을 접했다. 이순신의 보고서에는 선조宣祖 임금의 피난 소식을 접하고 종일 통곡하다가 진을 파했다고 기록되어 있다. 그 뒤 이순신은 연합함대를 해체하기로 하고 경상우도 수군과 흩어져 5월 9일에 좌수영 여수에 도착함으로써 제1차 출전을 마무리했다.

그가 이 시점에 제1차 출전을 마무리한 것은, 전라좌도 병력이 진영을 떠나

이순신의 제1차 출전로와 해전 상황도
현충사 제공

온 지 10여 일이 넘어 전선과 무기 상태 등 군수軍需 분야를 점검해야 했기 때문이다. 또한 여러 차례 해전을 거친 수병들이 고단한 상태로 적진 가운데 오래 머무는 것은 위험할 수 있다고 판단했을 것이다. 이 때문에 이순신은 일단 제1차 출전을 마무리하고 회군했던 것으로 보인다.

그가 올린 보고서 내용 가운데 몇 가지를 살펴보는 것으로, 제1차 출전의 의미를 정리해 보자. 일단 첫 번째 출전의 전과戰果를 종합하면 세 차례 해전을 통해 일본군선 44척을 격침하고 상당수의 일본군을 살상하는 전과를 올렸다. 비록 머리를 벤 참급은 2급에 불과했지만, 전투 당시 화살을 통한 사살에 치중했기 때문에 일본군 사상자는 상당히 많았을 것으로 추정된다. 이에 비해 조선 수군의 군선 피해는 전혀 없었고, 순천의 정병 이선지李先枝가 왼팔에 화살을 맞은 것 외에는 사상자가 없는 완벽한 승리를 거둔 것으로 기록되어 있다.

앞에서 이순신이 부하 장수들의 전과에 대해 조정에 자세히 보고했다고 언급했는데, 그외에도 몇 가지 주목할 만한 보고 내용이 더 있다. 먼저 옥포해전에서 적으로부터 구출된 5세쯤 되어 보이는 어린아이 이야기와 14세 소녀의 진술은 연해민들이 전쟁을 통해 겪고 있는 혹심한 고통을 고스란히 전해준다. 후자의 요점만 소개하면, "아비는 간 곳을 모르고, 어미는 죽었다. 오빠와 함께 잡혔는데 간 곳을 모른다. 배 밑에 며칠을 갇혀만 있었다."라는 내용이다.

이순신은 피난길에 오른 백성들의 비참한 모습을 세세히 기록하면서 주변 지방관들에게 이들을 구휼하도록 당부하는 서찰을 보냈는데, 이 부분에서도 그의 애민愛民 사상이 잘 드러난다. 그는 피난민들을 통해 일본 수군에 대한 정보를 수집하기도 했는데, 그의 광범위한 첩보 활동에는 연안의 민초로부터 나온 귀한 정보들이 많았다.

또 그는 전투를 통해 적지 않은 물건을 노획했다고 보고했다. 일본군선을 격파하면서 획득한 물건이 다섯 칸 창고를 가득히 채우고도 남았고, 사소한 것은 기록하지 못할 정도였다고 한다. 중요한 것은 물목을 만들어서 보고했으며, 특히 노획한 군량미 300여 석을 굶주린 격군格軍과 사부射夫들에게 지급함으로써 전리품에 대한 기대감을 높여 전투에 더욱 힘을 쏟을 수 있도록 하겠다고 보고했다.

그런데 이순신의 보고서 말미에는 특별히 주목할 만한 보고가 등장한다. 이순신은 경상우도 장수들이 전라좌도 수군이 이미 사로잡은 일본군선을 향해 활을 쏘며 빼앗으려 했으며, 이 과정에서 사부와 격군 2명이 부상당한 사실을 밝히면서 주장 원균이 부하 단속을 잘못했다고 언급한다. 뿐만 아니라 이번 출전 기간에 주장 원균이 거제현령 김준민金俊民에게 전장으로 빨리 오도록 격문을 보냈는데도, 김준민이 오지 않았다고 지적하면서 조정에서 조치해 줄 것을 요청한다.

이런 내용으로 미루어 볼 때, 이순신과 원균의 사이가 나빠지기 시작한 시점을 한산대첩 이후로 잡고 있는 기존의 시각은 재검토해야 한다. 즉 두 사람의 관계는 처음부터 좋지 않았거나, 적어도 제1차 출전 때부터 악화되었을 것으로 볼 수 있다.

　이순신이 옥포해전과 합포해전에서 승리를 거두었을 때는, 선조 일행이 개성을 떠나 막 평양성에 이른 시점이었다. 임금이 떠난 수도를 점령한 일본군은 약간은 김이 빠진 느낌이었다. 왜냐하면 수도 한성을 함락하면 국왕이 항복하고 조선과의 전쟁을 마무리할 수 있을 것으로 예상했는데, 국왕이 피난을 떠나자 왕을 추격하면서 전쟁을 이어나갈 수밖에 없었다.

　선조 일행은 임진강을 건널 때 일본군이 추격해 올 경우를 대비해서 강을 건널 선박을 모두 강의 북쪽으로 옮겨 놓는 등 방어 준비를 하고 떠난 바 있다. 이 때문에 임진강을 사이에 두고 도강渡江하려는 일본군과 이를 저지하려는 조선군과의 전선戰線이 형성되어 있었다. 이때 조선군은 도원수都元帥 김명원金命元, 제도도순찰사諸道都巡察使 한응인韓應寅, 유도대장留都大將 이양원李陽元 등이 거느린 1만 5,000여 병력이 임진강 북안에 주둔하고 있었다. 일본군은 제1, 2군 소속의 대군이 임진강 남쪽에 대기했지만, 도강할 방법이 없었다. 이 때문에 임진강을 사이에 두고 양측의 대군이 대치한 가운데 시간이 흐르고 있었다.

어느 정도 시간이 흘렀는지는 임진강 방어선이 무너진 날짜를 보면 대충 짐작할 수 있다. 수도 한성은 전란이 일어난 지 20일 만인 5월 3일에 함락되었고, 임진강 방어선은 그로부터 23일이 지난 5월 26일에 무너졌다. 즉 부산에서 서울까지 진격한 일자보다 임진강을 통과하는 데 더 많은 시간이 걸렸다는 의미다. 그것도 조선군의 실책에 편승한 결과였으니, "천시天時가 지리地理만 못하다."라는 것을 여실히 보여 준다.

전근대의 전쟁에서 큰 고개나 강江은 원래부터 그 어떤 것보다 강한 방어선이었다. 임진강도 일본군의 도강을 제지하고만 있었더라면 훌륭한 방어선 역할을 할 수 있었을 것이다. 그렇다면 왜 임진강 방어선이 무너졌을까? 알려진 바로는 일본군이 거짓으로 물러나는 척하면서 펼친 유인작전에 말려들어, 조선군이 퇴각하는 일본군을 공격하려고 임진강을 건넜다고 한다. 이에 거짓으로 물러나는 척했던 일본군 제1, 2번 대군이 방향을 돌려 반격을 가하자, 조선군은 걷잡을 수 없이 패퇴敗退했음은 물론이고 강 북안에 주둔하던 병력마저 무너져 결국 힘없이 물러나고 말았다.

이렇게 된 데는 몇 가지 원인이 있었다. 우선 조선의 임진강 방어 병력을 이끈 총사령관이 정해지지 않았다는 것, 즉 지휘체계의 혼란이 대패의 원인 가운데 하나였다. 즉 관직으로 따지면 유도대장 이양원이 선임인데, 평안도 병력을 이끈 제도도순찰사 한응인은 국왕으로부터 누구의 지시도 따르지 않아도 된다는 권한을 부여받았다고 한다. 따라서 도원수 김명원도 조선의 전 병력을 총지휘할 수 있는 권한이 없었다.

임진강을 사이에 두고 대치하다가 일본군이 물러나는 척했을 때, 유인 전술을 알아차린 별장別將 유극량劉克良 등은 '도강 불가'를 주장한다. 회의 과정에서 유극량이 도강 불가를 주장했을 때 부원수 신할은 그를 칼로 치려고까지 했다고 한다. 유극량의 신분 때문이었는지 알 수 없으나 이성을 잃고 있는 분위기였음

을 알 수 있다. 이때 도원수 김명원은 방침을 정하지 못하고 머뭇거리는데, 이때 한응인과 신할 등이 '도강 공격'을 강하게 주장하는 바람에 결국 수천 명이 임진강을 건너게 되었던 것이다. 그 결과 조선군의 임진강 방어선은 한 순간에 붕괴되고 만다.

또 200여 년의 긴 평화와 문치주의 때문에, 전쟁이나 전략전술에 밝아 적의 움직임에 적절히 대처할 만한 인물이 없었던 것도 큰 패인이었다. 이러다 보니 전술에 밝아 양책을 건의하는 전문가들이 있어도, 임진강 방어선에서 유극량의 의견이 묵살된 것처럼 조선은 결정적 순간 잘못된 선택을 함으로써 엄청난 피해를 입게 된다. 여기에 전쟁 경험이 있거나 훈련된 상비군이 거의 없었다는 점도 패인으로 꼽을 수 있다.

어렵게 임진강 방어선을 돌파한 일본군은 5월 말경에 개성과 주변 지역을 점령하고, 여세를 몰아 점차 조선의 국왕이 주둔하고 있는 평양성을 향해 진격해 나간다.

한편 제1차 출전을 마치고 5월 9일 본영으로 돌아온 이순신은, 다음 출전을 위해 이전과 같이 철저하게 준비하고 있었다. 사실 이와 관련된 문헌 자료는 아쉽게도 남아 있지 않다. 《난중일기》에도 이 기간에 대한 내용은 없기에, 이때 이순신과 조선 수군이 어떤 준비를 했을지 당시 상황을 종합해 추정해 본다.

첫째, 전라좌수영 예하 부대는 각자의 진영으로 돌아가 재출전하기 위해 군수품을 준비한 것으로 보인다. 다행히 제1차 출전에서는 전선에 피해가 없었기 때문에, 각종 무기류와 군량 준비 등에 시간을 할애했을 것으로 추정된다.

둘째, 이순신은 다음 전투를 위해 수병들의 휴식과 훈련에도 신경을 썼다. 근거지를 떠나 10여 일 넘게 장거리 항해를 했고, 전투를 세 번이나 치르면서 지친 수병들의 심신을 며칠이라도 쉬게 해야 했다. 세 번의 전투에서 승리한 조선 수병들로서는, 본영에서 보내는 달콤한 휴식 시간이야말로 최고의 만족감을 안겨주었으리라. 이순신은 이 기간에 승전으로 자신감을 얻은 수병들에게 휴식을 주는 동시에, 해전을 통해 파악한 부족한 점을 보완하는 훈련을 시행했을 것으로

│ 해군이 복원한 거북선
　해군사관학교박물관 사진 제공

보인다.

　한편 이순신은 이 기간 동안 첫 번째 출전에 동행하지 못한 거북선龜船의 마무리 작업과 출전 준비를 서둘렀다. 이 때문에 5월 말에 시작된 두 번째 출전부터는 돌격을 주특기로 하는 거북선이 등장할 수 있었다. 이 부분을 간략히 설명하면, 원래 함정이 건조되면 그 함정의 성능과 전력을 시험하는 기간이 필요하다. 이 점은 요즘도 마찬가지인데, 조선소에서 건조된 군함이 곧바로 실전에 투입되는 경우는 없다. 1년에서 1년 반가량 시험 운행과 각종 훈련 등 전력화 기간을 마친 뒤에 정식으로 전투 부대에 배치된다. 이 시기의 거북선도 최종 마무리와 시운전 단계를 매듭짓고 있던 시기였다고 볼 수 있다.

　그리고 사료에는 없지만, 제2차 출전부터 순천부사 권준이 이순신과 함께 출전하는 것으로 보아 이순신은 그를 전라감사 휘하에서 원래 위치로 되돌리기 위해 노력했던 것 같다. 원칙에 어긋날 경우 상관들이라 하더라도 절대 양보하지

않았던 젊은 시절과는 달리, 전라좌수사가 된 이후 이순신은 직속상관들과 매우 좋은 관계를 유지했다. 이 때문에 전라감사가 순천부사를 불러간 것은 원칙에 어긋나기 때문에 강하게 거부할 수도 있었겠지만, 이순신은 일단 상관인 전라감사의 뜻에 따랐다. 그리고 출전을 마치고 돌아온 이 기간에 다시 감사를 설득해 순천부사를 자신의 휘하로 돌아오도록 조처했던 것이다.

이순신이 달라졌다고 할 수도 있겠지만, 이것은 장수로서 당연한 것이다. 오히려 이렇게 하지 않는 게 전란에 임한 장수로서 책임을 방기하는 것이라 할 수 있다. 왜냐하면 조선시대 유학이 주장하는 '郡君 臣臣 父父 子子'와 같은 의미로 군대에서도 병사, 부사관, 위관尉官, 영관領官, 장성將星에 이르기까지 각 계층에 맞는 역할과 태도, 그리고 자질을 갖춰야 하기 때문이다. 이렇게 볼 때 이순신이 젊은 시절과 달라진 것은 지극히 당연한 것이고, 그가 훌륭한 자질을 갖춘 장성이었음을 증명하는 것이라 하겠다.

또 한 가지 이 기간 동안 이순신이 적극적으로 움직인 것은 바로 전라우도 수군과의 연합 작전을 위한 준비였다. 첫 번째 출전에서 세 차례 모두 승리하기는 했지만, 상대했던 적의 규모는 일본 수군의 주축이 아니라 소규모 함대였다. 이러다 보니 대규모 일본 함대와 맞서려면, 그가 거느린 전라좌도의 전력만으로는 부족했다. 때문에 그는 이 기간 동안 전라우수사 이억기李億祺와 연락을 주고받으며, 두 번째 출전부터는 연합함대를 꾸려 함께 출전하기로 약속했다.

그 결과 제2차 출전에는 전라도 수군이 6월 3일까지 좌수영에 모여 경상도 해역으로 함께 출발하기로 약속했다. 하지만 이 계획은 원균의 긴급한 구원 요청으로 변경되었다. 5월 27일 원균이 이순신에게 보낸 공문에 따르면, "일본군선 10여 척이 벌써 사천泗川과 곤양昆陽 등지로 육박했기 때문에 자신원균은 전선들을 노량露梁으로 이동했다."라는 소식이었다. 노량이면 남해도의 북서쪽 해안으로 하동과 남해도 사이의 바다, 즉 경상도의 가장 서쪽 해역이다.

이 때문에 이순신은 전라우도 세력을 약속한 날짜까지 기다릴 수 없었다. 왜냐하면 훗날 그가 보고서에서 밝혔듯이, "적이 뒤따르는 선단을 끌어들여 그들의 형세를 키워 줄 가능성"이 있었기 때문이다. 원균의 요청에 이순신은 곧바로 전만호 윤사공尹思恭을 유진장留鎭將으로 삼고, 조방장 정걸丁傑로 하여금 흥양현에 대기하도록 조치하면서 출전을 서둘렀다.

그 결과 5월 29일 새벽, 이순신은 전라좌도 수군을 이끌고 단독 출전을 감행했다. 그는 좌수영에 합류하기로 한 전라우도 수군에게 사정을 설명한 뒤 곧바로 뒤쫓아 오도록 편지를 남긴 채, 예정보다 사흘 먼저 좌수영을 떠나 원균이 있는 노량露梁으로 향했다. 이날 하동 선창에 주둔하고 있던 원균은 전선 3척을 이끌고 이순신과 노량에서 합류했다.

그런데 원균이 거느린 전선은 4척에서 3척으로, 이순신이 거느린 전라좌도 함대도 전선이 23척으로 1척씩 줄었는데, 이것은 두 사람이 첫 번째 출전 보고를 하기 위해 전선 1척씩을 국왕이 있는 곳으로 보냈기 때문이다. 그럴 수도 있겠지만 원균은 자신이 보유한 전력의 25퍼센트를 보낸 셈이니, 두 지휘관의 관계가 처음부터 그다지 좋지 않았음을 보여 주는 또 한 가지 사례인 듯하다.

원균과 합류한 이후 이순신 함대는 주변을 정찰하면서 점차 동쪽으로 향했는데, 얼마 가지 않아서 곤양 쪽 바다에서 사천 포구 쪽으로 이동하는 일본군선 한 척을 발견했다. 이 배를 쫓아 사천만 안쪽으로 들어갔는데, 이 군선은 도중에 배를 육지에 대고 도망쳤으므로 배만 불태워 버렸다. 그런데 이 과정에서 사천 선창船艙·선박을 접안하는 항구 시설이 있던 곳으로, 사천시 읍남면 선진리 부근에 일본군선 12척이 정박하고 있는 것을 발견했다. 적 함대를 발견함에 따라 이순신은 이들을 공격하기 위해 사천 선창으로 접근해 들어갔다.

사천해전이 벌어진 사천 선창은 현재 선진리 왜성이 있는 부근의 바닷가로 선창 주변에 해안 절벽, 즉 해안단구海岸段丘가 발달한 지형적 특징이 있다. 이순신이 승전보고서에서 밝힌 것처럼, 상륙한 일본군 400여 명은 지세가 험한 절벽 위에 장사진長蛇陣을 치고 있었고, 절벽 아래 선창에는 일본의 아타케부네를 비롯한 대형 군선 12척이 정박해 있었다. 이순신은 먼저 일본군선을 공격하려 했지만, 조류가 썰물 때여서 물이 빠진 상태였기 때문에 대형 선박인 판옥선이 진입해

사천해전 격전지
해군사관학교박물관 사진 제공

위쪽(일본군이 있던 위치)에서 바라본 사천해전 격전지
해군사관학교박물관 사진 제공

공격할 수 없는 상황이었다.

이에 이순신은 유인작전을 폈다. 이순신 함대가 1리^里가량 물러나자, 일본군은 병력을 나누어 200명은 절벽 위에서 조총을 쏘며 대항했고, 나머지 200명은 군선에 탑승해서 선박을 지키려 했다. 그리고 노련한 일본 수군은 이순신의 유인작전에 걸려들지 않고, 유리한 지형 즉 높은 곳에서 아래를 바라보며 총을 쏘며 대항하기만 했다.

이때 마침 조류가 밀물로 바뀌어 판옥선으로 일본군선을 공격할 수 있게 되면서, 이순신 함대에 유리한 상황이 전개되었다. 이에 이순신은 처음 출전한 거북선을 앞세워 돌격 작전을 펼쳤고, 화력 면에서 우세한 이순신 함대는 승리를 거두었다. 이 전투에서 이순신 함대는 일본의 대선 12척을 모두 분멸했고, 접근 공격을 통해 절벽 위에서 대응하던 일본군들도 더 높은 곳으로 몰아감으로써 대항하지 못하게 만들었다. 일본군은 사상자도 다수 발생했고, 번갈아 드나들며 공격하는 판옥선의 총통과 불화살에 대형 군선들이 차례로 불에 타는 것을 지켜볼 수밖에 없었다.

그 뒤 이순신은 추격대를 조직하여 남은 일본군을 공격하려 했지만, 날이 저물었고 또 추격전을 펼칠 경우 피해가 발생할 가능성도 있었기 때문에 포기했다. 그래서 일부러 작은 군선 몇 척을 남겨 놓고 함대를 사천만 입구 쪽에 있는 모자랑포^{毛自郎浦}로 옮겨 진을 치고 정박^{碇泊}했다.

이순신 함대는 제2차 출전의 첫 번째 전투인 사천해전에서 적선 13척을 격파하며 또다시 승전보를 울렸다. 하지만 승리한 이순신 함대도 다소의 피해를 입었다. 무엇보다 이순신 자신이 직접 앞장서서 독전하다가 왼쪽 어깨에 총탄이 관통하는 총상^{銃傷}을 입었다. 그 외에 나대용^{羅大用}과 전봉사 이설^{李渫}도 총에 맞았으나 중상^{重傷}은 아니었다. 뒤에 다시 설명하겠지만, 이때 입은 부상으로 이순신은 오랫동안 고생하게 된다.

다음날인 6월 1일, 이순신은 일본군이 버리고 도망친 소형 군선 2척과 일본군

사량도

오른쪽 섬이 상도이고 왼쪽 섬이 하도이다. 가운데 물길이 뱀이 지나간 것 같다고 해서 사량도라는 이름을 얻었다.
해군사관학교박물관 사진 제공

수색을 원균에게 맡겼다. 원균은 얼마 후 일본군이 떠나고 없음을 확인하고, 남겨둔 빈 배만 불태우고 돌아왔다. 사천 선창에서 일본군이 떠난 것을 확인한 이순신은 정오경에 함대를 고성의 사량도蛇梁島로 이동하여 이곳에 정박하고 군사를 쉬게 했다.

이튿날인 6월 2일 오전 8시경, 이순신 함대는 "적선敵船이 당포唐浦 선창에 정박하고 있다."라는 정보를 입수하고 곧장 출발해서 10시경에 그곳에 도착했다. 당포는 이순신 함대가 제1차 출전 때인 5월 5일에도 정박했던 곳이다. 이곳의 전략적 위치를 간략히 언급하면, 당포는 전라도 수군이 경상도 해역으로 진출할 때 반드시 거쳐 갈 수밖에 없는 중간 기착지였다. 오늘날의 착량鑿梁 운하는 20세기 초에 일본이 만든 것으로, 전근대에는 판옥선과 같은 큰 배가 지나갈 수 없는 곳이었다. 따라서 임진왜란 당시의 착량鑿梁은 이순신 함대가 통과할 수 없는 곳이었고, 경상도 쪽으로 가려면 당포에서 미륵도 남단을 돌아 오늘날의 통영만

당포해전 격전지
해군사관학교박물관 사진 제공

안쪽을 통과하는 해로海路밖에 없었다.

　이순신 함대가 도착했을 때, 당포 선창에는 일본군 300여 명이 있었는데, 반은 성 안을 분탕질하고 있었고, 반은 성 밖의 험한 지형에서 조총을 쏘며 대항했다. 선창에는 판옥선 크기와 같은 대형 군선 9척과 중·소선을 합해 12척, 모두 21척이 정박해 있었는데, 그중 대장선은 10여 미터는 될 듯한 높은 층루가 있었다. 이 설명으로 볼 때 대형 아타케부네安宅船가 분명해 보인다. 그 속에 일본군 대장이 조금도 두려워하지 않고 거만하게 앉아 지휘하고 있었다.

　이순신은 해전이 시작되자 먼저 거북선으로 하여금 대장선인 층루선層樓船을 충돌하면서 각종 총통을 발사하도록 했다. 이와 동시에 여러 판옥선도 적의 대장선 공격에 나섰는데, 중위장으로 처음 출전한 순천부사 권준이 적장敵將을 화살로 쏘아 맞추어 배에서 떨어뜨리자 사도첨사 김완 등이 적장의 머리를 베었다. 적장이 죽자 전의를 상실한 일본군이 전투를 포기하고 도주했고, 선창에 있던

일본군선은 모두 분멸焚滅했다. 비록 머리를 벤 것은 6급밖에 안 되었지만 사살한 숫자는 그보다 훨씬 많았다. 다만 아쉬운 점은 이번에도 선단을 포기하고 도주한 일본군이 적지 않았다는 것이다.

이날 해전에서 상대한 일본 함대는 지금까지의 전투와는 달리 노획물을 통해 그 소속을 파악할 수 있었는데, 그 계기는 전투가 끝난 뒤에 우후 이몽구李夢龜가 일본 대장선을 수색하다가 금부채 하나를 발견한 것이다. 이 부채에는 히데요시가 출세하기 전에 사용하던 이름인 하시바 치쿠첸슈羽柴筑前守와 구정유구수전龜井流求守殿·카메이 코레노리龜井玆矩의 다른 명칭 등의 글자가 있었다. 일본 측의 연구에 따르면, 카메이 코레노리는 임진왜란 이후까지 생존한 것으로 나오기 때문에 당포해전에서 전사한 것 같지는 않다. 다만 그에게 소속된 휘하 선단이 당포해전에서 이순신 함대에게 패했던 것으로 볼 수 있다.

당포해전도 사천해전과 마찬가지로 이순신 함대가 정박하고 있던 일본 선단을 공격하여 모두 분멸하고, 전투에서 승리했지만 도주한 일본군도 있었다는 공통점이 있다. 또한 당포에서도 추격대를 조직해서 도주한 일본군을 공격하려 했지만, "일본군선 20여 척이 작은 배들을 많이 거느리고 거제도로부터 이쪽으로 이동하고 있다."라는 탐망선의 급한 보고를 받고 추격 작전을 중지했다.

그리고 이순신 함대는 탐망선이 보고한 일본 선단을 찾기 위해 당포를 벗어나 넓은 바다로 나갔다. 외해로 나간 지 얼마 되지 않아, 이순신은 탐망선이 보고한 일본군선 20여 척이 5리쯤 되는 거리에서 매우 빠른 속도로 도주하는 것을 발견했다. 휘하의 여러 군선이 추격해 보았으나 날이 어두워져서 잡을 수 없었다. 추격을 중지한 이순신 함대는 그대로 진주 땅 창신도昌新島·오늘날의 남해군 창선면에 정박하고 긴 하루를 마감했다. 이날2일 새벽에 사량도를 출발해서 당포에서 싸우고 다시 일본 함대를 추격해서 다시 남해도 위쪽 창신도에 정박했으니 그 이동 거리가 상당히 길었음을 알 수 있다.

다음날인 6월 3일 새벽부터 이순신 함대는 다시 일본 함대를 찾아 주변 해역을 수색하면서 미륵도 남단 부근의 추도楸島까지 이른다. 하지만 적 함대를 발견하지 못하고 날이 저물자, 이순신은 고성 땅 고둔포古屯浦·오늘날의 통영시 산양읍 풍화리(경남 수산자원연구소) 앞바다이며, 옛 지명은 고둥개(곧은포, 고둥개)에 정박하고 군사를 쉬게 한다. 이곳은 미륵산을 중심으로 했을 때 당포唐浦 반대편, 즉 미륵도의 동남쪽에 있는 포구로 보인다. 그렇다면 전날 늦은 시각까지 이순신 함대에게 쫓겨 달아나던 일본 선단은 과연 어디로 간 것일까?

6월 4일 이른 새벽 이순신은 함대를 다시 당포唐浦로 이동한 뒤, 주변에 탐망선을 보내 적 함대를 찾아 나섰다. 오전 10시쯤 당포 근처에 사는 토병土兵 강탁姜卓으로부터 일본군이 거제도를 향해 도망쳤다는 소식을 듣고 막 적 선단을 찾아 다시 출항하려 할 때, 마침 전라우수사 이억기李億祺가 판옥선 25척을 거느리고 이순신 함대에 처음으로 합류했다.

지금까지 연합함대는 전선 26척이 전부였지만, 이억기 선단의 합류로 전력이 두 배로 증가한 것이다. 이것으로 연일 이어진 수색과 전투로 피곤해진 수군 전체의 사기가 크게 올랐다. 이순신은 이억기와 함께 향후 작전을 논의했으며, 날이 저물었지만 연합함대를 거제와 고성의 경계인 착량鑿梁으로 옮기고 이곳에서 정박했다.

6월 5일 아침에는 안개가 늦게까지 끼어 항해를 할 수 없었는데, 거제에 사는 귀화인歸化人·일본에서 귀화한 백성 김모金毛 등이 작은 배를 타고 와서 이순신이 찾고 있던 일본 함대가 고성 땅 당항포唐項浦에 있다는 귀중한 정보를 알려 왔다. 당항포는 입구 부분이 아주 좁은데, 좁은 S자 커브를 지나 안쪽으로 들어가면 그 안쪽 바다는 오히려 넓어서 해전을 벌일 만한 장소가 있는 곳이었다. 최초에 이순신은 전선 몇 척을 보내 안쪽 지형을 살피도록 하면서 적을 만날 경우 물러나는 척해서 유인하는 작전을 폈다.

잠시 후 먼저 들어간 전선 몇 척이 물러나오면서 신기전을 쏘아 일본 함대 발견을 알려왔다. 이로부터 제2차 출전의 세 번째 전투인 당항포해전이 시작되었다. 이순신 연합함대가 당항포 안쪽으로 들어가자 소소강 쪽에 나란히 정박하

고 있던 일본 대선 9척, 중선 4척, 소선 14척 등 26척의 함대가 한눈에 들어왔다. 적 선단이 바닷가에 있었기 때문에, 처음부터 맹공을 펴면 배를 버리고 육지로 도주할 것 같아 퇴로를 열어 주면서 물러날 것처럼 유인하는 작전을 펼친 것이다. 그러자 대장선을 비롯한 일본 함대는 이순신의 작전대로 바다로 나아왔다. 이에 거북선과 전선들이 반전하여 좌우로 일본군선을 포위해서 먼저 적의 대장선을 총통으로 부수고, 불화살을 쏘아 불을 내면서 그들의 지휘관을 쏘아 맞추자 일본 함대는 전투를 포기하고 곧바로 달아나려 했다.

이에 연합함대가 전력을 기울여 남은 일본 선단을 공격해서 군선 1척을 남기고 모두 분멸했다. 이 상황에서 많은 일본 수군이 사살당하거나 물에 뛰어들었고, 일부는 상륙해서 육지로 도주했다. 남겨둔 1척은 당포해전 때와 마찬가지로 적의 수뇌부가 타고 도주할 때 한꺼번에 잡을 계획으로 두고 온 것이었다. 일본군이 패하고 물러난 뒤 날이 저물자 이순신은 연합함대를 이끌고 당항포 어귀로 나와 근처에서 정박했다.

6월 6일 새벽에 방답첨사 이순신李純信·호가 입부立夫이며 충무공 이순신과는 다른 인물으로 하여금 당항포 입구를 막아 지키게 했는데, 예상대로 일본군 100여 명이 군선 1척을 타고 탈출을 시도했다. 이에 입부 이순신이 이 배를 요격해 20대 중반의 일본군 대장을 비롯한 전원을 사살하고 장수들의 목을 베어 왔다. 이로써 전라우도 이억기 함대가 합류하여 명실 공히 조선 연합함대를 형성한 이후 처음 맞은 당항포해전에서도 적선 26척 모두와 상당수의 일본군을 사살하는 승리를 거두었다.

특히 당항포해전에서 패한 일본 함대는 제2번대 대장 가토 기요마사 소속의 수군으로, 대장선에서는 3,000여 명의 일본군이 서명하고 피를 발라 맹세한 분군기分軍記 6축이 발견되기도 했다. 이날 해전에서 목을 벤 것만도 50여 급에 이르렀고, 그중 장수 6명의 수급은 조정으로 올려 보냈다.

이날 새벽에 일본군선을 잡은 전과가 있었지만, 6일에는 비가 내리고 구름이 끼는 등 바다 날씨가 나빠져서 항해가 불가능했다. 이 때문에 전투가 있었던 당항포 앞바다로 옮겨 군사를 쉬게 하다가, 저녁 무렵에 함대를 고성 땅 맛을간장 ↑乙干場·맛을간장의 현재 지명은 불확실한데, 정황상 고성군 동해면 전도리의 맛개 해안으로 추정으로 옮겨 또 하루를 정박했다.

그런데 당항포해전과 관련해서 언급할 게 두 가지 더 있다. 하나는 당항포해전이 벌어졌던 바다가 보이는 포구에서 지난 2009년에 세계 공룡 엑스포를 개최한 바 있고, 2012년에는 다시 한 번 엑스포를 개최할 예정이라 한다. 이곳에는 공룡 엑스포 관련 전시관도 많지만, 당항포해전과 관련된 기념관과 복원된 거북선 등도 함께 볼 수 있다.

또 하나는 당항포해전과 관련된 '아랑낭자 설화'다. 그 내용을 간략히 살펴보면, "임진왜란 이전에 조선의 정보를 수집하는 일본의 세작細作·간첩이 당항포 해역의 지도를 그리기 위해 이곳에 왔는데, 당시 주막을 하던 아랑낭자가 한눈에 그를 알아보고 술을 먹여 재운 다음 지도를 찾아내 조작했다. 원래는 막힌 바다였는데, 터진 바다로 조작한 잘못된 지도 때문에 당항포해전에서 일본군이 이순신에게 완패하게 되었다."라는 스토리다. 결론적으로 이 이야기는 19세기 말이나 20세기 초에 만들어진 '논개 설화'의 아류 설화로 추정된다. 역사에 문학적 상상력이 더해진 것인데, 당항포해전의 재미를 더하는 하나의 스토리텔링이라고 볼 수 있다.

6월 7일 새벽에 이순신은 함대를 이동해 웅천 땅 증도甑島·현재의 창원시 진해구 잠도로 추정 바다 가운데 진을 치고 주변을 탐색하다가, 다시 정오경에는 거제도 북단의 영등포永登浦 앞바다에 이르렀다. 이때 일본군선 7척이 율포栗浦에서 나와 부산 쪽으로 이동하는 것을 포착했다. 이와 동시에 조선 연합함대를 발견한 일본 선단은 실었던 화물을 바다에 던지면서 필사적으로 달아나려 했다. 하지만 조선 수군이 역풍을 뚫고 율포 근해에서 일본 선단을 추격하는 데 성공하면서 율포해전이 벌어졌다. 해전 결과 조선 수군은 일본 선단의 대선 5척과 중선 2척을 모두 분멸했으며, 참급도 41급이나 되는 등 일곱 번째 해전에서도 쾌승을 거두었다.

율포해전에서 일본 선단이 판옥선의 추격을 벗어나지 못한 것은, 조선 연합함

당항포해전 격전지

해군사관학교박물관 사진 제공

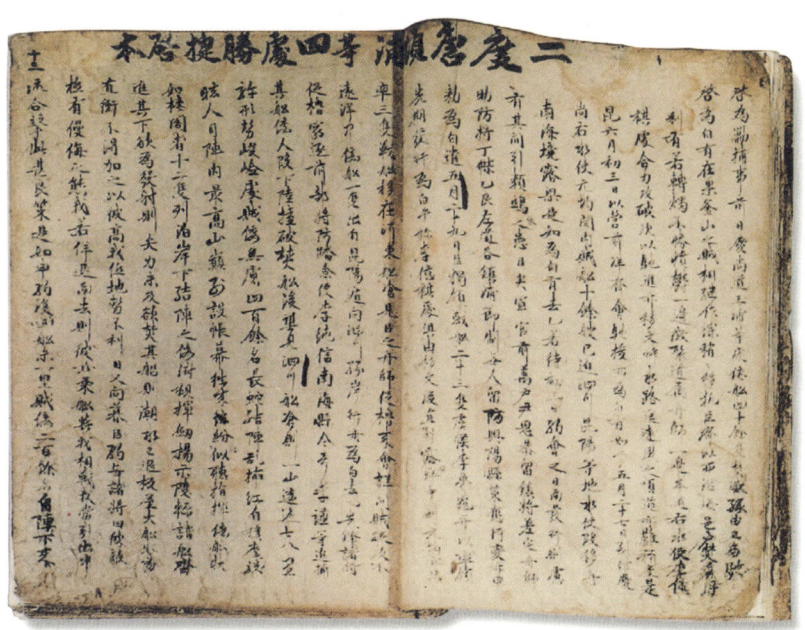

당항포해전에 대해 이순신이 선조에게 올린 장계

현충사 소장

대가 이들이 도주하려는 방향인 부산 쪽으로 기동해 일본 선단을 막아설 수 있는 위치에 있었기 때문이기도 했지만, 역풍인 상황에서 조선 판옥선의 기동력이 더 나았기 때문이었다.

이날 패한 일본 장수는 앞에서 언급한 일본 수군 편성에도 나오는 구루시마 미치유키였다. 그는 일본에서 유명한 구루시마 해적 출신으로, 자신의 선단이 분멸되는 것을 보고 분을 참지 못해 상륙한 뒤에 할복자살割腹自殺했다는 일본 측의 연구 결과가 있으나 이는 그의 죽음을 미화하기 위한 것으로 추정된다. 즉 적장은 전투 중에 사살되었을 가능성이 더 높아 보인다. 선단의 척수는 합포해전 다음으로 적었지만, 일본을 대표하는 해적 출신 장수를 잡은 의미 있는 해전이었다.

율포해전을 승리로 마무리한 이순신과 조선 연합함대는 가덕과 천성을 지나 몰운대沒雲臺·낙동강 하구에서 부산으로 돌아나가는 지점에 해당 부근까지 진출해 적선을 수색했으나 찾지 못하고, 저녁 8시경에 거제 땅 온천량溫川梁·칠천량의 송진포松津浦로 돌아와서 정박했다. 이때까지만 해도 일본군이 거제도를 점령하기 이전임을 알 수 있다. 정유재란 이전 강화교섭 시기에는 일본군이 이곳 송진포와 마주보는 장문포오늘날의 장목 일대에 왜성을 쌓고 주둔한 바 있다. 이어 6월 8일과 9일에는 진해만의 전 해역과 가덕·천성·안골포 등지에 탐망선을 보내 적을 수색했지만, 일본 함대를 찾지 못한 채 각각 송진포와 당포唐浦에서 정박했다. 그리고 6월 10일에는 미조항 앞바다에 이르러 연합함대를 해체하고 각자의 진영으로 되돌아갔다.

5월 29일부터 6월 10일까지 11일간 계속된 제2차 출전을 통해, 이순신과 조선 연합함대는 네 차례의 해전(사천5월 29일·당포6월 2일·당항포6월 5일·율포6월 7일)을 통해 적선 72척을 분멸하고 일본군의 머리도 300여 급이나 베는 등 대승을 거두었다. 한 가지 기억해 둘 것은 이때까지 이순신과 조선 수군이 상대한 일본 선단은 가장 많은 척수가 30척일 정도로 소규모 함대 수준이었다. 즉 이순신에게

┃ 구율포 만호진성에서 바라본 율포 앞바다
해군사관학교박물관 사진 제공

패한 일본 함대는 각 지방의 다이묘에게 소속된 소규모 선단이었다.

　제1, 2차 출전을 통해 파괴된 일본군선이 110척 이상이고 전사한 인원도 매우 많았기 때문에, 이런 상황은 곧바로 히데요시에게 보고되었다. 예상치 못한 패배 소식을 접한 히데요시는 곧바로 자신의 휘하에 소속된 중앙 수군으로 하여금 이순신과 조선 수군을 상대하도록 지시한다. 이에 대해서는 다음 장에서 자세히 살펴보도록 하고, 우선 이순신 함대의 제1, 2차 출전의 과정과 결과를 정리하면 다음과 같다.

　첫째, 조선 수군의 출동 일수는 대략 1회에 열흘 내외였던 것으로 파악된다. 각 진영이 자체적으로 전투와 작전에 필요한 군량 등 군수품과 각종 무기를 준비했고, 1회 출동에 10여 일 내외를 견딜 수 있는 군수품과 무기가 적재했던 것으로 추정된다. 이 점은 제2차 출전을 마치고 회군할 때 이순신이 밝힌 다음과 같은 회군 이유를 통해서도 짐작할 수 있다.

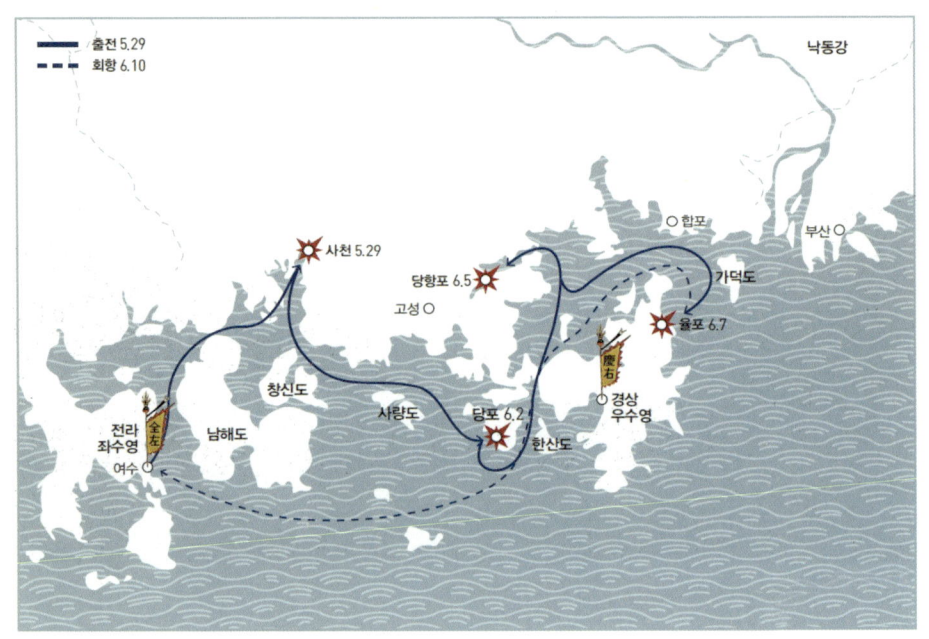

이순신의 제2차 출전 상황지도
현충사 제공

연일 큰 적을 만나 바다 위를 전전하면서 싸우느라 군량이 다 떨어지고 군사들도 많이 지쳤으며 전상자도 많았으므로, 우리의 피로한 병력으로 편안히 숨어 있는 적과 대적하는 것은 실로 병가兵家의 좋은 방책이 아니며 (후략)

– 《임진장초》 1592년 6월 14일 장계

이와 함께 경상도 해역을 침입해 온갖 만행을 저지르던 일본 수군을 110여 척이나 파괴하고 엄청난 사상자를 냈기 때문에, 이제는 적일본군이 조선 수군을 두려워하고 회피하는 상황이 된 것까지 언급했다. 즉 제1, 2차 출전을 통해 일본 수군에 맞서 언제든지 승리할 수 있다는 자신감을 갖게 되었음을 밝힌 것이다. 따라서 출전을 마무리하고 각자의 진영으로 돌아온 것은 또 다른 출전을 위한

준비 차원이었음을 알 수 있다.

둘째, 이순신은 제2차 출전에 나섰을 때 지나는 포구마다 피난을 떠나는 연해 백성들을 구휼했다. 제1차 출전 때 주변의 지방관들에게 연해 백성들을 잘 돌보도록 편지를 보냈던 이순신은, 제2차 출전 때는 일본군에게서 노획한 쌀과 포목 등의 물건을 연해 백성들에게 골고루 나누어 주었다고 한다. 이 때문에 훗날 이순신이 통제사에서 파직되어 떠날 때와 전사했을 때, 연해 백성들이 자기 부형이 당한 일처럼 안타깝게 생각하고 슬퍼했던 것이다. 이순신의 이와 같은 애민 정신과 구제 활동은 이미 전쟁 초기부터 시작되고 있었다.

이렇게 되자 연해에 거주하던 귀화인歸化人이나 보자기漁民 가운데는, 가족과 함께 좌수영 성내城內로 들어오는 자들도 많았다고 한다. 이순신은 이들이 본영에서 가까운 장생포長生浦 등 생활 여건이 좋은 곳에서 살 수 있도록 배려했다.

셋째, 일본 수군에 관한 것인데, 앞에서 일본 수군의 뿌리는 왜구와 해적임을 언급한 바 있다. 이순신의 제1, 2차 출전을 통해서도 이런 사실을 재확인할 수 있다. 즉 이순신이 옥포, 적진포, 당포 등 대부분의 해전에서 일본 선단을 파괴하기 전까지, 일본군은 연안 지역을 노략질하고 있었다. 이 점은 당항포해전에서 정운이 되찾은 울산의 사삿집 사노私奴, 종 억만億萬의 다음과 같은 심문 내용에서도 확인할 수 있다.

어떤 때는 두세 척씩 패를 나누어 도적질하면서 여염집을 분탕하고, 칼로는 우마牛馬를 해치고 포목과 곡식 및 잡물을 배에 실었는데 이렇게 하기를 어떤 날은 두 세 번이나 했습니다.

한편 임진왜란 초기에 내륙으로 진군한 일본군은 조선 백성들에게 나름대로 우호적이었다. 물론 일본의 육상 진출 과정에도 약탈이나 문화재 탈취 등이 없었던 것은 아니지만, 일반 백성들에게는 생업生業·농업에 종사하면서 세금만 내면 된다는 식의 포고문을 내걸기도 했다. 하지만 연해 지역의 상황은 전혀 다르게 전개되었다. 원래 왜구와 해적이었던 일본 수군들은 조선 연해를 광범위하게 약탈하고 조선 백성들을 무차별 살육하는 만행을 저질렀던 것이다.

넷째, 전투와 관련된 내용이다. 먼저 보고서에 여러 번 나오는 내용인데, 이순신은 해전을 할 때 부하들에게 사살射殺에만 치중하라고 명령한다. 당시의 전과는 수급을 통해 확인하는 게 기본이었다. 오늘날의 시각에서는 야만적이라고 하겠지만 이 때문에 전투가 끝나면 항상 시신의 목을 베는 것이 큰 일거리였다. 하지만 이순신은 일본군 하나라도 더 사살하는 것이 중요하다고 판단하고, 부하들에게 목 베는 일에 주력하지 말라고 지시했다. 그리고 자신은 참급이 아니라 사살과 전투 참여도에 따라 전공을 평가할 것이라는 사실도 분명히 알렸다. 이순신은 실제로 제1, 2차 출전 보고서 말미에 자신이 판단한 전공 1, 2, 3등을 따로 적어서 보고했다.

제2차 출전은 제1차 출전에 비해 움직인 거리와 해전의 횟수, 전투의 규모 등이 2배 이상 증가했다. 이 과정에서 제1차 출전과는 달리 조선 수군에도 사상자가 다수 발생했다. 이순신 자신과 군관들의 총상을 비롯해, 그의 보고서에는 전사자 13명과 부상자 34명의 이름과 소속 직책 등이 정확하게 기록되어 있다.

이를 통해 이순신 함대가 승리를 거두긴 했지만 제2차 출전에서는 사상자가 다소 발생했다는 점을 확인할 수 있는데, 이순신이 그들의 명단을 일일이 작성해서 오늘날까지 전해지고 있다는 사실은 적지 않은 감동을 준다. 이순신은 사망자의 경우 시신을 고향으로 보내 장례를 치러주고 유가족에게는 휼전恤典·국가에서 내리는 경제적 혜택을 시행하도록 조처했으며, 부상자들이 제대로 치료받을 수 있도록 각별히 지시했다.

그 뒤 이순신은 휘하 장수들을 각자의 진영으로 돌려보내면서 마지막으로 이렇게 지시한다.

"한 번 승리했다고 해서 소홀히 생각하지 말고 군사를 위무하고 전선을 다시 정비해 급보를 받는 즉시 출전하되 처음과 끝을 한결같이 하도록 하라."

〈제2차 출전 사상자 명단〉

대장선 정병正兵 김말산金末叱山　　우후선 방포 진무 장언기張彦己

순천1호선 사부, 사노私奴 배귀실裵貴失　　순천2호선 격군 사노 막대莫大

순천2호선 격군 보자기 내은석內隱石　　보성1호선 사부 관노官奴 기이己伊

흥양1호선 전장箭匠 관노 난성難成　　사도1호선 사부 진무 장희달張希達

여도선 사공沙工 토병土兵 박고산朴古山　　여도선 격군 박궁산朴宮山

등은 철환에 맞아 죽었으며,

흥양1호선 사부 목동牧童 손장수孫長水는 상륙 전투 중에 칼에 맞아 죽었으며,

순천1호선 사부 보인保人 박훈朴訓　　사도1호선 사부 진무 김종해金從海

등은 화살에 맞아 죽었다. (이상 전사자 13명)

순천1호선 사부 유귀희柳貴希·광양선 격군 보자기 남산수南山水·흥양선 선장 수군 박백세朴白世·격군 보자기 문세文世·훈도 정병 진춘일陳春日·사부 정병 김복수金福水·내노內奴 고붕세高朋世·낙안 통선 사부 조천군趙千君·수군 선진근宣進斤·무상 사노 세손世孫·발포1호선 사부 수군 박장춘朴長春·토병 장업동張業同·방포수군 우성복禹成福 등 13명은 철환에 맞았으나 중상重傷에 이르지는 않았으며,

방답첨사의 종 언용彦龍·광양선 방포장 서천용徐千龍·사부 백내은손白內隱孫·흥양선 사부 정병 배대검裵大檢·격군 보자기 말질손末叱孫·낙안 통선 장흥 조방 고희성高希星·능성 조방 최난세崔亂世·보성1호선 군관 김익수金益水·사부 오언용嗚彦龍·무상 보자기 흔손欣孫·사도1호선 군관 진무성陳武晟·(동) 임홍남林弘楠·사부 수군 김억수金億水·(동) 진언양陳彦良·신선新選 허복남許福男·조방 전광예田光禮·방포장 허원종許元宗·토병 정어질금鄭於叱金·여도선 사부 석천개石天介·유수柳水·선유석宣有石 등 21명은 화살에 맞았으나 중상에 이르지는 않았습니다. (부상 총 34명)

제6장

한산도와 부산포에서 연거푸 이기고

살피지 못한 동안 기운은 어떠하시옵니까? 전일 글을 두 번이나 보내 주셨기에 나아가 뵙고 적을 토멸하는 방략을 아뢰려 했습니다. 하지만 접전할 때 조심하지 못한 탓에 적의 탄환에 맞고 말았습니다. 죽을 지경에는 이르지 않았지만, 어깨뼈가 깊이 상한 데다 갑옷을 입고 있다 보니 상처가 헐어서 진물이 계속 흐르기에, 밤낮 없이 뽕나무 잿물과 바닷물로 씻고 있습니다만 아직 쾌차하지 못해 안타깝기만 합니다. 군사들을 이끌고 길을 떠나실 날이 언제인지요? 나랏일이 위급한데 병이 이와 같아 북쪽을 바라보며 길이 통탄할 따름입니다. (후략)

— 《이충무공전서》 권1, 〈잡저雜著〉 '어떤 이에게 드리는 글'

《이충무공전서》
해군사관학교박물관 소장

《이충무공전서》권1〈잡저〉부분
해군사관학교박물관 소장

    노산 이은상은 이순신이 쓴 이 편지를 받은 '어떤 이'를 서애 유성룡柳成龍으로 추정했다. 편지의 내용을 보면 그럴 가능성이 높아 보인다. 이 글은 이순신의 초본《난중일기》의 첫 번째 권卷인 '임진壬辰·계사癸巳'일기 가운데 계사년1593년 3월 21일자 일기 뒤에 붙은 '장계狀啓'와 '서간書簡' 등을 연습한 것으로 보이는 글인데, 작성한 일자와 받는 이가 누군지는 정확히 알 수 없다. 하지만 이순신이 이 편지를 무더운 여름에 작성했다는 것과, 제2차 출전 시 사천해전에서 입은 총상銃傷의 환부가 낫지 않아 오랫동안 고생하고 있는 상황과, 활을 당길 수 없어 안타까운 심정 등 비슷한 내용의 글이 수차례 반복되는 것으로 볼 때 이 편지의 작성 시기와 대상을 대략 추정해 볼 수 있다.

    이 글은 임진왜란이 일어난 임진년1592년 7~8월 중에 작성된 것으로 보이고, 이순신은 이 편지를 유성룡뿐만 아니라 여러 지인들에게 보냈던 것으로 추정된다. 앞에서 보았듯이, 이순신은 5월 29일에 입은 총상 때문에 여러 달 동안 고생

부상을 치료받는 이순신을 묘사한 '사천해전도'
한산도 제승당 소장

했다. 그는 갑옷을 입고 있어야 했기 때문에, 여러 약재를 쓰고 있지만 상처가 잘 아물지 않는다며 자신의 상황을 알려 주고 있다.

6월 10일, 두 번째 출전을 마치고 좌수영으로 돌아온 이순신과 전라좌수군은 이후 각자 군영으로 돌아가 휴식을 취하는 한편, 다음 출전을 위한 준비에 들어갔다. 좌수영에 도착한 뒤 이순신은 이전과 마찬가지로 방금 막 끝난 두 번째 출전의 결과보고서를 자세히 작성해 조정에 올려 보냈다.

이순신은 전투가 있을 때마다 적의 목을 베기보다 사살에 치중하라고 명령했는데, 적의 머리 한 개를 베는 시간에 화살을 쏘면 더 많은 적을 제거할 수 있었기 때문이다. 그는 이 기준을 바탕으로 부하 장수들의 공을 1, 2, 3등으로 나누어 보고했다. 아쉽게도 장계와 함께 올린 군공을 언급한 자료는 남아 있지 않아 자세한 내용을 확인할 수는 없지만, 조정이 장수들에게 포상을 내릴 근거를 제시했던 것으로 추정된다.

▌이순신의 기개를 보여 주는 장검
그는 이 장검에 전투의 의지를 다지는 글을 새겨 놓고 마음을 가다듬었다.
해군사관학교박물관에 소장된 장검의 원본은 현충사 소장

이와 동시에 이순신은 일본군을 위협하기 위해, 조정에 보고하러 가는 군관으로 하여금 "신臣은 이제 전선 수만 척을 이끌고 비장군飛將軍 아무개를 선봉으로 삼고 바로 일본을 치러 아무 달 아무 일에 떠나겠습니다."라는 내용의 거짓 장계를 흘려 일본군에게 전달되도록 했다.

전쟁이 터진 뒤 조선군이 일방적으로 패퇴하면서 급기야 6월 14일 평양성이 함락되어 평양 북쪽에서 전선이 형성될 위기 상황에서, 해전에서 전승을 거둔 이순신이 일본군에게 본토를 공격하겠다고 위협한 것이다. 처한 상황은 다르지만, 평양성을 점령한 고니시 유키나가가 조선 조정에 편지를 보내 "수군 10여 만 명이 또 서쪽 바다에서 오는데 대왕의 행차는 이제부터 어디로 갈 것이오."라고 한 것처럼 적을 위협하는 내용이다.

이순신은 부상을 입어 몸이 불편했지만, 재출전 준비를 철저히 하고 있었다. 특히 지난 번 출전했을 때 합류한 전라우도 수군과의 연합함대 형성과 합동작전을 위해 우수사 이억기와 계속 연락을 취했다.

그러던 중 7월 들어 일본군이 수륙 합동으로 전라도를 공격하려 한다는 정보, 즉 일본의 육군이 금산 지역까지 진출했고, 바다에서도 거제와 가덕도 등지에 10~30척씩 떼를 지어 출몰한다는 소식이 들려왔다. 이에 이순신은 전라도 해역을 넘보는 일본 수군을 치려고 제3차 출전을 계획한다. 먼저 7월 4일 전라우도 수군이 좌수영으로 합류했다. 제3차 출전은 이전과 달리 전라 좌·우도 함대가 출동 이전에 모여, 7월 5일 합동작전을 위해 약속을 정한 뒤에, 7월 6일 새벽에 경상도 해역으로 출항했다.

이보다 앞서 히데요시는 5월부터 6월 초까지 조선 수군과 맞붙은 해전에서 전패했다는 소식을 접한 뒤 문제의 심각성을 인식하고, 일본 중앙의 수군 다이묘들에게 남해 출전과 조선 수군과의 일전을 명령했다. 한 가지 이해하기 어려운 것은 당시 일본 중앙 수군이 대부분 육전에 임하고 있었다는 사실인데, 한 예로 와키사카 야스하루는 6월 초순까지 경기도 용인 근처에서 전라도 근왕병을 이끌고 북상한 이광李洸의 부대와 맞서 불과 1,500여 명의 병력으로 5만이나 되는

멀리서 바라본 견내량
　해군사관학교박물관 사진 제공

한산대첩이 시작된 지점인 견내량 해역(거제대교 부근)
　해군사관학교박물관 사진 제공

대부대를 해산시키는 활약을 펼친 바 있다.

이와 같이 당시 일본의 중앙 수군에 속한 장수들은 대부분 육전을 치르고 있었기에, 조선 수군을 격파하고 제해권을 장악한다는 전략이나 목표가 없었다. 이 점은 일본군의 전쟁 추진 과정에서 큰 한계점으로 작용했지만, 조선으로서는 오히려 다행이었던 셈이다.

6월 23일, 히데요시의 출전 명령을 받은 도도 다카토라藤堂高虎, 구키 요시타카九鬼嘉隆, 가토 요시아키加藤嘉明, 와키사카 야스하루脇坂安治 등의 장수들은 남해로 출전하기 위해 부대를 이끌고 신속히 남하했다. 이들은 김해 등지에서 각각 출전을 준비했는데, 또 한 가지 문제는 이들 가운데 선임자나 책임자 등 지휘관이 없었다는 점이다. 이 때문에 일본군은 전력을 한데 모아 일시에 출전하지 못한 결정적 패착을 하게 되었다.

1592년 7월 6일 새벽, 이순신과 이억기의 전라도 연합함대는 좌수영을 출발해 역사적인 제3차 출전을 시작했다. 전라도 연합함대는 곤양과 남해의 경계인 노량露梁에 도착해서 먼저 와 있던 경상우수사 원균과 합류했다. 이때 원균은 파손된 군선을 수리해 전력이 판옥선 7척으로 늘어난 상황이었다. 노량에서 연합함대를 구성한 이순신은 다시 한 번 합동작전을 위한 약속을 확인하고, 이날은 진주 땅 창신도昌新島에 이르러 정박했다.

그런데 이날 합류한 연합함대의 전력에 대한 정확한 자료는 남아 있지 않다. 이순신의 승전 보고서에도 판옥선의 척수를 비롯한 전력 규모를 밝힌 자료가 없는데, 20세기 초에 일본 참모 본부에서 펴낸 《일본전사조선역日本戰史 朝鮮役》(보전補傳, 48쪽)에 따르면, 한산대첩 당시 조선 수군의 전력이 대선 59척에 소선 50여 척이라고 되어 있다. 이를 근거로 역으로 추산해 보면, 원균이 7척, 이순신과 이억기의 이전 전력이 49척, 나머지 3척은 거북선으로 대략적인 추정이 가능하다. 우리에게 명확한 자료는 없지만, 일본 측이 밝힌 59척도 타당성이 있어 당시 조선 연합함대의 규모로 보기에 별다른 문제가 없을 듯하다.

한산대첩에서 조선 연합함대에 맞선 일본 장수는 와키사카 야스하루였고,

그가 거느린 전력은 대선 36척, 중선 24척, 소선 13척 등 73척에 이르는 적지 않은 규모였다. 앞서 언급한 것처럼 일본 수군의 지휘체계의 약점과, 전공戰功을 독차지하려는 와키사카의 과욕, 그리고 육전에서 얻은 지나친 자신감 등으로 인해 와키사카 야스하루 함대는 준비가 덜 된 다른 장수들을 놔두고 홀로 김해를 출발해서 거제도 북단으로 이동했다.

7월 7일, 출전 이틀째 되는 날에는 동풍東風이 크게 불어 항해하기가 어려웠다. 이런 악조건 속에서도 이순신 함대는 항해를 계속해서 고성 땅 당포唐浦·미륵도 남서쪽 요충지에 도착했다. 어려운 항해를 마치고 해가 질 녘이 되자 조선 함대는 이곳에 정박해 저녁식사를 준비하고 있었다. 이때 미륵도彌勒島에 사는 목동牧童 김천손金千孫이 연합함대가 있는 곳으로 달려와서 긴급한 정보를 전달했다.

그가 전달한 정보의 내용은 "적의 대·중·소선을 합해 70여 척이 오늘 오후 2시경에 영등포 앞바다에서 이동해 거제와 고성의 경계인 견내량見乃梁에 머물고 있다."라는 것이었다. 레이더가 없던 전근대에 적의 위치와 병력 상황을 먼저 안다는 것은 해전에서 엄청난 이점이었다. 그것도 해전 전날 지근거리에 있는 적 함대의 규모와 위치를 먼저 파악하게 된 것은 천운이었다고 해도 좋을 것이다.

원래 김천손은 미륵도에 거주하던 목동으로, 일본군이 침입하자 가족을 이끌고 산 정상 부근으로 피난을 와 있었다. 그러던 중 마침 이날 미륵산 정상에 올랐다가 남해의 한려수도를 기준으로 북동쪽 방향에 일본의 와키사카 함대가 지금의 거제대교 부근의 견내량에 도착한 것을 보았고, 잠시 후에는 반대편 당포 선창에 조선 수군이 도착하는 것을 발견했던 것이다. 김천손은 곧바로 조선 연합함대가 있던 당포로 달려와 자신이 본 것을 알려 주었다. 오늘날의 통영만을 사이에 두고 7월 7일 견내량과 당포에 정박한 양국의 함대는 김천손이 정보를 전달하기 이전까지 이런 상황을 알 수 없었다.

이처럼 일개 목동까지 나서서 귀중하고 생생한 정보를 조선 연합함대에 전달한 것을 통해, 당시 조선 수군이 정보를 주는 연해민에게 포상하는 등 소통을 위해 노력했으며 연해민들의 적극적인 지원과 협조를 받고 있었음을 확인할 수 있다.

이순신은 이 정보를 바탕으로 다시 장수들을 소집해서 다음날의 해전을 위한 작전계획을 수립했다. 7월 8일, 이른 새벽에 이순신은 연합함대를 이끌고 적 함대가 있는 쪽으로 이동하기 위해 출항했다. 바로 역사적인 한산대첩이 시작되는 순간이었다. 이미 이순신은 그 이전의 출전에서 얻은 경험을 바탕으로 일본 수군이 해전 중에 상황이 불리하면 육상으로 도주하는 것을 막을 묘책을 강구했다. 즉 그는 일본 함대를 넓은 바다로 유인해서 적 함대는 물론 수병들까지 모두 몰살하려는 작전 계획을 수립하고 장수들에게 지시를 내렸다.

이순신이 한산대첩을 위해 세운 작전은 크게 두 가지로 정리할 수 있다. 하나는 일본 함대가 육지로 도망치지 못하도록 넓은 바다로 유인하는 작전이고, 또 하나는 유인한 적 함대를 포위 공격하기 위한 학익진鶴翼陣 전법이었다. 학익진은 글자 그대로 학이 날개를 편 모양으로 상대방을 포위하는 일종의 횡렬진橫列陣이다. '한산대첩하면 학익진이다.'라고 할 정도로 널리 알려진 진형이지만, 사실은 조금 지나치게 과장된 면도 없지 않다. 이러한 점은 뒤에서 다시 살펴보기로 하자.

7월 8일 이른 새벽에 출항한 조선 연합함대는 견내량이 보이는 바다에 이르러 적 함대의 척후선 두 척을 발견했다. 조선 함대를 발견한 적의 척후선들은 곧바로 그들의 본대가 있는 곳으로 돌아갔다. 그런데 이곳 견내량의 지형은 진해만에서 통영만 쪽으로 지나는 협수로峽水路에 해당하는 요충지이지만, 해전을 벌이기에는 너무 좁고 위험한 수로였다.

견내량 해역을 좀 더 자세히 살펴보면, 이곳은 대형 선박이 항해하기 어려운 해협海峽으로 최소 폭이 약 180미터, 최소 수심은 2.8미터, 수로 길이는 약 4킬로미터 정도이다. 그리고 한산대첩 당일 이 해역의 조류는 0.5노트 정도였는데, 1시간에 1해리1,852미터를 움직인 속도가 1노트kn로, 0.5노트는 시속 926미터 정도의 흐름이니 해전에 거의 영향을 미치지 않는 범위였다. 특히 통영만 쪽의 바다는 수심이 2미터 이하로 낮고 암초도 많아서 자칫하면 판옥선이 좌초할 위험이 있었다. 그리고 주변에 육지와 섬이 많아서 해전이 불리할 경우 일본군이 도주할

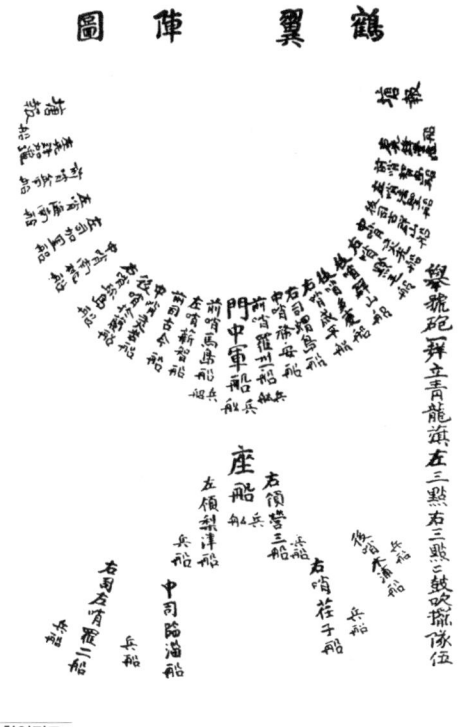

圖 陣 翼 鶴

학익진도
현충사 소장

우려도 있었다.

이 때문에 이순신은 자신이 세운 작전대로 판옥선 5~6척을 보내 우선 선봉에 나선 일본군선을 공격할 기세를 보였다. 이 과정에서 와키사카 함대는 조선 수군의 유인작전에 보기 좋게 걸려들었다. 앞에 나섰던 판옥선 5~6척이 작전대로 거짓으로 도주하는 척하자, 와키사카 함대는 추격전을 펼치며 한산도 앞의 넓은 바다까지 쫓아 나왔다. 이렇게 유인작전이 성공을 거둔 것은 앞에서도 언급했듯이 와키사카 야스하루가 육전의 쾌승으로 인해 조선 수군을 얕잡아 보았기 때문이다.

유인작전에 걸려든 일본 함대를 상대로 이순신이 이끈 연합함대는 두 번째 작전인 '학익진' 전술을 통해 적 함대를 포위하면서 일제히 총공격을 가했다. 앞에서 언급한 것처럼 근현대의 포탄과 같은 무기가 나타나기 이전까지는, 화포를 사용한 해전이라 하더라도 상대방 군선과 일대일로 맞서 싸우는 것이 통상적인 전투 방식이었다. 이 점은 몇 년 전에 나온 러셀 크로우 주연의 영화 〈Master & Commander〉에서 1830년대에 맞선 프랑스 군함과 영국 군함의 대결 장면을 떠올리면 쉽게 이해될 것이다. 따라서 학익진은 큰 틀에서는 일본 함대를 포위 공격하기 위한 횡렬橫列 진형이라 할 수 있다. 그리고 그 이후 조선의 판옥선과 일본 군선이 일대일로 맞붙었다고 볼 수 있다.

또 해전 초기에 조선 수군은 일본 수군의 기선을 제압하기 위해 선두에 선상대방 군선을 향해 화력을 집중했는데, 이와 같이 세계 최초의 본격적인 함대 포격전을 펼치는 데는 학익진이 그만이었다. 이를 좀 더 설명하면, 당시의 화포는 오늘날처럼 정교하지 않았기 때문에 이순신 함대는 일본군선과 50미터 내외의 가까운 거리에서 총통을 발사했던 것으로 추정된다. 예를 들어, 한산대첩 초기에 일본의 선봉 두세 척은 조선 연합함대를 향해 돌진해 들어갔다. 그러자 조선 연합함대의 판옥선들은 학익진을 편 뒤에, 측면의 함포를 이용해 집중 사격을 함으로써 일본군선들을 순식간에 격파했다. 화력을 집중해서 일시에 적선을 격파하는 동시에 불화살과 화살을 쏘아 군선을 태우고 적군을 사살하는 한 차원 높은 조선 수군의 해전술이, 일본의 정예 수군을 압도하는 순간이었다.

이후 이순신의 유인작전에 걸려들어 넓은 바다에서 학익진에 포위된 일본 함대는, 전세의 불리함을 깨닫고 도주하려 했지만 이미 승세를 탄 조선 연합함대의 총공격 앞에 무기력하게 무너질 수밖에 없었다. 당시의 전투 상황을 이순신의 보고서에서 직접 인용하면 다음과 같다.

바다 가운데 나와 다시금 여러 장수들에게 명령하여 '학익진'을 펼쳐 일시에 진격하면서 각각 지자地字·현자玄字·승자勝字 총통을 쏘아 먼저 2~3척을 깨뜨리자, 여러 배의 왜적들이 사기가 꺾여 도망치려 했습니다. 여러 장수와 군사와 관리들이 승기를 타고 분발해 앞 다투어 돌진하면서 총환과 화살을 마구 발사하니, 그 형세가 바람과 우레 같아, 적함을 불사르고 적을 사살하기를 일시에 거의 다 해버렸습니다.

해전의 결과는 조선 연합함대의 압승이었다. 모두 73척이 참전한 와키사카의 함대는 대선 35척, 중선 17척, 소선 7척 등 모두 59척이 분멸·격침당했고 대장선인 대선 1척과 중선 7척 소선 6척 등 14척이 해전을 피해 부산 쪽으로 도주했다. 일본 함대를 지휘한 와키사카는 구사일생으로 도주했지만, 그의 부하 장수들인 해적 출신의 와키사카 사베에脇坂左衛兵와 와타나베 시치에몬渡邊七右衛門 등은 전사했고, 선장이었던 마나베 사마노조眞鍋左馬允는 한산도에 상륙했다가 할복자살했다고

▍한산대첩이 시작된 곳

　해군사관학교박물관 사진 제공

▍한산대첩 추정해역

　해군사관학교박물관 사진 제공

한다. 뿐만 아니라 이 해전에서 일본 수군이 입은 인명 피해가 9,000여 명에 이른 것으로 알려지고 있다. 해전 중에 일본군 일부가 먼 바다를 헤엄쳐서 한산도에 상륙했는데 그 숫자는 대략 200~400명 수준이었다. 이순신은 이들 패잔병에 대한 토벌은 훗날을 기약하고 주변 해역을 계속 수색했다.

이날 해전에서 일본 함대가 손실을 입은 군선 59척은, 공교롭게도 해전에 참가한 조선 연합함대의 척수와 동일하다. 즉 판옥선 1척이 일본군선 1척씩을 깨뜨렸다고 볼 수 있다. 그리고 이날의 전투 양상은 이전 시기의 해전과 비슷했다고 볼 수 있다. 한산대첩에서도 판옥선의 우세한 화포 공격과 쏟아지는 화살 세례 앞에서 일본 수군은 조총을 쏘는 것 외에는 달리 저항할 수 있는 방법이 없었다.

한산대첩은 이른 새벽부터 출항해 견내량의 적을 유인해 내고 해전을 시작하기까지 많은 시간이 걸렸지만, 실제 해전은 그다지 길지 않았다. 앞에서 이순신이 "일시에 거의 다 해버렸다"라고 표현한 것처럼, 일본군선 1척을 격파하는 데 1시간 정도면 충분했을 것이기 때문이다.

이순신이 이끈 연합함대는 한산대첩을 거둔 이후 곧바로 일본 함대를 추격하려 했다. 하지만 날이 저문 데다 종일 계속된 항해와 전투로 장병들이 피로에 지쳤기에, 추격을 중지하고 와키사카 함대가 머물렀던 견내량 안바다에 정박하고 밤을 지냈다.

7월 9일, 이날은 해상의 날씨가 좋지 못했다. 연합함대는 승세를 이어가기 위해 일본 수군을 수색하면서 가덕도로 향했다. 이때 탐망군으로부터 "안골포安骨浦에 왜선 40여 척이 머무르고 있다."라는 보고가 올라왔다. 이에 따라 이순신은 즉시 전라우수사와 경상우수사 등과 함께 적을 공격할 계책을 상의했다. 하지만 해상에 역풍이 세게 불어 함대의 이동이 불가능했기 때문에, 견내량에서 얼마 멀지 않은 거제 땅 온천도溫川島·칠천도의 원래 이름이 온천도에서 밤을 지냈다.

7월 10일에는 안골포의 일본 함대를 공략하기 위해 이른 새벽부터 출항을 서둘렀다. 연합함대는 '경상우수사 원균은 이순신과 함께 공격에 나서고, 전라우

수사 이억기는 안골포와 가까운 가덕도 부근에서 진을 치고 있다가 접전이 벌어지면 일부 복병을 남겨두고 안골포로 달려와 전투에 동참한다.'라는 약속을 미리 한 뒤에 안골포로 접근해 들어갔다.

안골포安骨浦는 육지 안쪽으로 깊이 들어간 좁은 만으로, 리아스식 해안에서 흔히 볼 수 있는 지형이다. 원래 안쪽으로 깊이 들어간 골짜기라는 의미에서 '안골'이란 지명이 생겼고, 이를 한자로 옮긴 것으로 추정된다. 안골포는 가덕도 북쪽에 위치한 항만으로 부산에서 진해만으로 이동할 때 반드시 거쳐야 하는 해로상의 요충지다. 이 때문에 임진왜란 기간 중에 일본 수군이 부산포와 함께 본거지로 삼았던 곳이다. 안골포가 위치한 곳에는 바다 쪽으로 길게 돌출한 반도가 있었는데, 와키사카 야스하루는 그 산록 중간에 안골포와 가덕도 해로를 양쪽으로 모두 내려다 볼 수 있는 안골포 왜성倭城을 쌓았다고 한다.

연합함대가 안골포에 도착했을 때 포구 내에는 일본의 구키 요시타카와 가토 요시아키가 이끄는 일본 대선 21척, 중선 15척, 소선 6척 등 모두 42척이 정박하고 있었다. 특히 지휘함으로 보이는 3층으로 만들어진 대선 1척과 2층으로 된 2척 등 아타케부네 세 척이 포구 바깥쪽을 향해 떠 있고 나머지는 고기비늘처럼 나란히 정박해 있었다.

지금까지의 해전 경험상 이번에도 일본 수군은 전투가 불리하면 육지로 도주하려는 태세였다. 이에 따라 이순신은 일본 함대를 바다로 끌어내기 위해 몇 차례 유인작전을 폈으나, 한산대첩 소식을 접한 일본 함대는 바다로 나올 생각을 하지 않은 채 그 자리를 지키기만 했다.

소득 없이 시간만 흐르자, 이순신은 하는 수 없이 그대로 지키고 있는 일본군선들을 공격하기로 작전을 변경했다. 부하 장수들에게 명령을 내려 장사진長蛇陣·좁은 길목 등에서 한 줄로 나란히 서서 가는 일종의 종렬진縱列陣으로 서로 교대해 들어가면서 각종 총통과 장전長箭·편전片箭 등을 빗발처럼 쏟아 부었다. 잠시 후 전라우수사 이억기도 복병을 설치하고 전투 현장으로 달려와 합세하며 함께 공격에 나섰다. 일본군도 군선을 지키기 위해 노력했으나 필적할 수 없는 연합함대의 화력 앞에 선봉에

안골포해전 격전지
해군사관학교박물관 사진 제공

섰던 아타케부네 세 척이 모두 격침되면서 많은 사상자를 냈다.

조선 연합함대가 공격을 시작할 무렵부터 이미 해가 기울기 시작했던지라, 맹렬한 공격을 중지하라는 이순신의 명령이 내려진 때는 이미 상당한 시간이 흐른 뒤였다. 날씨가 흐린 상태에서 밤이 찾아와 적과 아군을 구분할 수 없는 상황이었고, 무엇보다도 적의 군선을 모두 불태워버릴 경우 피난 중인 주변의 조선 백성들에게 화가 미칠 것을 우려해 이순신은 공격을 중지하고 일단 함대를 뒤로 물렀다.

이렇게 끝난 안골포해전은 지금까지 이순신 함대가 치른 다른 해전들과는 달리 유일하게 그 전과를 확인할 수 없다. 관련 보고서가 없기 때문에, 일본의 함대 42척 모두를 공격했으나 어느 정도를 분멸했는지, 살상된 적 병력은 몇 명 정도인지 알 수가 없다. 이순신도 이날의 사상자에 대해 '부지기수不知其數'라고 보고했는데, 통상 그 뜻은 수가 너무 많아서 알 수 없다는 것과 글자 그대로 그

176

수를 알 수 없다는 것 두 가지인데 여기서는 후자에 해당한다. 일본의 한 연구 성과에 의하면, 이날 일본 수군이 입은 피해는 42척 가운데 절반가량이었다고 한다.

이순신 연합함대가 잠시 물러나자, 구키와 가토가 이끄는 일본 함대는 야밤을 틈타 전사자의 시신을 12군데에 모아서 불태우고, 기동 가능한 군선을 이용해 몰래 부산 쪽으로 도주했다. 안골포에 그대로 머무를 경우 다음날 아침부터 조선 연합함대의 2차 공격이 예상되었기 때문에 야반도주라도 해서 전력을 보존하는 편이 낫다고 판단했던 것 같다.

이순신은 다음날인 11일 새벽, 연합함대를 이끌고 안골포를 다시 포위했지만 남아있는 것은 도망친 일본군의 흔적뿐이었다. 그곳에는 타다 남은 뼈다귀와 손발들이 흩어져 있었고, 피가 포구 안팎에 가득하여 전날 일본군이 당한 처절한 상황을 알려줄 뿐이었다. 이순신 연합함대는 한산대첩에서와 마찬가지로 이곳 안골포에서도 적 함대를 모두 없애지는 못했지만, 두 번째로 만난 일본의 정예 함대마저 완파하는 쾌승을 거두었다.

안골포에서 다시 출발한 이순신 연합함대는 같은 날11일 오전 10시쯤 양산강과 김해 포구 등 주변 해역을 수색했으나 일본 수군을 발견할 수 없었다. 상황이 이렇게 되자 이순신은 연합함대를 가덕도 바깥으로부터 동래의 몰운대沒雲臺까지 늘여 세워 진을 치며 위용을 과시하는 한편, 주변 해역에 적 함대의 존재 유무를 정밀하게 탐망하도록 망군들을 내보냈다. 그 결과 이순신은 양산과 김해의 두 강안 깊숙한 곳에 일본 함대 100여 척이 있는 것을 알아냈다. 나머지는 모두 부산 쪽으로 도주했고, 두 차례 해전 이후 일본 함대의 이동이 현저히 줄어 그들이 조선 수군을 크게 두려워하고 있다는 것도 확인했다.

이날11일 저녁, 이순신은 가덕도 옆의 천성보天城堡에 잠깐 머물면서 적으로 하여금 조선 수군이 이곳에 오랫동안 주둔할 것처럼 속인 뒤에, 야간 항해를 통해 7월 12일 오전 10쯤에 한산도로 되돌아왔다. 야간 항해를 하는 경우는 드물었는데, 이날 밤에는 달빛을 이용해 함대를 이동한 것으로 추정된다. 한산도에는 지난 8일에 벌어진 해전에서 목숨을 건져 상륙한 패잔병 가운데 일부가 탈출하고 일부는 그대로 남아 있었다. 이순신은 경상우수사 원균에게 이들을 토벌하고 그 결과를 통보하도록 맡긴 뒤에, 7월 13일에 역사적인 제3차 출전을 마치고 여수 좌수영으로 귀환했다.

이순신이 7월 6일부터 시작된 연합함대의 출전을 8일 만에 마무리한 이유는, 전라우도 수군의 군량이 다 되었기 때문이었다. 여수보다 사나흘 먼 거리에서 출발했기 때문에, 전라우도 수군은 준비한 군량을 거의 소진했던 것으로 추정된다. 이순신 역시 부상당한 상태였기 때문에, 더 이상 무리하는 것이 어려웠을 것으로 보인다. 아쉽지만, 히데요시의 직속 수군 3개 함대 가운데 남은 하나는 다음 기회로 미룰 수밖에 없었다.

제3차 출전에 나선 조선 수군은 한산대첩과 안골포해전을 통해 일본의 주력 함대를 연거푸 격파함으로써 남해의 제해권을 장악했다. 이 결과를 보고 받은 히데요시는 일본군에 조선 수군과의 해전을 금하고, 해안 지역에 왜성을 쌓고 주둔하면서 부산 등의 교두보를 지키라고 명령했다. 이 때문에 제3차 출전 이후 일본 수군은 낙동강 이서 해역으로의 진출을 포기한 채 부산과 쓰시마, 본토를 잇는 병참선을 유지하는 데 주력했다.

요컨대 이순신이 이끄는 조선 수군은 한산대첩을 통해 일본군이 해전을 포기하도록 만들었고, 일본 수군의 전라도 해역 진출을 방어하면서 남해의 제해권을 장악하는 역사적 쾌거를 이뤄냈다.

그러면 조선과 일본의 대표적인 학자들이 이순신의 제3차 출전에 대해 내린 역사적 평가를 살펴보자. 우선 유성룡은 《징비록》을 통해 "고니시 유키나가가 평양에서 조정에 편지를 보내 협박할 때 '서해를 통해 10만의 수군이 올라온다.'라고 했는데, 이순신이 한산대첩에서 승리해 그 의도를 분쇄했다."라고 언급하면서, 전라도를 보전해 이를 바탕으로 조선이 중흥을 이룩한 것도 한산대첩의 승리 때문이었다고 높이 평가했다.

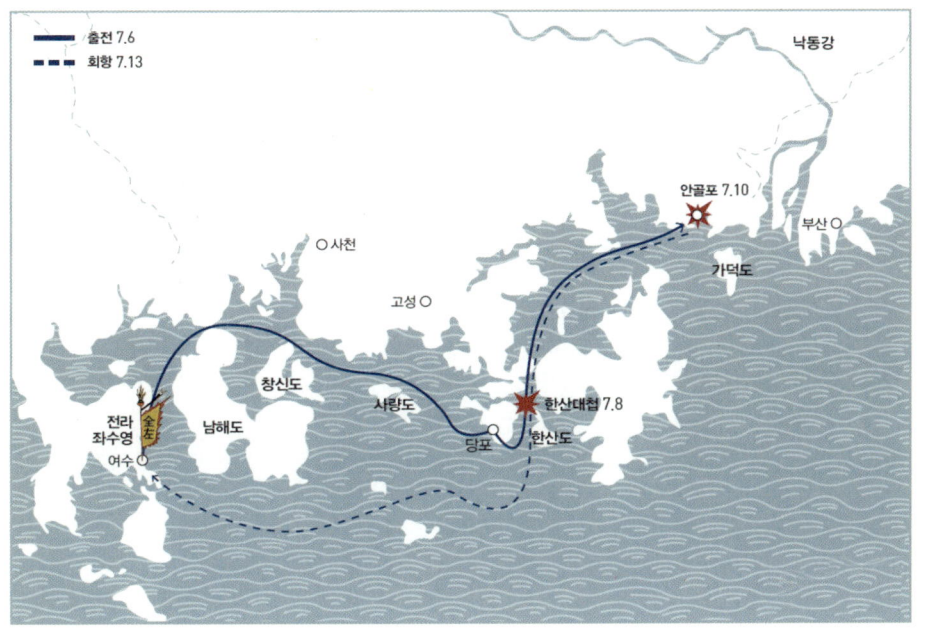

이순신의 제3차 출전 해전도
현충사 제공

한편 20세기 초, 일본의 역사학자 도쿠토미 이이치로德富猪一郎는 한산대첩 등에서 일본 수군이 참패한 원인으로, 일본 선박의 취약, 수군 장수들 간의 갈등, 히데요시의 수군 경시 등을 꼽았다. 또한 그는 한산대첩의 패배로 일본군이 제해권을 상실했고, 그 결과 일본군이 육전에서도 허송세월만 보내는 손해를 보았으며 평양까지 진격한 고니시 유키나가는 진퇴양난에 빠지게 되었다고 비교적 객관적인 논평을 남겼다.

이순신은 제1차 출전과 제2차 출전 이후에 각각 가선대부嘉善大夫와 자헌대부資憲大夫로 승급했는데, 한산대첩의 결과를 보고받자 조정에서는 이순신을 다시 정헌대부正憲大夫로 승진시켰다. 가선대부는 종2품 하위이고 자헌대부는 정2품 하위이며, 정헌대부는 정2품 상위의 품계이다. 이순신은 이미 이때부터 이억기와 원균보다 더 높은 품계를 받아 공로를 인정받고 있었다. 제3차 출전을 종료한

이순신의 주요 승첩지
현충사 제공

이순신은 지난 출전 때와 마찬가지로 자신이 정한 1, 2, 3 등급의 전공자戰功者 명단을 만들어 출전 결과 보고서와 함께 올려 보냈다.

그가 올린 제3차 출전 보고서에 따르면, 한산대첩과 안골포해전에서는 이전에 비해 사상자가 다소 많이 발생했다. 이것은 한산대첩이 그만큼 규모가 컸고, 일본 함대도 나름대로 거세게 저항했음을 알려 준다. 특히 거북선은 이번 해전에서도 적의 진형을 무너뜨리고 지휘부를 공격하는 돌격선 역할을 수행했다. 이 때문에 거북선 승조원 중에서 다수의 사상자가 발생한 것도 이번 출전의 한 가지 특징이었다.

이순신은 제3차 출전에서 발생한 사상자 명단 역시 제2차 출전 때와 마찬가지로 승리를 보고하는 장계에 올렸는데, 전사자 19명과 부상자 116명의 소속, 직책, 이름을 신분의 높낮이가 아니라 함선의 순서에 따라 기록했다. 대승을 통해 얻은 노획물은 중요도에 따라 중앙에 보고할 것은 목록을 작성하여 좌수영 본영에 보관했고, 대단치 않은 의복이나 쌀 등은 전투에 나선 장병에게 상으로 나누어 주었다.

또한 한산대첩의 보고서 말미에는 전투 중에 구출한 조선 백성들에 대한 심문 결과를 적었는데, 일본 수군이 전라도를 향해 진출하려는 의도가 있었다는 것과 두 차례 해전 이후 조선 수군을 두려워하여 해상 활동을 전혀 하지 못하게 된 상황 등을 알려주고 있다. 그리고 앞에서 언급한 대로 히데요시의 직속 수군이 3개 함대였는데, 그 가운데 2개 함대를 한산대첩과 안골포해전을 통해 격파한 사실과 또 남은 하나의 함대는 조선 연합함대의 불가피한 상황 때문에 다음 기회로 미루게 되었다는 사실도 기록했다.

역사에 '만약'이라는 가정은 존재하지 않지만, 제3차 출전을 정리하면서 한가지 짚어보고 싶은 게 있다. 이번 장의 맨 앞에 나오는 이순신의 편지 내용 가운데 그냥 지나칠 수 없는 중요한 사실이 하나 더 있다. 즉 당시 이순신은 자기 휘하 장수 가운데 권준, 이순신, 어영담, 정운, 배흥립 등 믿을 수 있는 몇몇 사람을 제외하고는 모두 출전을 회피하려 한다고 걱정했다. 이와 함께 전쟁으로 인해 비상 동원체제가 되면서 호남 지역의 민심도 많이 나빠져 수군을 지탱하기 힘들다는 상황도 토로하고 있다.

이 때문에 이순신은 전라우수사 이억기 및 휘하의 제장들을 각자의 진영으로 돌려보낼 때 '군사를 잘 다스리고 부대를 정비해 창을 베개로 삼아 변變을 기다리다가 통고하는 즉시 병력을 거느리고 달려오라.'라고 명했는데, 특히 각종 화기와 병력을 잘 유지하고 보충하도록 거듭 당부했다.

제1차부터 제3차 출전까지의 승리가 이렇게 악전고투하며 거둔 것이었기에, 이순신과 조선 수군의 승리는 매우 값진 것이었다. 필자에 앞서 이순신의 삶을 정리했던 선학들은 이런 사정을 너무 강조한 나머지 조선 수군의 전력이 일본 수군보다 크게 열세였는데, 이순신이 신화와 같은 능력을 발휘해 전승을 거둔 것으로 서술하여 '성웅사관聖雄史觀'으로까지 나아가는 우를 범하기도 했다.

하지만 조선 수군이 임진왜란 해전에서 완승을 거둔 것은, 판옥선 등 군선의 우수성과 각종 총통으로 대표되는 화기의 성능, 그리고 일본 수군보다 앞선 전략전술 때문이었다. 즉 이순신과 조선 수군은 제1차 출전부터 제3차 출전에 이르기까지 일본 수군에 비해 전력이 우세했기에 이길 수밖에 없었다는 얘기다.

이렇게 연거푸 승리를 거두긴 했지만, 이순신과 조선 수군이 처한 상황은 개전 이후 점점 나빠지고 있었다. 만약 조선 조정의 지원과 주변의 협조가 조금만 더 있었더라면, 보다 더 확실한 성과를 얻을 수도 있었을 것이라고 추정해 본다.

일본군의 침략이 시작된 임진년1592년의 여름은 유난히 더웠다. 이 때문에 앞에서 언급했듯이 이순신은 부상 부위가 아물지 않아 오랫동안 엄청난 고통에 시달렸다. 사실 이순신이 부상에서 언제 회복되었는지에 대한 기록은 남아 있지 않다. 분명한 것은 그해 여름 동안 상처가 아물지 않아 고생하는 가운데, 제3차 출전과 제4차 출전을 계속했다는 점이다.

한편 6월부터 8월 말까지 전쟁은 어떻게 전개되고 있었을까? 여기서는 전쟁 상황을 모두 훑기보다는 중요한 사건과 흐름만 짚어 보기로 하자.

5월 7일 평양성에 도착한 선조宣祖 일행은 거의 한 달 이상 그곳에 머물렀다. 하지만 5월 말경 임진강 방어선이 무너지자, 선조는 6월 11일 다시 평양성을 떠나 의주義州로 향했다. 선조 일행이 평양을 떠난 지 사흘 만에 평양성은 일본군에 의해 점령되었다. 평양성이 함락되는 과정은 임진강 방어선이 무너지는 과정과 흡사하다. 즉 조선군이 대동강을 건너 먼저 공격하다가 일본군의 반격을 받으면서 도강渡江 가능 지점을 적에게 알려주게 되었고, 그 결과 일본군은 손쉽게 평양성을 함락한 것이다. 이로써 한양, 개성, 평양 등 조선의 삼도三都가 모두 일본군의 수중에 떨어지게 되었다.

6월 22일 선조 일행이 의주에 도착하기까지 이동 중에 몇 가지 중요한 사건들이 있었다. 그중 한 가지는 선조의 첫 번째 선위禪位 파동으로, 선조 스스로 왕위에서 물러나겠다고 한 것이다. 당시 그가 선위를 언급한 것은 전란의 책임을 지겠다는 의지의 표명일 수도 있고, 신료들에게 긴장과 충성을 요구한 것으로 해석할 수도 있다. 임진왜란 기간에 선조는 십 수 차례의 선위파동을 일으켰는데, 임진년1592년 6월 13일이 그 첫 번째 시도였다.

다음으로 선위파동과 거의 동시에 진행된 것이 선조의 내부론內附論 제기였다.

선조가 글자 그대로 '안쪽으로 붙겠다'며 명나라 망명 의사를 피력한 것인데, 그는 공교롭게도 일본군이 평양성을 점령한 바로 그날인 6월 14일부터 이 내부론을 제기했다. 선조는 피난하는 도중에 '죽더라도 천자天子의 땅에서 죽어야지, 절대 일본군에게 잡힐 수 없다.'라는 자신의 의지를 여러 차례 밝힌 바 있다.

선조가 내부론을 제기한 배경을 간략히 살펴보면 다음과 같다. 16세기 중반에 베트남이 외적의 침략으로 나라를 빼앗긴 적이 있는데, 이때 베트남 왕이 명나라에 망명한 뒤 명의 원군을 통해 국가를 회복한 일이 있었다. 이 때문에 선조는 일본의 침략을 받는 상황에서 명나라가 우방인 조선을 당연히 원조할 것이라고 믿고, 우선 요동遼東 지역으로 건너가겠다는 의사를 신료들에게 전했다. 이에 대해 조정의 신료들은 거의 대부분 강하게 반대했다. 아직 전란이 끝난 것도 아니고, 전황을 지켜보면서 스스로의 힘으로 나라를 지켜내야 한다는 의견이 우세했다. 선조의 주장은 명분이 약했기 때문에 신료들을 납득시킬 수 없었다.

이런 상황에서 6월 19일에는 명나라 요동의 부총병 조승훈祖承訓이 1,300여 명을 이끌고 명의 원군 중에서 가장 먼저 입국했고, 곧이어 3,000여 명의 추가 병력이 의주에 도착했다. 이와 함께 전국 각지에서 봉기한 의병義兵의 소식이 전해졌다. 아울러 이순신과 조선 수군의 승전 소식 등이 잇따라 전해지자, 선조는 6월 26일에 내부론을 철회하고 일단 의주에 주둔하기로 결정했다.

이보다 앞서 조선은 전쟁 직후부터 전쟁 상황을 명나라에 보고하면서 원군援軍을 요청했다. 6월부터 명나라의 원군 본진이 입국한 12월까지 조선 조정은 지속적으로 청병請兵 외교에 진력했다. 명나라는 6월과 7월 사이에 이미 출병 약속을 통보했지만, 약속과 달리 파병은 계속 지연되고 있었다. 그 이유는 이 시기에 명나라 내부, 즉 영하寧夏 지방에 반란叛亂이 일어나 토벌이 진행되고 있었기 때문이다. 나중에 조선에 파병된 제독提督 이여송이 바로 이 난의 토벌군 대장이었다. 이런 상황에서 조선은 하루라도 빨리 명나라의 원병이 참전할 수 있도록, 파병을 요청하는 사절을 요동과 북경北京에 계속 파견했다.

1592년 7월에는 한산대첩 다음 날인 9일에 전라도로 침입하려는 일본군에 맞서 제1차 금산錦山전투가 벌어져, 의병장 고경명高敬命 등이 전사했다. 비록 제1차 전투에서 패하기는 했지만, 전라도 방어에 나선 조선군의 저항이 만만치 않을 것임을 예고한 의미 있는 전투였다. 조선의 관군과 의병은 금산과 진안 등지에서 육로로 전라도에 침입하려는 일본군과 여러 차례 치열한 전투를 벌였다. 8월 중순에는 제2차 금산전투가 벌어져 조헌趙憲이 거느린 700명이 전원 전사했고, 이보다 앞서 웅치전투와 이치전투 등 여러 전투를 벌인 끝에 조선군은 전라도를 방어하는 데 성공한다. 이처럼 조선군이 육전에서 분전할 수 있었던 이유는, 이순신과 조선 수군이 한산대첩의 승리로 바다에서의 전라도 침입을 방어했기 때문이라고 볼 수 있다.

한편 6월 19일 조선에 도착한 요동의 부총병副總兵 조승훈은 1개월 후인 7월 17일, 제1차 평양성 수복 전투에 나섰다가 일본군에게 패하고 말았다. 이 전투는 조승훈이 일본군을 너무 얕잡아 보고 무모하게 전투에 나선 것과 주변 조선군의 도움이 전혀 없었던 것 등 패인을 두고 뒷말이 무성했다. 이 전투로 인해 명과 일본 양측은 모두 예상을 빗나간 상황 전개 때문에 놀라게 된다.

우선 명군은 처음으로 맞선 일본군의 전력이 예상 외로 강했기에 적지 않은 충격을 받았다. 반면 일본군은 제1차 평양성 수복 전투에 나선 명군을 명나라 본대의 전초부대로 인식했고 예상 외로 빠른 명군의 참전에 크게 긴장했다.

이즈음 어이없는 사건이 발생하는데, 함경도로 근왕병勤王兵을 모집하기 위해 갔던 임해군과 순화군, 두 왕자가 토호 국경인鞠景仁 등의 배반으로 가토 기요마사에게 사로잡힌 것이다. 비록 조선 조정에 불만을 품고 있던 토호 국경인이 갑작스레 배반했기 때문이라고 하지만, 일국의 왕자 일행이 일본의 제2군 대장에게 너무 쉽게 넘겨진 것은 이해하기 어렵다. 이 사건으로 인해 초기 전투가 계속되는 중에도 조선 조정과 명군은 일본군과 접촉해 왕자 일행의 송환을 위한 외교적 노력을 기울일 수밖에 없었다. 이 사건은 당시 조선 왕실에 대한 지방 민심을 보여 주는 단적인 사례이다.

이어서 8월 1일에는 평안도 관찰사 이원익이 이끄는 조선군의 제2차 평양성

수복 전투가 있었지만, 일본군의 저항에 막혀 역시 실패하고 말았다. 그 뒤 소강 상태를 거쳐 8월 중순에는 평양 북쪽의 순안順安 전투에서 일본군의 북상北上을 저지하는 중요한 승리를 거두었다. 이 승리를 계기로 순안을 경계로 전선戰線이 형성되었다. 역시 '평안도 병력의 전투력은 강하다.'라고 평가받을 만큼 의미 있는 승리였고, 이후 일본군과 지루한 대치 상태에 들어갔다.

그리고 임진왜란을 일으킨 장본인인 히데요시는 전쟁 이후 히젠의 나고야성에 머물고 있다가, 그해 8월 29일에 모친이 사망한 관계로 오사카로 돌아갔다. 전쟁을 직접 진두지휘하기 위해 나고야성에 머물던 히데요시가 오사카로 이동하면서 전쟁은 당분간 소강상태로 접어들 가능성이 높아지고 있었다.

한편 7월 13일 제3차 출전을 마치고 좌수영으로 돌아온 이순신은 예전과 마찬가지로 재출전 준비에 들어갔다. 앞에서 설명했듯이, 전쟁이 진행되면서 수군 병력을 차출하기가 점점 어려워졌고 군량 수급도 점차 어려워졌다. 군량 문제부터 살펴보면, 그나마 이순신 휘하의 5관官 중에 순천과 흥양 지역이 있었기 때문에 어느 정도 자체 해결이 가능했다. 순천과 흥양은 비옥한 평야지대였기 때문에 사전에 비축해 둔 군량이 있었다. 이순신은 순천의 군량 500석을 좌수영과 방답진으로, 흥양의 군량 400석은 여도, 사도, 발포, 녹도 등 4개 포구에 각각 옮겨 전투 준비를 하도록 조처하고 이를 관찰사 이광李洸에게 보고했다.

또한 제4차 출전 때까지 대기 기간이 다소 길었는데, 그는 이 기간 동안 전라도의 군선을 늘리기 위해 노력했다. 그 결과 8월 하순, 제4차 출전을 시작할 때 전라도 연합함대의 전선이 74척으로 증가해 예전보다 50퍼센트 가까이 전력이 증강되었다. 여기에 제3차 출전 때 이미 7척을 이끌고 참전했던 경상우수사 원균의 세력까지 합치면, 제4차 출전 때의 조선 수군은 80여 척 이상의 전선을 운영하게 된 것이다. 지금까지의 연구에서는 이순신의 제4차 출전 보고서에 나오는 74척을 연합함대의 전체 세력으로 보았지만 이는 전라 좌·우도만의 세력이었고, 전체 전력은 경상우수사 세력까지 합친 80여 척으로 보는 것이 타당하다.

그리고 그해의 마지막인 제4차 출전을 앞두고는 기존과 달리 전라우도의 이억기 함대가 8월 1일부터 전라좌수영에 합류해 장기간 함께 생활하며 훈련하는 준비 단계를 거쳤다. 제2차 출전 때는 작전 중간에, 제3차 출전 때는 출전 이틀 전에 합류한 것에 비해 3주 이상 빨리 합류해 함께 훈련한 것은, 작전의 숙련도를 높이고 손발을 맞추는 데 큰 도움이 되었을 것이다.

이순신이 제4차 출전 보고서에 밝혔듯이, 이미 조선 연합함대의 세 차례 출전으로 가덕도 이서 해역에서는 더 이상 일본 수군을 찾아볼 수 없는 상황이었다. 하지만 8월 중순에는, "육상에 주둔하고 있던 일본군 세력이 약탈한 물건을 가지고 양산梁山과 김해강金海江 등지로 잇따라 내려오는데, 본국으로 도주하려 하는 것 같다."라는 경상우도 관찰사 김수金晬의 공문이 좌수영에 도착했다. 이에 이순신은 일본군이 도주하는 시기를 이용해 공격하려고, 8월 24일 드디어 제4차 출전을 시작했다.

8월 24일, 이순신이 이끄는 연합함대가 출전 첫날 남해 땅 관음포觀音浦에 정박한 것으로 보아 그날은 항해하기에 좋은 날씨가 아니었던 것 같다. 제4차 출전에는 특별히 80세가 넘은 역전의 명장 정걸丁傑이 수군 조방장助防將으로 함께 출전했다. 정걸은 1555년 을묘왜변 당시 순찰사 이준경李浚慶을 도와 왜구를 토벌할 때 공을 세웠고, 판옥선과 각종 총통을 처음 만들 때 참여한 '조선 수군의 살아있는 전설'이었다.

둘째 날인 25일에는 미리 약속했던 사량진蛇梁鎭에서 경상우수사 원균을 만나 적정賊情에 대한 상세한 정보를 파악한 뒤 당포唐浦에 이르러 정박했다. 이미 지난 출전에서 사량진이나 당포는 여러 차례 연합함대가 지나친 곳으로, 이순신이 이끄는 연합함대는 제4차 출전에서도 동일한 경로를 통해 경상도 해역으로 진출했던 것을 알 수 있다.

이어 26일에는 비바람이 치는 등 일기가 좋지 못해 출항하지 못하다가 저물녘이 되어서야 함대를 이동하기 시작해서, 밤을 이용해 몰래 견내량見乃梁을 건너 진해만鎭海灣으로 진입했고, 칠천량에 정박한 것으로 추정된다. 견내량을 지나 진해만으로 진입한 뒤 가장 가깝고 좋은 정박지碇泊地는 칠천량이다.

칠천대교에서 바라본 칠천량 수로

칠천량은 이순신 함대가 풍파를 피해 자주 머물던 곳이다. 해군사관학교박물관 사진 제공.

8월 27일에는 연합함대를 웅천熊川 땅 제포薺浦 뒷편의 원포院浦로 이동해서 정박했다. 이어 28일에는 경상도 연해 지역을 정탐하러 보낸 사람이 와서 보고하기를 "고성, 진해, 창원 병영 등지에 머물고 있던 일본군이 이달 24일과 25일 중에 모두 도망쳤다."라고 했다. 즉 이순신이 이끈 연합함대의 출전을 탐지한 일본군이 미리 알고 도망친 것으로 추정할 수 있다.

같은 날 이른 아침부터 출항해 낙동강 하구 쪽으로 향하던 이순신의 조선 수군은, 사흘 동안 적에게 잡혀 있다가 탈출한 창원 출신 어부 정말석丁唜石으로부터 "김해강 쪽에 머물던 일본 함대가 며칠 동안 계속해서 몰운대 바깥 바다로 모두 나가던데, 마치 도망치려는 모습 같았다."라고 했다. 이에 이순신은 방답첨사 이순신과 광양현감 어영담 등을 보내 낙동강 하구의 적정을 파악하도록 한 뒤에, 자신은 연합함대를 이끌고 천성보天城堡에 머물렀다. 이날 오후 4시경에 돌아온 방답첨사 등은 종일 살펴본 결과 소선 4척이 몰운대 바깥으로 이동한 것

외에는 별다른 움직임이 없다고 보고했다. 그날까지 연합함대는 출전한 지 5일째인데도 일본 수군을 발견하지 못했는데, 이는 히데요시가 '해전금지' 명령을 내리는 바람에 일본 수군이 조선 수군을 회피했기 때문이었다고 추정된다.

조선 연합함대는 다음날인 8월 29일이 되어서야 처음으로 일본군선을 만날 수 있었다. 음력으로 8월 마지막 날이자, 출전한 지 6일째 되는 날 아침부터 이순신은 출항을 서둘러 낙동강 하구에 도착해서 주변을 탐색했다. 그러던 중 동래 땅 장림포長林浦 근처에서 낙오된 것으로 보이는 일본의 대선 4척과 소선 2척을 만났다. 장림포는 오늘날의 부산광역시 사하구 장림동장림천 부근이다. 장림포는 현재 낙동강의 오른쪽 뱃길에서 가장 동쪽에 위치한 곳으로, 낙동강 하구 삼각주 바로 위쪽 오른편에 있던 포구였다. 그런데 조선 연합함대를 발견한 일본군은 배를 버리고 육지로 올라 도주해 버렸다. 이에 연합함대는 일본군선 6척 모두를 분멸했다.

그 뒤 김해강과 양산강, 오늘날의 표현으로 하면 서낙동강과 낙동강 사이의 강 상류쪽으로 들어가려 했으나 이 강들의 어귀입구 부분가 매우 좁아 판옥선이 기동하기 불편했다. 그래서 더 안쪽으로 들어가는 것을 포기하고 해질녘에 다시 가덕도로 돌아와 정박했다. 사실 오늘날의 인공위성 지도로 보더라도 서낙동강과 낙동강에는 전형적인 삼각주가 발달하고 있는데, 가장 하류 쪽에는 퇴적물로 인해 서쪽에 좁은 입구가 한 곳이 있고 낙동강 쪽은 델타 양쪽에 좁은 입구가 두 곳 있다. 즉 낙동강을 김해강과 양산강으로 가르는 대형 삼각주 외에, 그 밑으로 발달한 퇴적층으로 인해 낙동강 상류로 통하는 수로에는 세 줄기 좁은 물길이 있는 셈이다. 이 때문에 용의주도하고 신중한 이순신은 모험을 할 필요가 없다고 판단하고 해가 지기 전에 이곳을 벗어났던 것이다.

그날8월 29일 밤에는 원균과 이억기 등이 함께 모여 밤이 늦도록 적을 토벌하기 위해 작전을 논의했다. 이날의 회의 결과는 알 수 없지만, 대략 낙동강 안쪽의 수색과 작전은 포기하고, 곧바로 부산 쪽으로 나아가 일본 수군의 본영을 공격하자는 쪽으로 의견이 모아졌던 것 같다.

전열을 가다듬은 조선 연합함대는 다시 9월 1일 새벽에 출항한다. 하지만 아침 8시쯤 몰운대汐雲臺를 지날 무렵, 갑자기 동풍이 불면서 파도가 거세지는 바람에 연안을 따라 돌아 가까스로 적의 본거지인 부산포 쪽으로 향했다. 몰운대는 낙동강을 지나 부산 쪽으로 돌아가는 모퉁이에 해당하는 곳으로 예나 지금이나 군사적 요충지인 곳이다. 이곳의 반도 끝단에는 부산포해전에서 전사한 정운 장군을 기리는 정운공 순의비鄭運公 殉義碑가 있다. 몰운대 근처는 옛날부터 외해에 접해 있고 조류의 영향을 많이 받아, 날씨가 좋지 않을 경우 항해하기 곤란한 해역이었다. 이 때문에 부산포해전이 벌어진 당일 오전, 이순신이 이끈 연합함대는 험한 풍파를 뚫고 부산 앞바다로 이동하고 있었다.

그래도 다행히 몰운대 부근을 지나 부산 쪽으로 향했을 때는 더 이상 날씨가 나빠지지 않았다. 그리고 몰운대를 돌기 직전에 위치한 화준구미花樽仇未에서 이날의 첫 번째 상대로 일본의 대선 5척을 만나 모두 분멸했다. 화준구미의 정확한 위치는 확실하지 않다. 다만 현재의 다대포가 몰운대를 지나 만나게 되는 첫 번째 포구이므로 몰운대를 돌기 이전의 해안으로 추정된다. 다시 이동하기 시작한 연합함대는 첨사 윤흥신이 임진왜란 최초의 승전을 거둔 다대포多大浦에 도달했을 때, 일본 수군의 대선 8척을 만나 역시 모두 분멸했다. 점점 동쪽으로 이동해 다대포 옆의 서평포西平浦에서도 일본의 대선 9척을 만나 모두 분멸했다. 이어서 부산포 앞에 위치한 절영도絶影島에서도 일본 대선 2척을 만나 역시 불태워 버렸다.

지금까지 연합함대가 부산포 쪽으로 이동하며 태워버린 일본군선들은 모두 해전을 회피하며 도주하는 것들이었다. 일본 수군은 조선 수군과의 해전이 금지된 상황이었기 때문에 대항할 엄두를 내지 못하고, 배를 포기한 채 육상으로 도주하는 형국이었다. 절영도까지 도달한 이순신과 연합함대는 이곳의 안팎을 모두 수색했으나 일본 수군을 발견하지 못했다. 이에 이순신은 탐망선을 부산포로 보내 적의 상황을 자세히 살피도록 했다.

그 결과 "대략 500척에 이르는 군선이 선창 동쪽 산기슭의 언덕 아래 늘어서 정박하고 있으며, 선봉의 일본 대선 4척이 초량 목으로 나오고 있다."라는 보고가 올라왔다. 이때 이순신 등 3명의 수사는 급히 만나 어떻게 할지를 다시 한 번 더 의논했다. 이때는 오전부터 계속 이동하면서 몇 차례 전투를 치른 터라 해가 질 무렵이었다. 회의 결과, '지금 공격하지 않고 군사를 돌린다면 반드시 적이 우리를 멸시할 것'으로 의견이 모아져, 조선 연합함대는 총공격을 펼치기로 결정했다.

해전이 시작되자 우부장 녹도만호 정운과 거북선 돌격장 이언양 등이 선봉으로 나선 일본의 대선 4척을 먼저 깨뜨려 불살라 버렸다. 이에 승세를 탄 조선 연합함대는 장사진을 펴면서 돌격하여 해안에 정박하고 있던 일본군선을 공략했다. 이때 일본 함대는 정확하게 부산진성의 동쪽에 위치한 산에서 5리쯤 되는 언덕 밑에 있는 세 곳의 포구에 약 470여 척이 정박 중이었다. 해안선이 바뀌는 바람에 정확하게 확인할 수는 없지만, 당시 일본 함대가 정박했던 위치는 부산시 남구 우암동과 감만동 부근의 8부두와 연합부두 안쪽으로 추정된다.

일본 수군은 바다로 나오지 않은 채 군선을 정박한 포구 뒤편에 있는 산 위로 올라가 모두 6군데에 진을 치고 그곳에서 조선 수군을 향해 각종 철환과 화살 등을 쏘면서 저항했다. 그중에는 대철환을 쏘기도 했는데 크기가 모과木果만한 것도 있었고, 이것이 조선 배에 떨어지기도 했다고 한다. 특히 일본군이 쏘는 화살 중에는 편전도 있었는데, 편전은 일본군에 편입된 조선인들이 쏘는 것 같았다고 한다.

하지만 연합함대의 여러 장수들이 모두 죽음을 무릅쓰고 돌진해 각종 총통과 장전과 편전, 그리고 화살 등을 일제히 발사하며 공세를 늦추지 않고 공격했다. 이 때문에 저항하던 일본군의 기세는 크게 꺾였고, 결국 연합함대는 일본군선 100여 척을 분멸하는 전과를 올렸다. 밤이 늦어서야 전투를 마친 연합함대는 상륙전을 하는 것은 포기하고, 한밤중에 다시 가덕도로 돌아와 정박했다.

이순신이 결과 보고서에서 밝혔듯이, 그날은 일본군선을 공략하는 데 치중했기 때문에 사살한 숫자나 머리를 벤 숫자는 얼마 되지 않았다. 하지만 이순신은

이 부산포해전에 대해 "무릇 전후 4차례 출전하고 10회 접전하여 모두 다 승리했다 하여도 장수와 병사들의 공로를 논한다면 이번 부산포해전보다 더한 것이 없다."라고 언급했다. 왜냐하면 부산포에 있던 일본의 군선 척수가 470여 척으로 그동안 연합함대가 상대한 전투 가운데 가장 큰 규모였고, 해전을 회피한 채 험지에서 반격을 가하는 일본군을 상대하느라 쉽지 않은 전투를 치러야 했는데도 가장 많은 척수를 깨뜨리는 성과를 거두었기 때문이었다. 이순신은 한산대첩에 이어 벌어진 부산포해전이 일본군에게 공포감을 줄 정도의 전투였다고 자평했다.

9월 2일, 이순신은 전날에 이어 다시 부산포를 공격하려 했지만, 적의 배를 모두 깨뜨린다면 돌아갈 길을 잃은 일본군이 조선의 땅과 백성을 더 혹독하게 괴롭힐 우려가 있어 일부러 공격하지 않고 물러난다. 그리고 제4차 출전에서는 풍랑으로 인해 전선들이 서로 부딪혀 이전 시기에 비해 파손된 곳이 많았으므로, 전선을 수리하고 군량을 준비해 훗날 수륙합동으로 일본군을 섬멸할 것을 기약하며 회군하기로 결정했다.

이순신이 언급했듯이, 부산포해전은 마지막 이틀 동안 모두 130여 척을 분멸하는 큰 전과를 거두었다. 하지만 큰 손실도 있었는데, 바로 우부장을 맡아 선봉에서 전투에 임하던 녹도만호 정운鄭運이 대철포의 철환을 머리에 맞아 전사한 것이었다. 이순신은 여러 부하장수 가운데 정운, 권준, 이순신, 어영담, 배흥립을 가장 믿었는데, 그중에서 정운을 부산포에서 잃은 것이다.

정운은 하동 사람이고, 아버지는 참봉이었다. 1570년 무과에 급제한 뒤 몇몇 자리를 거쳤지만, 가는 곳마다 상관들과의 불화로 임기를 채우지 못했다. 그러다가 임진왜란 이전에 녹도만호가 되어 이순신 휘하에서 많은 공을 세웠다. 처음 출전할 때부터 영남으로 출전하자고 강하게 주장했고, 항상 선봉에 서서 싸운 용장이었다. 정운은 이순신보다 6년 먼저 무과에 합격했고, 나이도 두 살 많은 노장으로 임진년의 모든 해전에 참전해 늘 선봉에 서서 많은 공을 세웠다. 자신을 든든하게 떠받치던 부하장수를 잃은 이순신은, 전투 결과 보고서와는 별도로 정운을 이대원李大源의 사당에 함께 배향해 주기를 청하는 장계를 올렸다.

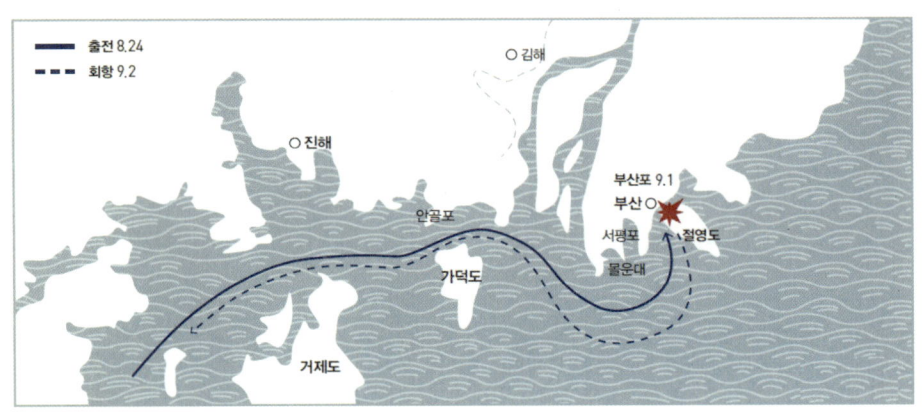

이순신의 제4차 출전 해전도
현충사 제공

그 결과 정운은 현재까지 전남 고흥군 녹동의 쌍충사雙忠祠에 배향되어 있다.

　부산포해전의 결과를 정리한 보고서를 들여다보면, 이순신은 이전과 마찬가지로 방답 1호선의 사부인 순천 수군 김천회金千回 등 5명의 전사자와 대장선의 결꾼格軍·노 젓는 역할을 하는 수군인 절의 노비 장개세張開世 등 25명의 부상자를 보고서에 포함시켰다. 지난 두 차례의 출전보다는 상대적으로 피해를 덜 본 셈인데, 이는 해전을 회피한 일본군의 전술과 연관이 있다고 볼 수 있다.

　음력 9월 1일양력 10월 5일 조선 수군의 승리로 끝난 부산포해전은 임진왜란이 일어난 첫해의 마지막을 장식한 해전이었다. 무리를 한다면 한 번 더 출전이 가능했을지 모르겠지만, 재출전을 위해 보름 이상 준비해야 하니 출전하기 어려운 늦가을인 10월 말이나 11월 초로 접어들게 된다. 겨울이 되면 북서풍이 강하게 불고 파도가 높아지는 데다, 당시에는 난방이 전혀 되지 않는 목선木船이었기 때문에 늦가을 이후의 해상활동은 사실상 불가능했다. 이런 이유 때문에 날씨가 풀리는 봄이 올 때까지 해상 활동을 대부분 중단해야 했다.

　추측컨대 이순신의 부상 부위도 찬바람이 불면서 조금씩 호전되기 시작한 것 같다. 그가 다시 활을 쏘기 시작한 시점이 이듬해인 계사년癸巳年·1593년 2월 중

▌몰운대에 있는 정운공 순의비(비각)
해군사관학교박물관 사진 제공

순이기 때문에, 그 이전까지는 활을 쏠 수 없는 상태였던 것으로 추정해 볼 수 있다.

부산포해전 이후 이순신은 결과 보고와 별도로 몇 건의 장계를 더 올렸다. 그 가운데 하나가 제3차 출전 당시 한산도에 표류한 일본군 낙오병들을 경상우수사에게 맡긴 것에 대한 결과 보고였다. 그 내용은 경상우수사 원균이 한산도에 표류한 일본군 병력을 공격하지 않고 미적거리는 사이에 그들이 모두 거제도를 통해 달아나 버렸다는 것이다. 이것은 이순신이 동급의 수사水使인 원균의 실책을 조정에 보고해 올린 형국이다. 사실 이 장계는 조정에 올리지 않아도 아무 문제가 없는 사안이었다. 그런데 이순신이 이처럼 원균의 실책을 지적하는 장계를 올린 것을 볼 때, 두 사람 사이는 이미 회복할 수 없는 정도에 이른 것 같다.

원균과 이순신의 갈등에 대해서는 뒤에 다시 자세히 설명할 기회가 있을 것이다. 여기서는 두 사람간의 갈등이 시작되는 시점에 대해서만 간략히 언급하려 한다.

원균은 이순신보다 나이가 다섯 살 많았고, 무과 급제는 10년이나 빨랐다. 경력 면에서도 수군만호를 2회 역임한 이순신에 비해 만호, 첨사, 부사를 두루 역임한 원균이 훨씬 화려했다. 이런 차이에서부터 두 사람 사이에 갈등의 소지가 있을 수 있었다. 그리고 같은 건천동 출신이지만, 양쪽 집안의 성향은 확연히 구별된다. 즉 이순신의 집안은 화려한 경력을 가진 문반 가문이었지만, 부친이 수군절도사를 역임한 원균의 집안은 떠오르던 무반 가문이었다. 결정적으로 원균은 윤두수尹斗壽, 윤근수尹根壽 등 서인西人의 후원을 받았고, 이순신은 유성룡, 정언신鄭彦信 등 남인南人의 천거를 받았다. 즉 고위 무관직으로 진출할 때 연결된 정치적 배경이 서로 반대편이었다.

이런 차이 때문이었을까? 이순신과 원균은 첫해 연합함대를 형성했을 때부터 줄곧 관계가 좋지 않았다. 옥포해전 이후 보고를 위해 각각의 전선을 행재소에 별도로 보내는 등, 그들의 불편한 관계는 처음 대면했을 때부터 시작되고 있었다.

한편 이순신은 제2차 출전에서 세운 공적으로 자헌대부資憲大夫에 오르게 되는데, 승급 교지를 9월 중순이 되어서야 받았다. 앞에서 언급한 정헌대부까지의 승급은 이보다 더 후에 받은 것으로 추정된다. 이때 이순신은 교지를 받은 사실을 보고하면서, 자신에게 속한 목장에서 쓸 만한 말을 골라 육군이 필요한 곳에 쓸 수 있도록 보내겠다고 보고한다. 또 그는 종이가 필요하다는 조정의 요청에 응답해, 우선 장지壯紙 10권을 승전 보고와 함께 올려 보냈다.

이어서 이순신은 전라좌수군 휘하의 제장諸將과 힘을 합쳐 행재소에 군량을 올려 보낸다. 순천부사 권준이 별도로 올리는 군량이 100섬石인 것을 볼 때 그 양이 적어도 수백 섬 이상은 되었을 것으로 보인다. 이때 그는 군량뿐만 아니라 비변사에서 요청한 화살대箭竹와 장전·편전, 그리고 종이 등 여러 가지 물품을 함께 올려 보냈다. 그리고 이러한 상납은 일회성이 아니라 몇 차례에 걸쳐 반복되었다. 전쟁 중인 만큼 상황은 이해되지만, 휘하 병력이 사용할 군량과 무기 등을 조달해야 할 중앙 정부가 오히려 전라좌수사의 상납을 받고 있는 실정이다. 뭔가 뒤바뀐 것 같은 느낌을 지울 수 없다.

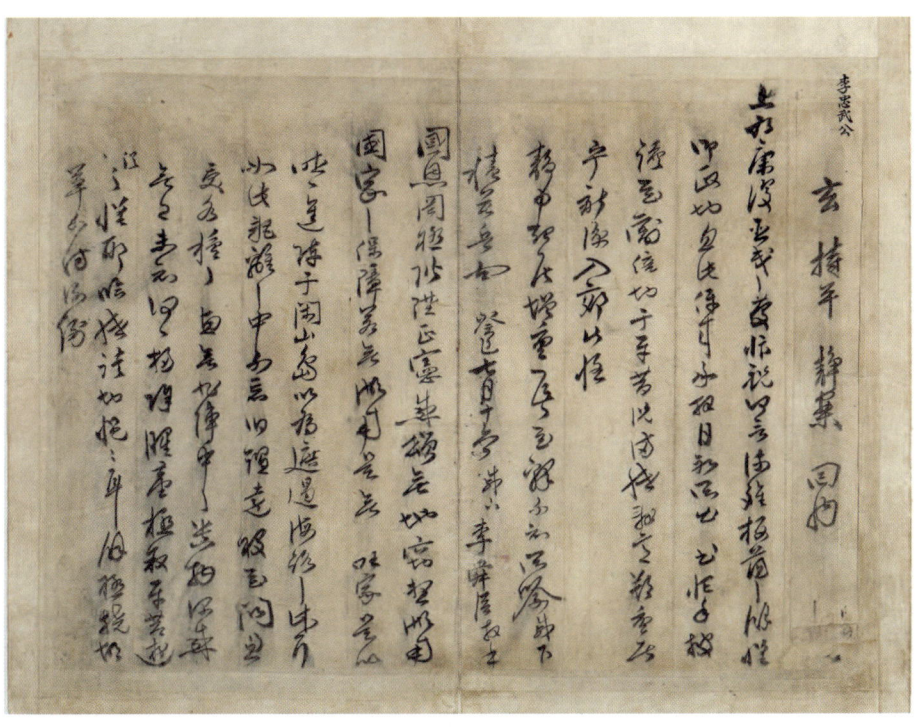

《서간첩(書簡帖)》

39.7×24.5cm

국보 제76호

이순신이 쓴 6편의 편지를 모아 만든 첩으로, 사진의 편지는 1593년 7월 16일에 보낸 것이다. 호남이 국가의 보루요 장벽이기 때문에, 바닷길을 막아 호남을 지키겠다는 이순신의 결연한 의지가 드러난다.

현충사 소장

지금까지 살펴본 임진년1592년 첫해의 해전, 4회에 걸친 출전과 10회의 해전 전승全勝이 갖는 역사적 의미를 정리하는 것으로 제2부를 마무리하고자 한다. 앞에서도 밝혔지만, 임진왜란의 육전과 해전은 정반대의 상황을 연출했다. 육전에서는 개전 20일 만에 수도 한성이 함락되고, 곧이어 개성과 평양까지 함락되는 등 패퇴를 거듭했다. 반대로 해전에서는 제3차 출전에서 일본의 중앙 수군을 대파함으로써 도요토미 히데요시가 '해전금지령'을 내릴 정도로 큰 성과를 거두었다.

이와 같은 상반된 결과가 나온 원인은 무엇이었을까? 필자는 그에 대한 해답으로 '준비한 자와 준비하지 못한 자의 차이'라는 표현이 적절하다고 생각한다. 조선의 육전 패배는 장기간의 평화에 따른 상비군 부재, 전략전술의 변화를 인지하고 적절하게 대응할 장수지휘관의 부재 등을 주요 원인으로 볼 수 있다. 반면에 수군의 승리는 조선 전기부터 수군 강화를 위해 노력한 조선 조정의 정책적 노력, 16세기 중반에 벌어진 몇 차례 왜변에 대한 대책 강구 과정 등 조선 수군의 역사적 전통이 그 배경이 되고 있다.

좀 더 구체적으로 설명하면, 수군 병력은 조선 초기부터 5만여 명이었고 군선과 화기를 개발했으며 전국적인 수군 조직을 갖추고 있었다. 그 뒤 16세기 중반에 왜구 대책의 일환으로 개발된 판옥선과 각종 총통은 임진왜란 시기의 주력 군선과 무기로 이어졌다. 여기에 더해 이순신이라는 위대한 전략가이자 전술 면에서도 뛰어난 장수가 전쟁 14개월 전부터 전라좌수사가 되어 전쟁을 준비했던 것이 임진왜란 첫해 해전 전승의 배경이 되었다.

끝으로 임진왜란 첫해에 벌어진 해전의 역사적 의의를 정리하면 다음과 같다.

이순신과 조선 수군의 첫 번째 출전은 옥포해전 등을 통해 일본의 소규모 함대를 연파하며 서전을 승리로 장식했다는 데서 역사적 의미를 찾을 수 있다. 두 번째 출전에서는 처음으로 연합함대를 형성해 일본의 지방 수군을 연파하면서, 육전과는 반대로 해전에서는 승리할 수 있다는 자신감을 조선 수군에게 안겨주었다.

이어서 이순신이 이끈 연합함대는 7월 8일의 한산대첩 등을 통해 일본의

중앙 수군을 격파하면서 도요토미 히데요시의 '해전금지령'을 이끌어냈고, 조선 수군이 남해의 제해권을 장악했다는 점에서 역사적 의미가 컸다. 그리고 9월 1일 벌어진 부산포해전으로 조선 수군은 일본 수군의 본거지까지 공략해 대승을 거둠으로써, 일본군으로 하여금 후방 병참선을 염려하게 할 정도로 의미 있는 성과를 이뤄냈다.

이순신과 조선 수군이 임진왜란이 일어난 첫해에 해전에서 거둔 전승10전 10승의 전과를 종합하면, 일본군선 320여 척을 분멸한 데다 일본군 사상자도 2만여 명 이상으로 추정된다. 그에 비해 조선 수군은 단 한 척의 군선도 손실되지 않았고, 사상자도 200여 명 미만으로 일본에 비하면 미미한 피해를 입었다. 이렇게 완벽한 승리를 거둘 수 있었던 원인은 앞에서 언급했듯이, 화기를 이용한 당파撞破 전술과 화살과 불화살 등을 이용한 조선의 해전 전술이 적선敵船에 올라타서 단병 전법을 구사했던 일본 수군의 전법에 비해 한 차원 높았기 때문이었다.

그리고 이런 전승은 무엇보다도 충무공 이순신이라는 걸출한 수군 장수가 임진왜란 14개월 전에 전라좌수사가 되어 전란에 대비해 수군을 강하게 조련하고 여러 방면에서 차근차근 준비했기 때문에 가능한 것이었다.

五十二百八十戶內男一萬七千二百二十八

田畓幷三千七百三十七結二負一束內雜頉頃

宗畓六百九十六結三十員六束

宗田六百二十二百八十二結九十三員七束

會及常賑米幷六百七十三石

穀物摠數

糶雜穀一千四百十二石

太二十三石

監營屬一百九名
統營屬二千四百十名半
右兵營屬一百一名
軍兵摠數

原各司諸色軍二百六十五名

一百六十七石

作米幷二百二十五石

谷摻軍作及南倉錢

平餉米四千四百七十三石

雜穀三千九百九十二石

統營米九百五十石

血營米七十二石

血營句管各摻雜穀

幷六千四百九十三石

血營米七十二石

糶雜穀一千四百十二石

會及常賑米幷六百七十三石

西距固城界四十里

北距熊川界一百二十里

距熊川界一百二十里

南無界大洋

郡名裳郡 歧城 裳風

形勝瀛海浩瀁與對島相望

距京一千四百四十里

沙等面　初竟十里　終竟四十里
清河面　初竟四十里　終竟七十里

屯德面　初竟三十里　終竟五十里
延草面　初竟三十里　終竟五十里

城郭邑城 高十三尺內有三泉一池

日本界

統營界

西未應雞龍山烽燧南未應圍城烟臺
烽燧雞龍山烽燧應圍城烟臺
西東未應加羅山烽燧

驛院烏壤驛三十里　馬十五匹

閞背串烽燧西去未應加羅山烽燧

해동지도 거제부 | 서울대학교 규장각한국학연구원 소장

제3부

지루한 전쟁과
인고의 세월

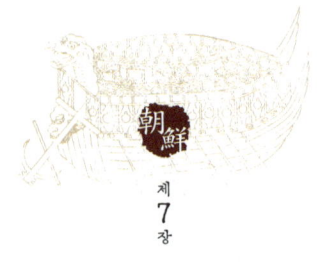

강화 교섭기에
수군이 맞은 큰 위기

이순신이 이끈 연합함대가 부산포에서 일본 군선 100여 척을 분멸하며 쾌승을 거둔 1592년 음력 9월 1일, 평양 근처의 회담장에서는 명나라와 일본이 이날부터 50일간의 휴전에 합의하고 있었다. 당시 명나라는 내란 상황이었기 때문에 조선에 지원군을 보낼 형편이 아니었다. 이런 상황에서 명나라는 장사꾼 출신의 심유경沈惟敬에게 '유격遊擊'이란 벼슬을 줘서 대일 강화 교섭에 내보냈다. 명나라의 의도대로 심유경은 9월 1일 회담을 통해 일단 50일이라는 시간을 버는 데 성공했다.

한편 일본의 선봉, 제1군 대장 고니시 유키나가는 전쟁 초기에 승승장구하며

6월 14일 평양성을 점령하는 전과를 올렸지만, 그 뒤부터 일본군에 불리하게 전개되는 전황 때문에 점차 곤란한 지경이 되었다. 5월 이후 조선 전역에서 의병義兵이 봉기함으로써 일본군은 전혀 예상치 못한 상황을 맞게 된다. 또한 이순신과 조선 수군에 의해 일본 수군이 완패를 거듭하면서 일본에서 오는 병참선이 위협받게 되었다. 여기에 더해 7월 17일 조승훈이 이끈 명군이 평양성 수복전투에 나서자, 고니시 유키나가는 고립무원의 상태에 빠질지도 모른다는 위기의식을 느꼈다.

사실 전쟁 초기에, 일본군은 조선군의 허약한 군비 태세에 놀라면서 승전을 거듭했다. 제대로 된 상비군조차 없던 조선 육군과, 100년이 넘는 전국시대戰國時代를 거치며 전투력을 끌어올린 일본 육군의 전력 차이는, 해전에서 완패를 거듭한 일본 수군과 승승장구한 조선 수군의 차이만큼이나 컸을 것이다.

하지만 조선 땅 전역에서 궐기한 의병의 항쟁은, 앞에서 잠시 언급한 것처럼 일본군이 전혀 예상치 못한 것이었다. 그동안 의병의 역할과 역사적 의의를 정리한 연구 성과들이 많이 나왔지만, 최근에는 새로운 해석과 평가의 필요성이 제기되고 있다. 당시의 기록을 추적해 보면, 임진왜란 시기의 의병이 일본군과의 전투에서 한계점을 드러내면서, 관군으로 전환해 중앙에서 관리해야 한다는 의견도 있었다. 하지만 당시에는 관군조차 제대로 훈련 받지 못하는 상황이었기 때문에, 이런 의병의 한계는 어찌 보면 당연한 것이었다.

이런 한계를 보이긴 했지만, 조선의 의병은 정규군이 하지 못한 향토방위나 지역방어에 큰 역할을 했으며, 적의 병참선을 위협할 만큼 세를 과시했다. 특히 후자의 예를 들자면, 제3자의 입장에서 고니시 유키나가의 종군 신부로 참전한 그레고리우 드 세스페데스Gregorio de Cespedes와 편지를 주고받은 루이스 프로이스Luis Prois는 자신의 책에서 조선의 의병을 다음과 같이 묘사했다.

그들은 해변에서 멀리 떨어진 여러 지역에 나누어져 있었기 때문에, 일본에서 보낸 약간의 식량을 받으려고 많은 병사들을 보내 운반해야 했다. 이런 상황에서 조선의

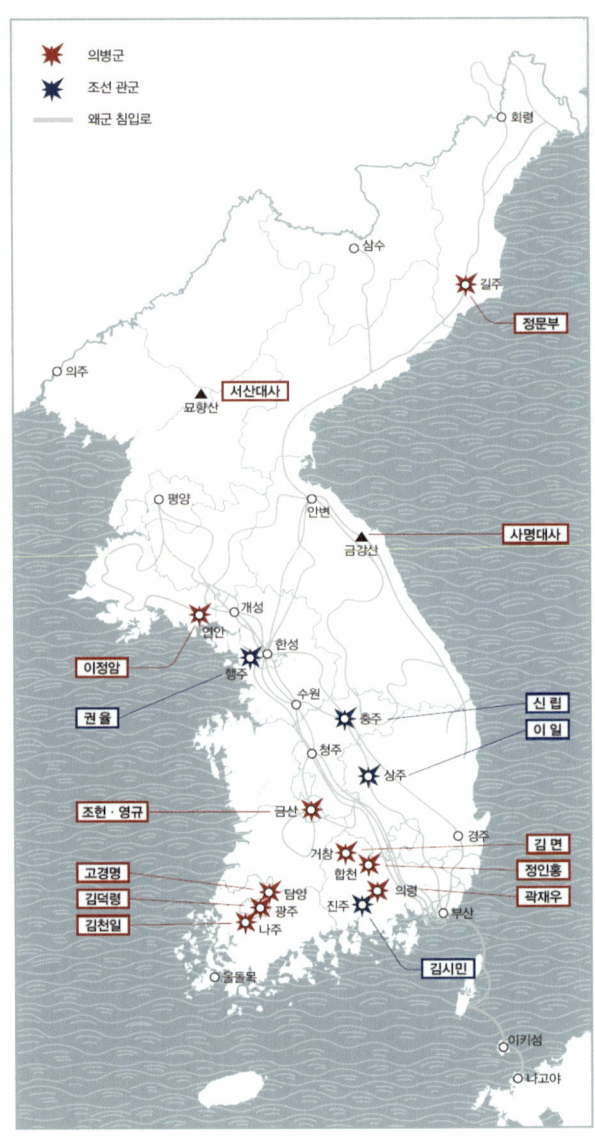

의병군

■ 의병군
■ 조선 관군
── 왜군 침입로

회령

삼수

길주
정문부

의주

서산대사
묘향산

사명대사

평양

안변

금강산

개성
연안
이정암
한성
행주
권율

수원

충주
신 립
이 일

청주

상주

금산
조헌 · 영규

거창
김 면
경주
합천
정인홍
의령
곽재우
담양
고경명
광주
김덕령
나주
김천일
진주
김시민

부산

울돌목

이키섬

나고야

| **의병의 봉기**
현충사 제공

202

서산대사 휴정 진영(西山大師 休靜 眞影)

67.5×28.0㎝ 〈허가번호 진박201210-22〉 국립중앙박물관 소장

의병들은 소규모로 여러 지역을 다니며 익숙한 지리를 활용해 매복공격을 가해 일본군을 도륙하고 가지고 있던 모든 것을 취했다.

– 강병구·왕선애 역, 1999년, 《포르투갈 신부가 본 임진왜란 초기의 한국》, 주한 포르투갈 문화원(Padre Luis Frois, 1597년, Historia de Japam)의 70~79장, 57쪽.

일본군은 자국에서와 마찬가지로 조선의 농민도 전투와 무관하게 생업에 종사하다가, 전쟁에서 승리한 편에 복종하며 세금을 납부하는 대상일 것이라 생각했다. 이 때문에 일본군의 초기 점령 정책은 조선의 농민을 안정시켜 계속해서 농사를 짓도록 하는 것이었다. 하지만 조선의 농민은 일본의 농민과는 너무도 다른 존재였다.

원래 조선의 농민은 대부분 군역을 담당하는 정병正兵이었다. 따라서 전쟁이 발생하면 모두 정병으로 소집되는 대상이었다. 평소 군사훈련이 부족했기 때문에 임진왜란 당시의 조선 농민은 정규군에 편입된 경우보다, 산중으로 숨어들거나 도주 중에 의병에 가담하는 사례가 많았다. 이 때문에 일본군은 전쟁 초기에 조선 농민에게 평소와 같이 생업에 종사하라고 종용했지만, 일본처럼 전쟁 중에 아무 일도 없는 것처럼 농사를 지을 조선의 농민은 거의 없었다.

이런 상황 때문에 임진년1592년 첫해에 전쟁이 진행되는 동안 조선 농민들은 농사를 정상적으로 지을 수가 없었다. 이렇다 보니 조선 농민들이 전쟁으로 농사 지을 때를 놓쳐 농작에 실패하면서, 일본군으로서는 식량과 군량이 부족할 수밖에 없었다.

일본군이 한성과 평양성을 거침없이 함락한 전쟁 초기에는, 일본군의 군량 사정이 그다지 나쁘지 않았다. 그 원인은 조선의 군량미를 탈취했기 때문이었다. 하지만 몇 달이 지나면서 상황이 바뀌었다. 고니시 유키나가 등의 선봉군이 확보한 군량은 거의 바닥이 났고, 본국으로부터의 보급도 여의치 않았다. 상황이 이렇게 되자 일본군은 전쟁 초기의 우호적인 점령정책을 포기하고 민간에서 식량을 약탈할 수밖에 없었다. 이렇게 일본군의 점령정책이 바뀌면서, 민족의식에 눈

을 뜬 조선 백성들은 의병항쟁에 적극적으로 참여하게 되었다.

명·일 양측이 50일간의 휴전에 합의한 9월 1일은 양력으로 10월 5일이었다. 임시 휴전 기간 중에 계절이 겨울로 바뀌었다. 일본 제1군과 제2군은 대부분 우리나라 남부지방보다 따뜻한 규슈 출신 병력이었다. 그런데 이들이 조선에서도 가장 추운 지방인 평안도와 함경도에서 첫 번째 겨울을 맞게 된 것이다. 출전 당시 이들은 일본의 속옷인 훈도시[ふんどし(褌)]와 홑겹 치마바지 차림이었다. 임진년 당시의 여러 기록에 따르면, 그해 겨울은 다른 해보다 유난히 더 추웠다고 한다.

겨울이 되면서 참전 세력 모두가 추위와 배고픔에 시달렸지만, 조선의 추위를 단 한 번도 경험해 보지 못한 일본군에게는 '추위'야말로 가장 견디기 힘든 고통이었다. 이로 인해 일본군은 거의 전투불능 상황에 빠졌고, 이것은 반대로 조선군에게는 좋은 기회였다. 그렇다고 조선군이 이 기회를 십분 활용해 전쟁 국면을 유리하게 바꾼 것은 아니었다. 다만 함경도와 경상도의 의병들이 지역을 수복하려고 나선 전투에서 승리를 거둔 경우가 더러 있었다.

▌임진왜란 때 관군과 의병의 활약
　전라도로 향하는 일본군의 길목을 막은 조선군. 현충사 제공

명나라의 원군을 기다리던 조선 조정은 명군에게 지급할 군량과 마초馬草·말 먹이 마련이 급선무였다. 이것은 파병을 기정사실화했던 명의 요구조건이기도 했다. 이때 조선 조정은 전쟁의 책임을 지고 현직에서 물러난 유성룡을 중심으로 평안도 지역에서 군량을 모아, 10월경에는 의주에서 평양까지의 이동로 주변에 쌀과 좁쌀 5만여 섬과 콩 3만 3,000여 섬 등, 5만의 병력을 50여 일 동안 운영할 수 있는 군량을 준비했다.

이 과정에서 조선의 관군과 의병은 주로 명군에게 지급할 군량을 조달하거나 운송하는 데 동원되어야 했다. 이 때문에 조선의 관군은 일본군을 공격하는 데 나서지 못한 반면, 중앙의 통제에서 벗어나 있던 의병들만이 각 지방별로 일본 군에 대항해 크고 작은 전과를 올리고 있었다. 하지만 이들도 농경 실패로 인한 군량 부족 때문에 점차 전투력을 발휘하기 힘들게 되었다.

한편 앞서 언급한 명나라의 내란, 영하의 변寧夏之變은 발생한 지 6개월 만인 1592년 9월 17일에 진압되었다. 곧이어 명나라는 9월 26일에 병부·우시랑兵部右侍郎인 송응창宋應昌을 '계요보정산동등처 경략방해어왜군무薊遼保定山東等處 經略防海禦倭軍務'[이하 경략經略으로 약칭]라는 직책으로 총사령관에 임명하고 출전을 준비했다. 이때 내란을 진압한 이여송李如松은 조선을 구원할 원군 대장이 되었는데, 3개월 동안 조선 출병 준비를 마친 명군은 12월 중순 드디어 조선으로 향했다.

충무공 이순신을 천거하는 등 조선이 임진왜란을 극복할 수 있도록 이끈 명실상부한 공로자였던 유성룡은, 이 시기에 군량을 준비하는 동시에 의주 등 조선군 주둔 지역에서 활약하던 일본군 간첩을 모두 잡아 없앴다. 이로써, 고니시 유키나가를 비롯한 일본군 지휘부가 명군의 도착과 같은 중요한 상황을 파악하지 못하도록 조치를 취했다.

조선 조정이 손꼽아 기다리던 명의 원군이 압록강을 건넌 시점은 그해 12월 25일이었다. 그런데 이때 도강한 명군은 원래 그들이 장담했던 10만 대군에는 절반에도 미치지 못하는 4만여 명에 불과했다. 임진왜란 첫해에 조선에 파견된 병

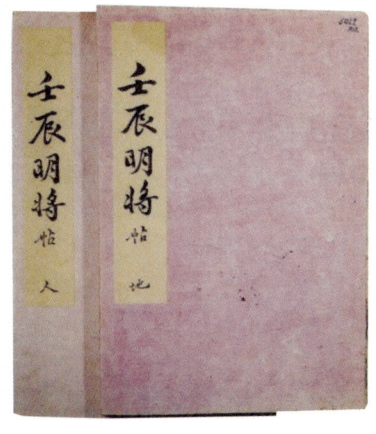

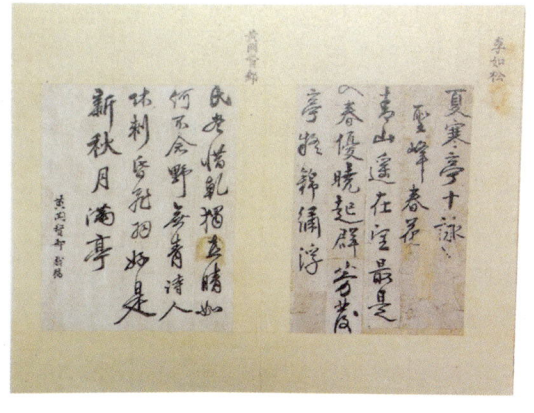

임진명장첩
조선 1590년대, 35.0×22.0㎝
임진왜란에 참전한 이여송 등 명나라 장수들의 글씨를 엮은 서첩
〈허가번호 진박201210-28〉 국립중앙박물관 소장.

력은, 사전에 도강한 병력까지 합쳐서 4만 3,000명이 전부였다. 훗날 이여송은 자신이 이끌 병력이 당초 요구한 병력보다 적었을 뿐만 아니라, 그중 절반이 전투 능력이 떨어지는 노약한 병력이었다고 증언했다. 그리고 출병이 늦어진 이유도 병력 충원이 늦어졌기 때문이었다. 즉 명나라가 원군을 파병했지만, 일본군을 압도할 만한 수준은 아니었다.

이와 같이 당시 고니시 유키나가는 명군의 입국 동향을 전혀 몰랐다. 이런 상황에서, 계사년癸巳, 1593년 연초인 1월 6일부터 9일까지 평양성 수복전투가 펼쳐졌다. 이여송의 명군과 조선군이 연합해 평양성을 포위 공격하면서 시작된 이 전투는 양측 모두 엄청난 인명 손실을 내며 치열하게 전개되었다. 결국 압도적인 조·명 연합군의 공세를 견디지 못하고, 1월 9일 고니시 유키나가 군이 평양성을 포기하고 후퇴함으로써 평양성은 7개월 만에 수복되었다.

평양성 수복 소식이 전해지자 선조와 조선 조정은 전세의 역전을 자신하면서, 후퇴하는 일본군을 추격하는 문제에 대해 논의했다. 하지만 당시 군사 작전권은

평양성탈환도 병풍(平壤城奪還圖 屛風)
8폭, 각 폭 97,0×40,0cm 〈허가번호 진박201210-27〉
국립중앙박물관 소장.

명군에게 넘겨졌고, 조선군은 보조 역할을 수행할 뿐이었다. 그리고 이 시기에도 조선군에게는 명군의 군량과 마초를 조달하는 것이 최우선 과제였다. 이미 언급했듯이 1592년 겨울을 지나면서, 전국의 비축 곡물은 소진되었고 조선의 관군과 의병마저도 군량을 이어가기 힘든 상황이었다.

명군을 이끈 이여송은 평양성 전투에서 승리해 크게 고무되었지만, 이 전투는 그가 거둔 처음이자 마지막 승리였다. 그는 평양성을 되찾은 뒤 여세를 몰아 일본군을 추격하면서 개성을 수복했고, 서울 부근의 벽제관碧蹄館까지 진군했다. 하지만 벽제관 부근에서 일본군의 매복에 걸려 자신의 가병家兵인 기병騎兵 1,000여 명을 잃고 패한 뒤에, 전투를 포기하고 후퇴를 거듭한 끝에 평양성에 머문다.

당시 명군으로서는 평양성 수복으로 본국이 요구한 일본의 침략을 조선 땅에서 막아내는 목표를 달성한 셈이었다. 더 이상 무리하게 명군이 피해를 보면서까지 조선을 위해 일본군을 몰아낼 필요는 없었다. 그리고 이미 평양성 전투를 통해 3,000여 명의 사상자를 내는 등 큰 피해를 입었고, 명군 내부적으로도 요동 출신의 북병北兵과 절강성 등의 남병南兵 간에 전공을 둘러싸고 심각한 갈등을 빚고 있었다. 뿐만 아니라 지휘부에서도 문신인 경략 송응창과 제독 이여송이 서로 반목함으로써, 명군은 더 이상 전투를 할 수 없는 상황이 되고 말았다.

여기에 더해 임진왜란에 참전한 명군은 원래 절반가량이 기병騎兵이었는데, 마역馬疫·말 전염병이 돌아 1593년 1월 말경에는 1만 2,000여 필匹의 말이 병사病死하는 막대한 피해를 입었다. 말이 없는 기병은 보병보다 전투력이 더 떨어진다. 왜냐하면 기병의 장비와 갑옷 등은 보병의 그것보다 훨씬 무겁기 때문이다. 이 시기에 마역이 창궐한 이유는 일종의 풍토병 때문이었다고 추정된다. 장거리 이동과 계속된 전투로 말들이 피로한 상황에서, 항상 먹던 마초馬草 대신 조선에서 준비한 콩을 먹었기 때문이라는 것이다.

평양성을 수복해 승기를 잡은 조선은, 일본군을 몰아내기 위해 전투를 계속하려는 입장이었다. 하지만 그것은 조선의 바람이었을 뿐 전투는 명군이 주체가 되어야만 가능한 것이었다. 즉 당시 조선 자체의 전력만으로는 일본군과의 정면 대결이 사실상 불가능했다.

때문에 조선은 이여송이 벽제관에서 패한 뒤 더 이상 전투에 나서지 않자, 일본군과 맞붙어 싸우도록 명군 지휘부를 계속 설득했다. 하지만 아무런 효과가 없었다. 왜냐하면 당시 명군은 사실상 전투를 할 수 없는 상황이었기 때문이다. 남은 방법은 조선군 자체의 힘으로 일본군과 싸우는 것뿐이었다.

결론적으로, 이 시기의 조선군은 평양성 전투에 힘을 보탰으나 자력으로 일본군을 상대하기에는 역부족이었다. 이때 조선군은 주로 명군의 군량을 이송했는데, 물자를 공급한 조선의 관병이나 의병은 오히려 극심한 군량 부족에 시달렸다. 또한 중앙에 속한 상비군은 그다지 많지 않았고, 수군이나 지방의 의병 등으로 전력이 분산된 상태였다. 게다가 조선군 진영도 군량 부족으로 고통을 받았는데, 엎친 데 덮친 격으로 전염병까지 창궐해 고통이 가중되었다. 결과적으로 조선도 자력으로 전쟁을 지속할 수 있는 상황이 아니었다.

이런 가운데 1593년 2월 12일, 전라감사 권율은 행주산성에서 정예 일본군을 상대로 대승을 거두었다. 서울의 강북에 있는 행주산성에 조선군이 주둔하자 이를 공략하기 위해 당시 한성에 집결했던 일본군이 총공격을 감행했는데, 권율이 이끈 조선군이 이를 잘 방어해 내며 큰 승리를 거둔 것이었다. 특히 신기전神機箭과

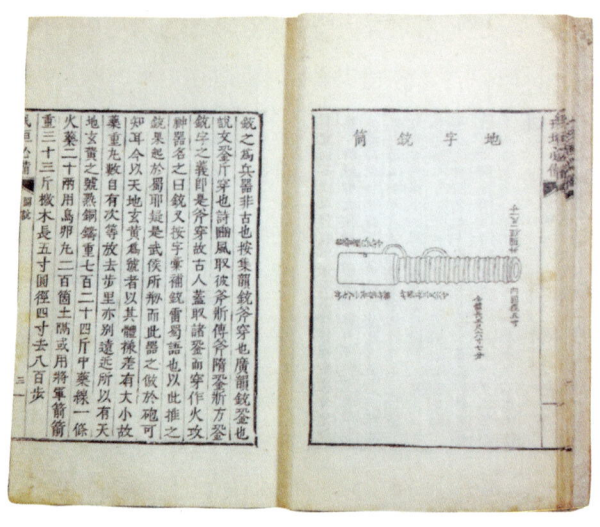

《융원필비》
훈련도감에서 1813년에 간행한 군사 기술에 관한 책
〈허가번호 진박201210-06〉 국립중앙박물관 소장

비격진천뢰飛擊震天雷 등의 화기 사용과, 전투 도중에 화살이 다 되었을 때 경기도와 충청도 수군이 한강을 통해 화살을 보급해 준 것 등이 승리의 요인이었다. 또한 험지를 선택해 수성전守城戰을 승리로 이끈 권율의 전략전술과, 전투 중에 여성들이 앞치마를 이용해 돌을 나르는 등 총력전을 펼친 것도, 임진왜란 3대첩 가운데 마지막을 장식한 행주대첩 승리의 결정적 요인이었다.

당시 조선 조정은 전쟁을 적극적으로 독려하면서, 행주대첩이 있기 이전에 각 지방의 의병과 수군에게 "후퇴하는 적을 격멸하라."라고 명령했다. 이 점에 대해서는 이순신과 수군을 언급할 때 다시 살펴보자.

한편 1593년 1월 9일 평양성 전투에서 패해 위기를 맞은 일본군은 평양성을 떠나 남하하기 시작했는데, 이 과정에서 별다른 추격전을 겪지 않고 한성까지 무사히 후퇴했다. 하지만 훗날 일본 역사를 정리한 프로이스 신부는 당시의 후퇴 상황에 대해 전해들은 내용, 즉 군량 부족으로 인한 굶주림, 결빙된 강을

| 화약통
〈허가번호 진박201210-08〉 국립중앙박물관 소장

| 중완구
〈허가번호 진박201210-01〉
국립진주박물관 소장

| 단석
〈허가번호 진박201210-05〉
국립진주박물관 소장

| 비격진천뢰
〈허가번호 진박201210-
07〉 국립진주박물관 소장

| 신기전
〈허가번호 진박201210-19〉
국립중앙박물관 소장

| 천지현자 총통(앞)과 신기전 발사대(뒤)
해군사관학교박물관 사진 제공

도보로 건넜던 행운, 추격전이 없었기 때문에 전멸을 면한 사실, 그리고 이동 중에 혹한으로 인한 사상자 발생 등 참담했던 상황을 생생하게 기록했다.

이 시기에 고니시 유키나가 부대처럼 대규모 패전을 겪지 않은 가토 기요마사 부대와 그외에 남부지방에 주둔 중이던 일본군도 전투 피해를 제외하고는 이와 비슷한 상황이었다. 이런 상황을 알려주는 예를 들면 다음과 같다.

또 김해성金海城 안에는 역질疫疾이 크게 번져 적의 형세가 매우 고단하고 (중략) 보고에 의하면 김해의 적은 거의 다 돌아갔고, 창원昌原의 적도 오래 머물 의도가 없을 뿐만 아니라 역질이 치성하여 사망자가 잇따르고 혹한酷寒으로 움츠려, 흉악한 예봉은 조금 꺾였습니다.

— 《선조실록》 권35, 신조 26년 2월 갑오甲午

이 인용문은 당시 비교적 후방인 남부지방에 주둔했던 일본군의 정세인데, 후방의 일본군도 혹한과 전염병으로 피해를 입고 있던 상황을 알려 준다. 일본군은 평양성에서 패배한 뒤 한강 이북으로 북진했던 부대를 모두 한성으로 집결시켰는데, 이때도 주둔지마다 전염병이 발생해 환자가 늘어나고 있었다.

당시 일본군의 실정을 좀 더 살펴보면 다음과 같다. 한성에 집결한 일본군은 1593년 3월 중순에 히데요시가 파견한 삼봉행三奉行의 주도로 각 부대별로 현재 병력을 조사했다. 그 결과, 1만 8,000여 명이던 고니시 유키나가의 제1군 병력은 65퍼센트 줄어든 6,000여 명이 남았고, 가토 기요마사의 제2군 병력은 2만 2,000여 명에서 40퍼센트 줄어든 1만 3,000여 명이 남은 것으로 드러났다. 이로써 조선을 침략한 선봉 제 1, 2, 3군을 통틀어, 일본군은 병력의 45퍼센트인 2만 5,000여 명을 잃은 상황이었다. 요컨대 계사년1593년 초에 이르러 일본군은 병력, 군량, 무기를 추가로 보급 받지 못할 경우 매우 불리한 상황에 몰릴 수밖에 없었다. 결과적으로, 참전한 3개국 모두 더 이상 전쟁을 계속할 수 없는 상황이 되고 말았다.

한성으로 후퇴한 일본군은 계사년 1월 24일, 한성부의 백성을 학살하는 만행을 저질렀다. 학살을 자행한 명분은 추격해 오는 명군 및 조선군과 내통할 것을 염려해서였다고 한다. 뿐만 아니라 일본군은 같은 해 6월 말에 펼쳐진 제2차 진주성전투에서 승리한 뒤 '복수復讐'라는 미명 하에 성 안에 있는 '생물'은 모두 죽였다고 한다. 하지만 전근대 전쟁에서 일본군이 자행한 이런 전쟁범죄를 제대로 알고 있는 사람은 거의 없다. 제2차 세계대전 이후 유대인들이 만든 아우슈비츠 기념관 입구에 써 있다는 "용서할 수는 있어도, 잊을 수는 없다."라는 글이 문득 떠오른다.

사실 전쟁 피해를 언급하면서 참전 3개국의 상황을 나열했지만, 정작 가장 큰 피해를 입은 것은 조선의 백성들이었다. 산으로 들로 피난했던 백성들의 대부분은 농사를 짓지 못하고 식량을 구할 수 없어서 점차 기아에 시달리게 되었다. 그 실례로 남원南原 일대에서 의병장으로 활약했던 조경남趙慶男은 당시의 참상을 다음과 같이 기록하고 있다.

"각 도의 백성이 유리하여 살 곳을 정하지 못해 굶어죽은 송장이 서로 잇따랐고, 마침내 사람이 서로 잡아먹는 지경에 이르러 아이를 잃은 자가 많았으며, 산과 숲에 풀잎이며 소나무·느릅나무의 껍질과 줄기까지 모두 없어졌다."

― 조경남趙慶男, 《난중집록亂中雜錄》 권2, 계사년癸巳年 2월. (국역 《대동야승》 Ⅵ)

이런 상황은 정도의 차이는 있지만 전국적인 현상이었다. 결국 당시 조선 백성들은 대부분 기아와 전염병에 시달렸을 뿐만 아니라, 일본군에게 약탈과 살육을 당한 전쟁의 가장 큰 피해자였다.

다시 본론으로 돌아가서, 이 시기에 이순신과 조선 수군은 어떤 상황이었는지를 살펴보자. 임진년1592년 9월 1일, 부산포해전을 마친 조선 수군은 그 이후 연말까지는 더 이상 출전하지 않았다. 이순신의 휘하 세력은 각자의 군영으로 돌아가 겨울을 나면서 다음해에 치를 전쟁을 준비했는데, 이순신이 군량과 종이

진주성도 (부분)
〈허가번호 진박201210–30〉 국립중앙박물관 소장

등을 의주의 행재소에 상납한 것이 바로 이 시기였다.

임진년, 전쟁 첫해 겨울은 조선 수군도 견디기 힘들었다. 그중에서 가장 심각한 문제는 수군의 병력을 유지하는 문제였다. 이 점은 같은 해 연말에 이순신이 조정에 올린 장계狀啓에 자세히 나타난다. 우선 전라도가 유일하게 일본군의 침략을 당하지 않았기 때문에, 조선을 지탱하는 근본이 된 것은 잘 알려진 사실이다. 이미 호남에서 1592년 6월부터 7월 사이에 근왕병勤王兵 5만 명이 차출되었고, 이어서 전라병사, 순찰사, 각처의 의병 등이 병력을 연이어 차출하면서 전라도에는 노약자를 제외한 대부분이 징발된 상태였다.

중앙의 징병을 맡은 소모사召募使, 체찰사의 종사관 등이 내륙과 연안을 불문하고 변방을 지키는 수졸戍卒까지 빼내어 갔을 뿐만 아니라, 이런 징발이 여러 차례 중복되면서 전라도의 민심이 국가를 원망하는 지경에까지 이르고 있었다. 이

런 상황에서 이순신에게 내려온 국왕의 명령은 "친족이나 이웃을 대신 징발하는 폐단을 금지하라."라는 것이었다. 당시에는 수군에 사망이나 도망 등 결원이 생겼을 경우, 사고자를 대신해 친족이나 이웃 중에서 징발한 제도가 있었다.

이순신은 이와 같은 왕명王命에 대해, 자신이 처한 상황을 정확하게 보고하면서 대안을 제시했다. 즉 국왕이 백성들의 고통을 덜어주려고 한 '대신 징발하는 제도에 대한 금지 명령'은 지극히 당연하지만, 지금은 '전쟁 중'이니 수군의 병력 충원을 위해 당장은 폐지할 수 없다고 완곡하게 주장한 것이다. 또한 이순신은 자신이 제기하여 허락받은 전선戰船의 추가 건조와 관련해서, 전선 한 척당 130명의 사부射夫와 격꾼格軍이 더 필요하다고 언급했다.

그는 이런 이유로 '친족이나 이웃에서 대신 징발하는 폐단'을 당장 폐지하기는 어려우니, 백성들의 사정을 감안하되 전쟁 중에는 그대로 시행하자고 절충안을 제시한 것이다. 결국 그는 수군을 유지하기 위해 명령을 번복해 달라고 국왕에게 거듭 요청했다. 이와 동시에 연안 지역에서 계속되는 무분별한 병력 차출에 대해 문제를 제기하며, 수군에 소속된 지방에서는 수군 외에는 차출을 금지해 달라고 요청하기도 했다.

이순신이 이와 동일한 내용의 장계를 여러 차례나 올릴 정도로 당시 상황은 심각했다. 자신보다 상위에 있는 체찰사나 도원수, 순찰사 등과 같은 지역에서 병력을 차출하기 위해 경쟁하는 상황이었으니, 이순신은 같은 내용의 상소를 반복해서 올릴 수밖에 없었다.

사실 전투가 없었던 임진년 겨울 동안, 이순신과 수군이 어떻게 지냈는지를 확인할 만한 기록은 남아 있지 않다. 《난중일기》도 그해 8월 29일부터 연말까지는 비어있다. 때문에 전후 상황을 고려해서 이순신의 동향을 추정해 볼 수밖에 없다.

이런 가운데 계사년1593년 1월 중순 이후, 조정은 평양성 수복의 여세를 몰아 후퇴하는 일본군을 공략하라는 출전 명령을 이순신에게도 하달했다. 예나 지금이나 군대에서는 상관의 명령을 받으면 그 즉시 명령을 받은 사실을 확인하는 보고를 한다. 이순신도 1593년 1월 22일과 25일에 각각 왕명王命을 받았음을 확인하는 장계를 올렸고, 제5차 출전에서 웅천 지역을 공략 중이던 2월 17일에도 1월 29일자 서장書狀을 받았다고 조정에 보고했다.

이와 같이 이순신은 조정으로부터 퇴각하는 "일본군의 귀로歸路를 차단하고 해전을 통해 남김없이 쳐부수라."라는 출전 명령을 여러 차례 받는다. 이 때문에 그는 자신의 의사나 계획과 무관하게, 상부의 명령에 따라 서둘러 출전을 강행할 수밖에 없었다.

당초 그는 계사년 첫 출전 날짜를 1월 30일로 잡았지만, 날씨가 너무 춥고 휘하 세력이 모두 집결하지 않아 출전을 연기할 수밖에 없었다. 때문에 출전 기한을 미루었는데, 일본군의 포로가 되었다가 돌아온 김호걸 등 80여 명이 2월 3일에 집단으로 도망치는 사건이 발생했다. 이 사건에는 뇌물을 받고 그들을 잡아오지 않은 군관들도 연루되었는데, 이순신은 재빨리 이봉수李鳳壽와 정사립鄭思立 등 자신의 측근 군관을 파견해서 해결에 나섰다. 그 결과, 70여 명을 잡아다가 각 배에 나눠 태우고, 주모자인 김호걸과 김수남 등은 그날로 처형했다.

당시 도망치면 사형에 처해진다는 것을 분명히 알고 있던 수군들이 도망을 시도한 것은, 수군에 복무하는 것 자체가 목숨을 담보로 할 만큼 위험하다는 것을 여과 없이 보여 준 것이다. 이때의 스산한 분위기만큼 2월 3일과 4일의 날씨도 좋지 않았다. 강풍이 불어 수군 전체가 매달려 전선들을 힘겹게 지켜냈고, 경칩驚蟄인 5일에도 큰 비가 왔다. 같은 날 저녁, 이순신은 심란한 가운데 전쟁 중에 멀리서 찾아온 친구 이언형李彦亨을 송별하기 위해 술자리를 베풀었다. 부하를 처형하고 친구를 떠나보내며 마신 이날의 술은 정말 쓰디 쓴 맛이었을 것이다.

1593년 2월 6일 이른 새벽, 좌수영을 출발한 이순신 함대는 동쪽을 향해 항해를 시작했다. 하지만 정오 무렵부터 불기 시작한 역풍 때문에 전진하는 것이 쉽지 않았다. 저물 무렵에야 겨우 사량진蛇梁鎭에 도착해 정박했다. 다음날인 7일에는 역시 새벽에 출발해서 곧장 견내량見乃梁까지 이동했는데, 이순신은 먼저 와 기다리고 있던 경상우수사 원균, 이영남李英男 등과 함께 그곳에 머물렀다.

이어 2월 8일 정오경에는 전라우수사가 견내량에서 합류했는데 그 세력은 40척 미만이었다. 그날은 오후 4시쯤 출발해서 초저녁에 칠천도漆川島에 도착했다. 다음 날인 9일에는 새벽에 출발하려고 준비했지만, 종일 큰 비가 내려 출항을 포기하고 그대로 머물렀다.

이순신은 이때 거제도와 칠천도 사이의 칠천량漆川梁과 가덕도加德島에 진을 치고 그 사이를 왕래하면서 일본군이 명군에 쫓겨 바다로 도주할 때를 기다리려 했다. 하지만 그 사이에 일본군이 웅천熊川의 포구 안쪽에 주둔하고 있다는 사실을 알게 되었다. 웅천은 안골포와 함께 진해만에서 부산 쪽으로 이동하는 길목에 있었기에, 부산을 공략하려면 이곳에 주둔한 적을 반드시 제거해야 했다.

이에 따라 2월 10일 새벽에 출전한 연합함대는 곧장 웅천 해역으로 달려갔다. 그곳에 도착한 조선 연합함대는 여러 차례 유인작전을 폈지만, 일본군은 수심이 얕은 포구 안쪽 깊숙한 곳에 정박한 채 전투에 나서지 않고 지키기만 할 뿐이었다. 때문에 그날 조선 연합함대는 아무런 성과도 거두지 못한 채 영등포 뒤의 소진포蘇秦浦로 돌아와 정박해야 했다.

2월 11일, 일기도 좋지 않고 피곤한 여정을 계속한 터라, 이순신은 이날 하루 수군을 쉬게 하면서 소진포에 머물렀다. 다음날인 12일, 이순신은 10일에 이어 두 번째로 웅천의 일본군 공략에 나섰지만 전투를 회피하는 적을 섬멸할 방법이 없었다. 그리고 그날 저녁, 연합함대는 칠천도에 정박했는데, 곧 큰 비가 내리기 시작해서 그 다음날인 13일 밤까지 계속 내렸다. 초봄의 변덕스런 날씨로 인해 작전 수행에 차질이 있었음을 알 수 있다.

이어 2월 14일 연합함대는 합동 작전을 위한 훈련을 실시했다. 기록에는 약속을 했다고 하지만, 이 약속이란 것은 단순히 작전 숙의라기보다는 작전을 위한 훈련으로 보는 편이 타당할 것이다. 그 뒤 17일까지 연합함대는 비바람 때문에 출전하지 못하고 대기 상태에 있었다. 그리고 그날 "출전해서 도주하는 적의 물길을 막고 몰살시키라."라는 선조의 유지有志·일종의 명령서를 다시 한 번 받았다.

　유지를 받은 다음날인 2월 18일, 연합함대는 날씨가 갠 이른 아침부터 웅천 공략에 나서 이전과는 달리 해상에 나와 있던 적선 10여 척을 추격하며 맹공을 펼쳐 다수의 적을 제거했다. 비록 적선이 포구 안으로 도주하는 바람에 분멸하는 단계까지는 가지 못했지만, 대장을 편전片箭으로 쏘아 맞추는 등 출전 이후 처음으로 적지 않은 전과를 올렸다. 하지만 포구로 물러난 일본군이 이후에 전혀 대응하지 않았기 때문에, 연합함대는 하는 수 없이 다시 영등포 뒷바다의 사화랑沙火郎으로 물러나 정박했다.

　그런데 이때가 봄철이었기 때문에 거의 매일 불어오는 강풍으로 인해 작전에 차질이 많았다. 20일에도 웅천 지역으로 출전하려 했으나 강풍으로 인해 전선들이 서로 부딪혀 깨지는 위험한 상황이 벌어지기도 했다. 이어서 22일에는 안골포와 제포 양쪽에 상륙작전을 펼치는 등, 좀 더 적극적인 전술을 펼쳐 일본군에게 적지 않은 피해를 주고, 사로잡힌 백성을 구출해 오는 등의 성과를 거두었다. 하지만 이날은 명령도 내리기 전에 서로 먼저 나가려고 했던 발포 2호선과 가리포 2호선이 충돌하여 그 가운데 1척이 전복되면서 수군들이 전사하는 사고가 발생했다. 이 사고에 대해 이순신은 매번 승리한 결과 교만한 마음이 생겨 적진에 서로 먼저 돌입하려다가 사고가 발생한 것으로 보고하고, 아울러 본인이 지휘를 잘못한 책임이 있다고 자책하는 장계를 올렸다.

그 뒤에도 그는 2월 28일과 3월 6일에 계속 웅천을 공략해 많은 적을 살상하는 등의 피해를 주었지만, 일본군이 포구 깊숙이 틀어박혀 대응하지 않는 바람에 더 이상의 전과를 올리지는 못했다. 이에 이순신은 3월 10일에 사량진으로 물러나 화공火攻을 위한 화선火船을 준비하기도 했지만, 일본으로 돌아갈 전선을 모두 불태운다면 그 피해가 연안 지역의 우리 백성에게 미칠 수도 있다는 판단 때문에 화공은 잠시 보류했다.

이순신은 전투 과정에서 구출해 온 백성들과 포로로 잡은 일본군 등을 심문해, 연합함대의 계속된 공격으로 웅천에 주둔하고 있던 일본군에 많은 사상자가 발생한 것과, 1월 말 이후 일본군 진영에도 전염병이 퍼져 사망자가 많이 발생하고 있는 상황 등을 파악했다.

이번 출전 기간에 조선 연합함대는 주로 칠천량漆川梁에 머물렀고, 간혹 사화랑에 정박했다. 그 뒤 3월 8일에는 한산도閑山島에 들어갔고, 10일 사량진에 다녀온 뒤에는 줄곧 한산도에 머문 것으로 보인다. 이런 가운데 이순신은 전선을 건조하기 위해 목재를 운송해 오는 한편, 기회가 있을 때마다 여러 장수들과 활쏘기 연습을 하는 등 전투력 유지를 위한 노력을 계속했다.

3월 6일의 공격 이후, 연합함대의 웅천 공략전은 소강상태에 들어갔다. 육지에서 적을 공격하지 않는 이상 적이 해상으로 나올 가능성이 없었기 때문이다. 그래서 이순신은 작전 도중에 경상우도 관찰사 김성일金誠一에게 육지에서 적을 공격해 줄 것을 요청하기도 했으나, "명군 접대 준비로 관찰사는 틈이 없어서, 의병장 곽재우에게 창원昌原 등지를 공격하도록 했다."라는 그리 신통치 않은 답변이 돌아왔다.

　이런 상황에서 이순신 연합함대는 주둔할 마땅한 진영도 없는 가운데 경상도 해역에서 속절없이 2개월을 보냈다. 이에 이순신은 결단을 내리지 않을 수 없었다. 조정이 그에게 여러 차례 출전 명령을 내린 것은, 명군이 전투에 주도적으로 참여하는 것을 전제로 한 것이었다. 다시 말해서 명군에게 축출당한 일본군이 본국으로 돌아가려고 바다로 나아가면, 퇴로를 막고 일본군을 섬멸하라는 것이었다. 하지만 이 전제는 조정의 희망사항일 뿐이었다. 이순신은 적이 올 때까지 마냥 기다릴 수 없었고, 당시 수군도 대부분 농민이었기 때문에 전년에 이어서 또다시 농사지을 때를 놓칠 수는 없다고 생각했다.

　때문에 이순신은 4월 3일에 출전을 종료하고 각자의 본영으로 돌아가서 군사들에게 교대로 말미를 주어 농사를 지을 수 있도록 조처하고, 이를 조정에 보고했다. 여기서 한 가지 잘 알려지지 않은 사실이 있는데, 그의 보고에 따르면 당시 영·호남 수군이 4만 명이었다는 것이다. 비록 장부상의 수치였을 수도 있겠지만, 이 시기 양남의 수군 병력 4만 명은 적지 않은 수치다.

　사실 2개월가량 출전을 한 것은 이번이 처음이었다. 아마도 각 진영에서 군량이나 무기 등을 한산도나 정박지 주변까지 운반해 왔기 때문에 가능했던 것으로 보인다. 어쨌든 출전 기간이 열흘 안팎에 불과했던 전년에 비해 진일보한 것은 분명하다. 하지만 이런 장기 출전으로 조선 수군은 만성피로에 시달렸고, 전염병까지 창궐하면서 힘든 시간을 보내야 했다. 결론부터 밝히자면, 전염병으로 인해 조선 수군은 계사년1593년 초부터 을미년1595년 봄까지 심각한 위기를 맞았다. 이에 대해 좀 더 자세히 살펴보면 다음과 같다.

　이순신이 수군의 전염병을 최초로 언급한 것은 웅천공략을 마치고 회군하면서 올린 1593년 4월 6일자 장계를 통해서였다. 즉 그는 봄철 농사를 짓기 위해 회군할 수밖에 없는 상황과, 수군에 "전염병이 번져 사망자가 잇따라 발생하고

留病卒事各別申明事　啓下

封進鳥銃狀

鳥銃三十柄前已上送矣今因祗受有

十柄擇出改修補監封上送

請忠清戰船刻期回泊狀

新授防踏僉使魚泳潭癘疫得病今四月初

十日在陣身死其代各別擇差催促赴任

請忠清水使李純信除授有　旨時未下

新除授忠清水使李純信回泊狀

來同道卜宅戰船六十隻內二十隻同道觀察

使尹承勳報撫軍司減除其餘四十隻內十一

隻前水使具思稷去三月十六日領來二十九

隻尚未回泊新倭多數出來兵勢極爲孤弱新

水使李純信以撿擧爲事憙同道諸將撿擧待愛

事傳令水使防踏假將以臣軍官擇定撿飭忠清道

未到戰船刻期回泊事請於同道觀察使尹承

勳慶申明　啓下

請送醫救癘狀

三道舟師合會一陣自春至夏癘疫大熾多備

藥物百爾治療差效者鮮少死亡者極多無辜

李忠武公全書卷之四　狀啓　三十六

一四二

| 《이충무공전서》에 수록된 '이순신이 의원을 보내 전염병을 다스려 달라고 요청한 장계'(왼쪽 끝 부분)
해군사관학교박물관 소장

있다."라는 내용을 담아 조정에 보고했다. 이와 함께 군량을 준비하고, 병기와 전선을 정비하며, 병든 군졸들을 치료해 수군을 재정비한 뒤에 기회를 봐서 다시 출전하겠다는 내용도 함께 담아 보냈다. 첫 번째 보고서에는 전염병에 걸린 인원에 대한 내용은 없다. 전염병이 시작되는 초기 단계였기 때문에, 당시만 해도 전염병이 조선 수군의 가장 큰 고민거리가 될 줄은 아무도 몰랐을 것이다.

그렇다면 조선 수군에 전염병이 발생한 원인은 무엇이었을까? 첫 번째 원인은 군량 부족 때문이었다. 군량 부족은 영양 결핍으로 연결되고 영양 결핍은 면역력의 약화로 이어진다. 이렇게 되면 약해진 면역력 때문에, 전염병을 일으키는 병원病源·바이러스에 접촉할 경우 쉽게 감염되는 것이다. 특히 수군은 인간에게 적절하지 않은 좁고 불결한 전선戰船에서 함께 생활했기 때문에, 전염병에 더욱 취약한 상황이었다. 여기에 장기간의 출전으로 피로가 누적되고, 제대로 먹지도 못했으니 전염병이 창궐하기 딱 좋은 상황이 만들어진 셈이다. 그런데 이것은 조선

（縦書き漢文・『李忠武公全書』巻之三　狀啓）

倅興事伏兵船定送熊川三月二十二日本道
及慶尚右道伏兵船等同力生擒倭人二名進
告内倭船欲探望我船唐浦前洋向来故追捕
云彼賊中㐥為及探望節次使丁亥年被擄刷
選能解倭語人宋古老時年二十七稍解文字要沙汝文時

李忠武公全書【天】卷之三　狀啓　七

年四十四皆日本居日本國伊助門入本月十
八日同騎小船浮海釣魚逢風漂泊仍致被擒
他餘留他國數多被戮成不成間三月内入来
至久留他國約束内二年而本國約束不成間三月内入来
人宋古老時年二十七稍解文字要沙汝文時
而上去之倭未及下来以待齊到入歸計料云
云黙詐反覆之言不可取信更令詳細直告嚴
刑窮問更無他言極為凶惡四裂斬頭大抵當
此之時雖非聖旨丁寧為臣子者自當審其
賊遺邀截歸路誓使隻櫓不返而今之下海已
經二朔天兵消息者莫聞知諸慶留屯之賊
雄據如前正當農月雨水周足沿海各鎮掃境
下海左右舟師四萬餘名皆是農民專發未郤
更無西成之望我國八方之中唯此湖南粗完
兵粮皆出此道而道内丁壯盡赴水陸之戰老

《이충무공전서》의 "전라도 수군 4만"이 언급된 부분

해군사관학교박물관 사진 제공

수군이 전염병으로 인해 겪게 될 고난의 서곡에 불과했다.

　같은 시기인 1593년 봄부터는 일반 백성 중에서도 아사자가 발생했는데, 흉년이 들어 백성들이 이리저리 떠돌다가 굶어 죽은 시체가 즐비했고 서로 식인食人하는 사태까지 벌어지고 있었다. 이것은 전국적인 현상이었고, 굶주린 백성들은 산과 들의 풀잎과 소나무, 느릅나무 껍질 등으로 연명하는 상황이었다. 많은 비참한 예가 있지만, 그중 하나를 들자면 명나라 장군, 사대수査大受는 길가에서 죽은 어미의 젖을 빨고 있는 어린아이를 보고 "하늘도 근심하고 땅도 슬퍼할 것이다."라고 탄식했을 정도였다.

　이처럼 민간에서의 기아와 전염병 피해는 1594년 봄에 더 심각해졌다. 당시 곡물이 귀해서 소 한 마리 값이 쌀 3말斗에 불과했고 고급 무명 베細木 한 필이 쌀 몇 되升밖에 안 될 정도였다. 앞에서 언급한 식인 문제는 사헌부司憲府가 왕에게 단속을 명해 달라고 아뢸 정도였고, 이 당시에 아이를 잃어버린 가족들이 적지 않았다고 전해진다.

조선 조정은 다급한 위기 상황을 인식하고 명군에게 지급할 군량으로 백성들을 구제하려고 나섰지만 성과를 보지 못했다. 안타까운 상황을 목격한 명군이 직접 구휼救恤에 나서기도 했는데, 일례로 남원에 주둔했던 유정劉綎이 굶는 백성들에게 식량을 나눠준 바 있다. 하지만 이것이 끊기자 주변에 모인 백성들이 그대로 굶어죽었다고 한다.

이 시기에 기록된 여러 자료를 살펴보면, 도성을 비롯해 백성들 가운데 십중팔구가 기아와 전염병 때문에 죽었다고 한다. 1594년 봄에는 도성에도 많은 아사자가 발생했는데, 국가 최고기관이었던 비변사에서 대책이라고 내놓은 게 고작 여제厲祭를 지내 전염병의 기세를 달래보자는 것이었다. 조정으로서도 별다른 대책을 내놓을 수 없을 만큼 속수무책이었다는 얘기다.

한편 좌수영으로 돌아온 지 한 달여 만인 1593년 5월 7일, 조정으로부터 또다시 출전 명령을 받은 이순신은 휘하 세력을 이끌고 경상도 해역으로 출발했다. 그날은 전라우수사 이억기와 함께 여수를 출발해 남해도 서남단의 미조항彌助項에 이르렀는데, 강풍과 큰 파도가 일어 겨우 함대를 정박하고 머물렀다. 출전 첫날부터 심상치 않은 날씨를 만난 것이다. 다음날인 8일에 이순신이 이끄는 전라도 연합함대는 사량진을 거쳐 당포唐浦로 이동했다.

당포에 이르렀을 때 원균 휘하에 있으면서 전라좌도 수군에 구원을 요청했던 이영남李英男이 와서 그동안 있었던 원균의 잘못에 대해 자세히 말했다. 이미 이순신과 원균 두 사람은 정상적인 관계가 아니었는데, 재미있는 점은 원균의 부사령관격인 우후虞侯나 이영남 등 경상우도 소속 장수들이 이순신에게 직속상관인 원균의 잘못에 대해 말한 경우가 많았다는 것이다.

원균은 9일 걸망포에서 합류했고, 이어 10일에는 선전관 고세충高世忠이 "부산으로 나아가는 적을 무찌르라."라는 임금의 명령을 전하러 왔다. 12일과 14일에도 선전관이 연속으로 도착했는데, 사흘간 4명의 전령이 동일한 용무로 온 것은 수군에 대한 선조의 기대가 컸음을 의미한다고도 볼 수 있다. 또한 '과유불급過猶不及'이라고 지나친 관심이 오히려 이순신과 수군에게는 부담이 되고 있었다.

이어 5월 14일에 두 선전관이 동시에 도착하자 밤에 이들을 위한 술자리가 있었는데, 원균이 함께 참석하여 술에 취해 술주정을 심하게 부렸다. 이와 같은 경우가 적지 않았는데, 이순신은 이런 상황을 무척 싫어했던 것 같다. 원균이 술에 취해 자신에 대한 불만을 표출하는 것을 알았기 때문에, 이순신은 불쾌한 감정을 일기에 고스란히 남겼다. 이날도 그는 "배를 탄 수군들 가운데 분개하지 않은 사람들이 없었다. (원균의) 고약함은 이루 말할 길이 없다."라고 적었다.

5월 16일 오후, 이순신은 한성의 관동館洞 숙모가 경기도 양주로 피난 갔다가 도중에 별세했다는 소식을 전해 듣고 눈물을 참지 못했다. 전쟁으로 가족을 잃은 경우는 너무 많아서 헤아릴 수 없을 정도인데, 이산해李山海, 정경세鄭經世 등은 잘 알려진 경우이다. 이순신도 가까운 친척인 숙모를 잃고 슬픔에 빠졌다. 이날은 아침부터 몸이 불편했는데, 걱정과 슬픔 때문인지 이로부터 나흘 동안 계속 몸이 좋지 않았다.

이순신은 5월 말까지 별다른 작전이나 출전 없이 한산도 주변에 머물면서 거제도의 영등永登과 대금산大金山 등에 정찰부대를 배치해 일본군의 동향을 예의주시하고 있었다. 그러던 중 5월 22일 큰 비가 온 뒤, 며칠 오락가락하던 날씨가 26일부터 본격적인 장마로 이어졌다. 이 시기에 이순신이 이끄는 연합함대는 일정한 항구에 머문 것이 아니라 이곳저곳을 옮겨가며 정박하고 있었다. 장마 직전인 24일에 칠천량 어귀에 진을 쳤는데, 26일에 큰 비와 바람에 전선들이 부딪혀 부서질 뻔한 상황이 발생하자 27일에는 유자도柚子島로 진을 옮겼다.

장마는 6월 6일까지 계속되었는데, 3일의 일기를 보면 이순신이 거처하는 대장선에도 곳곳에 비가 새는 바람에 마른 데를 골라 앉을 수가 없을 정도였다. 이순신이 이런 상황이었다면, 부하 장병들의 상황은 설명하지 않아도 쉽게 예상할 수 있다. 며칠간 몰아친 거센 비바람에 배도 몸도 마음도 모두 파김치가 되지 않았을까?

이런 상황에서도 이순신은 긴장을 풀지 않고 계속해서 전투에 나설 준비를 하고 있었다. 즉 정찰부대를 통해 일본군의 동향을 계속해서 보고 받았고, 여러 장수들을 수시로 불러 오랜 시간 군사 일을 의논하곤 했다. 이 시기에 이순신과 가장 많이 만난 인물은 순천부사 권준, 방답첨사 이순신李純信 등이었는데, 거의 매일 함께 모여 의논하고 식음食飮을 함께 했다.

한편 강한 적은 내부에도 있었다. 경상우수사 원균은 6월 10일 밤에 이순신에게 "내일 새벽에 나가서 적을 치자."라고 공문을 보내왔다. 이순신은 이것을 흉모라고 단정하고 답장조차 하지 않았다. 그 다음날 아침에는 이순신이 적을 공격하자며 원균에게 답장을 보냈는데, 이번에는 원균이 술에 취해 정신이 없다면서 회답하지 않았다. 이 사건으로 볼 때, 당시 두 사람은 이미 서로 믿지 못하는 상황에 이른 듯하다. 두 사람의 갈등은 간단한 문제가 아니었다. 조선 연합함대의 최고 장수 간의 자중지란은 향후 연합함대의 운영에도 적지 않은 영향을 미칠 것이었기 때문이다.

그러던 중 6월 16일에는 정찰부대로부터 적선 500여 척이 안골포安骨浦, 웅포熊浦, 제포薺浦 등지로 들어왔다는 소식을 접했다. 이 소식을 듣고 이순신은 즉시 경상우수사 등과 세력을 합치기 위해 연락을 취했다. 이와 같은 일본군의 움직임은 제2차 진주성 전투로 인한 것이었다. 다음날인 17일에는 이순신도 조선군의 여러 장수가 진주성에 들어가 지킨다는 보고를 받았지만, 상황을 정확하게 파악하지는 못한 듯하다. 이 보고를 받고 그는 진영을 조금 더 진해만鎭海灣 쪽으로 이동했다가 비바람이 일자 다시 한산도의 망하응포望何應浦로 이동했다. 이어 22일에는 처음으로 목수 200여 명을 동원해서 전선을 만들기 위해 벌목을 시작했다. 이전 출전 시의 후반기처럼, 즉시 출전해서 적을 치겠다는 적극적인 자세를 취한 것은 아니었다.

6월 24일에 다시 한 번 적선 500여 척이 야간에 소진포蘇秦浦로 들어갔고, 그 선봉은 조선 수군이 자주 풍랑을 피하던 칠천량에 이르렀다는 소식이 전해졌다. 다음날인 25일은 비가 하루 종일 내렸기에, 이순신은 26일에야 연합함대를 이끌고 다시 진해만 쪽인 적도赤島로 진을 옮겼다. 적도는 통영시 화도花島로 알려져 있는데, 앞으로 전반적인 지명 검토가 필요하다. 이날은 진주성에서 전투가 벌어지고 있다는 소식이 들어왔는데, 장마로 인해 일본군의 공성전이 여의치 못하다는 희소식이었다. 이순신은 이날 일기 말미에서 해전에서는 적함 오륙백 척이 오더라도 승리할 수 있다는 자신감을 피력했다.

이어 27일과 28일에는 적 함대를 공략하기 위해 출전했으나, 정탐선 2척을 추격하다가 돌아왔을 뿐 접전이 벌어지지는 않았다. 적이 연합함대를 보자마자 도주했기 때문에 6월 말까지 바다에서는 이렇다 할 상황이 벌어지지 않았다. 하지만 육지에서는 6월 29일 진주성이 함락되어, 성 안에 있던 생명들은 하나도 남김없이 일본군에 의해 살육당했다. 계사년1593년 연초에 한성부 백성들이 학살된 이후 두 번째 학살극이 진주에서 벌어진 것이다.

그런데 여기서 한 가지 생각해 볼 것이 있다. 이순신은 왜 좀 더 적극적으로 일본 함대를 찾아서 공격하지 않았을까? 적의 전선 500여 척이 연합함대 가까이 접근했는데 별다른 해전이나 전투를 벌이지 못한 것은 무엇 때문인가?

사료를 들여다보면, 당시 이순신이 일본 함대를 찾아 공격하지 못한 것은 일본 함대가 조선 수군을 철저히 회피했기 때문이다. 박수도 손바닥이 마주쳐야 소리가 나듯이, 일방적으로 회피하는 적과는 싸우고 싶어도 싸울 수가 없었던 것이다. 이 시기의 이순신은 답답한 상황에서 해결책을 찾고 있었을 것이다. 그 결과 이순신은 두 가지 전략적 해결책을 고안해 냈다.

그가 내린 첫 번째 해결책은 수륙합동작전이었다. 이것은 조선 육군으로 하여금 육지에 둥지를 틀고 있던 일본 수군을 바다로 몰아내게 한 뒤에, 조선 수군이 이들을 공략하겠다는 것이었다. 이 작전이 의도한 대로 되지 않을 경우를 대비해, 그는 차선책으로 조선 수군의 전력을 더 끌어올려 수군의 힘만으로 일본군과 상대하는 것도 염두에 두었다. 하지만 조선 육군이 일본군을 축출해 낼 가능성이 희박해지면서, 이순신은 '전선 건조'와 '무기 제조' 등 수군 전력을 증강해 일본 수군과 맞서기로 결심한다.

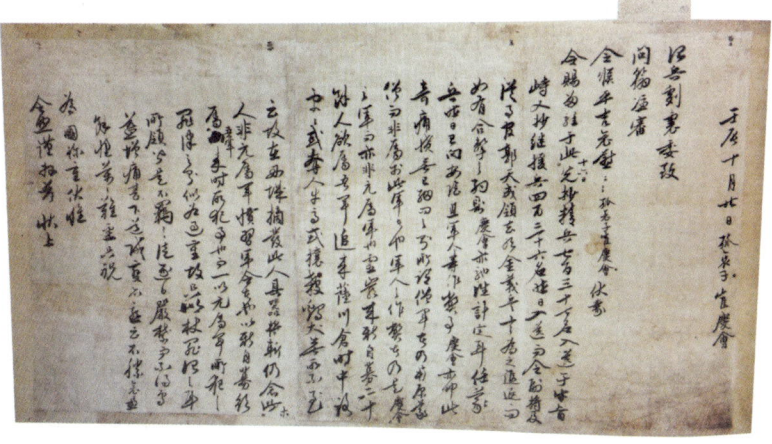

최경회 편지

45.0×90.0cm 〈허가번호 진박201210-12〉 국립진주박물관 소장.
의병장 최경회가 1592년 10월 20일에 경상감사 김성일에게 쓴 것으로 보이는 편지로, 그는 제2차 진주성 전투에서 순절한다.

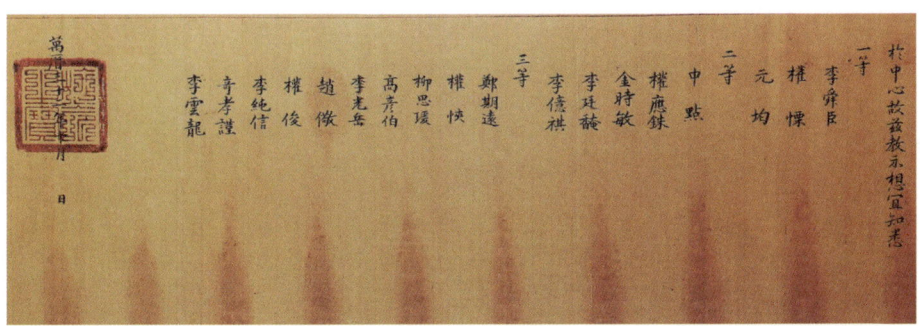

김시민 선무공신교서(부분)

2등에 김시민의 이름이 보인다.
〈허가번호 진박201210-13〉 국립진주박물관 소장.

수륙합동작전이 불가능하다는 사실을 확인한 그는, 견내량을 경계로 일단 해로海路를 차단하는 전략을 선택했다. 이것은 일본 수군이 해전을 회피하는 가운데 조선 수군도 전투를 할 수 없을 정도로 상황이 악화되는 등, 당시의 상황 때문에 불가피하게 선택한 전략이었다. 그리고 이것은 조선 수군을 재건하고 전투 준비를 완료할 때까지 이곳에 머무르기만 해도 일본 수군을 견제할 수 있다는 것으로, 훗날 영국 해군의 주요 전략 가운데 하나인 현존함대전략Fleet-in-Being Strategy과도 유사한 것이었다. 초기 영국 해군의 전략은 적 함대를 공격해서 무조건 없애는 '함대결전전략'이었다. 하지만 국지적으로 약세인 경우에는 그곳에 자리 잡은 뒤에 적의 해양 활동을 견제하면서 점차 전력을 추가하거나 전투를 통해 전력의 우세를 점한 뒤에 적 함대를 공략하는 '현존함대전략'을 활용했다. 결국 이순신은 우선 견내량을 지키면서 수군 자체의 전력만으로 적을 공략하려고 준비했는데, 이는 당시 조선 수군으로서는 가장 합리적인 선택이었다.

하지만 이순신은 7월 5일 진주성에서 날아온 비보悲報를 듣게 된다. 제2차 진주성 전투에서 성이 함락되고 성 안의 모든 백성들이 도륙당했다는 급보였다. 또 한 가지 아쉬운 소식은, 조선 수군이 견내량에 머무는 동안 일본군이 거제도 북단의 요충지인 영등포, 장문포, 송진포 등지에 왜성을 쌓고 주둔했다는 것이었다. 물론 거제도 전체를 점령한 것은 아니었지만, 일본군이 진해만과 칠천량을 한눈에 내려다볼 수 있는 전략적 요충지를 점령한 것은 조선 수군에게도 적지 않은 부담이었을 것이다. 일본군이 쌓은 거제도 북단의 왜성들은 모두 바닷가 얕은 구릉의 정상부에 자리 잡고 있었기 때문에 수륙 어디에서도 공략하기가 쉽지 않았다.

그 뒤 이순신은 7월 10일에는 한산도 세포細浦로, 14일에는 두을포豆乙浦로 진을 옮겼는데, 이때까지만 하더라도 한 곳에 머무르지 않고 이곳저곳을 이동해 가며 정박했다. 즉 그를 비롯한 조선 수군들은 모두 전선에서 생활하고 있었다. 육지에 별도의 진영을 설치하지 않은 채, 이순신은 대장선과 각 수사들의 전선을 오가며 회의와 식사 등을 이어갔으니, 좁은 공간에서 얼마나 불편했을지는 불을

보듯 명확하다.

그렇다면 이순신이 이끄는 조선 수군이 한산도에 임시로 머물 수 있는 진영을 만든 것은 언제였을까?

한산도에 임시 막사를 세운 것은 기록상으로는 확인할 수 없다. 계사년1593년의 《난중일기》도 9월 16일 이후 연말까지 기록이 빠져 있기 때문이다. 그가 올린 보고서인 《임진장초》에도 진영 창설에 대한 기록이 없기 때문에 유추해 볼 수밖에 없다. 우선 그의 일기를 통해 계사년 9월 중순까지는 전선에서 생활했던 것이 분명하다. 그런데 윤11월 17일에 올린 장계에 따르면, 환자 치료와 병력 교대를 위해 경상우수사와 전라좌도 중위장 권준權俊, 그리고 우도 중위장 이응표李應彪 등에게 한산도 임시 진영을 맡기고 여수 본영으로 돌아온 기록이 있다.

갑오년1594년 연초에 이순신은 다시 한산도 진영에 나갔는데, 그의 1월 19일 일기에 처음으로 사정射亭이 나타난다. 그 뒤 그는 평소 늘 사정에 올라 공무를 보거나 활을 쏘거나 부하 장수들과 대화나 회식을 했다. 사정에는 지낼 수 있는 방房도 있었다. 그리고 그로부터 몇 달 뒤인 7월 5일에 수루戍樓에 올랐다는 기록을 볼 수 있다.

따라서 한산도 진영에 건물들이 세워지기 시작한 것은 계사년1593년 가을 이후, 이순신이 한산도를 본영으로 삼아 머물던 시기에 건축되기 시작했을 것으로 추정할 수 있다. 하지만 수천 명의 병력을 다 수용할 수 있는 육상의 병사兵舍나 막사幕舍 시설은 이때까지 건설되지 않았고, 각 수사나 첨사, 만호 등이 임시로 머물 수 있는 가옥들이 점진적으로 건설되었던 것으로 보인다.

그리고 열악한 상황에 처한 조선 수군의 전염병 피해는 점점 커졌는데, 상황을 좀 더 자세히 들여다보면 다음과 같다. 먼저 계사년1593년 여름을 지나면서 이순신은 "진중의 군사 태반이 전염되어 사망자가 속출하고 있으며, 군량이 부족해 계속 굶던 끝에 병이 나면 반드시 죽는다."라고 언급하며, 이때까지 전라좌수군의 전체 병력 6,200명 가운데 약 10퍼센트인 600여 명이 사망했다고 보고했다. 그때까지 일본군과의 교전에서 전사한 인원은 아무리 많이 잡아도 150여 명

내외일 것으로 추정되기 때문에, 나머지 인원은 모두 전염병으로 사망했다고 볼 수 있다. 그런데 사망자와 환자들이 계속 늘어나고 있다는 게 더 큰 문제였다.

전염병 피해는 그 다음해인 갑오년 연초에 더욱 심각해졌다. 이순신이 여수 본영을 떠나 한산도로 이동한 지 불과 이삼일 뒤인 1593년 1월 21일과 22일에는 하루에 각각 214명과 217명의 사망자가 발생할 정도였다. 원인은 이전과 같았으나 상황은 좀 더 심각했다. 한산도에 도착한 날인 1월 19일에 그를 만난 소비포 권관 이영남은 곁꾼格軍이 모두 굶어죽을 형편이라고 보고했다. 그 다음날인 20일의 일기를 보면, 큰 바람이 불고 날씨가 덜 풀린 탓에 살을 에는 듯한 추위에 옷도 없이 움츠리고 떠는 수군들의 소리를 차마 듣지 못하겠다는 내용이 있다.

갑오년1594년 3월, 이순신이 올린 보고서에 따르면 전라좌·우도 수군이 1만 7,000명이고, 경상도와 충청도를 합하면 2만 1,500여 명이었을 것으로 추정된다. 이로부터 한 달여 뒤에 올린 보고서에는 전염병으로 사망한 수가 1,900여 명에 감염자는 3,700여 명이라고 되어 있으니, 이 숫자만 합해도 5,600여 명이었다. 여기에 이전 사망자 600여 명과 계사년1593년 후반기에 전염병으로 죽은 숫자까지 합하면, 이미 이 시기에 전체 삼도 수군 병력의 40퍼센트 정도를 잃은 가운데 상황은 계속 진행 중이었다.

결국 전염병이 창궐했던 을미년1595년 봄에는 삼도 수군의 수가 4,109명까지 감소했으니, 가히 8할의 병력이 감소한 것을 알 수 있다. 중간에 치료를 포기하고 진영에서 내보낸 숫자가 있기 때문에 8할 전부를 사망자로 보기는 어렵지만, 그중 대다수는 전염병으로 병사한 것으로 추정된다.

이 정도 피해라면 당시 수군이 할 수 있는 것이라고는 아무것도 없었을 것 같다. 이 시기에 사망한 조선 수군은 대부분 임진왜란 첫해에 참전했던 역전의 용사들, 즉 전투 경험이 있는 병력이었기 때문에, 조선 수군이 전염병으로 입은 피해는 가히 상상할 수 없을 정도로 심각했다.

이순신 자신도 갑오년 3월 6일부터 27일까지 거의 20여 일간 전염병에 감염된 증상을 보였다. 당시 그의 일기를 보면, 처음에 이삼일 몸이 불편했다가 낫는

《임진장초》

왜군의 정세를 아뢰는 계본.
1593년 8월 10일 이순신은 왜군의 정세와 더불어 전염병의 창궐로 피해가 크다는 사실을 언급했다.
현충사 소장

한산도와 제승당 풍경
　해군사관학교박물관 사진 제공

한산도 제승당 뒤편의 사정과 과녁
　해군사관학교박물관 사진 제공

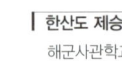

한산도 수루
해군사관학교박물관 사진 제공

듯하다가, 그로부터 이삼일이 지난 뒤부터 거의 열흘 이상 몸이 몹시 불편했다거나 종일 신음했다는 등의 내용이 보인다. 이순신은 다른 수군들에 비해 식사도 나은 편이었고, 9일 이후에는 따뜻한 방으로 이동하는 등 조건이 좋았지만, 그의 나이가 50세로 당시로서는 노인이었기 때문에 매우 위험한 순간이었다.

이순신을 가까이에서 보좌하면서 임진년 첫해 경상도 해역으로 출전할 때마다 해로海路를 잘 알아 작전참모 역할을 수행했던 어영담이 전염병에 걸렸다. 어영담은 이순신이 전염병에 감염되기 직전인 3월 4일과 5일 양일간에 벌어진 제2차 당항포해전을 직접 지휘해 승전으로 이끈 주인공이다. 그런데 그가 이 작전 이후 전염병에 감염되어 4월 9일에 결국 사망했다. 이순신이 겨우 몸을 추스른 직후였는데, 그는 그날 일기에 '애통함을 말로 표현할 수 없다.'라는 심경을 밝혔다. 어영담뿐만 아니라 주변에서 이순신을 모시던 일가족이 모두 전염병으로 사망하는 등, 사망자가 속출하는 상황은 한동안 계속되었다.

이런 상황에도 불구하고 조선 수군의 해상 활동과 전력 증강 노력은 중단 없이 계속되었다. 앞에서 언급했듯이, 갑오년1594년 3월 초에는 가용한 전력을 동원해서 앞서 언급한 진해만의 당항포 포구에 잠입한 일본 함대를 추격한 끝에, 첫해 해전 이후 가장 큰 전과인 31척을 분멸하는 전과를 거두었다.

또한 앞에서 언급한 원균과의 불편한 관계는 이때까지도 지속되었다. 당시 괴로운 상황 때문인지 장수들 간에 회식이 자주 있었는데 그때마다 원균이 술주정을 했고, 이순신은 이를 다분히 의도적이라고 보고 불쾌한 감정을 일기에 그대로 적고 있다. 특히 원균은 자신의 명분 강화를 위해 늘 선조와 중앙정부가 요구하는 대로 "신속하게 전진해서 적과 싸우자."라는 주장을 수시로 하면서, 어려운 상황을 극복하기 위해 고민이 많은 이순신을 괴롭히며 대립각을 세웠다. 결국 이들의 불화는 조정에까지 알려졌고, 갑오년1594년 6월 4일에는 조정으로부터 "수군 장수 간에 서로 화목하라."라는 지적까지 받게 되었다. 이날 일기에도 이순신은 이 모두가 원균의 탓이라고 원망하고 있다.

그렇다면 조선의 수군들이 4,100여 명밖에 남지 않은 을미년1595년 봄, 육군은 어느 정도 군세軍勢를 유지하고 있었을까? 《선조실록》에 따르면, 당시 육군을 대표하는 도원수 권율權慄의 휘하 병력이 500여 명밖에 안 되는데 며칠째 굶고 있으며, 이 보고가 올라갈 무렵에는 그마저 어찌될지 모르겠다는 기록이 있다. 그나마 이 시기의 조선군 내에서는 이순신이 가장 많은 병력을 유지하고 있는 셈이었다.

그리고 갑오년1594년의 여름은 유난히 더웠다. 장마철의 비바람도 문제였지만 군선 생활의 특성상 혹서기의 더위 또한 견디기 힘든 것이었다. 이순신은 6월 11일 일기에 "찌는 듯한 더위가 쇠를 녹일 듯하다.暑如鑠金"라고 표현할 정도였다. 그리고 이순신의 처소 역시 5월 5일 비바람에 지붕이 날아가 버렸다. 그 뒤 고쳐짓기는 했지만 비가 올 때마다 이곳저곳이 새는 바람에 몸 둘 데가 없었다는 기록과 함께, 고생하는 수군들을 걱정하는 이순신의 마음이 일기를 통해 자연스레 드러나고 있다.

하지만 이순신은 이처럼 열악한 환경에서도, 작전 구상과 출전을 이어가면서

수군의 전력 재건과 군량 준비에 만전을 기하고 있었다. 이렇게 몸을 혹사해서인지 전염병에 걸려 고생했던 이순신의 건강도 그다지 좋지 않았다. 며칠씩 몸이 불편해서 신음했다고 할 정도로 몸이 좋지 않았다는 기록이 자주 보이고, 몸에서 땀을 많이 흘리는 증상 때문에 자다가 일어나서 옷을 갈아입을 정도였다. 이 때문에 이순신은 수시로 한약을 복용했고, 침을 맞거나 날마다 목욕하는 등 건강을 유지하려고 애썼다. 아마 노구老軀를 이끌고 일정한 거처도 없이 전선에서 생활하는 것 자체만 해도 여간 고통스러운 일이 아니었을 것이다. 그리고 이순신이 여러 차례 병사들의 안위를 걱정했던 일기 내용으로 볼 때, 당시 수군들이 처한 상황이 매우 열악했음을 알 수 있다.

한편 여러 해 전에 방영되었던 TV드라마《불멸의 이순신》에서 아쉬운 부분이 몇 군데 있었는데, 임진왜란 시기의 정치를 너무 부정적으로 본 것도 그중에 하나이다. 여기서는 당시의 정치상황을 살펴보려는 것은 아니고, 갑오년1594년 가을의 거제도 공략작전과 관련된 당시 정치권의 움직임을 소개하려 한다.

선조 대의 정치 지형은 훈구파가 소멸해 가는 가운데 사림士林이 분열하여, 훈구파에 강경하게 맞서는 동인東人과 온건파인 서인西人으로 나누어져 있었다. 그중에 동인은 다시 퇴계 이황의 학맥을 이은 남인南人과, 남명 조식 등의 다양한 학맥을 이었으나 주로 행정실무형의 관료들이 많았던 북인北人으로 다시 분열하고 있었다.

선조 임금이 전란 발발 이후 임진강을 건너면서 호종하던 신하들에게 "이런 상황에서도 동인, 서인 하면서 다툴 것인가." 하고 원망했다는 기록도 있다. 하지만 사실 당시 기록을 잘 살펴보면 미증유의 대전란을 맞아 조선 조정은 거국 내각을 꾸리고 나름대로 국난극복을 위해 최선을 다하고 있었다. 물론 훗날의 사가史家들이 그들 시대의 시각으로 이 부분을 심각하게 언급했을 수도 있다. 필자가 보기에는 현재 우리에게 알려진 만큼 정파 간에 심각한 분열과 대립 상황은 없었던 것으로 보인다. 즉 당시 조정은 활용 가능한 모든 인물을 등용하고 있었고, 이들은 당색을 떠나 국난극복을 위해 서로 협력했다.

다만 각 당색별로 전쟁을 보는 시각과 전쟁을 수행하는 방법이 달랐을 뿐이다. 좀 더 구체적으로 살펴보면, 유성룡을 비롯한 남인은 당시 조선의 실정상 전쟁을 더 이상 진행하는 것은 무리라고 판단하고, 가능한 한 전쟁을 빨리 종결짓고 국력을 회복한 뒤에 보복 전쟁을 수행할 수도 있다고 보았다. 하지만 윤두수 등의 서인은 선조와 비슷한 입장을 견지해, 전쟁은 조선군 스스로 해결해야 한다는 명분론에 집착했다. 이런 시각 차이 때문에, 주로 전쟁의 실무를 담당한 남인 계열이 강화講和를 통한 전쟁 중단을 모색한 반면, 서인은 어떻게 해서든 스스로의 힘으로 전쟁을 해결하기 위해 전쟁에 적극적으로 임하려 했다.

수군을 포함한 전체적인 상황이 좋지 않았던 갑오년1594년 가을, 당시 좌의정 윤두수는 일본군이 점령하고 있던 거제도를 자력으로 되찾기 위한 작전을 진두지휘했다. 이것은 선조의 적극적인 전쟁 의지와도 맞고, 강화를 통해 전쟁을 마치고 회군하려 했던 명군에 대한 압력 행사일 수도 있었다.

윤두수는 일찍이 1594년 연초에 무군사撫軍司에 있을 때 조선군 자체 세력만으로 일본군을 공격하자고 주장한 인물이다. 임진왜란 당시 광해군과 선조는 각각 다른 곳에서 분조分朝를 이루어 분비변사分備變司를 꾸렸는데, 분비변사는 나중에 무군사로 명칭이 바뀌었다. 그는 같은 해 9월 19일에 선조에게 조선의 병력만으로 거제도를 공략하겠다고 보고하고 이를 실행했다. 이 과정에서 이순신의 일기와 다른 기록에 나타나듯이, 윤두수는 전라도 지역에서 대규모 징발을 추진했다. 그런데 그는 기존의 군영에 소속된 병력에서도 무리하게 차출했기 때문에, 수군은 오히려 병력을 빼앗기는 형국이었다.

그 뒤 9월 말에 조선군은 도원수 권율과 의병장 곽재우, 김덕령 등 당시 조선의 장수들을 망라해 거제도의 장문포와 송진포 등지에 주둔 중인 일본군 공략 작전을 펼치게 되었다. 하지만 해안가 구릉지대의 높은 봉우리에 왜성을 쌓고 주둔 중인 일본군은 전투에 소극적으로 임해 방어전을 펼칠 따름이었다. 결국 조선군의 수륙합동작전은 별다른 성과를 거두지 못했고, 조선군은 소득 없이 그대로 물러날 수밖에 없었다. 한마디로 작전실패였고, 좌의정 윤두수는 그 책임

을 지고 현직에서 물러났다.

군량 부족과 전염병의 피해를 입고 있던 어려운 상황에서 추진한 거제도 공략작전은 현실적이지 못한 무리한 것이었다. 그리고 당시 높은 봉우리에 쌓은 왜성은 실로 난공불락이었다. 육군이 몇 차례 진격을 시도해 보았지만 높은 곳에서 쏟아지는 총탄 세례에 피해만 입고 물러났을 뿐이고, 수군은 항구 근처에서 일본 전선 2척을 분멸했으나 우리 전선 1척이 적의 화공火攻을 받을 뻔하는 등 승리도 패배도 아닌 어중간한 결과만을 남긴 채 전투를 마쳤다.

그리고 그해도 흉년이었다. 백성들과 군사들 모두 목숨을 이어가는 것만 해도 다행이었다. 다음 장에서 자세히 살펴보겠지만, 이순신은 할 수 있는 모든 방법을 동원해서 군량을 마련하고 있었다. 11월이 되자 날씨가 추워지면서 겨울이 되었는데, 겨울에는 사실상 수군의 활동이 제한되는 기간이었다. 그런데 그해 겨울에는 이순신이 여수 본영으로 돌아가지 않고 한산도 진영에 그대로 머물렀다. 과연 이순신과 조선 수군은 이처럼 어렵고 위급한 상황에서 무엇을 했고, 또 어떻게 위기를 극복했을까?

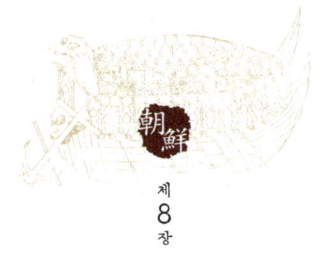

제 8 장

통제영을 세워 위기를 기회로 만들다

임진왜란이 시작되고 1년이 흐르면서 전쟁은 점차 소강상태에 접어들었다. 기습작전을 펼친 일본군은 파죽지세로 밀고 올라와 불과 며칠 만에 조선의 수도 한성을 점령하고 평양성까지 접수했다. 이에 선조는 도읍을 버리고 명나라 국경 부근인 의주까지 쫓기듯 떠나가야 했다.

하지만 명나라 원군이 도착해 조선군에 가세하면서 전황은 달라지기 시작했다. 당시 동북아의 큰형 격이던 명나라가 조선을 지원한다는 것 자체만으로 조선군의 사기는 올라갔고, 생각보다 이른 명나라의 참전에 일본군은 당황할 수밖에 없었다. 그리고 남해 바다에서 제해권을 장악한 이순신과 조선 수군의 활약으로 보급로를 위협받게 된 일본군은 점차 소극적인 방어작전에 치중하게 되었다.

농사지을 시기를 놓치고 농토마저 황폐해진 조선, 대규모 원정군을 파병했지만 초기와는 달리 점차 불리해지는 전황에 두려움을 느낀 일본, 내란으로 어려움을 겪는 상황에서 명분을 지키기 위해 억지로 참전한 명나라는 모두 속히 전쟁을 끝내고 싶은 마음뿐이었다.

전쟁의 피비린내가 진동하던 계사년1593년 여름, 임진왜란은 두 번째 시기인 강화교섭기에 들어선다. 앞 장에서 살펴봤듯이 전쟁 둘째 해인 1593년 연초부터 평양성, 벽제관, 행주산성 등에서 대규모 전투가 일어났지만, 조선을 비롯한 3국은 모두 군량부족과 전염병 등 전력 손실로 인해 더 이상 전쟁을 이어갈 수 없었다.

일본군이 남쪽으로 물러가면서 1593년 6월에 벌인 제2차 진주성전투는 이 기간에 발생한 주요 사건이었다. 이 전투는 6월 22일에 시작되어 8일 만인 29일에 성이 함락되었다. 당초 일본군은 후퇴하면서 진주성을 공격할 것임을 명군에게 알려주었고, 명군 역시 성을 포기하는 것이 좋겠다는 의견을 전달하기도 했다. 이런 상황 때문에 조선 내부에서도 의견이 갈려 제1차 진주성전투 때와는 달리 의병장 김천일金千鎰과 경상우병사 최경회崔慶會, 그리고 충청병사 황진黃進, 복수장 고종후高從厚 등 관군과 의병을 합해 겨우 4,000명 정도의 병력으로 수만 명의 일본군과 대적하게 되었다.

상대가 되지 않는 전력이었지만 제2차 진주성전투에서도 조선군은 뛰어난 수성전守城戰 실력을 보여 주며 일본군의 파상 공세를 8일 동안이나 버텨냈다. 결국 6월 29일 성을 함락시킨 일본군은, 앞에서 언급했듯이 성에 있던 생명이 있는 것은 모두 죽였다. 학살당한 숫자를 정확하게 알 수는 없지만 주민 전부를 도륙했다고 하는데, 아마 제1차와 제2차 전투 때 일본군 2만 명 이상이 전사한 것에 대한 잔혹한 복수극이었다고 추정된다.

제2차 진주성전투는 강화교섭과 이후 전쟁 국면에도 영향을 끼쳤다. 즉 조선 조정은 일본군이 강화를 맺고 물러갈 의도가 없다는 사실을 명나라 조정에 알렸다. 이것은 명 내부의 강화 반대론자들에게 힘을 실어 주는 효과가 있었다. 또한 일본군의 잔혹한 살육과 주변 지역에 대한 약탈이 진행되면서, 조선 백성의 민족감정이 각성되는 계기가 되었다. 진주성전투 이후 조선의 조야朝野에서는 명군의 철군撤軍 중지를 요구하는 한편, 조선 스스로 군사와 군량을 모집하는 등 전력 강화를 위한 노력을 적극적으로 펼쳤다.

강화교섭기의 대략적인 흐름을 살펴보려면 먼저 강화교섭을 추진했던 명과 일본 양측의 강화조건을 살펴봐야 한다. 양측의 강화조건은 처음부터 합의할 만한 접점이 거의 없어, 교섭은 실패할 수밖에 없었다. 먼저 명나라는 일본 측에게 무조건 전면 철수, 사죄문 제출, 조공朝貢은 불가하고 책봉冊封만 가능하다는 등의 조건을 제시했다. 앞의 두 조건은 일본에게 전쟁과 자존심을 포기하라는 것이고, 후자는 그 대가로 경제적인 관계 회복은 안 되고 정치적으로 인정만 하겠다는 것으로 일본 측이 받아들일 수 없는 내용들이다.

한편 일본의 강화 조건은 화친和親, 할지割地·영토할양, 황녀하가皇女下嫁, 일본국왕 책봉日本國王冊封 등이 주요 내용이다. 전쟁에서 완전히 승리한 것도 아닌데 영토를 할양하라는 억지 주장과 황제의 딸을 도요토미 히데요시에게 시집보내라는 주장은 조선과 명, 양측 모두가 받아들일 수 없는 조건이었다. 양측의 강화조건만 보더라도 이 협상은 결국 평행선을 달릴 수밖에 없는 상황이었음을 알 수 있다.

전쟁 초기에 출병을 주도했던 명의 병부상서兵部尙書 석성石星은, 당시 강화講和를 적극적으로 추진한 주요 인물이었다. 그는 심유경沈惟敬을 수하로 삼고, 경략 송응창宋應昌과 더불어 강화교섭을 주도적으로 이끌어 나갔다. 한편 일본에서도 초기에는 강경한 전쟁론자였던 고니시 유키나가를 중심으로 히데요시의 항복문서인 항표降表를 조작하는 등 적극적으로 강화 교섭에 나서고 있었다.

전쟁의 직접적인 피해를 입고 있던 조선은 강화를 언급하는 자는 선참후계先斬後啓하라는 선조宣祖의 강경한 강화 반대 의지가 곧 조정의 공론이었으나, 일부 신료들은 조선 스스로 더 이상 전쟁을 진행할 수 없는 현실을 인정하고 강화

를 통해 전쟁을 끝내는 것이 급선무라고 보았다. 하지만 당시 조선 조정에서는 그 누구도 강화를 직접 언급할 만한 분위기가 아니었다.

계사년도 중반이 지나면서 명나라 조정 내에서도 강화론자들과 척화론자斥和論者들 간에 의견이 대립했다. 물론 명의 신종神宗 황제가 강화론자들의 의견에 동조해 강화교섭이 계속 진행되기는 했지만, 명 내부에서도 강화를 반대하는 의견이 적지 않았다.

바로 이때 조선 조정이 제2차 진주성전투 결과와 영남 지방에 주둔 중인 일본군의 실태에 대한 보고를 명 조정에 올렸다. 이 일로 인해 석성을 비롯한 강화론자들의 입지가 약화되고, 이들을 비판하는 여론이 형성되었다. 하지만 석성은 다른 방법을 통해 조선 조정과 선조를 압박했다. 즉 명군의 철수 문제와 광해군으로 하여금 하삼도下三道·경상·전라·충청도를 경략하도록 요청한 것 등을 통해 선조와 조선 조정이 더 이상 강화에 반대하지 못하도록 압력을 행사했다.

선조의 선위파동 등 우여곡절을 겪은 끝에, 명군의 철군은 1593년 8월부터 시작되었고 결국 군사 고문과 훈련을 담당할 소수 인원만 남게 되었다. 전쟁 초기에 분조를 경험한 바 있는 조선 조정은, 상황은 어려웠지만 명의 요청대로 하삼도에 광해군과 좌의정 윤두수 등을 파견하여 무군사撫軍司를 꾸리고 전력 증강을 위해 노력했다.

하지만 일본과의 강화는 일본군의 철수 지연 등으로 인해 제대로 진척되지 않았다. 이렇게 되자 석성 등은 갑오년1594년 4월 참장參將 호택湖澤을 보내 명의 황제가 책봉을 결정할 수 있도록 조선도 명이 일본을 책봉하는 것을 원한다는 외교문서를 명 조정에 보내도록 강요했다. 이에 대해 선조는 불가하다는 뜻을 밝혔고, 대다수 조정의 신료들도 이에 동조했다. 한편 전라감사 이정암李廷馣 등 일부 신료들은 명분에 얽매이지 말고, 강화를 통해 전쟁을 매듭짓고 실력을 키워 복수하자는 주장을 펴기도 했다. 하지만 결국 조선은 명의 압력에 굴복하여 1594년 9월 주청사奏請使 허욱許頊을 보내 명 황제에게 일본의 책봉 문제를 주청했다.

이 사건을 계기로 명나라의 석성 등은 강화 문제를 매듭지으려고 요동遼東에 머물던 소서비小西飛를 조정에 불러 황제를 알현시켰다. 소서비는 황제 앞에서 조선에서의 일본군 완전 철군, 책봉만 구하고 조공은 요구하지 않을 것, 그리고 영구히 조선을 침략하지 않을 것 등 세 가지를 준수하겠다고 약속했다. 그 결과 1594년 12월 말에는 황제가 책봉 사절使節을 임명하는 등 강화 교섭이 새로운 국면에 접어들었다.

결국 조선의 의도와는 무관하게 명일 양국에 의해 강화교섭이 시작되었고, 양측 모두 강화론자들이 최고 집권자를 속이면서까지 강화교섭을 진행했다. 하지만 양측에서 제시한 강화조건은 접점을 찾을 수 없을 정도로 상충되는 면이 많았기 때문에, 강화교섭 실패는 예정된 것이었다.

한편 전쟁이 소강상태로 접어든 계사년1593년 8월, 조선 조정은 삼도수군통제사三道水軍統制使 직책을 신설하고 전라좌수사 이순신이 이를 겸임하도록 했다. 임진왜란 시기에 조선의 육군과 수군은 정반대 상황인 경우가 많았는데, 통제사 직

《사류재집》
연안성 전투를 승리로 이끈 이정암의 문집
서울대학교 규장각한국학연구원 소장

책을 통한 수군의 지휘체계 확립 또한 그중에 하나라고 볼 수 있다. 당시 육상에서는 도체찰사, 체찰사, 도원수, 순변사, 방어사 등등 임시로 그때그때 임명한 직책이 많았기에, 지휘체계에 혼란이 가중되었다. 명령이 여러 곳에서 쏟아져 나오다 보니, 야전 부대에서는 누구 말을 들어야 할지 모를 정도였다고 한다. 여기에 의병까지 포함하면 임진왜란 초기에 조선의 육전陸戰 지휘체계는 매우 혼란스러웠다고 볼 수 있다.

이에 비해 수군은 당초 수군절도사, 첨절제사, 만호 등으로 이어지는 일원적인 지휘체계 외에 전쟁 중에 더 추가된 직책이 없었다. 수군은 첫해 해전에서 연전연승을 통해 누란累卵에 빠진 조선에 희망을 주었지만, 아쉬운 점은 동급의 수군절도사 3명이 협의를 통해 작전을 수행하는 것이었다. 이러다 보니 연합함대, 즉 수군 전체를 통솔할 지휘관이 없는 가운데 수군절도사 간에 갈등이 발생할 소지가 다분했다. 실제로 이순신과 원균은 제1차 출전 보고서를 위해 각각 별도의

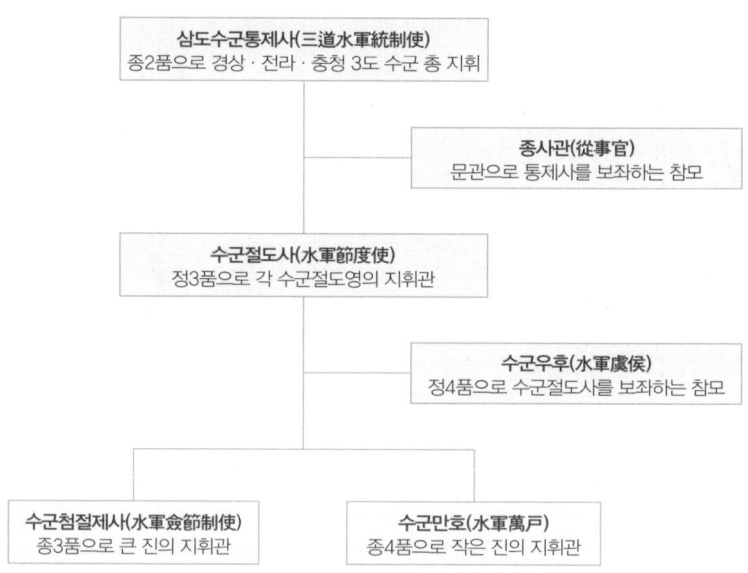

■ 조선시대 수군 장수의 계급

삼도수군통제사(三道水軍統制使)
종2품으로 경상 · 전라 · 충청 3도 수군 총 지휘

종사관(從事官)
문관으로 통제사를 보좌하는 참모

수군절도사(水軍節度使)
정3품으로 각 수군절도영의 지휘관

수군우후(水軍虞侯)
정4품으로 수군절도사를 보좌하는 참모

수군첨절제사(水軍僉節制使)
종3품으로 큰 진의 지휘관

수군만호(水軍萬戶)
종4품으로 작은 진의 지휘관

전선을 파견할 정도로 처음부터 관계가 좋지 못했다.

이런 문제점을 파악한 비변사備邊司에서 삼도 수군을 통괄할 지휘관인 삼도수군통제사 직책을 창설하고 그 자리에 전라좌수사 이순신을 앉혔다. 사실 이에 앞서 이순신은 전쟁 중인 상황에서 육군이 수군에 소속된 고을에서도 병력을 차출하고 있는 현실에 대해, 수군에 속한 고을에서는 수군만 차출할 수 있도록 해 달라고 조정에 건의했다. 당시 수군절도사였던 이순신은 정3품이고 이순신이 상대하는 병마절도사 등 육군 지휘관들은 대부분 그보다 상관이었기 때문에, 이순신은 그들과 직접 논란을 벌이기보다는 조정에 건의하는 방법을 택한 것으로 보인다.

그런데 조정에서는 이순신이 희망하는 수군 소속 고을의 수군 전속 문제와는 별도로, 삼도수군통제사 직책을 임시로 창설하고 그를 초대 통제사로 임명했던

《이충무공전서》에서 이순신 삼도수군통제사(三道水軍統制使) 임명 교서가 언급된 부분

1593년 8월 초, 조선 조정은 수군 지휘체계의 완성을 의미하는 삼도수군통제사 직책을 신설하여 전라좌수사 이순신에게 겸직하도록 했다. 이 교지는 이순신에게 초대 삼도수군통제사 직책을 제수한 내용을 담고 있다.

것이다. 물론 첫해 해전에서 수군이 거둔 전공戰功 때문이기도 했지만, 당시 조정에서 유성룡 등 주요 인물들이 수군의 중요성을 인식하고 수군을 총괄하는 직책의 필요성을 인식했던 것으로 보인다. 이것은 전쟁 중에 조선 수군의 지휘체계가 연합함대 운영에 적합하게 완성된 것으로 볼 수 있는데, 이 점은 선조가 임명 교서에서 밝힌 다음과 같은 내용을 통해서도 확인할 수 있다.

돌아보건대 가장 걱정스러운 것은 이른바 통솔할 이가 없음인 바, 서로 제 형편만 지킨다면 어찌 팔이 손가락 놀리듯 할 수 있으며 또 서로 관할하고 통섭統攝함이 없으면 혹은 뒤늦게 오고 혹은 앞서 도망가는 폐를 면하지 못할 것이다.

– 《이충무공전서》권수卷首, 교유敎諭, 〈수삼도통제사교서授三道統制使敎書〉에서

요약하면 수군절도사의 직급이 육군 지휘관에 비해 상대적으로 낮아 사기 진작과 형평성 차원에서 올려줄 필요가 있었는데, 마침 수군이 남해에서 맹활약을

펼치자 조정에서 이 기회에 삼도수군통제사 직책을 창설해 수군 지휘관의 직급을 높여 준 것이다. 또 다른 관점으로는, 동급의 수사水使들이 합의해 작전을 수행하는 기존 체제의 문제점을 인식한 조정이, 수군 전체를 통솔할 삼도수군통제사 직책을 창설해 그 자리를 이순신에게 맡겨 그로 하여금 자신의 역량을 발휘하도록 한 것이다.

초대 삼도수군통제사가 된 이순신은 강화교섭기에 위기 상황을 만났지만 병력 충원, 전선 건조, 군량 확보, 그리고 무기 제작과 훈련 등에 힘써 당면한 위기를 극복하기 위해 최선을 다했다. 이 과정에서 통제사 직책은 그가 계획한 일들을 해낼 수 있도록 추진력을 제공했고, 이런 이순신의 활약으로 조선은 통제영 운영의 기틀을 마련할 수 있었다.

여기서는 강화교섭기에 이순신이 위기를 극복하는 과정을 주요 과제별로 구분해 살펴보고, 그의 리더십에 대해 간략하게 정리하고자 한다.

첫째, '병력 충원'은 강화교섭기에 수군 전체를 떠맡은 이순신이 가장 해결하기 힘들어했던 문제였다. 1592년 5월 7일, 전라좌수사 이순신이 전선 24척을 거느리고 처음으로 출전했을 때, 전선 1척의 정원이 130명이므로 그는 3,100여 명의 병력으로 출전한 것이었다. 그 다음해 계사년 8월의 보고서에 따르면, 전라좌도의 수군 병력이 6,200명인데, 그중에 600여 명이 사망했다고 한다. 3,100여 명이 출전했는데 전체 수군 병력은 6,200명이라는 보고서만 놓고 보면, 전쟁 중에도 2교대가 이루어졌다고 볼 수 있다. 하지만 계사년 8월에는 전라좌도의 전선 척수도 더 추가되었을 것이므로, 병력이 충분한 것은 아니었다. 그리고 이때는 전염병의 영향으로 이미 전 병력의 10퍼센트가 손실된 상태였고, 감염자가 계속 발생하고 있었기 때문에 병력의 유지, 충원 문제가 중요한 과제였다. 특히 이순신이 삼도수군통제사가 된 이후인 계사년 후반기부터 을미년1595년 가을까지 3년간 흉년과 전염병 피해가 계속되었기 때문에, 병력 문제는 조선 수군의 난제가 아닐 수 없었다.

이순신은 병력 문제를 해결하기 위해 다음과 같이 몇 가지 노력을 기울였다.

云云不有傳教泛濫作弊極為駭愕推考 ○丁未 王世子問

安 ○司諫院 啓曰 國勢危急日甚一日以湖南一路言之

舟師所屬之官水軍盡為散亡守令以結卜出入夫使自備糧之

充為格軍一赴船上既無番遞之期又無接濟之資任其餓死

投屍海中白骨堆積於關山島見之慘然請令巡按 御史詢

訪 啓聞慶置得宜道内土賊大熾屯結慶慶白晝殺城行旅

不通 朝迁屢屢知委使之勤捕而巡察使以下不為登時慶

置極為駭愕請巡邊使李鎰巡察使洪世恭推考使之急遽措

捕南邊守令長在舟師及陣所官家百務專委於鄉所監官之

手極為寒心自 上軫念若此欲依訓導例自京差送而備邊

司應其不得其人令監司擇本邑之人以為留郡官本邑之人

識事理廉謹不為非義者亦安保其必得乎監司既以 朝迁

命令差送而以官為騙則源必為儼然一守令摸捸而作弊病

民之事及有甚焉請此公事勿為擧行 答曰依啓 ○備邊司

提調沈守慶柳
成龍金命元 啓曰以李潤德曹大坤遞差承 傳 備忘記

첫째, 그는 도망자에 대해 '사형死刑'이라는 엄벌에 처함으로써 병력의 누수를 사전에 차단하는 조처를 취했다.

조선 전기부터 고역苦役으로 인식되었던 수군은 '신양역천身良役賤·신분은 양인이지만 담당하는 군역은 천민의 일'으로 여겨지면서 백성들의 회피 대상이었다. 비록 임진왜란 초기에 해전에서 연전연승을 거두며 조선의 희망이 되었지만, 수군으로 복무하는 것은 임진왜란 당시에도 모두 기피하는 것이었다. 실례로 기아와 전염병이 극심했던 갑오년1594년 초겨울, 사간원司諫院에서 올린 상소는 수군이 처한 상황을 다음과 같이 밝히고 있다.

호남으로 말하자면 주사舟師·수군에 소속된 지방의 수군은 모두 흩어지고 없어, 수령守令이 결복結卜·토지에 따라 인부를 차출해 스스로 식량을 준비하도록 하여 결꾼格軍에 충당하고 있습니다. 그런데 한 번 배에 오르기만 하면 교대할 기약도 없고 계속 지탱할 군량도 없어 굶어죽도록 내버려두고, 시체를 바다에 던져 한산도에는 백골이 쌓여 보기에 참혹하다 합니다.

– 《선조실록》 권56, 선조 27년 10월 정미丁未

이 내용을 글자 그대로 이해하기에는 다소 과장된 면이 없지 않지만, 일단 수군으로 징발되면 해전에서 전사하거나 전염병으로 죽거나 도망치지 않으면 벗어날 수 없었다. 선조는 갑오년1594년 9월에 내린 수군을 위로하는 교서敎書에서 "기한이 넘어도 교체해 주지 못한 것, 굶주려도 먹여 주지 못한 것, 추워도 입혀 주지 못한 것, 그리고 전염병이 생겨 시체가 날로 쌓이게 된 것 등 모든 실상을 알고 있으며 이런 상황을 불쌍하게 여긴다."라고 언급했다. 사실 이렇게 죽으나 저렇게 죽으나 죽는 것은 마찬가지라고 생각하면, 당시 수군들이 목숨을 걸고 도망친 것도 어느 정도 이해가 된다.

실제로 첫 번째 출전 전날인 1592년 5월 6일, 이순신은 출전하기 전에 도망친 여도呂島 소속의 수군 황옥천黃玉千을 붙잡아 효시梟示한 바 있다. 이와 같이 이순신은 전쟁 초기부터 도망친 것에 대해서는 엄벌에 처했고 이를 시종일관 유지했다.

기아와 질병이 본격화된 계사년1593년과 갑오년1594년에도 수군들은 틈을 타 도망치곤 했다. 이전과 달라진 것은 선박을 이용해 단체로 도망친 사례가 늘어난 것이었다. 실례로 계사년 2월 3일에는 포로로 잡혀갔다가 돌아온 80명이 모두 도망쳤는데, 그중에 70명을 찾아와서 각 배에 태우고 주모자 2명은 그날로 처형했다. 갑오년에는 단체로 도망치는 수군들이 더 많아졌는데, 이럴 경우에는 주모자는 처형하고 종범從犯은 곤장을 때리는 식으로 처벌했다. 이순신은 이처럼 도망에 대해 엄격하게 처벌함으로써 도망치는 비율을 최소화했다.

한편 전염병이 한참 유행한 시기에는, 기아와 질병으로 죽어가는 수군 중에서 거동이 가능한 자들은 고향으로 돌려보내기도 했다. 을미년1595년 봄에 삼도 수군이 가장 줄었을 때는, 2만 1,000여 명 가운데 실전을 경험한 약 80퍼센트의 수군들이 도망치거나 병으로 죽거나 치료받기 위해 귀향해 병력이 급감했다. 이런 상황에서 이순신은 '도망치면 엄벌한다'는 소극적 대처 외에 어떤 방법으로 병력 충원을 위해 노력했을까?

결론부터 밝히자면, 이순신은 자신이 할 수 있는 모든 방법을 총동원해 병력을 충원하려고 노력했다. 특히 다소 불합리한 제도라 하더라도 전쟁 중이었기 때문에 그대로 유지하려는 완고한 태도를 보이기도 했다. 앞 장에서도 언급했듯이, 이순신은 수군에 결원이 생길 경우 친척이나 이웃 중에서 충원하는 제도를 전쟁 중에는 현행대로 유지하게 해 달라고 거듭 주장했다.

이와 관련해서 그는 임진년1592년 12월 10일 친척이나 이웃을 대신 징발하지 말라는 명령을 취소해 줄 것을 처음으로 요청한 뒤, 계사년1593년 4월 10일에도 동일한 내용으로 다시 한 번 더 장계를 올렸다. 그 뒤 1593년 12월 25일, 그는 무군사撫軍司를 설치해 호남에 주둔하고 있던 광해군光海君으로부터 선조에게서 받았던 것과 동일한 명령을 받았다. 하지만 이순신은 10여 일 뒤에 올린 보고서를 통해 이 명령을 취소해 달라고 재차 요청했다.

다시 말해서 국왕과 세자가 같은 명령을 거듭 내렸지만, 현장을 지휘하는 사령관이 그럴 수 없다고 반대한 것이다. 국왕과 세자의 명령에도 자신의 소신을 굽히지 않았으니 체찰사나 도원수, 그리고 관찰사 등이 이와 비슷한 요구를 했다 해도 그의 태도는 변함이 없었을 것이다. 비록 특정한 제도가 불합리하다 하더라도 전쟁보다 더 불합리한 상황은 없기 때문에, 일단 위기를 벗어난 뒤에 해결책을 찾자는 그의 논리가 틀린 것은 아니다. 하지만 모두가 한 목소리로 하지 말라는 것에 대해 기어코 고집을 꺾지 않았기에, 그는 자칫 고집불통의 인물로 낙인찍힐 수도 있었을 것 같다.

수군들이 도망칠 경우, 그들의 친척이나 이웃을 대신 징발하는 제도에 대해 이순신이 집착한 이유는 상황이 그만큼 나빴기 때문이다. 또 하나는 유일하게 일본군의 침입을 겪지 않았던 전라도에서 병력 차출이 무차별적으로 계속되었기 때문이기도 하다. 앞서 설명했듯이 이런 무차별적 병력 차출은 수군에 소속된 지방에서도 이루어졌는데, 이순신은 이 문제에 대해 조정에 여러 차례 장계를 올렸다. 그중 한 사례를 들면, 이순신은 1593년 4월 6일자 보고서를 통해 육군 지휘관들이 수군 소속 지방관을 불러갈 수 없게 해달라고 조정에 요청했다. 같은 해 11월에는 보고서를 두 차례 연속으로 올렸는데, 하나는 연해안의 병력과 군량, 병기 등을 모두 수군에 전속專屬시켜 달라는 내용이고, 또 다른 것은 수군에 속한 고을의 백성들이 육군에 차출되지 않도록 해달라고 요청한 것이다.

다시 말해 전쟁 기간 동안 육군에서는 수군 소속 고을에서도 병력을 계속 차출하고 있었다. 이순신이 통제사가 된 뒤에도 주변 육군 지휘관들은 전라도 연해 지역에서 계속 병력을 징발했다. 요컨대 이순신은 병력 충원을 보장해야 할 조정으로부터 거의 도움을 받지 못하는 상황에서, 주변 상급자들과 육군 지휘관들의 병력 차출에 맞서 수군 병력을 지켜내야 했기에 부담이 컸다.

이런 병력 징발로 인해, 명군을 이끈 이여송이 귀국한 계사년1593년 8월 이후에 또 한 차례 갈등이 표면화되었다. 이때 조선에 남은 부총병副總兵 유정劉綎은 명군의 철군으로 인한 전력 약화를 보충하기 위해 하삼도의 병력 징발을 요청했고, 이에 따라 비변사는 대대적인 징발령을 내렸다. 이 명령은 전라도 순찰사를 통

《이충무공전서》권4 〈장계〉 '갱청반한일족물침지명장'
일족을 대신 징발하지 말라는 명령을 거두어 달라고 이순신이 올린 세 차례의 장계 가운데 마지막 장계.
해군사관학교박물관 소장

해 각 병사兵使와 수사水使에게 하달되었고, 전라좌·우도 수사는 전체 3만 명 중에서 각각 2,000명씩 징발해야 하는 상황에 내몰렸다. 하지만 이순신은 이 숫자를 채우려면 수군을 포기할 수밖에 없기 때문에, 더 이상 군사를 징발할 수 없다는 보고를 올리면서 사태의 해결을 요구했다.

이 당시의 병력 징발에 대한 논의 과정을 살펴보면, 이 일은 명나라 장수 유정이 일본군을 공략하겠으니 조선의 병력을 모두 징발하라고 조선 조정에 요청한 데서 비롯되었다. 하지만 유정은 일본군을 공격할 뜻이 없었고, 자신이 요청한 병력 징발 결과에 대해서도 별 관심이 없었다. 결국 당시 체찰사 윤두수가 유정의 이러한 속내를 알면서도, 조선의 독자적인 전력 구축을 위해 병력 징발을 추진했던 것으로 볼 수 있다.

그런데 이순신이 반대하면서 문제가 불거졌다. 육전을 맡은 도원수 권율이 체찰사의 명령에 따라 병력 징발을 독려한 반면, 해전海戰을 맡은 삼도수군통제사 이순신은 육군의 무차별적인 병력 징발에 대해 불가론을 재차 주장했다.

이 과정에서 도원수와 통제사 간에 육전과 해전의 우선순위 논란이 발생했고, 비변사는 도원수가 육군과 수군을 모두 관장하도록 명령을 내려 양자의 상하관계를 분명히 했다. 하지만 영의정 유성룡과 호조판서 권징 등이 수군에서의 병력 징발은 잘못이라고 주장하고, 선조도 이에 동조하여 도원수에게 징발을 중지하라는 명령을 내렸다. 이로써 체찰사 윤두수가 주도한 병력 징발이 추진되는 중에서도, 통제사 휘하의 수군 병력은 그대로 유지될 수 있었다.

이순신은 전라좌수사로 부임한 초기부터 휘하 장수들에게 병력 충원을 철저히 하도록 지시하고 수시로 이를 지휘·감독했다. 그런데 전쟁이 터지면서 지휘관들이 해당 지역을 떠나 출전해 있는 기간이 길어지자, 각 지역별로 모병 책임자를 따로 정해서 그들로 하여금 지역별 수군 징발을 책임지게 했다.

삼도수군통제사가 된 이후, 이순신은 각 지역별 수군 징발 문제를 직접 감독했던 것으로 추정된다. 이전 시기에는 각 지역을 맡은 장수나 수령들이 병력 충원 문제를 책임졌고, 이순신은 주로 점검에만 신경을 썼다. 하지만 계사년 이후에는 이순신이 직접 각 지역별 충원 문제를 지휘·감독했다. 그 실례로 갑오년1594년 연초에는 징발 임무를 불성실하게 수행한, 즉 1,800명의 결원을 낸 남원南原과 600명의 결원을 낸 남평南平 지방의 모병 책임자를 군법에 따라 처형한 바 있다. 사실 전쟁 중이라고는 하지만, 모병 책임자를 처형까지 한 것은 지나치다고 할 만하다. 《선조실록》의 이 시기 관련 기록에 따르면, 이순신이 형벌을 너무 지나치게 시행한 나머지 해당 지역의 민심이 흉흉해졌다는 비판적인 내용도 남아 있다.

큰일에는 그에 상응한 대가가 따르기 마련이다. 이순신은 자신에 대한 평판을 포기하고, 가장 임무를 소홀히 처리한 모병 책임자 2명을 처형함으로써 타 지역 책임자들에게 엄중히 경고했던 것으로 보인다. 그 이후 어떤 결과가 이어졌는지는 알 수 없지만, 각 지역별 모병 책임자를 통한 수군 징발은 전쟁 중에 계속된 것으로 보인다.

다음으로 그는 정규 수군 병력 외에 의병義兵과 승병僧兵을 모집해 활용했다. 처음에는 정규 병력이 부족해서 미처 병력을 파견하지 못했던 영호남 접경 지역인

使不得移犯將及三截湖南保完似賴舟師而
近日以來論議紛紜舟師所屬左右道並十九
官內九官移屬陸戰元定防水軍全不起送舟
師孤弱有甚於前日極為悶慮羅州以上九官
內移務安等卜定戰船過期不送入防水軍
全不起送之罪狀及蓋山浦萬戶李世環法聖
浦萬戶曹大智多慶浦萬戶李軸等以舟師邊
將置以警其餘而戰船晝夜馳送事巡察使
李廷龜處各別申飭

請賞義兵諸將狀

李忠武公全書　卷之四　狀啓

十五

謹啓為相考事舟師自募義兵將順天校生
成應社僧將守仁義能等乘此亂離不思偷安
激發義氣募軍兵各率三百餘名擬雪國
恥極為可嘉海陣兩載自備軍粮轉轉分供艱
以繼絕其勤苦之狀有倍官軍猶未憚勞到今
益勤魯經戰討亦多上項成應社僧將守仁
始終不怠為可嘉上項成應社僧將守仁居
熊等宜自朝廷各別褒獎以勵後人順天居
前萬戶李元男募率義軍乘騎戰船願屬舟師

《이충무공전서》 권4 〈장계〉 '청상의병제장장'
청상의병제장장(여러 의병 장수의 포상을 건의한 장계)
해군사관학교박물관 소장

구례求禮의 석주石柱와 광양의 두치豆恥 등의 요충지를 파수하기 위해 승병과 의병을 모집했다. 1592년 8월과 9월 사이에 이에 응해 모여든 인원이 400여 명이 넘었고, 그중에서 순천의 승려 삼혜三惠, 흥양의 승려 의능義能, 그리고 순천의 의병 성응지成應祉 등을 장수로 삼았다.

이들 승병과 의병에게는 영남과 호남의 접경지를 파수하는 임무를 부여했는데, 특히 성응지와 삼혜 등에게는 순천성의 수비를 맡겼고 의능에게는 좌수영 본영의 수비를 맡겼다. 그 뒤 해전을 치르면서 점차 병력이 부족하게 되자 이순신은 이들 의병장과 승병장에게 전선戰船을 나누어 주고, 직접 해전에 참가하도록 조처했다. 그리고 이들은 실제 해전에 참전하여 전공을 세우기도 했다.

그 결과는 이순신이 여러 의병장에게 상을 내리기를 청한 1594년 3월 10일

보고서에 잘 나타난다. 그 내용을 보면, 우선 의병과 승병을 이끈 장수들이 각각 300여 명씩을 거느리고 참전했다고 되어 있다. 즉 의병과 승병의 규모가 1,000여 명 이상으로 결코 적지 않았음을 알 수 있다. 또한 이들은 의병답게 스스로 군량을 준비해 군량 보급에도 공헌했는데, 그 부지런하고 고생스런 모습이 군관들보다 2배나 더했다고 한다. 그리고 전투에 나서 적을 무찌른 공로가 컸으므로, 이순신은 이들을 각별히 표창하고 격려해 달라고 건의한 것이다.

또 다른 하나의 방안은 경상도나 다른 지역에서 들어온 피난민이나 유리민遊離民·걸식하며 떠도는 백성 등을 구호하고 한 곳에 모여 살도록 조치한 것이다. 이들 유입 인구는 주로 둔전屯田 경영에 투입되었는데, 한편으로 이들은 군량 문제뿐만 아니라 병력 문제 해결에도 중요한 역할을 했다. 이 시기에 백성들이 연해의 수군 진영을 중심으로 모여든 것은, 그나마 군영에 의지하면 먹고 살 길이 조금이라도 더 열렸기 때문이었다. 이순신이 이렇게 모여든 백성들 가운데 일부를 뽑아 수군에 편입시켰으리라는 사실은 쉽게 짐작할 수 있다. 이 점은 둔전에 대해 설명할 때 다시 한 번 더 살펴보기로 하자.

그리고 마지막 방법으로, 이순신은 자신이 처한 한계를 인식하고 병력 충원을 위한 조정의 협조와 지지를 얻기 위해, 당시 상황을 자세히 보고하는 한편 수군 병력의 충원 필요성을 누차 설명하는 등 많은 노력을 기울였다. 선조와 조정도 일본군에 대항할 유일한 전력으로 수군을 꼽고 있었기 때문에, 이순신이 제기한 수군 충원 문제에 협조적이었다. 더 나아가 비변사는 수군을 안정적으로 확보하기 위해 몇 차례에 걸쳐 특별한 조처를 취하기도 했다.

예를 들어 갑오년1594년 8월, 비변사에서는 경상도 지역에서 피난해 떠돌고 있던 수천의 백성들을 연해 지역에 정착시킬 것과 그중 일부를 수군의 겻꾼格軍으로 징발할 것을 건의해 선조의 허락을 받았다. 또한 계사년1593년부터 을미년1595년까지 크게 감소한 수군을 충원하기 위해 논의를 거듭했다. 또한 일본의 재침 소식이 전해진 병신년1596년 겨울, 비변사는 연해 지방의 육군과 공·사천公·私賤을 모두 수군으로 징발하게 해달라고 건의한 뒤 이를 실행했다. 이처럼 조정에서도 수

군 충원을 위해 여러 차례 방안을 마련하고, 이를 실행했음을 알 수 있다.

한 가지 아쉬운 것은, 전염병으로 숨진 수군들이 대부분 전투 경험을 한 정예 병력이었다는 점이다. 결국 정유재란을 앞두고 국가적 대처로 수군이 충원되긴 했지만, 이들은 체계적인 훈련과 실전 경험이 없는 신병新兵들이었다. 요컨대 이순신은 수군을 책임진 삼도수군통제사로 수군 충원에 최선을 다했지만, 현실적인 어려움 때문에 원하는 만큼 성과를 거두지 못했다.

한편 이순신은 강화교섭기에 전선을 건조해 수군의 전력을 증강하려 했다. 잠시 임진왜란 첫해로 거슬러 올라가, 이순신이 거느리고 있었던 전선의 변동 상황을 살펴보자.

당시 조선 수군이 보유하고 있던 전선은, 제1차 출전 때 28척이었던 것이 제2차 출전 때는 26척에서 51척으로 증가했으며, 제3차 출전 때는 59척이 되었고, 제4차 출전 때는 80여 척으로 늘어났다. 이렇게 조선 수군은 늘어난 전선을 바탕으로 남해의 제해권을 장악함으로써, 일본군이 조선 연해로 침입하지 못하도록 막아냈다.

전라우도와 경상우도의 경우에도, 준비가 안 되어 있어서 그렇지 이순신의 전라좌도처럼 원칙대로 수사가 4척, 첨사나 만호가 2척을 보유할 경우, 초기에 그들이 동원한 것보다 2배 가량의 척수를 동원할 수도 있었다. 결과적으로 첫해의 척수 증가는 조선 수군이 기존의 전선을 수리하고, 병력을 차출해 전력 증강을 도모한 결과였다.

임진왜란 첫해의 해전에서 수군이 승전을 거듭하자, 조선 조정은 일본군을 토벌하는 데 해전이 유용한 수단임을 인식하고, 이순신 등에게 전선의 추가 건조를 지시했다. 조정의 명령과 별도로 이순신은 이미 자신의 휘하 장수들에게 전선 건조를 명령하고 추진 중이라는 사실을 임진년1592년 12월 10일 조정에 보고했다.

그 결과 강화교섭기가 시작되는 계사년1593년 5월 14일, 한산도 부근에 있을 때

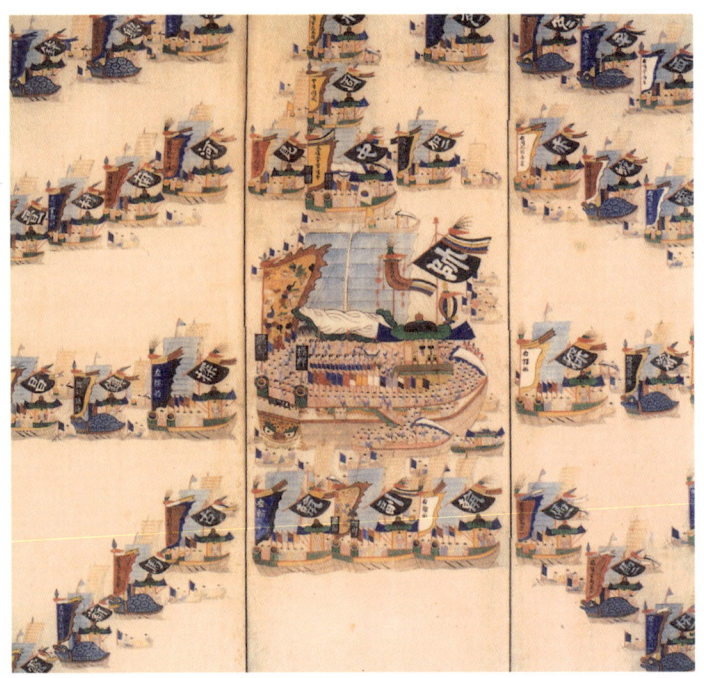

해진도(부분)
해군사관학교박물관 소장

이순신의 전라좌도는 42척, 이억기의 전라우도는 52척 등 모두 94척의 전선이 있었다. 그런데 여기에 원균의 세력은 빠져 있기 때문에, 이 시점에 조선 수군은 처음으로 100척 이상의 전선을 보유하게 된 것이다. 같은 해 7월, 원균은 3도 수군의 전선이 모두 120척이라고 조정에 보고했다. 즉 원균의 경상우도 수군도 이 시기에 이르면 20여 척의 전선을 보유했던 것으로 추정된다.

이처럼 조선 수군의 전력이 증강되었지만, 일본 수군의 척수에 비하면 아직도 수적으로 열세였다. 일본군은 계사년_{1593년} 6월 진주성 전투를 벌일 때도 수군 500여 척을 동원하는 등 만만치 않은 전력을 보유하고 있었다. 비록 조선 수군과의 전투를 회피했지만, 일본 수군이 보유한 전력은 조선 수군보다 규모면에서는 더 컸다고 할 수 있다.

이에 대해 이순신은 삼도수군통제사로 임명된 사실을 알기 직전에 올린 보고서에서, 조선 수군이 기존의 전력을 합해 250척의 전선을 보유하면 일본 수군의 군선 보유 척수와 무관하게 승산勝算이 있다고 보고 전선을 더 많이 만들자고 건의했다. 좀 더 구체적으로 살펴보면 그는 전라좌도 60척, 전라우도 90척, 경상우도 40척, 충청도 60척 등 총 250척의 함대 건설을 목표로 전선 추가 건조를 건의했다. 그의 이러한 전선 건조 계획은 조정의 승인을 받았던 것으로 추정되는데, 그것은 이후 각 도에 배정된 척수를 기준으로 건조 결과를 보고한 것을 통해 알 수 있다.

결과적으로 이순신의 250척 함대 건설 계획은 성공을 거두지는 못했다. 갑오년1594년 2월까지 건조 목표를 달성한 곳은 이순신의 전라좌도뿐이었고, 48척을 보유한 전라우도는 추가로 21척을 건조하고 있었다. 하지만 충청도는 무군사無軍司에 건의한 결과 건조 목표를 40척으로 줄였지만, 그것마저도 건조하지 못한 것으로 추정된다.

전염병의 피해가 가장 극심했던 갑오년1594년, 이순신이 올린 3월 10일자 보고서에 따르면 전라 좌·우도의 전선이 110척이고, 16일에 도착할 예정인 충청도 전선 11척을 더하면 121척, 그리고 경상우도까지 합하면 전선 140여 척의 세력을 구축한 것으로 추정할 수 있다. 하지만 이후 군량 부족과 전염병 창궐로 병력 손실이 계속되었고, 이런 사정 때문에 기존의 전선들도 전력에서 이탈하는 상황이 이어졌다. 즉 병력이 없어서 전선을 운용할 수 없게 된 것이다.

하지만 이순신은 전선 건조를 포기하거나 중단하지 않았다. 이것은 계사년1593년부터 을미년1595년 사이의 《난중일기》에서 배 만들 재목을 구해 왔다는 기록이 여러 차례 나오는 것을 통해 확인할 수 있다. 식량 사정이 호전된 을미년1595년 가을부터는 그동안 전력에서 제외되었던 기존의 전선들을 정비하는 데 노력을 기울였다. 또한 비변사에서 그해 10월에 수군 전력 확충을 논의해, 전선과 거북선의 추가 건조를 결정했다. 이때 구체적으로 몇 척이나 더 건조했는지는 알 수 없지만,

통제사 이순신은 우선 건조되어 있던 전선들부터 전력화했을 것으로 추정된다.

그 결과 원균이 삼도수군통제사 직을 인계받고 3개월째 되던 정유년1597년 5월, 조선 수군은 대략 180여 척의 전선을 보유한 것으로 파악된다. 당초 목표로 삼았던 250척은 달성하지 못했지만, 180척 규모의 함대를 갖춘 것도 엄청난 성과였다. 이것은 통제사 이순신의 주도면밀한 계획과 추진력, 그리고 삼남三南 백성의 피와 땀이 만들어낸 결과였다.

또 한 가지 임진왜란 기간 중 이순신에게 맡겨진 큰 과제는 군량 확보 문제였다. 사실 병력 충원과 함께 가장 절박한 문제가 군량 확보였다고 해도 과언이 아니다. 앞에서도 밝혔듯이 전쟁 첫해에 농사를 제때 짓지 못해 흉년이 들었고, 여기에 더해 3년 연속으로 가뭄과 저온 현상 등 이상기후가 겹쳐 흉년이 계속되고 있었다. 예나 지금이나 군대를 유지하거나 전쟁을 치를 때 가장 중요한 것은 보급이다. 작전에 실패했을 때는 다시 한 번 도전해서 성공하면 되지만, 보급에 실패한 경우에는 전쟁을 포기할 수밖에 없기 때문이다.

이순신이 군량을 마련하기 위해 먼저 선택한 방안은 '둔전屯田'을 경영하는 것이었다. 그는 임진왜란이 일어나기 5년 전인 1587년, 함경도 조산보만호 시절에 녹둔도 둔전관을 겸임한 경험이 있었다. 둔전이란 변경 지대나 군사 요충지의 군인들이 군량이나 비용을 마련하기 위해 경작하는 토지를 말한다. 둔전은 중국의 위진남북조시대부터 시작되었다는 설이 있는데, 고려시대와 조선시대에는 변경지역의 방어 비용이나 군량 마련을 위해 둔전을 운영했다.

먼저 이순신의 둔전 경영과 관련된 인물들을 소개하면 다음과 같다. 그를 전라좌수사로 발탁하고 지속적으로 교유하며 많은 부분에서 영향을 끼쳤던 서애 유성룡은 전쟁을 치르기 위한 한 가지 방법으로 '둔전' 경영에 주목했다. 그는 전쟁을 치르는 동안 '둔전' 경영을 통해 군량 등 전쟁 비용을 마련할 수 있다고 선조에게 여러 차례 건의했는데, 그의 이런 주장을 성공적으로 실현시킨 이가 바로 이순신이었다. 평소 두 사람은 편지를 주고받는 등 많은 부분에서 의견을 교환하고 있었기 때문에, 유성룡의 둔전에 대한 아이디어를 이순신이 적극적으

로 시행했던 것으로 보인다.

유성룡 외에 이순신의 둔전 경영과 관련된 한 사람을 더 꼽자면, 바로 반곡盤曲 정경달丁慶達이다. 정경달은 전남 장흥 출신으로 이순신보다 3년 빠른 1542년에 태어났고 1570년에 문과에 급제한 뒤 임진왜란이 일어나기 한 해 전인 1591년, 선산부사善山府使가 되었다. 전쟁이 터지자 그는 관군과 부민府民을 이끌고 지역 방어에 노력했다. 그는 이 지역 의병과 함께 항쟁을 주도했고, 특히 명군이 주둔했을 때 비축해 두었던 군량미를 풀어 그 공적을 인정받았다. 계사년1593년 가을 신병치료 차 고향인 장흥에 머물다가, 초대 삼도수군통제사가 된 이순신이 그를 지목해서 초대 통제사 종사관이 되었다.

정경달은 갑오년1594년 2월 28일에 한산도 진영에서 이순신을 처음 만났다. 이순신의 일기에는 그날 아침에 사정射亭에 올라 종사관과 종일 이야기했다고 되어 있다. 그는 이순신보다 세 살이 많고 문과 출신인 데다 역임한 관직만 보더라도 통제사의 종사관이 되기에는 다소 불편할 수 있는 상황이었다. 하지만 이순신과 정경달은 짧은 시간에 의기투합했다. 출전으로 인해 진영을 비울 때가 많았던 이순신을 대신해서, 정경달은 이순신이 원하는 행정 지원, 병력 충원, 군량 확보 등 여러 방면에서 큰 역할을 했다. 특히 그는 둔전 경영을 맡아 수군에 군량을 조달하는 데 크게 기여했다.

그 뒤 그는 1년여 동안 종사관으로서 이순신을 돕다가 을미년1595년 2월에 남원부사로 영전했다. 그리고 이순신이 정유년1597년 2월에 하옥되었을 때는 조정에 나아가 선조에게 이순신의 석방을 요청하는 등, 그와 함께 한 기간은 짧았지만 끝까지 이순신을 도왔다고 한다. 정경달도 이순신과 마찬가지로《반곡난중일기》를 남겼는데, 후손인 다산 정약용丁若鏞이 재편집한 판본이 지금까지 남아 있다. 뛰어난 후손이 조상을 위해 재편집한 뜻을 모르는 바는 아니지만, 정경달의 일기를 있는 그대로 보존했더라면 하는 아쉬움이 남는다.

당시의 주요 둔전 지역은 순천의 돌산도突山島, 흥양의 도양장道陽場, 해남의 황원곶黃原串, 강진의 화이도花爾島 등 남해 연안 지역이었다. 주로 전쟁 때문에 농사를 포기한 땅을 수군이 임시로 점유해서 노약한 병력을 활용해 둔전으로 운용했다. 이순신의 《난중일기》에는 둔전에서 군량을 확보했다는 기록이 여러 번 나오고, 병신년1596년 윤8월 중순에는 체찰사 이원익이 둔전을 둘러보고 기뻐했다는 내용이 나온다. 이런 내용으로 볼 때 당시 수군의 둔전 경영이 상당한 효과를 거두었음을 알 수 있다.

또한 수군은 둔전 경영을 통해 군량을 안정적으로 확보했을 뿐만 아니라, 피난하는 백성들을 안심시키는 심리적 효과도 얻을 수 있었다. 그리고 이때 조성된 둔전은 임진왜란 이후 100여 년 넘게 존속하면서, 조선 후기 통제영 운영의

┃ 둔전검칙유지(屯田檢飭有旨) 부분
　선조가 이순신에게 둔전의 중요성을 강조하고 당부하는 글.
　46.0×330.0cm 선조 28년(1595년), 보물 제1564호, 현충사 소장.

중요한 재원 가운데 하나가 되었다.

이순신은 군량 확보를 위해 둔전 외에도 다양한 노력을 기울였는데, 그중에 하나는 어염魚鹽을 유통해 수익을 얻는 것이었다. 해상에서 잡은 수산물을 쌀과 교환해 군량을 확보한 사례는 을미년1595년 겨울 이순신의 일기에 잘 드러난다. 그해 11월 말과 12월 초에 청어鯖魚 1만 3,000여 두름과 7,000여 두름을 각각 이종호李宗浩와 김희방金希邦 등이 곡식을 사러 갈 때 배에 실어 보냈다고 한다.

이 외에도 비슷한 기록이 몇 군데 더 있는데, 당시 잡은 어종은 대체로 청어였다. 여기에 언급된 청어는 오늘날 포항 지역의 특산물로 알려진 과메기다. 당시 이순신이 지휘하던 수군은 청어를 잡아다가 20마리를 한 두름으로 만들어 말려서 이것을 내다 팔아 식량을 마련한 것이다. 이를 통해 군량을 얼마나 확보했는지는 정확히 알 수 없지만, 어획을 통해 군량을 조달한 것은 분명한 사실이다.

이와 함께 수군은 소금을 구워 판매했다. 을미년1595년 5월에는 세 차례에 걸쳐 소금 굽는 가마솥을 제작했고, 이 가마솥으로 구운 소금을 판매해서 식량을 구입했다. 전근대의 소금은 국가나 공공기관에서 전매 사업을 할 정도로 수익성이 높은 상품이었다. 소금은 생활필수품이기 때문에 당시에도 쌀만큼이나 귀중한 재원이었다.《조선왕조실록》등의 공식 기록에도 소금을 팔아 곡식 몇 만 석을 비축했다는 기록이 나오지만, 그 수익 규모는 정확하게 드러나지 않는다.

한 가지 분명한 사실은, 이순신이 전쟁 중에 취했던 어염의 이익이 둔전과 함께 조선 후기 통제영 운영의 가장 중요한 재원이었다는 것이다. 17세기 후반 그 이익을 경상감사와 절반씩 나누어 갖기 전까지, 어염은 둔전과 함께 통제영 운영의 주요한 재원이 되었다.

또한 이순신은 이 기간에 계원유사繼援有司 혹은 계향유사繼餉有司라는 명칭으로 각 지역별 군량 모집 담당자를 임명하고, 그들로 하여금 군량을 모으게 했다. 그는 이들뿐만 아니라 수군에 소속된 고을에 지방관을 파견해 군량을 모으기도 했고, 휘하 군관을 보내 군량 납부 기한을 독촉하기도 했다. 그리고 의병장 성응지처럼 스스로 의곡義穀, 즉 일종의 방위성금을 모집해 군량 조달에 기여한 경우도 있었다.

한편 이순신은 갑오년1594년 봄에 보고서를 올려 수군의 정확한 병력수와 소비량을 밝히면서, 2개월 뒤부터는 군량을 유지할 방도가 없으므로 조정에서 조처해 줄 것을 요청하기도 했다. 이때 조정에서도 어사御使를 파견해 식량 사정을 살피게 했지만 적절한 조처를 취해 줄 수는 없었다. 이런 상황에서 이순신은 이전부터 준비하고 추진했던 둔전 경영과 어염 유통 등 가능한 모든 방법으로 군량확보에 나섰고, 어려웠지만 군량 자체 조달에 어느 정도 성공하고 있었다.

다음으로, 이 시기에 이순신은 각종 총통을 비롯한 화기火器 준비와 군사 훈련에 주력했다. 이순신은 임진년1592년 첫해의 해전 승리가 총통 등 화기와 판옥선의 우수한 성능에 따른 결과라는 것을 인식하고, 전선 건조와 더불어 총통과 화약 등 화기 준비에 심혈을 기울였다. 우선 그는 계사년1593년 초에 조정에 올린 보고서에서, 지난해 해전에서 그동안 준비해 둔 화약을 모두 써버렸다고 밝혔다.

이순신은 이 장계에서 휘하 군관 이봉수李鳳壽 등이 염초焰硝 제조법을 알아내 1,000여 근을 만들고 이를 본영과 각 포구에 나누어 주었다고 보고하면서, 화약을 만드는 데 꼭 필요한 석유황石硫黃이 부족하므로 100여 근을 내려 보내달라고 조정에 요청했다. 그는 같은 해1593년 겨울에도 새로 건조한 전선에 비치할 지·현자地·玄字 등의 총통을 만들 철이 부족한 실정과 시주받는 승려들로 하여금 쇠붙이를 모아 오도록 시켰지만 이마저도 여의치 않은 상황임을 보고하면서, 총통을 만들 철과 석유황 200여 근을 함께 요청한 바 있다.

이와 같이 이순신은 화약 준비와 함께 각종 총통의 제조를 계속했다. 이 시기에 그는 여러 종류의 총통을 만들었는데, 예를 들면 1593년 5월에는 일본군의 조총鳥銃을 개량한 정철총통正鐵銃筒을 만들어 이를 조정에 올려 보냈다. 그의 일기에 따르면, 이 총통의 성능은 일본의 조총보다 우수했다고 한다. 하지만 대량 생산이 불가능한 것이 문제였다. 우수한 정철총통을 제작하는 데는 성공했지만, 여러 가지 이유로 전력화하는 단계까지는 가지 못한 것이었다.

이순신은 정철총통뿐만 아니라 기존의 천·지·현·황자天·地·玄·黃字 등의 총통

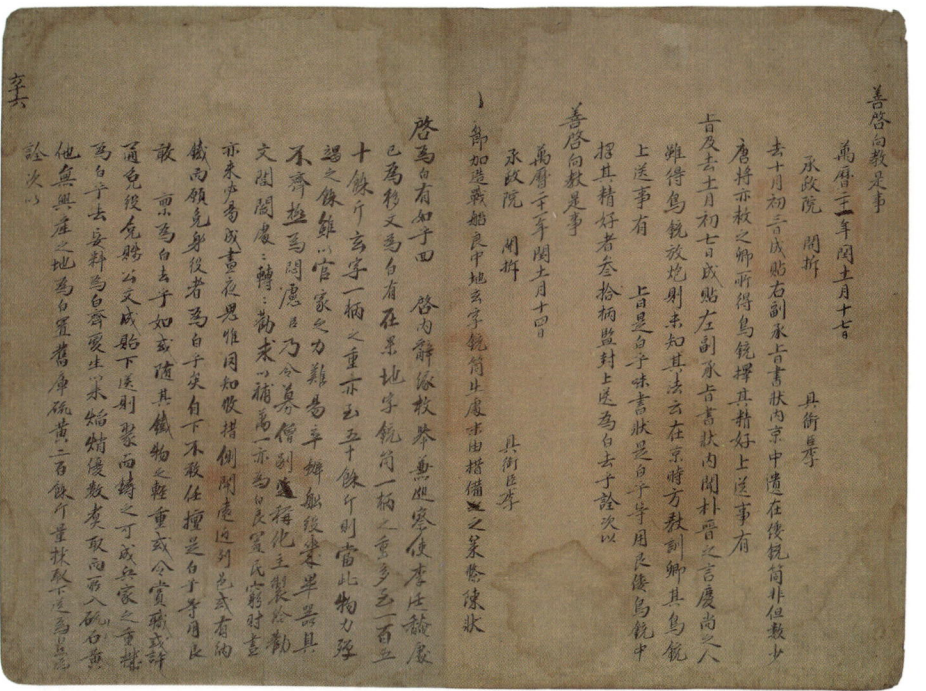

《임진장초(壬辰狀草)》 1593년 윤 11월 17일 부분
유황을 내려 주시기를 청하는 장계.
현충사 소장.

제작도 계속했다. 앞에서 언급했듯이, 이 기간에는 많은 전선을 새로 건조했는데 이들 전선에는 한 척당 최소 16자루 이상의 총통을 배치했다. 이에 따라 새로 건조한 전선에 배치할 총통이 더 필요했고, 이순신은 본영을 비롯한 몇 곳에서 총통 제작을 지휘하고 감독했다.

그렇다면 이순신은 강화교섭기에 총통과 화약을 얼마나 준비했을까? 그의 조카 분이 기록한 〈행록行錄〉에는 1597년 초에 원균에게 삼도수군통제사직을 인계할 때, 군량은 본영 것만 9,914섬, 화약은 4,000근, 총통은 각 전선에 실은 것을 제외하고 300자루 등이 있었다고 한다.

조선 수군의 무기 가운데 총통류, 즉 화기가 선박 파괴용으로 일본군에게 큰 위협을 주고 전의를 상실하게 했다면, 개인 살상용 무기는 단연 활弓이었다. 전선에 승선하는 수군은 곁꾼格軍과 사부射夫로 나누어지는데, 전투원인 사부의 주요 무기는 글자 그대로 활이었다. 앞 장에서 살펴봤듯이, 이순신은 해전이 벌어질 때마다 군사들에게 적의 머리를 베기보다는 사살하는 데 치중하라고 강조했다.

이순신은 평소에 자신부터 공무를 본 뒤에는 거의 매일 활쏘기를 했다. 이것은 《난중일기》에 활쏘기 장면이 가장 많이 나오는 것을 통해서도 확인할 수 있다. 그는 특별한 일정이 있거나 몸이 불편한 날을 제외하고 거의 매일 활터에 나가 5~10순巡·활 1순은 다섯 발, 많게는 그 이상도 쏘았다. 이순신이 활을 쏠 경우 대개는 휘하 장수들과 함께 했다. 이 때문에 활터 정자, 사정射亭은 자연스럽게 모든 군사 업무의 논의 장소가 되었다.

또한 각 부대별로 술을 걸고 활쏘기 시합을 벌였는데, 활쏘기는 군사 훈련과 부대 단합을 동시에 성취할 수 있는 훈련 종목이기도 했다. 비록 사부들의 활쏘기 훈련에 대해 직접 언급한 자료는 없지만, 장수들이 이만큼 활쏘기를 자주 했다면 사부들도 더하면 더했지 덜하지는 않았을 것이다. 이순신은 수군이라면 누구나 기본적으로 갖춰야 할 활쏘기 능력을 부지런히 갈고닦음으로써, 부하들에게 모범이 되었다.

그리고 이 시기에 이순신은 여러 가지 무기류를 준비하면서 군사 훈련을 병행하고 있었다. 육군에 진법陣法이 있듯이 수군은 함대 운용을 위한 진형陣形이 있고, 수십 척 이상의 전선을 해상에서 일사불란하게 움직이려면 진형을 짓는 연습과 이동 중에 이를 변형하는 등의 기동 훈련이 필수적이다. 이순신은 임진년1592년에 여러 차례 해전을 벌이는 동안 이억기 함대와 합동으로 전술 훈련을 시행했다. 하지만 당시에 그들이 군사 훈련을 어떻게 시행했는지에 대한 자세한 기록은 남아 있지 않다.

《난중일기》에서 갑오년1594년 연초의 일기를 보면, 이순신이 모친을 뵙고 난 뒤에,

천자총통
〈허가번호 진박201210-03〉
국립중앙박물관 소장.

지자총통
〈허가번호 진박201210-04〉
국립중앙박물관 소장.

현자총통
〈허가번호 진박201210-02〉
국립진주박물관 소장

황자총통
육군박물관 소장

장군전이 결합된 지자총통이 동차(童車)에 탑재된 모습
해군사관학교박물관 소장

이충무공수련도
해군사관학교박물관 소장

군사 훈련을 위해 본영으로 돌아왔다는 기록이 있다. 같은 해 4월에는 순무어사巡撫御使 서성徐渻이 수군의 군사 훈련 참관을 요청하자 한산도 근해에 나가 전쟁 연습을 했는데, 이것은 곧 함대의 전술 훈련을 의미하는 것으로 볼 수 있다. 구체적인 훈련 절차와 내용 등은 확인해 볼 길이 없지만, 당시에도 진형 연습 등 해상 훈련을 한 것만은 분명하다.

　이렇듯 이순신과 조선 수군은 기아와 전염병 피해가 속출하는 중에도 쉴 틈 없이 바쁘게 움직이고 있었다. 이 시기에 조선 수군이 출전한 횟수는 표면적으로 드러난 것만 해도 상당히 많다. 계사년1593년 2월 초부터 4월 초까지, 그리고 5월 초순 이후 겨울까지 장기간 한산도 주변에 머물렀고, 이어 갑오년1594년 3월에는 제2차 당항포해전을 통해 적지 않은 전과를 거두었으며, 그 뒤 계속해서 한산도에 머물다가 9월 말부터 10월까지는 거제도 공략작전에 참가하기도 했다.

당시 삼도수군통제사 이순신은 대부분의 시간을 한산도에서 보냈는데, 출전 중에도 거의 매일 휘하 장수들과 작전을 논의하고 전투 준비에 몰두했다. 이순신과 조선 수군은 풍년이 들면서 다소 형편이 좋아진 을미년1595년 가을 이후, 수군의 전력을 끌어올리기 위해 온 힘을 다했다.

이런 노력에도 불구하고 이순신이 원하는 만큼 성과를 거두지 못한 분야도 있었다. 대표적인 사례로 수군 충원 문제를 들 수 있는데, 삼도수군통제사가 원균으로 교체된 뒤 병력 충원이 더 어려워졌다. 급기야 조정이 적극적으로 개입해 경상도의 공·사천을 모두 수군에 편입시키고 나서야 함대를 겨우 편성할 수 있었다. 하지만 새로 함대에 편성된 수군들은 실전 경험이 없고 훈련을 받지 못한 자들이었다.

한편 병력 충원을 제외한 다양한 분야에서는 이순신과 조선 수군의 노력이 빛을 발했다. 정유재란 직전에 달성한 180척의 전선 척수는 조선 후기 전체를 보더라도 가장 많은 척수였다. 또한 자체 군량 조달에도 어느 정도 성과를 거두어 계사년부터 을미년 사이1593~1595년, 삼도수군통제사 휘하의 병력은 전국에서 가장 많은 4,000~5,000명을 유지했고, 이를 바탕으로 군선 건조와 무기 제작 그리고 군사 훈련 등을 해 나갈 수 있었다.

이렇듯 위기를 극복하며 수군의 전력을 강화한 이순신의 리더십에는 크게 세 가지 특징이 있다.

먼저 이순신은 지장智將으로서 누구나 인정할 만한 실력을 갖추고 있었다. 예를 들어 개전 1개월여 전에 좌의정 유성룡이 보낸 《증손전수방략》이라는 전법서戰法書를 부하들과 함께 밤새워 연구한 것, 임진년1592년 첫해에 서로 다른 환경에서 펼쳐진 여러 해전에서 그가 펼친 맞춤형 전술들, 요충지인 한산도를 지킴으로써 일본군의 남해 진출을 막아낸 전략 등등, 이순신은 일일이 열거할 수 없을 만큼 뛰어난 실력을 보여 주었다.

사전에 전쟁 발생 가능성을 인지하고 거북선을 창제한 이순신의 뛰어난 창

한산도의 이순신(십경도)
현충사 소장

의력도 사실은 '실력'에서 비롯된 것으로 볼 수 있다. 그는 임진왜란 한 세대 전에 만들어진 판옥선과 각종 화기의 우수한 성능을 십분 활용해 일본 수군을 압도하는 전략전술을 마련했다. 이런 능력이야말로 그의 지장으로서의 면모를 잘 보여 주는 대목인데, 서애 유성룡이 그를 전라좌수사로 천거한 것도 그의 이런 실력을 잘 알고 있었기 때문이었다.

이렇게 지장으로서의 능력과 자신감을 갖추었기에, 그는 자신이 옳다고 판단하면 국왕까지도 설득하려고 했다. 물론 그것 때문에 불편한 오해를 사기도 했다. 하지만 풍전등화의 위기상황에서 지장 이순신을 제대로 알아보지 못하고 그에게 전권을 위임하지 못한 선조의 선택이 오히려 문제였다고 볼 수 있다.

그렇다면 그는 어떤 과정을 거쳐 탁월한 지장의 반열에 올라설 수 있었을까? 앞에서도 살펴봤듯이, 그의 할아버지는 조선 전기의 대표적인 지성인이었던 조광조의 제자였고 증조부는 연산군의 스승이었다. 이렇게 훌륭한 가문에서 태어나 자란 그는, 어린 시절부터 과거를 준비하면서 자연스럽게 유학의 높은 경지로 나아갔을 것이다. 다시 말해 이순신은 조선 초기의 사대부 가문 출신으로, 유학의 최고 수준을 공부한 엘리트였다. 그리고 20대에 무과로 전과轉科하면서, 이순신은 무과에 급제하기 전까지 조선 전기의 병서兵書를 섭렵하여 문무의 경전을 모두 공부함으로써 지장으로서의 기초를 다진 것이다.

이순신은 여기에 그치지 않고, 늘 연구하고 고민하는 자세를 견지했다. 이 때문에 그는 부하 장수들과 끊임없이 전략전술에 관해 토의했고, 전쟁 중에도《송사宋史》를 읽은 뒤 독후감을 남겼다. 또한 그의 《난중일기》와 《임진장초》에도 지장의 모습이 고스란히 녹아 있다.

임진왜란 기간 동안 그가 적에 대한 정보를 중시한 것도 지장으로서의 면모를 보여주는 예라 할 수 있다. 그는 거제도와 고성의 대금산, 벽방산 등에 정찰부대를 보내 적의 동향을 예의주시했을 뿐만 아니라, 적에게 잡혀 있다가 풀려나 돌아온 자들이나 전투에서 사로잡은 일본인 등을 심문하여 적에 대한 정확한 정보를 얻으려고 노력했다. 심지어 연해의 백성들에게서도 정보를 얻었다. 어찌 보면 장수로서 당연한 것일 수도 있지만, 이처럼 정보를 수집했던 것은 지장으로서 올바른 판단을 내리기 위한 수단이었다.

이순신은 휘하 장수들에 비해 전략전술적인 면에서 뛰어난 능력을 지니고 있었다. 그는 장수들에게 준비할 것과 시행할 것을 지시하고 그 결과를 지속적으로 확인했다. 휘하 제장들도 처음에는 힘이 들고 어려웠을지 모르지만, 이순신의 지시를 따른 결과 연전연승을 거두었고 어느 순간부터는 이순신과 호흡을 같이하는 단계까지 나아갔을 것이다. 즉 이순신은 부하장수들이 믿고 따를 수 있는 '실력'을 갖춘 지휘관이었다.

고금을 통틀어, 전쟁을 승리로 이끈 지휘관의 공통점 한 가지는 동시대 사람들이 생각하지 못한 그들만의 전략전술이 있었다는 것이다. 이순신은 조선 초기 이후 중시된 수군의 역사와 전통을 이은 것은 물론, 총통과 판옥선을 활용해 당시 어느 누구도 생각해내지 못한 최고의 해전술海戰術을 펼쳐 완승을 이끌었다. 이 과정에서 그는 지장으로서의 실력을 유감없이 발휘한 것이다.

이순신 리더십의 두 번째 특징은 훌륭한 '인품人品'이다. 다른 말로 '품성品性'이라고도 할 수 있는 인품은, 환경과 교육에 의해 길러지는 것이다. 그의 인품을 볼 수 있는 대표적인 사례는, 우선 어머니에 대한 효孝와 세상을 떠난 형들의

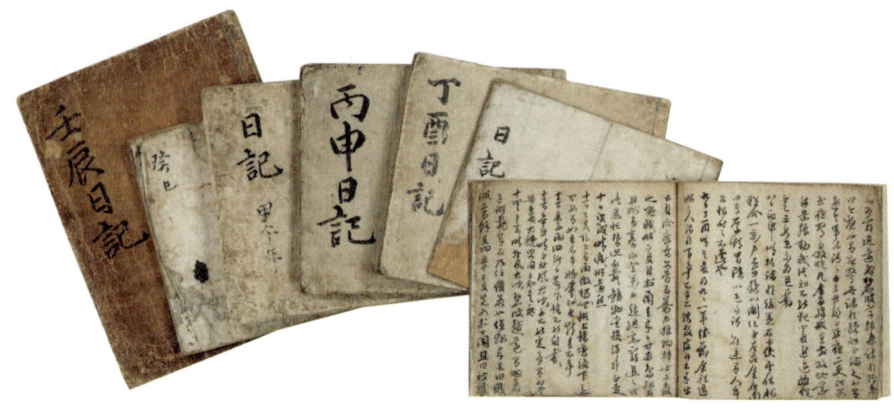

《난중일기(亂中日記)》 7책
국보 제76호, 현충사 소장.

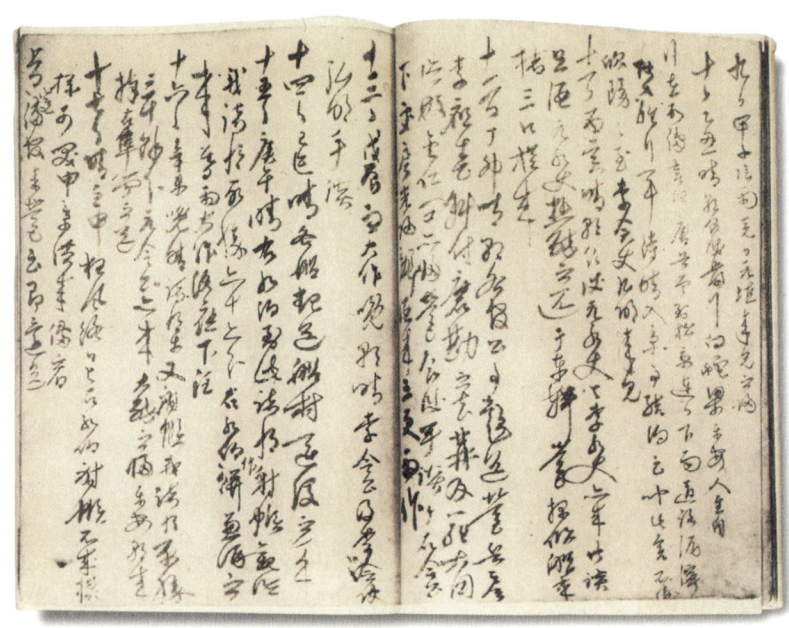

《난중일기》 본문
현충사 소장

자녀를 책임진 우애友愛를 들 수 있다.

먼저 이순신은 어려서부터 조선시대 유학의 최고 덕목인 효에 대해 배우며 자랐다. 그런데 그는 북방에서 건원보 권관을 지내는 바람에, 부친의 임종을 지키지 못했다. 더욱이 위로 두 분의 형과 아우가 먼저 세상을 떠나 홀로 남게 되자 어머니에 대한 애틋한 마음이 더 간절했던 것 같다.

《난중일기》에서 많이 나오는 장면 세 가지 가운데 하나가 바로 이순신이 어머니의 안부를 확인하는 모습이다. 전쟁 초기에 그의 어머니는 아산牙山 본가에 있었는데, 전쟁이 시작된 지 얼마 후에 여수의 고음내熊川로 이주했다. 추측건대 아들인 이순신이 전쟁 중에 어머니를 자신의 주둔지 근처로 옮겨 모신 것으로 추정된다. 하지만 이순신은 계사년 5월 이후 여수 본영에 있는 기간보다 한산도 진영에 머무는 기간이 훨씬 길었다. 이 때문에 휘하 군관이나 집안의 노복, 자녀들이나 조카들을 통해 어머니의 안부를 수시로 확인하고 있었던 것이다.

《난중일기》의 을미년1595년 부분에는 "어머님 소식을 들은 지 5일째, 7일째"라는 표현이 자주 보일 정도로, 어머니를 향한 이순신의 절절한 심정이 잘 드러난다. 특히 그해에 체찰사였던 이원익李元翼과 주고받은 편지, 즉 이순신이 어머니를 만나기 위해 휴가를 신청한 편지와 이원익의 답장은 두 사람의 진심이 담긴 명문名文이다. 그 내용을 다 소개할 수는 없지만, 이순신의 간절한 편지 내용과 이원익이 명확하게 허락하지 못하는 안타까운 답장은 읽는 이들에게 큰 감동을 준다.

이와 같이 팔순 노모에 대한 그의 효심은 이 시대 최고 가치를 실천하려는 의지이기도 했다. 하지만 그것보다 우선하는 것이 나랏일이었다. 갑오년1594년 1월 12일, 이순신의 어머니는 아들과 함께 하루를 보내고 헤어지는 자리에서, "잘 가거라. 부디 나라의 치욕을 크게 씻어야 한다."라고 두 번 세 번 강조했다고 한다. 역시 훌륭한 부모 밑에서 훌륭한 자식이 나온다는 평범한 진리를 확인할 수 있는 장면이라 하겠다.

이순신의 조카들에 대한 배려는 이미 앞에서 언급했기 때문에 간략하게 집고 넘어가려 한다. 어린 조카들을 친자식처럼 훈육해 모두 훌륭하게 성장시켜

│ 어머니를 봉양하는 이순신
해군사관학교박물관 소장

친자식보다 먼저 시집 장가를 보냈는데, 이것은 그와 형제들 사이의 우애가 매우 돈독했음을 보여 준다.

　그의 인품에서 볼 수 있는 또 한 가지는 백성에 대한 측은지심惻隱之心이다. 이순신이 전쟁 중에는 친족이나 이웃 중에서 병사를 대신 징발하는 제도를 끝까지 폐지할 수 없다고 주장한 것은 어쩔 수 없는 상황이었기 때문이다. 그는 출전 초기부터 연해의 백성들에게 해가 미칠 것을 우려해서 적에 대한 추격 작전을 포기한 예도 많았고, 전란으로 인해 고통 받고 있던 연해의 백성을 구제하려고 끊임없이 노력했다.

　이순신의 측은지심은 정읍현감으로 일하면서 백성들의 실정을 구체적으로 살핀 경험이나, 서애 유성룡과 도체찰사 이원익 등의 애민愛民 정신으로부터도 영향을 받았을 것이다. 이런 측은지심을 바탕으로, 그는 일본군의 침략으로 집을 잃고 떠도는 백성들을 불러 모아 농사를 지을 수 있도록 돕는 등 구휼할 수 있

는 방법을 최대한 모색했다. 그 결과 정유재란 때는 백성들이 스스로 살 길을 찾아 통제영 주변으로 모여들었다.

이순신의 이런 인품은 그가 지켜온 철저한 공사公私 구분과 신상필벌信賞必罰 원칙과도 조화를 이루고 있었다. 앞에서 살펴봤듯이, 그는 엄격한 법 집행을 통해 엄정한 군기를 유지했다. 하지만 그것은 대의를 위해 어쩔 수 없는 것일 뿐, 사람을 미워한 것은 아니었다. 이런 점은 그가 자녀를 훈육한 사례를 통해서도 확인할 수 있다. 한번은 누군가가 죄를 범해 이순신에게 처벌을 받게 되었는데, 그때 아들 가운데 하나가 "그 죄가 무거우니 엄하게 처벌해야 합니다."라고 말했다. 이때 이순신은 아들에게 "형벌은 법대로 할 일이고, 법을 집행하는 자의 아들 된 자는 당연히 남을 살리는 방도를 제안해야지 무거운 벌을 청하는 것은 옳지 못하다."라고 조용히 타일렀다고 한다.

이처럼 "죄를 미워하되 사람은 깊이 사랑한" 이순신은, 냉철한 지휘관이자 무척 감성적인 휴머니스트였다. 그는 진영을 순찰하러 가는 길에 흐드러지게 피어난 봄꽃을 보며 느낀 감흥을 일기에 남겼고, 고기 잡는 모습을 보고 장쾌하다고 말하면서 술잔을 기울이기도 했다.

또한 그는 걱정이 많은 평범한 인간의 모습을 자주 보여 주었다. 아들로서 노모를 걱정하고 그리워하는 모습, 장수로서 앞날이 위태로운 나라를 바라보며 느끼는 심란함, 아버지로서 아들의 배가 잘 도착했는지를 염려하는 마음 등이 일기에 여러 차례 나온다. 특히 그는 보름달이 뜰 때 환한 달빛을 받으며 심란한 자신의 심정을 자주 일기에 남겼는데, 그중에는 〈한산도가閑山島歌〉처럼 유명한 시도 있다. 이 시를 보면, 그가 '보름달 증후군'에 흠뻑 빠져 있었다고 봐도 좋을 것이다.

이처럼 이순신은 아름다운 것을 보면 그 아름다움을 즐기곤 했고, 달 밝은 밤에 상념에 잠겨 잠을 못 이루기도 했다. 또 그럴 때는 퉁소와 거문고를 연주하게 하여 수군들과 함께 듣기도 했는데, 이순신은 이렇게 전쟁 중에도 인간미를 물씬 풍기는 다양한 장면들을 연출했다. 그의 일기에는 해海로 하여금 퉁소를 불게 하고, 영수永壽로 하여금 거문고를 타게 하는 장면이 몇 차례 나온다. 사실 이런 감성적인 면마저도 어려서부터 받은 조선의 품격 있는 유교 교육의 영향 때문이 아닐까 생각해 본다.

마지막으로 이순신의 리더십이 보여 주는 가장 큰 특징은 '소통疏通의 리더십'이다. 전쟁이라는 특수한 상황 때문이기도 했지만, 이순신은 선조에게 장계狀啓를 올려 당시 수군이 처한 형편과 전쟁 결과, 적의 동향 등을 수시로 보고했다. 선조의 직접적인 지시나 편지도 여러 차례 받은 것으로 볼 때, 그는 수군 책임자로서 그 운영 방식을 놓고 최고 의사 결정권자인 왕과 직접 소통했음을 알 수 있다. 심지어 이순신은 국왕과 세자의 뜻에 부합하지 않는 것이라도 옳다고 판단한 것에 대해서는 자신의 의견을 거침없이 개진했다.

또한 그는 자신보다 상관인 문신들과도 두루 소통하는 모습을 보여 주었다. 남인이었던 서애 유성룡을 제외하고, 원균을 이끌어주던 윤두수·윤근수 형제, 서인 심충겸 등 당색이 다른 관료들과도 수시로 편지를 주고받았다. 이순신은 자신을 지지하는 이들 외에도, 영향력 있는 다수의 인물들에게 당시 수군의 상황과 자신의 요구사항 등을 최선을 다해 전달하려 애썼던 것으로 보인다.

또한 그는 도원수나 순찰사, 그리고 종사관이 된 정경달 등에 이르기까지 문신들과의 업무 협조가 원활한 편이었다. 도원수나 순찰사의 경우 상황에 따라 의견이 다르거나 갈등이 발생하는 경우가 더러 있었는데, 그때마다 그는 대화나 편지 등을 통해 사태를 잘 조정하고 해결해 나갔다.

이순신은 휘하의 지방관이나 장수들과도 평소 자주 대화를 나누었다. 이를 위해 그는 부하 장수들과 자주 식사를 하거나 술자리를 가졌다. 전쟁 중인데도 생각보다 술을 마신 경우가 많아 놀랍기도 하지만, 언제 어떻게 될지 모르는 전장에서 더위와 추위, 그리고 바닷가의 습한 날씨와 싸웠던 장수들의 입장을 생각해 보면 술자리가 필수적일 수도 있었겠다고 생각해 본다. 하지만 이순신은 술을 먹고 난 뒤에 술주정을 하거나, 다음날의 출전이나 작전에 지장을 준 경우는 엄하게 문책했다.

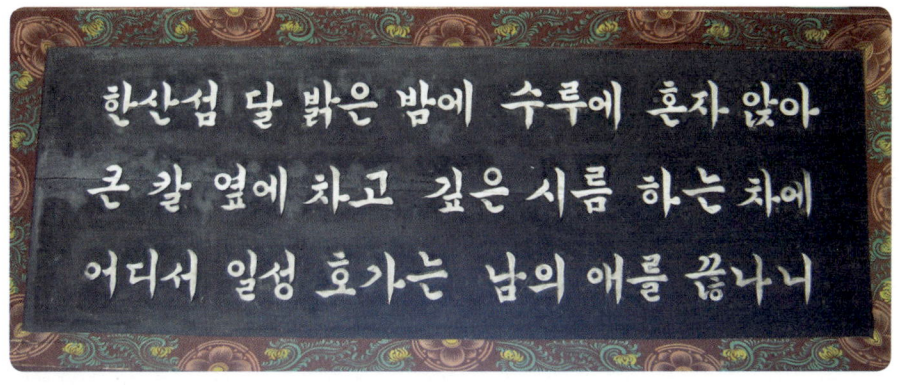

한산도가
한산도의 수루에 걸린 액자

훗날 이순신의 다섯 번째 아들이라고 표현할 정도로 이순신을 지근거리에서 보좌한 핵심 측근들은 순천부사 권준權俊, 방답첨사 이순신李純信, 흥양현감 배흥립裵興立, 녹도만호 정운鄭運, 광양현감 어영담魚泳潭이었다. 이들 외에도 전라우수사 이억기 등 그와 자주 어울린 인물들도 열거할 수 없을 만큼 많다. 이들은 수시로 만나 함께 활을 쏘거나, 전략전술과 군사 관련 업무에 대해 토론하고 함께 식사하며 술자리를 가졌다.

당시 고령이었던 이순신은 술을 자주 마신 데다 가끔 폭음도 했기 때문에, 종종 구토를 하는 등 속이 좋지 않았다. 이 때문에 그는 온백원溫白元이라는 다소 독한 위장약을 복용했다고 한다. 그가 술을 즐긴 이유는 오로지 부하들과의 소통 때문이었다. 고금을 막론하고 부하들로부터 솔직한 이야기를 듣고 소통할 수 있는 지휘관이 얼마나 있을까? 이순신은 항상 열린 자세로 부하들의 의견을 청취하고, 자신의 의견을 개진했다. 이를 통해 그는 자신의 목표를 자연스럽게 부하들에게 전달했고, 부하들은 이순신의 의지나 목적을 정확히 파악할 수 있었다.

중요한 것은 이순신의 주변에 인재들이 몰려들었다는 것이다. 그의 휘하에는 돌격장 정운, 작전참모 어영담, 지략가이자 명궁인 권준 등 훌륭한 장수들이 많았다. 그는 휘하 장수들이 능력을 발휘할 수 있도록 인사 조직과 업무 기획을 했고, 그들을 믿고 주요 업무를 맡겼다. 믿는다는 것과 지시 사항을 확인하지 않는다는 것은 다르다. 오늘날에도 "부하를 100퍼센트 믿지만, 지휘관이 반드시 확인한다."라는 모토를 가진 부대가 있다고 한다. 이순신도 부하들을 믿고 업무를 맡겼지만, 항상 철저하게 확인했고 때에 따라서는 그들과 함께 업무를 수행했다.

최고 지휘관은 부하들에게 많은 시간을 할애해야 한다. 이순신도 예외가 아니어서, 그는 날마다 공무를 처리한 뒤에 일정한 동선을 따라 움직였다. 즉 활터 정자에 올라 자연스럽게 군사 관련 업무를 논의했고, 제장과 함께 활을 쏘며 심신을 단련했다. 이순신의 목표는 곧 장수들의 목표가 되었고, 이것은 다시 말단 병사들에게까지 잘 전달되었던 것으로 추정된다.

앞서 언급한 활쏘기의 경우, 이순신은 무언의 지시를 몸소 행함으로써 부하들과 소통했다고 볼 수 있다. 당시 조총보다 사정거리가 길고 분당 발사 속도도 빠른 활이야말로, 배를 붙이고 선상에서 육박전을 벌이기 전에 적을 사살하고 적선을 불태우기 위한 최고의 개인용 무기였다. 때문에 이순신은 부상·출전·훈련 등으로 불가능했던 경우를 제외하고 날씨가 좋은 날은 거의 매일 활쏘기를 했다.

이순신은 제장뿐만 아니라 공적인 업무와 사적인 인연으로 만난 모든 사람들과 신분이나 나이를 초월해 한마음으로 소통했다. 그는 전란을 극복해야 하는 수군 지휘관으로서 적의 정보를 얻을 수만 있다면, 포로로 잡혔다가 탈출한 사람들, 목동이나 승려, 기타 일반 백성 등 신분의 고하를 가리지 않고 적극적으로 만남을 가졌다. 이런 과정을 통해 그는 가능한 한 많은 정보를 정확하게 파악하려고 노력했으며, 중요한 정보를 전달했을 때는 기록으로 남겼다. 또한 백성들에게 그때그때 양식을 지급하거나 물건을 주어서 보내는 등 일반 백성들이 그에게 쉽게 접근할 수 있도록 길을 열어 주었다.

나라의 존망이 걸린 전쟁을 치르는 동안, 이순신의 리더십은 약한 힘들을 하나로 뭉쳐 큰일을 해낸 성공적 리더십의 전형적인 사례다. 정리하자면, 탁월한 '실

력', 모두가 존경할 만한 '인품', 그리고 목표를 공유하고 함께 노력하는 '소통'이야말로 충무공 이순신이 거둔 성공의 기반이었다.

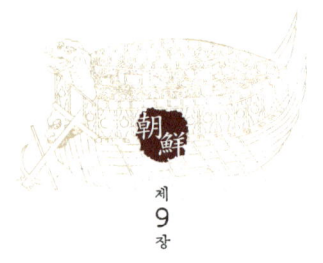

제 9 장

백의종군과
칠천량해전의 패배

조선을 제외한 명·일 양국 간의 강화교섭은 말 그대로 '지루하게' 진행되었다. 양측이 제시한 강화 조건을 들여다보면, 상대방이 받아들일 수 있는 부분이라고는 전혀 없었다. 양측의 강화파들이 억지로 진행한 강화교섭이었으니 순조롭게 진행될 리가 없었던 것이다. 당시 일본 측은 관백關白 도요토미 히데요시의 항복 문서를 위조해서 명나라 조정에 바치기까지 했다. 이에 명나라는 일본군이 조선 땅에서 완전히 철수하기를 기다리느라 시간을 허비할 수밖에 없었다.

이 시기에 이순신은 강화교섭 진행과는 무관하게 일본과의 전쟁을 이어 나가기 위해 착실하게 준비하고 있었다. 이순신이 백의종군을 하게 된 배경을 살펴보

웅포 해전지

웅포 해전지를 항공 촬영한 것으로 안쪽에 보이는 간척지 부근은 당시 바다였을 것으로 추정된다.
해군사관학교박물관 사진 제공.

기 전에, 이순신과 조선 수군이 강화교섭기에 겪은 주요 사건들을 시간의 흐름에 따라 추적해 보자.

강화교섭이 시작된 계사년癸巳, 1593년에는 조정에서 연초부터 출전 명령을 내려, 이순신의 조선 수군은 2월 초부터 4월 초까지 약 2개월간 웅천熊川 지역의 일본군을 공략하려고 출전했다. 하지만 일본군이 전투를 회피하며 포구 안에서 지키기만 하는 바람에 이렇다 할 성과를 거두지 못했다. 이어서 5월 초에는 여수 본영을 떠나 겨울에 다시 돌아올 때까지 거의 6개월여를 한산도 부근에서 적과 대치하며 보냈다. 이 시기에도 일본 수군은 여전히 해전을 회피하고 있었다. 그해 8월말에 삼도수군통제사 직책이 신설되고 초대 통제사로 이순신이 임명되었으나,《임진장초》를 보면 그는 10월 1일이 되어서야 임명 사실을 확인한 것 같다. 따라서 실제로 이순신이 통제사 임무를 시작한 것도 이때부터라고 볼 수 있다.

이순신이 50세가 된 갑오년甲午·1594년에는 1월 중순부터 한산도 진영에 나가 바다를 지켰다. 1월 말부터 전선을 건조하기 시작했는데, 앞에서 설명했듯이 당시 조선 수군은 군량 부족과 전염병 창궐로 최악의 상황을 맞고 있었다. 2월 중순에는 하루에도 200여 명씩 사망자가 속출했고, 3월에는 이순신 자신도 전염병으로 달포를 고생했다. 4월 10일에는 이순신의 핵심 작전참모였던 어영담魚泳潭도 전염병으로 숨을 거두었다. 이처럼 전염병으로 인한 전력 손실이 가장 심각해진 것이 바로 갑오년 봄부터였다.

이런 상황에서도 이순신은 2월에 경상 좌·우도의 군선과 무기 등을 점검하는 것을 시작으로 삼도수군통제사의 역할을 수행했다. 2월 말에는 종사관 정경달이 한산도로 와서 이순신과 만난 뒤 임무를 수행하기 시작했고, 4월 초에는 진중에서 무과武科를 시행했다. 이어 4월, 7월, 8월에는 각각 순무어사에게 전쟁 연습 시범, 명나라 장수 장홍유張鴻儒 등의 진영 방문, 그리고 도체찰사 이원익李元翼의 한산도 진영 시찰 등이 이어졌다.

이어서 이순신은 1594년 9월 말부터 10월 초까지 무군사撫軍司의 좌의정 윤두수가 주도한 거제도 공략작전에 참가했으나, 일본군이 또다시 해전을 회피하는 바람에 별다른 전과를 거두지 못하고 허점만 드러냈기에 오히려 문책을 받을 뻔했다.

상황이 계속 좋지 않았던 을미년乙未·1595년 3월에는 한산도로 이동하던 충청수사 이계훈李繼勛 등 140여 명이 화재로 익사하는 참사가 일어났다. 게다가 열악한 상황이 이어지자, 이순신은 3도 중위장中衛將으로 하여금 각각 5척의 전선을 이끌고 견내량을 지키게 하는 임시 조치를 취했다. 그해 8월 말에는 도체찰사 이원익이 수군을 시찰했는데, 이때 이순신은 수병 5,400여 명에게 특식特食을 제공했다. 이순신이 수병들에게 특식을 제공한 것과 같은 행위를 당시 용어로 호궤犒饋라 하는데, 이는 "음식을 먹여 위로한다."라는 뜻이다. 이때 통제사 이순신은 특식을 미리 준비해서 체찰사로 하여금 수군을 위로하게 했다고 한다.

그해 가을에 풍년이 들면서 비로소 수군의 전력을 강화해 나갈 수 있었다.

병신년丙申·1596년에는 상황이 다소 호전되어 수군의 전력을 강화할 수 있었다. 이순신은 그해 2월 초와 4월 초에 각각 군사들을 위한 잔치를 베풀어 군사들의 사기를 높였고, 장수들과의 관계는 이전과 마찬가지로 활쏘기, 회의, 회식 등을 통해 원활한 소통이 이루어지고 있었다. 7월에는 순찰사와 만났고, 윤8월에는 체찰사와 순찰사를 함께 만나 수군의 전력 강화 방안을 논의했다.

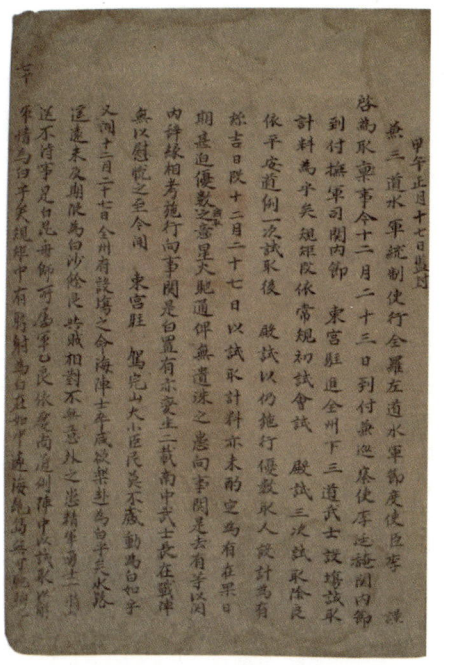

《임진장초(壬辰狀草)》 1593년 12월 29일 부분
한산도 진중에서 과거를 치를 수 있도록 청하는 이순신의 장달.
현충사 소장.

그해 6월 중순에 일본으로 건너간 양방형楊方亨 등 책봉 사절은 9월이 되어서야 히데요시를 만났다. 하지만 사절에게서 받은 책봉 내용이 자신의 강화조건과 전혀 다른 것을 확인한 히데요시는 책봉을 거부하고 재침을 선언했다. 당시 명나라의 책봉 사절을 수행한다는 의미의 '근수跟隨' 명목으로 함께 일본에 건너갔던 황신黃愼은 이런 사실을 곧바로 조정에 보고했다. 병신년 11월 초에 이 보고서가 조정에 도착했고, 이에 따라 조선 조정은 일본의 재침에 대비한 조처들을 취해 나갔다.

사실 이런 결과는 어느 정도 예견된 것이었다. 이 때문에 명나라에서도 일본이 재침할 경우 즉시 원병援兵을 보내겠다는 약속을, 일본이 재침을 선언한 무렵인 9월 중순에 조선에 전달했다. 한 가지 재미있는 사실은 황신이 일본에서 보낸 긴급 보고서에는 '수륙병진水陸並進'과 '전라도 우선 공략'이라는 일본의 전쟁

전략이 포함되어 있었다는 점이다. 이는 전쟁 초기에 이순신 연합함대에 막혀 실패한 해로를 공략함으로써, 전라도 지역을 반드시 점령하고야 말겠다는 일본 수뇌부의 결의를 담은 것이었다. 이 사실은 조선 조정뿐만 아니라 전군全軍에 곧바로 전파되었고, 조정도 이에 대한 방어책을 세워 나갔을 것으로 추정된다.

이와 같은 일본의 전략에 대응하기 위해 조선 조정도 수륙 양면에서 전쟁을 준비했다. 특히 해전에서는 전쟁 초기에 전과를 올린 연합함대를 활용해 적침을 막겠다는 것과, 육전에서는 조선이 몇 차례 결정적인 승리를 거둔 바 있던 수성전守城戰을 펼친다는 대응 전략을 수립했다.

구체적으로 말하면, 적침이 예상되는 주요 지역의 백성과 식량 등을 모두 주변의 산성으로 옮기고 그곳을 지키는 견벽청야堅壁淸野와 산성입보山城入堡 전술을 준비했다. 청야전술은 우리나라가 고대부터 주로 사용한 대표적 전술이다. 적의 병참선을 길게 하는 동시에 현지에서의 식량 조달을 불가능하게 만드는 방법으로, 깊숙이 들어온 적이 피곤해진 뒤에 섬멸하는 작전이었다. 즉 육전에서는 우리의 장기를 활용해 적침을 막는 작전을 세우고 준비 단계에 돌입했다.

다른 한편으로 조선 조정은 수군을 활용해 적침을 막겠다는 해로차단海路遮斷 전술을 준비하는 과정에서 결정적 실책을 저지르고 만다. 그것은 바로 삼도수군 통제사를 이순신에서 원균으로 교체한 것이다. 정유재란을 눈앞에 두고 이루어진 수군 최고 지휘관 교체는 무엇 때문이었을까? 이것은 이순신과 원균의 갈등 관계와 두 사람을 둘러싼 정치권의 알력, 그리고 국왕 선조의 오판誤判 등 몇 가지 요인이 복합적으로 작용한 것이었다. 이 점에 대해 좀 더 살펴보면 다음과 같다.

이순신과 원균의 성장 과정과 갈등 관계에 대해서는 앞에서 언급했기 때문에, 여기서는 강화교섭기 이후의 상황만 살펴보고자 한다. 이미 개전 초기 첫 번째 출전 때부터 틈이 벌어지기 시작한 두 사람의 관계는 계사년1593년 10월, 이순신이 초대 삼도수군통제사에 임명되면서 그 이전보다 더 악화되었다.

겉으로 드러난 두 사람의 관계는 이전과 비슷했다. 원균은 여러 가지 업무 때문에 이순신을 자주 만났는데, 그때마다 술에 취해 주사를 부렸다. 이순신은 이

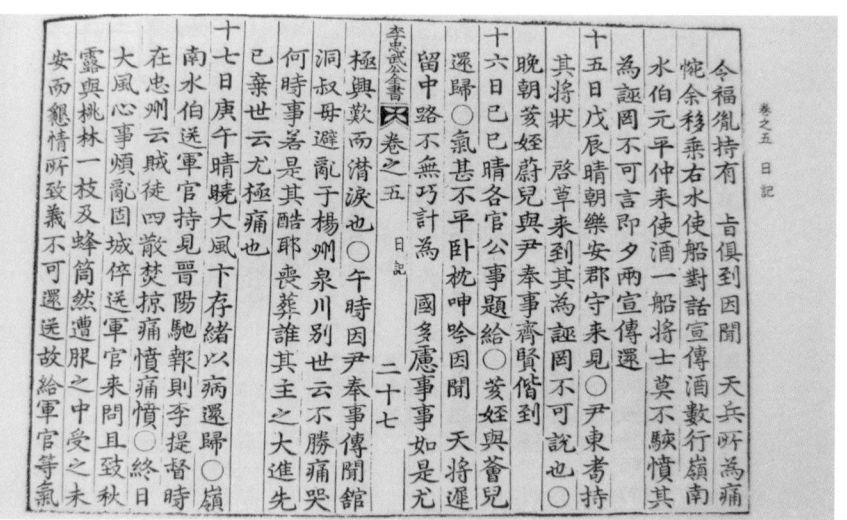

《이충무공전서》에 수록된, '이순신이 원균을 비난하는 계사년 5월 14일 일기'
오른쪽에 원균이 술에 취해 망발한 것을 비난하는 내용이 보인다.
해군사관학교박물관 소장.

런 원균의 행패에 대해 《난중일기》에 가감 없이 적었다. 두 사람은 이미 건널 수 없는 강을 건넜다고 할 정도로 서로 감정이 상한 상태였기 때문에, 훌륭한 인품의 이순신도 원균에 대해서만큼은 흉패凶悖·흉악하고 도리에 어긋남, 무망誣罔·거짓되고 속임, 다광多狂·광기가 많음 등으로 표현하거나 아예 원균을 흉공 혹은 흉인凶公·凶人으로 기록할 정도였다.

원균은 이순신이 삼도수군통제사가 된 뒤에도 이순신의 명령에 따르지 않거나 비협조적인 태도로 일관했던 것으로 알려지고 있다. 그렇다면 경상우수사 원균이 명령에 죽고 사는 군인으로서 합당하지 않은 행동을 한 이유는 무엇이었을까? 앞에서 언급했듯이, 원균은 나이나 경력 면에서 이순신보다 한참 선배였기 때문에, 이순신이 삼도수군통제사가 되었다 하더라도 이순신의 지시에 따르지 않았던 것 같다. 원균의 이런 잘못된 처신 때문에, 이순신은 곤란한 상황에 처하는 경우가 많았을 것이다.

상명하복을 원칙으로 하는 군대에서, 그것도 본이 되어야 할 최고 지휘부에서 명령불복종 행태가 반복되자, 이순신은 갑오년1594년 11월 거제도 공략작전에 실패한 직후 삼도수군통제사에서 물러나게 해달라고 요청한다. 그때서야 두 사람의 갈등이 심각하다는 것을 인식한 조정에서는, 원균을 충청도 병마절도사로 승진 발령하는 것으로 상황을 마무리했다. 하지만 두 사람의 갈등은 이것으로 끝나지 않았다.

사실 두 사람의 갈등과 관련해서 지금까지 여러 설들이 난무했으나, 원균이 일방적으로 이순신을 모함했다는 설이나, 서인과 남인이 서로 자신들이 지지하는 인물을 통제사로 삼으려고 다퉜다는 당쟁 관련설 등이 힘을 얻어 왔다. 하지만 이런 설들은 타당한 면이 있긴 하지만, 지나치게 과장된 면도 적지 않다. 한 가지 덧붙인다면, 이런 인사 문제와 관련해서는 사실상 키를 쥐고 있던 선조의 역할에 대해 좀 더 살펴봐야 한다. 왜냐하면 예나 지금이나 인사권자, 특히 군 통수권자의 의지와 결정이 가장 중요한 변수였기 때문이다. 사실 정유재란을 앞두고 이순신이 파직되고 삼도수군통제사가 원균으로 교체된 데는 그 누구보다 선조의 판단과 선택이 결정적이었다.

선조는 앞서 갑오년1594년 11월에 원균을 경상우수사에서 충청도 병마절도사로 옮겨 임명할 당시의 논의 과정에서, 당시 영의정 유성룡에게 "이순신이 혹시 일에 게으른 것은 아닌가?" 하고 질문한 적이 있다. 이에 유성룡은 "이때까지 지탱한 것도 이순신의 공입니다. 그는 수륙의 모든 장수들 가운데 가장 뛰어납니다."라고 대답했다. 하지만 이순신이 통제사로 임명된 지 1년여가 되는 시점부터, 선조는 이순신이 일 처리를 제때 하지 않고 게으름을 피운다고 의심하기 시작했다.

하지만 원균에 대한 선조의 평가는 전혀 달랐다. 선조는 원균을 보기 드문 용장勇將으로서 쓸 만한 장수라고 인식했다. 그는 "원균이 습증濕症에 걸린 몸으로 오랫동안 해상에 있으나 일을 싫어하는 생각이 없고 죽기를 각오했다."라는 말을 전해 듣고, "원균이 하는 일을 보니 가장 가상히 여길 만하다."라고 평가했다. 선조는 두 사람의 갈등으로 인한 체직遞職·직책을 바꿈 논의에서도 "군율은 이순신도

어졌으며, 따지고 보면 그의 죄가 원균보다 더 크다."라는 견해를 밝히기도 했다. 이처럼 선조는 원균에 대해 긍정적으로 생각했고, 그를 전시에 필요한 용장으로 간주했다. 그런데 선조가 이렇게 생각하게 된 것은, 다수의 신료들로부터 원균을 두둔하는 이야기를 들었기 때문이었다.

당시 조정에서는 원균을 "전공戰功을 세운 용감한 장수"로 평가하며 긍정적으로 여기는 사람들이 있었다. 특히 정탁鄭琢은 원균을 후원했던 서인西人계 인물이 아니었는데도, "원균은 군사들이 따르니 쓸 만한 장수"라고 평가하면서 원균을 수사水使 직책에서 교체시키지 말 것을 주장했다. 같은 자리에 함께 한 김응남金應南은 이순신이 사퇴를 자청한 게 부당하다고 지적하면서, 원균의 노고를 위로해야 한다고 주장했다. 이와 같이 신료들은 원균을 이순신과 함께 공을 세운 용장으로 여겼다.

한편 을미년1595년 가을에 삼남의 도체찰사가 된 이원익은 부임한 뒤 각 지역을 시찰하는 과정에서 통제사 이순신을 만났고, 이때 두 사람은 서로 긍정적인 면에서 영향을 주고받았다. 먼저 이순신은 그를 만난 뒤 백성을 위한 그의 정책이나 생각에 감명을 받고, 자신도 백성의 고통을 덜어주어야겠다는 생각을 하게 되었다고 한다. 이원익은 이순신을 만난 뒤 여러 가지 공무를 논의하는 과정에서 그의 업무 능력에 만족하고 삼남에서 가장 믿을 만한 장수로 인식했다. 도체찰사로 있는 동안 이원익은 삼도수군통제사 이순신과 자주 만났고, 때로는 밤늦은 시간까지 함께 의논하는 등 상당히 우호적인 관계를 유지했다.

하지만 조선의 최고 권력자였던 선조는 여전히 원균에 대해 호감과 신뢰를 보였다. 원균이 충청병사로 있으면서 사간원司諫院으로부터 '범람泛濫, 탐욕貪慾, 포학暴虐' 등의 이유로 탄핵을 당했을 때, 선조는 그를 분수를 아는 사람이자 명장이라고 평가하면서 탄핵을 허락하지 않았다. 하지만 원균에 대한 선조의 인식은 철저한 검증에서 온 것이 아니었다. 그렇기 때문에 선조는 원균을 과대평가해 결정적 순간에 삼도수군통제사를 교체함으로써 나라를 치명적인 위기에 빠뜨리고 말았다.

이순신과 원균에 대한 임용과 관련된 논의가 이루어진 것은 병신년1596년 6월, 책봉 사절이 일본에 건너간 무렵이었다. 이때 김응남은 이순신과 원균이 모두 명장이라고 인정하면서, 거제도를 지킬 적임자로 원균을 추천했다. 그러자 선조는 이순신에 대해 "처음에는 힘써 싸웠으나, 그 뒤에는 성실하지 않다."라고 하면서, 세자가 무군사無軍司로 불렀는데도 오지 않았다고 지적했다. 이와 같이 이순신을 불신하고 의심한 선조는, 원균이 이순신을 능가하는 용장이라는 근거 없는 믿음을 갖고 있었던 것 같다. 하지만 이때의 논의는 인사 조치로 이어지지 않고 논의 단계에서 끝났다.

같은 해 7월에는 이몽학李夢鶴의 난이 일어나 전라도 의병장 김덕령金德齡이 억울하게 옥사獄死하는 사건이 일어났다. 이때 선조는 전라도 지방을 수습하는 차원에서 원균을 전라병사全羅兵使로 임명했다. 원균을 이순신과 동급의 지휘관으로 임명해 지근거리에 둠으로써 사실상 이순신을 견제할 수 있도록 한 것이다. 이 사실을 보더라도, 선조가 원균을 얼마나 신뢰했는지를 알 수 있다.

한편 병신년1596년 10월에 한 달여 동안 조정에 들어와 전쟁준비 관련 논의에 참석했던 도체찰사 이원익은 두 사람에 대해 크게 상반된 평가를 내렸다. 우선 그는 선조가 이순신의 됨됨이에 대해 묻자 "이순신은 많은 장수들 가운데 가장 쟁쟁한 자이며 태만한 모습을 보지 못했다."라고 답했다. 또 선조가 지휘관 이순신의 통솔 능력에 대해 묻자, 경상도에 있는 장수 가운데 가장 훌륭하다고 답했다. 이와 같이 이원익은 이순신에 대해 자신이 느낀 대로 가장 믿을 만한 지휘관이라고 호평했다.

반면 원균에 대해 처음에는 "평상시에는 상관과의 관계가 화목하지 못하지만, 전투에서는 제법 기용할 만하다."라고 언급했다. 이에 선조가 원균에 대해 "나랏일을 위해 정성스럽고 죽음도 두려워하지 않는다."라고 칭찬하자, 이원익은 "그가 거둔 전공戰功 때문에 인정할 뿐이지, 따지고 보면 결코 등용해서는 안 되는 인물이다."라고 평가하면서 "원균에게는 미리 군사를 주면 안 되고, 전투가 벌어졌을 때나 군사를 맡겨 돌격하게 해야 한다."라고 하면서 평상시에는 군사를

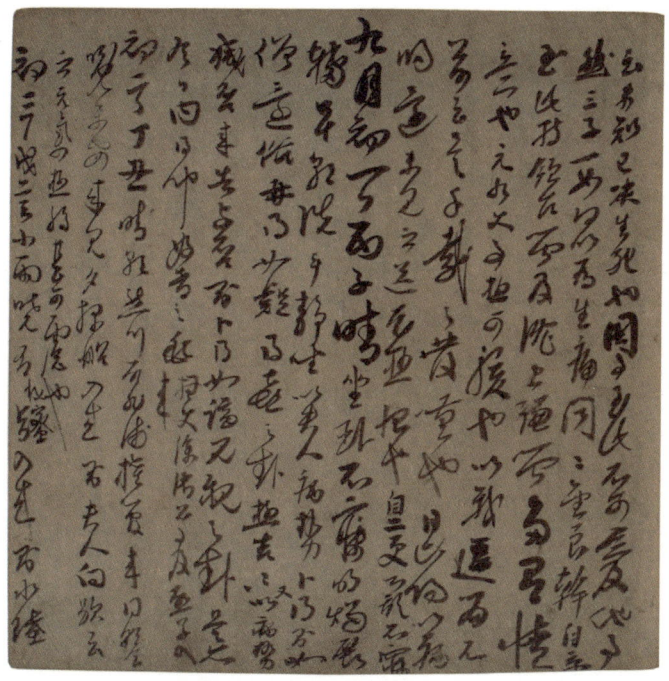

《난중일기》〈갑오일기(甲午日記)〉
1594년 8월 30일 이순신의 일기.
이순신은 자신을 향해 머뭇거리며 앞으로 나아가지 않는다고 한 원균의 처사를 성토했다.
현충사 소장.

맡길 수 없다고 혹평했다.

같은 날 이루어진 논의 가운데 재미있는 대목이 있는데, 선조가 도체찰사 이원익에게 쓸 만한 장수를 천거하라고 하자 이원익이 "장수에 합당한 사람은 얻기가 매우 어려워서 쉽게 말할 수 없습니다."라고 답했다. 이 답변에 대해 이원익이 대신으로서 천거의 직분을 다하지 못했다고 비난하는 사론史論이 남아 있다. 그런데 이런 이원익의 신중한 태도로 보아, 그가 이순신과 원균에 대해서도 매우 신중하게 평가했음을 알 수 있다.

일본에서 보낸 황신의 비밀 보고가 조정에 도달하자, 조선은 일본의 재침에 대비해 앞에서 밝힌 청야입보淸野入堡와 해로차단海路遮斷을 대응 전술로 정하고 이를 위한 준비에 돌입하였다. 그중에 해로차단 전술은 수군을 적극 활용해 일본의 침입을 해상에서 격퇴한다는 것이었다. 이를 위해 병신년1596년 11월 9일, 윤근수尹根壽는 원균을 다시 경상우수사로 임명할 것과 삼도수군통제사 직책이 임시직이므로 원균을 경상도 통제사로, 이순신을 전라도 통제사로 삼을 것, 그리고 이순신에게 요충지인 거제도를 점령하도록 명령할 것 등 세 가지를 건의했다. 이에 대해 선조는 긍정적인 답변을 내려 주었다.

윤근수가 상소를 올린 날에 열린 회의에서 선조는 원균에 대한 대신들의 의견을 물었다. 유성룡은 원균이 평소 부하들에게 신망을 잃어 배신하는 자가 많으니 결코 쓸 수 없다고 했고, 직속상관인 이원익 역시 수군에서 이순신을 옮길 수 없고 만약 옮긴다면 일마다 잘못될 것이라고 단언했다. 이 때문에 이날 회의는 아무것도 결정하지 못하고 끝나고 말았다. 하지만 선조와 윤두수 등이 원균을 경상우수사로 재기용하라고 집요하게 요구하는 바람에, 도체찰사 이원익도 10여 일이 지난 11월 17일에는 이들의 의견에 따를 수밖에 없었다.

그 뒤 이순신에게 결정적으로 불리한 두 가지 사건, 즉 부산의 일본 진영 방화放火에 대한 논공 사건과 고니시 유키나가 등에 의한 반간계反間計 사건이 일어났다. 먼저 병신년1596년 12월 12일에 일어난 부산의 일본 진영 방화사건은 같은 달 19일 명의 도사都司 호응원胡應元이 "왜영倭營에 불이 나서 1,000여 채의 가옥과 미곡창고·군기 등이 모두 타버렸다."라는 정보를 전달하면서 조정에 처음 알려졌다. 이후 정유년1597년 1월 1일과 2일에 각각 통제사 이순신의 방화 군공을 청하는 보고서와 부체찰사 김신국金藎國이 동일한 건으로 올린 보고서, 즉 도체찰사 휘하의 정희현鄭希玄과 수군 허수석許守石 등이 일본 진영을 불사른 공로자이므로 포상해 달라는 장계가 올라왔다.

이순신은 보고서를 올리면서, 휘하 군관들이 방화한 내용과 현지의 도훈도都訓導 김득金得 등이 방화한 사실을 함께 포함시켰다. 이로 보건대 사건의 실상을 조사하지 않은 채 이순신의 포상 신청을 '허위보고'라고 단정하는 것은 성급한 결론

이 아닐 수 없다. 실제로 김수金睟와 이정형李廷馨 등은 이 점에 대해 현지의 상황을 잘 알 수 없고, 변방의 일을 멀리서 헤아릴 수 없으니 서서히 처리하자며 신중론을 폈다.

다음으로 우리에게 잘 알려진 반간계 사건은 일본 측 고니시의 지휘 하에 대마도주 소 요시토시宗義智와 요시라要時羅가 주도해 꾸민 사건으로, 고니시 유키나가와 가토 기요마사의 갈등 관계를 이용해서 통제사 이순신을 파직시키려고 이중간첩 작전을 펼친 것이었다. 이 작전은 적절한 시기에 성공적으로 펼쳐져 이순신의 신중한 대처를 국왕의 명령에 대한 불복종으로 만들어 버렸다.

이순신은 적으로부터 나온 정보를 그대로 믿을 수도 없었고, 또 이것이 일본의 술수임을 간파했기 때문에 신중할 수밖에 없었다. 특히 부산 해역은 외해外海의 파도로 인해 항해하기가 쉽지 않고 정박할 만한 항구가 없으며, 우리 함대의 움직임이 적에게 모두 드러나 출전하기 쉽지 않은 곳이었다. 또한 가토를 잡기 위해 많은 전선을 거느리고 가면 적에게 들키기 쉬울 것이고, 소규모 선단으로 진군할 경우에는 일본군의 기습을 받을 염려도 있었다. 이런 여러 가지 이유로 통제사 이순신이 신중한 태도를 보이자, 선조는 "한산도의 장수는 편안히 누워서 어떻게 해야 할 줄을 모른다."라고 지적하며 "우리나라는 끝났다."라고 극언까지 하면서 불편한 심기를 드러냈다.

그 직후인 정유년1597년 1월 12일, 조선 조정은 가토가 150여 척을 이끌고 울산의 서생포西生浦에 도착했고, 그를 잡을 수 있는 기회를 잃었으니 매우 애석하다는 고니시의 언급을 기록한 황신黃愼의 보고서를 받았다. 이날 선조는 곧바로 "가토가 도해했으니 나랏일이 이미 결딴났다."라고 하면서 가토를 잡지 않고 놓아준 이순신을 잡아들이고 원균을 삼도수군통제사로 삼을 것을 비변사에서 논의하도록 명령했다. 이로써 일본의 반간계는 성공을 거두게 되며, 선조는 이순신을 더욱 의심하게 되어 결국 그를 처벌하게 된다.

이어진 1월 27일 회의에서 윤두수는 이순신을 통제사에서 내리고 원균을 수사로 재기용해야 한다고 또다시 건의했고, 선조는 "지금은 가토의 목을 베어

오더라도 이순신의 죄는 결코 용서할 수 없다."라고 강한 불만을 표출했다. 하지만 이때까지도 이순신의 파직과 처벌은 결정되지 않았다. 우선 원균의 기용을 주장하던 윤두수가 "두 사람을 모두 통제사로 삼아 서로 협력하게 해야 한다."라는 주장을 다시 폈고, 이어 병조판서 이덕형李德馨도 중국의 제도와 같이 문신을 파견해 두 사람을 감독하자는 의견을 제시했다. 결국 조정은 비록 이순신의 죄가 크지만 일본의 재침을 눈앞에 둔 위급한 상황이니 우선 그대로 두고, 원균을 경상우수사겸 통제사로 임명하는 방향으로 논의가 진행되었다. 여기서 주목할 만한 점은 이순신의 파직을 반대하는 주장, 즉 두 사람을 모두 통제사로 삼자는 의견을 원균의 후원자였던 윤두수와 윤근수 형제가 지속적으로 주장했다는 것이다. 물론 윤두수 형제가 불필요한 잡음을 제거하려고 이순신과 원균을 동시에 통제사로 임명하자고 건의했을 수도 있다. 하지만 국왕 선조가 이순신을 미워하는 상황에서, 서인으로서 원균을 도우려는 그들이 굳이 무리해서 이순신까지 챙길 이유는 없었을 것이다. 그러니 이순신의 파직과 처벌이 당쟁 때문이라는 기존의 설은 상당 부분 근거를 잃게 된다.

이순신에 대한 처벌 논의는 그 뒤에도 계속되었다. 선조는 주로 이순신을 처벌해야 하지 않느냐며 신료들의 의견을 물었고, 비변사에서는 신중하게 처리하자는 의견을 올렸다. 분명한 사실은 이순신을 처벌해야 한다고 선조가 시종일관 주장했다는 것이다. 또한 그는 이순신의 체포와 압송이 결정될 때까지, 비변사에서 체찰사와 도원수의 의견을 확인해서 처리하자거나 두 사람을 모두 통제사로 삼자는 의견이 올라올 때마다, 이순신을 용서할 수 없다는 자신의 의지를 거듭 밝히고 그의 처벌에 대한 비변사의 동의를 여러 차례 요구했다.

이런 상황에서 국왕의 뜻을 지지하는 지평持平 김대래金大來의 이순신 탄핵 상소가 올라오자, 선조는 기다렸다는 듯이 그의 처벌을 다시 논의하게 한다. 그리고 비변사의 동의를 받아내자마자 곧바로 이순신을 파직한 뒤 체포하라고 명령을 내렸다. 선조는 이때 이순신을 처형하려고 했는데, 이것은 그의 죄목을 논한 것을 통해서 알 수 있다. 그 주요 내용은 임금을 속인 죄와 적을 쫓지 않아 나라를

│ 억울한 죄수의 몸(십경도)
이순신이 체포되어 압송되는 장면. 현충사 소장.

저버린 죄 등은 처형해야 마땅하고 결코 용서할 수 없다는 것이었다. 이 외에도 선조는 이순신이 "다른 사람의 공을 빼앗고 (다른 사람으로 하여금) 죄에 빠지게 하는 등 방자하여 거리낌이 없는 죄"를 지었다고 보았다. 즉 원균과의 관계 악화와 이로 인한 문제 발생도 이순신의 잘못으로 본 것이다. 또한 선조는 자신과 세자의 말을 듣지 않았던 것에 앙심을 품고 괘씸죄를 추가해 이순신을 단죄하려 한 것으로 보인다.

　이런 과정을 거쳐 통제사를 원균으로 교체한 결과는 뒤에 살펴볼 칠천량漆川梁해전의 참패로 이어졌다. 요컨대 통제사 교체 결정은 당쟁의 일환으로 자파의 장수를 추천하려 했던 자리다툼이라기보다는 일본의 반간계와 왜영倭營 방화 사건이라는 이순신에게 불리하게 작용한 미묘한 상황, 그리고 잘못된 정보 때문에 원균을 과대평가하고 있었던 선조의 판단착오에서 비롯된 것이었다. 비변사에서는 선조의 의도와는 다르게 두 사람을 모두 통제사로 삼으려 하는 등 절충점을 모색했지만, 조선 수군의 패배를 초래한 선조의 잘못된 결정을 막지 못했다.

이순신의 체포가 결정된 것은 정유년1597년 2월 6일이다. 그런데 당시 이순신은 부산 해역에 출전 중이었기 때문에, 그가 체포된 시점은 원대복귀해서 원균에게 인수인계를 한 뒤였다. 그는 2월 26일 서울로 압송되기 시작해서, 8일 만인 3월 4일 저녁에 하옥되었다. 기록에 따르면, 그는 하옥된 뒤 한 차례 형신刑訊·고문을 당했지만 몸을 크게 상하지는 않았던 것 같다.

그가 옥에 있을 때 우리에게 잘 알려진 정탁鄭琢의 신구차伸救箚·구원하기 위해 올린 짧은 상소가 올라왔다. 그 내용을 간략히 정리하면, 이순신의 죄는 죽어 마땅하지만 국왕께서는 함부로 죽이기를 좋아하지 않는 측은지심惻隱之心이 매우 크고, 또 살려둔다면 적에게 위협이 될 만한 장수이므로 죽음만 면하게 해달라고 간청한 것이었다. 이전부터 정탁은 죄에 빠진 사람들을 구해 주는 구원전문가였다. 기술적으로 선조의 뜻이 다 옳다고 인정한 다음, 혹시 도움이 될지도 모르니 살려만 달라는 간청에 선조 역시 동의했던 것이다. 정탁 외에도 많은 인물들이 이순신을 살리기 위해 노력했다. 기록에는 보이지 않지만 유성룡이 막후에서 노력했고, 도체찰사 이원익, 전라우수사 이억기, 전통제사종사관 정경달 등 함께 일했던 많은 인사들이 그를 구명하는 데 힘을 보태고 있었다.

다행히 그를 구명하는 움직임이 일어나면서, 이순신은 더 이상 고문을 받지 않고 하옥된 지 28일 만에 옥에서 나왔다. 당시 승지承旨였던 이덕열李德悅의 기록에 따르면, 이순신의 석방이 결정된 것은 3월 그믐날30일이었고 출옥한 것은 다음 날인 4월 1일 아침이었다. 석방된 날부터 통제사로 재임명되는 8월 3일까지, 이순신은 약 4개월간 생애 두 번째로 백의종군白衣從軍을 한다.

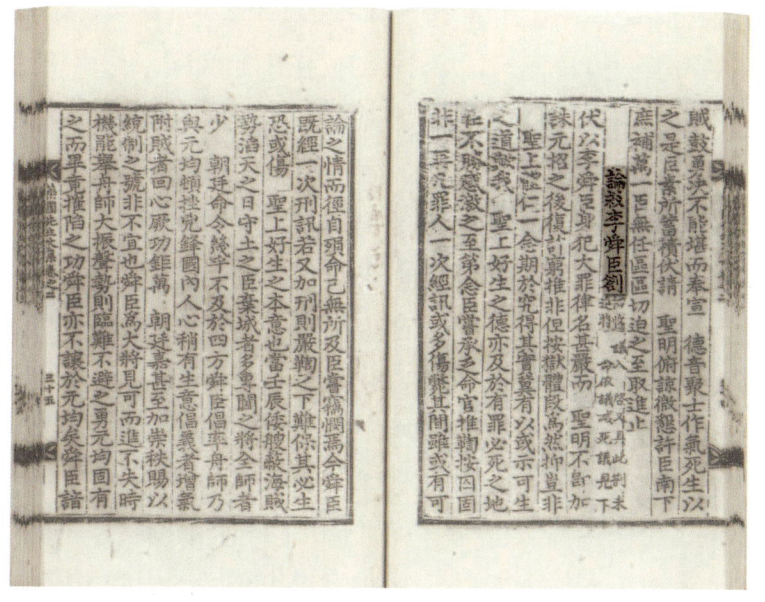

❚ 《약포선생문집》의 '논구이순신차(論救李舜臣箚)'
당시 우의정이었던 정탁(鄭琢, 1526~1605년)이 이순신을 구명하기 위해 쓴 글.
현충사 소장.

그가 옥에서 나온 첫날인 4월 1일, 윤자신尹自新 등 평소 그와 친분이 있던 사람들은 직접 찾아왔고, 조정의 고관들은 사람을 보내 문안했다. 이어 다음날 밤에는 성 안으로 들어가 영의정 유성룡을 만나 밤늦게까지 이야기를 나누고 돌아왔다. 그는 4월 3일에 길을 나서 5일에 아산牙山 집에 이르렀고, 다음날에는 친구들과 만나 회포를 풀었다. 백의종군 초기에는 그런대로 여유가 있었던 셈이다.

하지만 갑작스런 모친의 별세로 이순신은 심리적으로 위축된 듯하다. 11일 새벽 흉흉한 꿈으로 잠을 뒤척인 그는, "모친 일행이 4월 9일에 안흥량에 무사히 도착했다."라는 전언에 이어, 13일에 모친이 돌아가셨다는 부고를 받는다. 이렇게 볼 때 그의 모친은 그가 꿈을 꾼 그날 돌아가신 것으로 추정된다. 옥에 갇힌 아들을 보기 위해 아흔을 바라보는 노인이 배를 타고 이동하다가 돌아가셨으니,

그 아들의 심정은 오죽했을까. 부친에 이어 모친의 임종마저 지키지 못했기에, 스스로를 불효막심한 자식이라고 여기며 한탄했을 것이다.

4월 15일, 그는 좌수영에서 준비해 온 관棺에 모친의 시신을 입관하고 빈소를 차렸다. 그가 일기에 적은 대로 참담함을 다 기록할 수 없는 심정이었을 것이다. 비록 옥에서 풀려나 여유가 있는 일정이었지만, 죄인으로 백의종군을 명받은 상황에서 마냥 시일을 지체할 수는 없었다. 4월 19일 금부도사의 재촉에 따라 어머니의 장례를 가족과 친지들에게 맡기고, 그는 다시 남쪽으로 출발했다.

4월 19일 공주 일신역, 20일 니산, 21일 은원, 22일 삼례, 23일 임실, 24일 남원에 이르기까지 가는 곳마다 고을 수령들이 예에 따라 대접했고, 친분이 있는 경우에는 부의賻儀를 표하는 경우도 있었다. 남원에 도착해서 도원수가 순천에 있다는 소식을 듣고 다시 운봉, 구례를 거쳐 4월 27일에 순천에 도착했다. 도착한 날 도원수는 사람을 보내 조문했고, 순천부사 우치적禹致績은 직접 이순신을 찾아와서 만났다. 우치적은 전쟁 초기에 원균 휘하의 장수였는데 이후 이순신과 자주 만나며 그를 따랐다.

몇 해 전 방영된 TV 드라마는 백의종군하는 이순신을 그리면서, 그가 계급을 모두 강등당한 뒤 노역에 동원된 것으로 묘사했다. 하지만 이것은 백의종군의 의미를 잘못 이해한 것이다. 백의종군은 직책 없이 종군하여 공을 세우게 하는 조선 특유의 처벌인데, 백의종군하는 사람은 주로 체찰사나 도원수에 소속되어 군사 업무에 관해 조언하거나 특별한 임무를 수행하기 위해 실전에 임하기도 했다. 이 때문에 백의종군 기간 동안 이순신은 휘하에 군관을 두고 보좌를 받을 수 있었고, 이동할 때 필요한 숙식비와 노복과 말 등의 모든 비용을 국가로부터 지급받았다. 실제 이순신은 도원수 휘하에서 6월 9일과 20일에 노마료奴馬料를 지급 받은 기록이 있다.

백의종군 기간에 이순신의 생활은 그다지 곤란하지 않았던 것으로 추정된다. 앞에서 언급했듯이, 그는 가는 곳마다 관례에 따라 지방관들의 접대를 받았고, 지인들이 부의賻儀를 보내오는 경우도 많았다. 순천에 이르렀을 때는 종들이

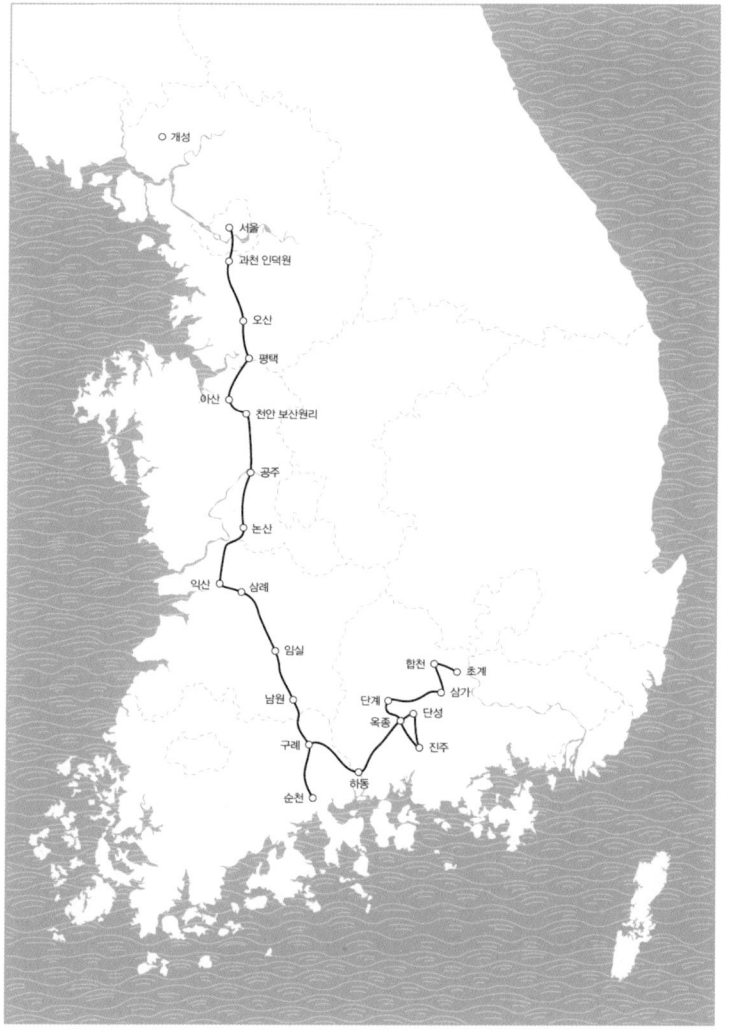

○ 개성

○ 서울
○ 과천 인덕원
○ 오산
○ 평택
아산 ○ ○ 천안 보산원리
○ 공주
○ 논산
익산 ○ ○ 삼례
○ 임실
합천 ○ ○ 초계
단계 ○ 삼가
남원 ○ 옥종 ○ ○ 단성
구례 ○ ○ 진주
순천 ○ ○ 하동

┃ 이순신의 백의종군로
　현충사 제공

수시로 집에 드나들었고, 짐이 많아져서 집에 있는 말이 짐말을 포함해 네 마리나 될 정도였다. 4월 28일에는 도원수가 "상중에 피곤할 것이니 몸이 회복되는 대로 나오라."라는 전언과 함께 이순신을 보좌할 친분이 있는 군관을 배정해 주었다.

이순신은 백의종군 기간 동안 주로 순천과 구례, 합천의 초계에 머물렀는데, 첫 번째로 머문 순천에 도착할 무렵부터 거의 날마다 몇 사람의 손님을 맞고 있었다. 이날은 아무도 찾아오지 않았다는 기록이 있을 정도로 옛 부하나 친지뿐만 아니라, 체찰사와 도원수, 도원수 종사관 등과 만나는 것이 이순신의 일상이었다. 그리고 이때부터 여러 사람이 그에게 와서 신임 통제사가 된 원균의 행동거지와 수군의 현 상황을 비교적 자세히 전해 주었다.

이 시기에는 순천부사 우치적이 가장 자주 들렀고, 병마사 이복남4월 30일, 순찰사5월 2일 등이 온 것을 비롯해서 주변의 고을 수령들도 수시로 이순신을 만나고 있었다. 이런 공직자들 외에도 이 시기에 이순신을 만난 사람들이 많았다. 정혜사의 승려 덕수德修는 5월 7일에 미투리짚신를 만들어 와서 바쳤고, 바로 다음날에는 승장 수인守仁이 밥 지을 승려로 두우杜宇를 보내기도 했다.

이어 5월 14일에는 도원수의 이동에 따라 순천을 떠나 구례求禮로 옮겼는데, 바로 다음날 구례현감이 찾아와 이순신은 그와 종일 담화를 나누었다. 또한 구례를 지나던 도체찰사 이원익을 5월 20일과 23일 두 차례 만나 전쟁 상황에 대해 장시간 논의했다. 이때 이원익은 신임 삼도수군통제사 원균의 처사가 사리에 어긋나는 일이 많아 앞날이 걱정된다는 의견을 쏟아내며 안타까운 심정을 토로했다. 24일에는 이원익이 요청한 경상우도의 해안지도를 작성해 보내는 등 백의종군 본연의 임무를 성실히 수행했다. 그 시기에도 이순신은 경상우수사와 전라우수사 등과 편지를 주고받았고, 자신을 찾아온 배흥립과 만나는 등 활발한 인적 교류를 이어가고 있었다.

비록 도원수의 일정이 다시 변경되어 그의 구례행이 헛걸음이 되었지만, 그곳에서도 당시 삼남지방을 총괄하던 도체찰사 이원익을 두 차례 만나 전황을 논

의하는 등 의미 있는 10여 일을 보냈다. 5월 26일 이순신은 다시 구례를 떠나 도원수가 있는 초계로 이동하기 시작했다. 그가 악양과 두치, 하동과 삼가 등을 거쳐 세 번째 백의종군 지역인 합천陝川의 초계草溪에 도착한 것은 6월 4일이었다.

초계로 오는 도중에 삼가현과 하동현을 거치면서 그곳 현감들을 만났는데, 그들은 이순신이 미안해 할 정도로 정성껏 대접하고 부의와 노자 등을 보태 주었다. 6월 5일에는 하동 원이 보낸 종들과 말을 되돌려 보낼 정도였다. 하지만 고을의 지방관들이 모두 이순신에게 호의적으로 대한 것은 아니었다. 정작 이순신이 비교적 오랜 기간 머무른 초계군의 군수는 다소 거만한 행동으로 이순신에게 좋지 못한 인상을 주었다. 이순신이 불쾌한 감정을 일기에 남기고 있지만, 이 또한 당시로서는 어쩔 수 없는 노릇이었다.

이순신은 초계에 도착한 뒤 거처할 집을 도배하고 군관의 처소를 준비하는 등 머물 채비를 했다. 도원수의 종사관 황여일黃汝一은 당시 이순신과 자주 만나 그와 많은 대화를 나눈 인물이다. 이순신은 종사관 황여일을 통해 도원수의 소식을 듣기도 하고, 반대로 자신의 근황을 도원수에게 전하기도 했다. 6월 8일에는 이순신이 도원수를 만났는데, 이때 도원수는 그에게 수군과 원균에 대해 자세히 얘기해 주었다. 그 내용은 주로 원균이 통제사로서 처신을 잘못하고 있고, 상관인 자신의 뜻과 어긋나는 것이 많아서 걱정스럽다는 것이었다.

그 뒤 이순신은 6월 14일과 19일 등 도원수 권율과 수시로 만나 전쟁 상황에 관해 대화를 나누었는데, 때로는 밤늦은 시간까지 함께 논의를 이어가기도 했다. 도원수와 이순신은 국난극복을 위해 의논하는 동안 이전보다 관계가 좋아진 것으로 보인다. 그리고 이때도 이순신은 비교적 많은 인사들과 자유롭게 교유하고 있었다.

예를 들어 명나라 차관 이문경李文卿과 섭위葉威 등이 초계에 왔을 때 이순신은 이들과 만났는데, 특히 섭위는 일본군의 재침 움직임과 관련된 최신 정보를 전달해 주기도 했다. 그리고 도원수 종사관 황여일과는 예전처럼 군사 관련 논의를 많이 했는데, 6월 25일에는 해전에 관해 토론하다가 저녁 늦게 집에 돌아오기도 했다. 같은 날 한산도에 보냈던 종으로부터 보성군수寶城郡守 안홍국安弘國이 전투 중에 머리에 총을 맞고 전사한 소식 등 조선 수군이 고전한 상황을 전해 들었다.

당시 이순신을 찾아와 만난 인물들은 초계에 용무가 있는 이들이었고, 그 외에 그와 편지를 주고받으며 서로 연락을 취하던 이들도 많았다. 일례로 그는 6월 11일에 한산도의 수군 장수들에게 편지를 14통 썼는데, 그 다음날 일기를 보면 그가 편지를 보낸 14명의 명단이 나온다. 전라우수사 이억기, 충청수사 최호, 경상우수사 배설, 가리포첨사 이응표, 녹도만호 송여종, 여도만호 김인영, 사도첨사 황세득, 동지 배홍립, 조방장 김완, 거제현령 안위, 영등포만호 조계종, 남해현감 박대남, 하동현감 신진, 순천부사 우치적 등이 그들이었다. 이순신은 이들과 서신을 주고받으며 수군이 돌아가는 사정 등을 전달받았다.

6월 하순으로 접어들면서 일본군의 재침 움직임이 엿보이고, 조선 수군과 일본 수군이 전투를 벌이는 등 전쟁이 다시 시작되는 긴박한 상황이 전개되었다. 도원수는 명나라 장수 양원을 만나기 위해 남원에 갔다가, 7월 8일 통제사에게 출전을 독려하기 위해 곤양昆陽으로 이동했다. 6월 말부터는 체찰사 역시 여러 곳을 바쁘게 돌면서 전투 상황을 살핀 것 같다. 초계를 거쳐 이동했는데도 바쁜 일정 탓에 이순신을 만나지 못한 체찰사는, 이순신과 인편으로 안부만 주고받았을 뿐이었다.

《난중일기》에 따르면, 많은 사람들이 그의 거처를 오가며 정보를 공유한 덕분에, 그는 거의 하루 이틀 만에 조선 수군의 소식을 전해 듣고 있었다. 그 실례로 이순신은 칠천량해전의 패전 소식을 이틀 만에 전해들을 정도였다. 이와 같이 이순신은 백의종군이 끝나가는 시점에 임박한 전쟁에 관한 소식을 들으며 심란해 하고 있었다. 또 한 가지 그를 심란하게 했던 것은 바로 모친의 장례도 치르지 못하고 변방에 나와 있는 자신의 처지였다. 7월 10일 일기에는 모친의 장례를 위해 아들 열과 변존서를 아산으로 보내면서, 통곡을 하며 "내가 무슨 죄를 저질렀기에 이런 지경이 되었는가."라고 하면서 자신의

참담한 심정을 기록하기도 했다.

한편 일본은 강화교섭기에 재침을 위해 어떤 준비를 했을까? 앞에서 조선 조정은 일본이 재침할 경우 전라도를 먼저 공격할 예정이며, 조선 수군을 격파해 수륙병진 작전을 펼 것이라는 두 가지 정보를 입수했다. 이때 함께 확인한 사실이 있는데, 그것은 일본 수군이 임진왜란 초기에 당한 해전에서의 패배를 반성하면서 이를 만회하기 위해 준비한 것들도 포함되어 있었다. 그 구체적인 내

| 행주산성의 권율 동상

용을 소개하면 다음과 같다.

일본 수군은 강화교섭기 동안 지난 임진년1592년 참패에 따른 인적·물적 손실을 만회하기 위해 노력했다. 즉 임진왜란 초기에 참전했던 선원의 절반가량이 해전에서 전사했기에, 우선 병력을 충원하는 데 집중했다. 다음으로는 조선 수군의 강력한 판옥선과 맞서려면 적어도 아타케부네安宅船급의 군선이 필요하다고 판단했기 때문에, 지역별로 목표를 정해 아타케부네를 건조했다.

일본의 병력 충원 상황을 살펴보면, 히데요시는 연안 지역의 다이묘들 가운데

일부를 육군에서 수군으로 전환했다. 가장 대표적인 사례는, 시코쿠四國 출신의 다이묘로 임진왜란 첫해에 제5번대에 속했던 조소카베 모토치카長宗我部元親를 들 수 있다. 그는 원래 육군 장수였지만 히데요시에 의해 이 시기에 수군으로 편입 되었다. 조소카베 모토치카 외에 원래 해적 출신으로 육군에 속해 있던 구루시 마 미치후사來島通總도 이 시기에 다시 수군으로 편입되었다. 특히 미치후사는 율 포해전에서 죽은 미치유키通之와 형제 사이다.

이처럼 연안 지역의 다이묘를 수군에 편입함으로써 수군 조직을 증강하는 한 편, 부족한 선원에 대해서는 전국에 징발령을 내려 병력을 차출했다. 일본에서 도 참전했던 선원들이 절반이나 죽고 되돌아오지 못하자 선원이 되는 것을 회피 하는 분위기가 있었다고 한다. 하지만 일본은 조선보다 상대적으로 선원을 확보 하는 데 큰 어려움이 없었을 것으로 보인다. 우선 전쟁의 직접적인 피해를 입지 않았을 뿐만 아니라 당시 인구도 조선보다 많았고, 무엇보다 전국의 각 다이묘 들에게 징발할 인원수를 할당하는 방법으로 비교적 수월하게 수군 병력을 충원 할 수 있었다.

두 번째로 일본 수군도 조선 수군과 마찬가지로 강화교섭기에 전력을 증강하 려고 대형 아타케부네를 중심으로 군선 건조를 추진했다. 처음에는 히데요시의 도해渡海를 준비하면서 대형 아타케부네를 건조했는데, 그 뒤 히데요시의 도해는 무산되었지만 첫해에 해전에서 연패하면서 대형 군선이 꼭 필요했기 때문에 아 타케부네 건조를 계속했다. 이를 위해 일본 수군은 군선 건조 전문가인 구키 요 시타카九鬼嘉隆를 중심으로 전국적인 범위에서 아타케부네를 건조하기 시작했다. 최고 집권자 히데요시가 직접 관백인 도요토미 히데쓰구豊臣秀次에게 명을 내렸고, 히데쓰구는 다시 전국의 다이묘들에게 각각 몇 척씩 할당하는 방법으로 건조를 추진했다.

이 시기에 구키 요시타카가 히데요시에게 제출했다는 설계도에 따르면 아타 케부네는 길이가 19칸間·19칸은 34.2미터이었는데, 실제 제작된 것은 설계보다 작았으 나 길이 18칸32.4미터에 폭이 6칸10.8미터으로 당시로서는 초대형 군선이었다. 이때

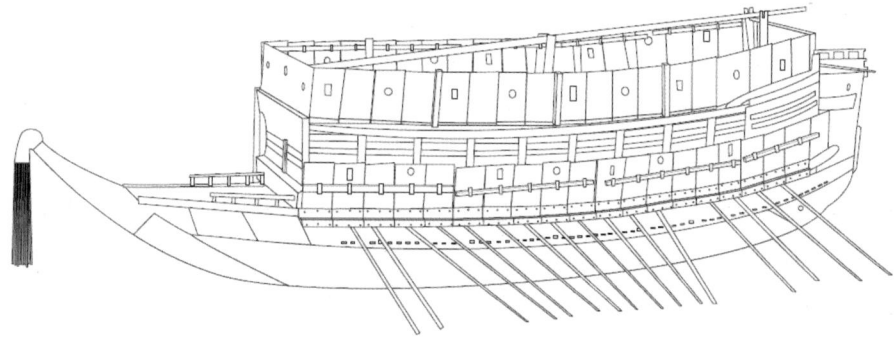

세키부네
현충사 제공

아타케부네
현충사 제공

만든 아타케부네는 히데요시가 오다 노부나가織田信長 휘하에서 1578년에 제작했던 대선大船·길이 13칸에 폭 7칸에 비해 선체가 훨씬 커진 것으로, 1592년 해전에서 대결했던 조선 수군의 판옥선에 대항하기 위해 만든 것으로 추정된다.

아타케부네가 만들어진 장소는 정확하게 알려지지 않았지만, 조선 침략을 위해 만든 신도시인 히젠肥前 나고야名護屋를 비롯해서 거의 전국적인 범위에서 건조되었던 것으로 추정된다. 예를 들어, 전쟁에 직접 참여하지 않았던 도쿠가와 이에야스를 비롯한 동북 지역의 다이묘들에게도 대선 건조의 명령이 내려졌고, 특히 도쿠가와에게는 선박 건조용 쇠못을 대량으로 조달하는 책임이 맡겨졌다. 뿐만 아니라 마에다 토시이에前田利家나 고바야카와 다카카게小早川隆景 등 대부분의 다이묘들이 예외 없이 전국의 각 지역을 대표해서 대선 건조를 담당했던 것으로 전해진다. 그 결과 정유재란 당시 일본 수군은 임진왜란 초기와는 달리 아타케부네가 주력 군선이 되고 세키부네가 보조 군선으로 참전하는 양상을 보였다.

다음 세 번째로 일본 수군은 첫해 임진년1592년 해전의 참패를 반성하면서 조선 수군을 물리치기 위한 전략전술戰略戰術 마련에 몰두했다. 이와 관련해 흥미로운 사실은 일본 측의 정황을 살피고 돌아온 우리나라 사람들의 보고서에 이와 관련된 내용이 있다는 것이다. 우선 실례를 들어 그 내용을 살펴보고, 그들이 마련한 전략전술이 무엇인지 정리하기로 하자.

앞서 언급했듯이, 일본이 재침할 때 전라도를 먼저 공략한다는 것과 조선 수군을 격파해 수륙병진하려 한다는 사실을 조선 측이 미리 파악한 것은 상당히 의미가 있다. 즉 정유재란은 임진왜란보다 좀 더 '예고된 전쟁'이었던 것이다. 심지어 조선 측은 일본 수군이 어떤 전략전술로 조선 수군에 대항할 것이라는 점까지 파악하고 있었다.

일본 수군이 조선 수군을 공략하기 위해 어떤 전술을 준비했는지에 대한 정보는 병신년1596년 12월, 책봉 사절과 함께 일본에 건너갔던 황신黃愼이 올린 비밀 보고서에 그 내용이 포함되어 있다. 그중 직접적으로 일본 수군의 전략전술을 논한 부분을 소개하면 다음과 같다.

야나가와 노리노부柳川調信가 또 역관 이언서李彦瑞에게 말하기를, "조선의 수군이 수전을 잘하고 선박도 견고하니 피차가 맞서 진퇴하면서 싸운다면 반드시 이기기 어렵다. 어두운 밤에 몰래 나가서 습격하되, 조선의 큰 배 한 척에 일본은 작은 배 5~6척 내지 7~8척으로 대적하고, 시석矢石을 무릅쓰고 돌진해 일시에 붙어 싸운다면 격파할 수 있다."라고 했다.

– 《선조실록》 권83, 선조 29년 12월 계미癸未

일본의 전략전술을 좀 더 구체적으로 살펴보면, 우선 일본 수군은 임진년1592년 해전에서 그들 고유의 등선육박전술登船肉薄戰術·boarding tactics을 펼치지 못한 원인부터 분석했던 것으로 추정된다. 그 결과 강한 조선 수군과 맞서기 위해 먼저 야간기습 작전을 펼치겠다는 것과, 조선의 판옥선 한 척을 일본 군선 여러 척으로 포위해서 일시에 공격한다는 전술을 택한 것이다.

그리고 두 가지 전술이 더 있는데, 셋째는 윗글에도 나오듯이 "시석을 무릅쓰고 돌진해 일시에 붙어 싸운다."라는 것으로 바로 일본 수군 고유의 등선육박전술을 의미한다. 넷째, 조선 수군이 후퇴하거나 도주할 경우, 해안에 일본 육군을 배치해 수륙합동작전을 펼쳐 조선 수군에 결정적 타격을 가한다는 전술이다. 다시 말해 전략적인 수준의 수륙병진뿐만 아니라, 조선 수군을 물리치기 위한 전술 차원의 수륙합동 작전까지 준비했던 것이다. 이상에서 살핀 일본 수군의 전술은 야간기습, 포위협격, 등선육박, 수륙합동 작전으로 요약해 볼 수 있다.

일본군은 이렇게 직접적인 전술 외에도 조선 수군을 이끄는 이순신을 곤경에 빠뜨리기 위해 반간계를 썼다. 반간계는 《손자병법》의 13편 가운데 마지막에 나오는 〈용간用間〉편의 '오간五間' 중 하나로, "적이 보낸 간첩을 매수하거나 역이용해 아군이 사용하는 것"이다. 전쟁사적인 관점에서 볼 때, 반간계는 제왕과 군 사령관 사이나 상대편 장수 간에 이간책을 펴는 방법으로 널리 활용되어 왔다. 고니시 유키나가 등은 처음부터 이순신을 목표로 이중간첩 요시라를 조선 측에 보냈다. 그리고 처음 몇 차례는 고급 정보를 흘려주면서 조선 조정의 환심을 샀다.

재미있는 점은 조선 조정에서도 요시라를 이용해서 반간계를 펼 셈으로 그에게 관직을 하사하는 등 적극적으로 대응했다는 점이다. 결국 조선 조정은 계획한 반간계도 실패하고, 일본의 반간계에 당하고 말았다. 요시라는 일본의 재침이 기정사실화된 1596년 가을 이후, 고니시 유키나가와 가토 기요마사 간의 갈등 상황과 가토의 도해渡海에 대한 정보를 흘렸다. 이 사건으로 이순신은 파직되는데, 이는 이순신이 요시라의 정보를 믿지 않고 가토를 잡기 위한 출격을 포기했기 때문이다. 그러자 평소 이순신이 게으르다고 의심하던 선조는 크게 분노해 이순신을 파직함으로써, 조선 수군은 최악의 상황을 맞게 되었다.

이 부분에서 당시 역사와 전쟁사를 잘 알고 있는 인물들이 많았음에도 무력하게 적의 반간계에 당했기에 두고두고 아쉬움이 남는다. 호남 출신 의병장인 조경남趙慶男은 《난중잡록》을 통해 "요시라의 전후 행동이 모두 우리를 속이는 일인데도 우리나라는 알지 못하였으니 가슴 아프다."라고 하며 아쉬워했다. 반면, 20세기 초 일본의 도쿠토미 이이치로德富猪一郎는 《일본근세국민사日本近世國民史 − 조선역朝鮮役》 등에서 고니시 유키나가 등이 꾸민 반간계가 기대 이상의 큰 성과를 거두었다고 평가했다.

다시 방향을 돌려 정유년1597년 2월 말, 원균이 통제사로 부임한 이후 조선 수군의 전쟁 준비상황을 살펴보자. 먼저 휘하 장수들에 대한 인사 조치 상황을 살펴보면, 원균이 통제사가 된 직후 경상우수사 배흥립은 배설裵楔로 교체되었다. 비슷한 시기에 나주목사로 임명되었던 권준도 부임하지 못하고 교체되었는데, 이들은 이순신의 최측근으로 알려진 인물들이다. 이 인사 조치는 신임 삼도수군통제사 원균이 분위기를 쇄신할 목적으로 단행한 것으로 보인다. 하지만 당시는 전쟁을 앞둔 긴박한 상황이었기 때문에, 이들을 제외하고 전라우수사 이억기, 충청수사 최호 등 대부분의 장수들이 그대로 유임되었다. 즉 원균은 거의 3년에서 6년 가까이 이순신의 지휘를 받아온 장수들을 그대로 자기 휘하에 두고, 이

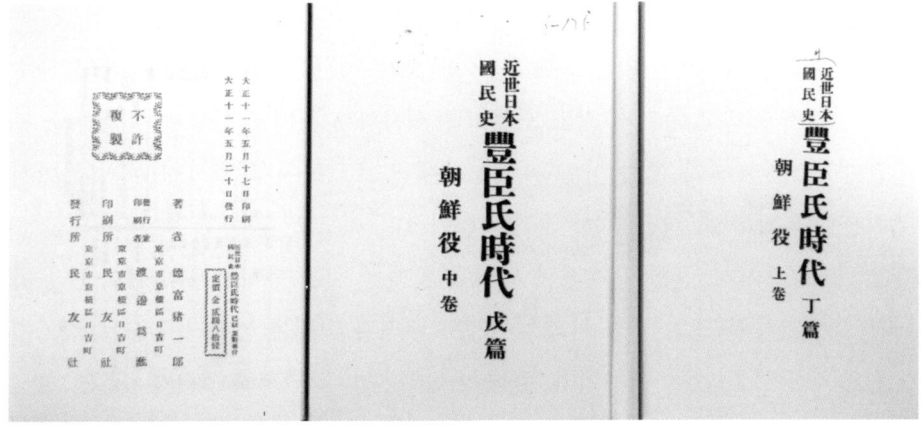

┃ 토쿠토미 이이치로(德富猪一郎)의 《일본근세국민사(日本近世國民史) – 조선역(朝鮮役)》
해군사관학교박물관 소장

들을 거느려야 하는 쉽지 않은 상황이었다.

　하지만 불행하게도 원균은 부하 장수들을 장악하는 데 실패했다. 원균에 대한 일반적인 평가에 따르면, 그는 부하를 위압적으로 대했고 자신의 뜻과 다른 의견을 내는 부하들을 거칠게 다룬 것으로 알려져 있다. 때문에 가장 중요한 장수간의 대화, 즉 이순신의 주요 리더십 가운데 하나였던 소통이 잘 되지 않았던 것으로 보인다. 예나 지금이나 군대에서 소통이 되지 않는 것은 대부분 지휘관 때문이다. 군의 특성상 부하들이 한두 번은 지휘관과 다른 의견을 제시할 수 있지만, 그 이상은 불가능하다. 군대는 계급 고하를 막론하고 모두 예스맨이 될 수밖에 없는 상명하복의 구조이기 때문이다.

　특히 전라우수사 이억기나 배홍립 등 사령관급 인사들과의 의사소통은 매우 중요하다고 볼 수 있는데, 한 예로 이억기는 이순신에게 여러 차례 보낸 편지에서 조선 수군의 앞날을 비관적으로 보고 걱정하는 속내를 드러냈다. 다소 과장된 내용일 수도 있겠지만 원균이 평소 술을 자주 했고, 술에 취해 주사酒邪를 부린 경우도 많았다고 한다. 일본 수군의 재침에 대비해 촌음을 아껴야 할 상황에서, 갑작스런 지휘관 교체로 일어난 조선 수군의 혼란과 불협화음은 누가 책임져야 할까?

이와 관련해서 뒷날 이덕형李德馨은 "이때까지 이순신 휘하에 있던 여러 장수들이 원균의 지휘를 따르지 않고 오히려 통제사가 고립되는 상황이 발생하자, 부체찰사 한효순韓孝純이 이런 상황을 체찰사에게 보고하여 해결하려 했지만 미처 조치를 취하기 전에 칠천량漆川梁해전이 벌어졌다."라고 진술했다.

삼도수군통제사 원균이 지휘권 확립에 실패한 데는 부하들과의 불화뿐만 아니라, 도체찰사와 도원수 등 상관들에게도 지지와 신뢰를 받지 못함으로써 고립무원의 상황이 되었기 때문이다. 특히 이원익은 1597년 5월 20일과 23일, 이순신과 만났을 때 원균을 비난하면서 "나랏일이 이미 잘못되어 죽을 날만 기다릴 뿐이다."라고 언급할 정도였다.

결과적으로 일본의 재침을 적절히 막아내지 못한 일차적인 책임은 임박한 위기상황에서 수군의 최고 지휘관을 교체하는 패착을 둔 선조와 조정에 있다. 하지만 신임 삼도수군통제사 원균도 지휘권을 확립하지 못하고 전투력 증강 및 전략전술 준비에 실패했다는 점에서 책임을 면할 길이 없다.

하지만 조선 수군이 결전을 앞두고 아무런 조치를 취하지 않았던 것은 아니었다. 원균 부임 이전부터 준비했기 때문에, 조선 수군은 정유재란을 앞둔 시점에 군량미와 전선戰船, 그리고 화기火器 등은 어느 정도 갖춘 상태였다. 구체적으로 전선의 경우 이순신과 삼남 백성의 피땀 어린 노력의 결과, 정유재란을 앞둔 시기에는 180여 척 규모의 함대를 만들 수 있었다. 또한 군량미과 화기도 어느 정도 여유가 있을 만큼 준비한 상태였다.

조정은 정유재란 직전, 양남兩南의 공·사천公·私賤을 모두 수군에 편입시키고, 제석산성帝釋山城·1977년 문화재관리국에서 발행한 《문화유적총람》에 따르면, 경상남도 진주시 대평면 당촌리에 위치에 들어가기로 예정된 병력 5,000여 명 가운데 일부를 수군에 배치하는 등 병력 충원 방안을 마련했다. 하지만 후자의 경우 칠천량해전 이전까지 수군에 배치된 인원은 1,000여 명에 불과했다. 그리고 이때 징발된 수군들은 대부분 농·어민 혹은 상인商人 출신으로 해전 경험이 없었기 때문에, 많은 훈련이 필요했다.

당시 수군 훈련에 관한 기록이 없기 때문에 자세한 것은 알 수 없지만, 대체로 징발된 뒤 곧바로 전선에 배치되어 해전에 필요한 적응 훈련을 받았을 것으로 보인다. 그런데 전투 경험이 없던 신병들은 6·25전쟁에 투입된 학도병들처럼 기초적인 훈련도 제대로 받지 못했는데, 당시 수군 지휘부는 이런 한계를 극복할 수 있는 효율적인 시스템을 갖추지 못한 상태였다.

또 한 가지 문제점은 선조를 비롯한 체찰사, 도원수 등과 신임 삼도수군통제사 원균의 전략전술이 서로 달랐다는 것이다. 당초 삼도수군통제사에 오르기 전에, 원균은 "이순신과 달리 수군을 이끌고 적극적인 해상 작전을 펼쳐 일본군의 침략을 방어할 자신이 있다."라고 상소를 올렸다. 이것은 선조의 의견대로 조선 수군을 부산 쪽으로 진군시켜 일본군의 침입을 적극적으로 차단하겠다는 것으로, 이순신을 삼도수군통제사에서 끌어내리는 데도 영향을 미쳤다.

하지만 삼도수군통제사로 부임한 원균은 이전의 보고 때와는 다른 태도를 보였다. 원균은 통제사로 부임한 뒤 3월 29일에 올린 보고서를 통해 안골포와 가덕도 등의 일본군 세력이 약하므로 육군이 먼저 이 지역을 공격하면 수군이 바다로 나온 일본군을 섬멸할 수 있다고 주장했다. 이에 대해 도원수 권율은 원균의 의견이 타당성은 있으나 두 곳 모두 해안 깊숙이 위치하여 육군이 함부로 공격할 수 없다는 의견을 올렸다. 그 뒤 비변사는 도원수의 의견을 따라 수군으로 하여금 부산 앞바다에 나아가 일본군의 도해를 막는 해로차단 전술을 펼치기로 결정했다.

그 뒤 원균은 5월 말에도 보고서를 올려 앞에서 자신이 보고한 수륙병진 전술을 다시 한 번 더 주장하면서 "부산 앞바다는 함대를 정박할 만한 곳이 없고 앞뒤로 일본 수군에 포위될 위험이 있다."라고 언급했다. 이것은 앞서 이순신의 부산 출전 불가론과 거의 같은 의견이다. 이때 비변사는 도원수 등의 해로차단 전술과 통제사의 수륙병진 전술의 차이를 파악했지만, 결국 군사의 결정권이 체찰사와 도원수에게 있으니 그들의 판단에 맡기자고 결론을 내렸다.

이것은 선조와 조정이 해로차단 전술을 선택했다는 의미인데, 상황이 이렇게 전개된 이유는 비변사가 당시 수군력을 과대평가해 지나친 기대를 가졌기 때문이었다. 즉 당시 체찰사 등은 조선 수군이 보유한 전선 180척을 둘로 나누어 부산 앞바다를 교대로 지킨다면 일본군의 도해를 막을 수 있다고 판단했다. 요컨대, 원균도 통제사가 된 뒤 이순신과 마찬가지로 수륙병진 전술을 주장하면서 부산 출전을 주저했고, 선조와 조정은 해로차단 전술을 계속 주장했다고 볼 수 있다.

이런 상황에서 정유재란 첫 번째 전투인 칠천량해전이 시작되었다. 칠천량해전은 정유년1597년 7월 14일부터 16일까지 진행된 해전이지만, 실상은 그 이전인 6월 18일부터 시작되고 있었다고 볼 수 있다. 즉 선조와 조정의 명령에 따라 도원수 권율이 원균에게 수군의 세력을 둘로 나누어 부산 앞바다에 교대로 출전하도록 명령함으로써 전투가 시작된 것이다.

첫 번째 출전 결과는 6월 29일에 올라온 도체찰사 이원익의 보고서를 통해 확인할 수 있다. 보고서에 따르면, 원균의 함대는 6월 19일에 안골포와 가덕도에서 소규모 해전을 치른 것으로 나온다. 안골포에서 일본 군선 2척을 빼앗고 가덕도에서도 추격전 끝에 군선 여러 척을 포획했다. 그런데 그날 전투를 마치고 회항하려 할 때, 안골포의 일본 수군이 역습을 감행하는 바람에 다시 전투가 벌어졌다. 이때 일본 수군은 우리 함대의 후미를 둘러싸거나 좌우를 협공하면서 탄환을 난사했다. 격렬한 전투 중에 평산만호平山萬戶 김축金軸은 눈 아래에 총상을 입었고, 보성군수寶城郡守 안홍국安弘國은 머리에 탄환을 맞고 전사한다. 이날의 해전을 패전이라고 볼 수만은 없지만, 조선 수군이 역습을 당해 장수 1명이 전사하고 1명이 부상당했다는 점에서 무척 아쉬운 결과라 할 수 있다.

이어서 두 번째 출동은 7월 4~5일 사이에 있었던 것으로 추정된다. 이번 출동에는 원균이 직접 출전하지 않고, 수군의 전력을 둘로 나누어 그중 한쪽을 출전시켰던 것으로 보인다. 한편 이때 출전한 조선 함대는 7월 8일에 발생한 소규모 전투에서 일본 수군의 군선 10여 척을 격파했다. 이 과정에서 조선 함대는 1,000여 척에 이르는 일본의 대규모 함대를 만났는데, 일본 함대는 조선 함대와의

牌乃是貴人甚者驕其父兄無昕不至或其父執鋤耘田而
其子登壟看役或以其亡父為賤人不肯上塚致祭然則科
舉之獘不但名器紊亂而巳也至於傷風敗俗武科之設豈
端使然哉時人作謗戲之日欲得逃奴當考武榜盖賤之也
不解操弓不知一字兩欲使此輩當官禦敵不其左乎科第
極賤仕路甚廣下賤登科者百計鑽刺皆以賄賂圖差守令
邊將隨其地之羡惡而價有高下至於受　黜亦以包苴而
窺覦攀援　國法民風亂淆瀉到此極慶雖欲捄正亦無
奈何誠可寒心
兩司合　啓黃連彧事　前啓　荅曰不允○持平吳百齡來啓
日比道　内奴添防　公事依吳應台　啓請施行事　前啓　荅曰
不允○夜四更五更月暈○三月二十九日全羅左　水使元均
書狀臣来赴海鎮之後出入加德安骨竹島釜山之賊相距密
邇聲勢相依其數不過數萬之衆兵力似孤形勢亦弱其中安
骨加德兩慶之賊未滿三四千勢甚孤單若或陸兵驅出則卅

《선조실록》
수륙병진을 주장한 원균의 상소가 나오는 부분
서울대학교 규장각한국학연구원 소장

전면전을 회피하는 신중한 움직임을 보였다. 1,000여 척이라는 것은 매우 많았다는 뜻으로, 그 규모가 수백 척 정도였다고 보는 게 타당하다. 조선 함대 역시 일본 함대가 대규모였기 때문에 더 이상 확전하지 않고 일단 물러났다.

이 과정에서 큰 풍랑을 만나 조선 함대의 일부 전선들이 표류했는데, 그중 5척은 두모포豆毛浦에, 또 다른 7척은 서생포西生浦까지 떠내려갔다. 특히 서생포에 표류한 조선 수군들은 육지에 오르다가 매복하고 있던 일본군에게 전멸당하고 말았다. 결국 원균은 6월 18일부터 7월 초까지 상부의 지시에 따라 함대를 나누어 부산 앞바다에 출전하면서 몇 차례 해전을 벌여 소소한 전과를 거두기도 했지만, 조선 수군도 적지 않은 손실을 입고 있었다.

이에 도원수 권율은 원균이 직접 출전하지도 않은 데다 조선 함대가 일본 함대를 보고도 물러난 것을 처벌하기 위해, 사천泗川으로 직접 가서 원균을 호출하여 곤장을 때렸다고 한다. 그런데 원균이 실제로 곤장을 맞았는지에 대해서는 의견이 분분하다. 필자의 의견은 원균이 직접 곤장을 맞지 않고 군관이나 부하 장수 가운데 대신 맞은 인물이 있었을 것으로 추측해 본다. 《난중일기》에도 필자의 의견과 비슷한 뉘앙스를 풍기는 내용이 있지만, 이를 단정할 수만은 없다.

그 결과 원균이 전 함대를 이끌고 부산 앞바다로 출전하면서 본격적인 칠천량해전이 펼쳐졌는데, 그 날이 7월 14일이었다. 7월 14일 새벽에 출항한 원균의 조선 함대는 부산 앞바다에 도착해 일본 함대에 싸움을 걸었다. 하지만 일본 함대는 원균 함대를 계속 회피할 뿐 전투에 나서지는 않았다. 이것은 원균 함대를 지치게 만들려는 작전으로 추정되는데, 일본의 한 연구 자료에 의하면 명군이 연합함대를 형성해 함께 출전한 것으로 판단했을 만큼 조선 함대의 세력이 매우 컸기 때문에, 일본 수군은 처음에는 맞서 싸울 의사가 없었다고 한다.

그 뒤 원균의 조선 함대는 일본 함대를 추격해 부산 앞바다의 물마루[수종水宗]를 지나 전선의 운용이 어려운 지점까지 나가게 되었는데, 이때 갑자기 일어난 풍랑 때문에 지난번처럼 함대 일부가 표류해 흩어졌다. 원균이 상황을 겨우 수

습해 함대를 되돌려 가덕도에 도착했을 때는 오후 늦은 시간이었다. 여기서 한 가지 주목할 점은 오후부터 해상의 날씨가 나빠져서 항해가 불가능해졌고, 함대의 일부가 표류했을 뿐만 아니라, 오후 늦게 정박지에 도착한 조선 수군은 풍랑에 시달린 나머지 피로에 지쳤던 것이다.

원균 함대는 가덕도에 도착하자마자, 모든 전선이 장병의 기갈 때문에 물을 구하려고 서둘러 상륙했다. 하지만 가덕도에는 다카하시 나오쓰구高橋直次 등이 이끄는 일본 육군이 매복하고 있었다. 이들은 조선 수군이 상륙하기를 기다렸다가 일시에 공격하여 400여 명을 살해했다. 원균 함대는 큰 손실을 입은 채 물도 얻지 못하고 다시 함대를 돌려 거제도 북단의 영등포永登浦로 이동했는데, 일본군은 이곳에도 매복하고 있었다. 즉 당시 일본군은 조선 수군을 공격하기 위해 가덕도와 거제도 및 남해의 연안 일대에 육군 병력을 배치해 수륙 합동작전을 펼친 것이다.

원균의 조선 함대는 힘겨운 하루를 보내고 가까스로 가덕도를 거쳐 거제도로 되돌아왔지만, 어디서도 식수를 구하지 못한 채 거제도의 영등포 앞바다에 머물며 밤을 보낼 수밖에 없었다. 결국 일본의 작전대로 이리저리 다닌 결과 장병이 모두 지쳤는데, 날씨마저도 좋지 않아 더욱 곤란한 지경이 되었다.

이튿날인 7월 15일 오전에는 날씨가 더 나빠졌다. 비바람 때문에 조선이나 일본 함대 모두 항해가 불가능했고, 조선 수군은 그대로 정박한 채 기다릴 수밖에 없었다. 이날 내린 비로 갈증은 해소했지만, 피로에 지친 병사들의 입장에서 가을비는 결코 반가운 것만은 아니었다. 양측이 모두 움직일 수 없게 되었다는 게 그나마 다행이라 할 만큼 상황은 심각했다. 하지만 이 시간을 활용해 조선 함대가 무언가를 할 수도 없었기 때문에, 위험한 상황은 그대로 이어졌다.

같은 날 오후에 원균은 풍랑을 무릅쓰고 함대를 칠천량으로 이동시켰다. 칠천량은 거제도와 칠천도 사이에 낀 바다로 이전부터 풍랑이 일 때면 조선 수군이 자주 드나들며 바람과 파도를 피했던 곳으로, 이순신의 《난중일기》에도 풍랑을 피해 이곳에 함대를 정박한 기록이 몇 차례 나온다.

역사에는 가정이 있을 수 없지만, '칠천량으로 피항하지 않고 더 물러나 견내 량이나 한산도까지 후퇴했더라면 어땠을까?' 하는 아쉬움이 남는다. 왜 원균이 함대를 좀 더 안전한 위치까지 후퇴시키지 않았을까? 그것은 출전 직전에 도원 수에게 곤장을 맞은 사건과 무관하지 않다. 즉 원균은 도원수에게 처벌까지 받은 상황에서, 출전한 지 하루 이틀 만에 또다시 한산도까지 물러날 수는 없었던 것이다.

그런데 조선 수군의 곤란한 상황과는 달리, 일본 수군은 14일과 15일 양일간 안골포 등지에서 여유 있게 대기하며 기회를 엿보고 있었다. 결과론적인 이야기 지만, 칠천량해전에서는 이순신이 염려했듯이 부산 앞바다로 출전했을 때 일어 날 수 있는 문제점 등이 모두 현실로 나타났고, 반대로 일본 수군이 조선 수군 을 공략하기 위해 세운 전략전술은 거의 완벽하게 적용되었다.

원균 함대의 움직임을 정확히 파악하고 있던 일본 수군은 15일 야간에 조선 수군이 정박 중인 칠천량을 향해 출전했다. 칠천량 안쪽에 정박 중이던 조선 수 군은 전선 4척을 앞세워 경계를 펴고 있었는데, 그날 밤 10시경에 일본군의 기 습을 받아 네 척 모두 전소되는 피해를 입었다. 그 뒤 일본 수군은 짐짓 물러나 는 척했던 것 같다. 조선 수군이 또다시 경계를 세웠지만, 일본 수군은 그들이 준비한 전술대로 야음을 틈타 이번에는 전 세력을 동원해 원균의 조선 함대를 겹겹이 에워쌌다. 그런데 이때 조선 수군은 전투에서 가장 중요한 '경계警戒'에 실 패했다. 즉 일본 수군의 새벽 기습 상황을 파악하지 못한 것이다.

'야간기습'과 '포위협격'이라는 두 가지 전술을 구사한 일본 수군은 7월 16일 이른 아침부터 대규모 공격을 시작했다. 칠천량해전의 본 해전이 시작된 것인데, 일본 수군에게 기습 공격을 당한 조선 수군은 전열이 무너지면서 크게 당황했던 것 같다. 그리고 이미 조선의 전선들을 에워싼 일본 수군은 그들 군선의 돛대[범 주帆柱]를 사다리로 활용하여 조선의 전선에 뛰어 올라 자신들의 장기인 단병전 술短兵戰術, 즉 육박전肉薄戰을 벌이며 조선 수군을 공략해 나갔다.

원균이 거느린 조선 수군은 더 이상 첫해 해전에서 전승全勝을 거두었던 막강

수군이 아니었다. 해전이 시작되자 상하 모두 제 살 길을 찾아 도망치기에 바빴다. 하지만 도망친 조선 수군을 기다리는 것은 육지에서 매복하고 있던 일본군이었다. 결국 이 해전은 앞에서 본 '야간기습', '포위협격', '등선육박', '수륙합동' 등 일본 수군이 준비한 전술대로 해전이 펼쳐진 것이다.

그렇다고 조선 수군이 아무런 저항도 없이 패전한 것은 아니었다. 임진왜란 초기부터 이순신 휘하에서 많은 전공을 세웠던 조방장助防將 김완金浣 등은 필사적으로 저항했다. 하지만 해전의 승패에는 영향을 주지 못했던 것 같다. 격렬하게 저항하던 김완은 타고 있던 전선에 오른 일본군과 격전을 벌이다가 부상을 입고 바다에 빠졌다. 김완은 이후 포로가 되어 일본까지 끌려갔다가 이듬해인 무술년1598년 봄에 탈출에 성공해서 귀국했다. 일본 측 기록을 그대로 믿을 수는 없지만, "조선 수군의 저항이 거세 겨우 승리할 수 있었다."라고 한 것으로 볼 때, 조선 수군은 불리한 전황에서도 우수한 전선과 무기를 활용해 최대한 저항했던 것으로 보인다.

난전 중에 일본군의 포위를 뚫고 가장 먼저 빠져 나온 함대는 경상우수사 배설이 거느린 10여 척이었다. 훗날 김완의 일대기를 그린 기록에 따르면, 뱃멀미에 취했던 배설은 지난 이틀간의 항해로 계속 누워만 있었는데, 그의 참모들이 기회를 보다가 재빨리 칠천량 남단 입구를 통해 한산도까지 후퇴하는 데 성공했다고 한다. 이들은 한산도 진영의 군량과 무기 창고 등을 소각하고 남해도 쪽으로 도망쳤다. 결국 원균이 이끈 조선 함대 중에서 세력을 보존한 것은 배설의 10여 척이 전부였다.

조선 함대는 일본군의 포위 공격을 받기 시작한 칠천량 부근에서부터 막대한 피해를 입기 시작했다. 일부는 이곳에서 일본 수군의 공격을 받아 전소되었고, 이후 혈전 끝에 칠천량을 빠져나온 조선 수군은 견내량을 통해 한산도 쪽으로 나아가려 했으나 그곳은 이미 일본군이 차단하고 있었다.

이 때문에 칠천량을 빠져나온 원균 함대는 크게 세 방향으로 나누어 퇴로를 찾아 나갔다. 그중 일부 함대는 칠천량에서 가까운 가조도加助島로 향했고, 또

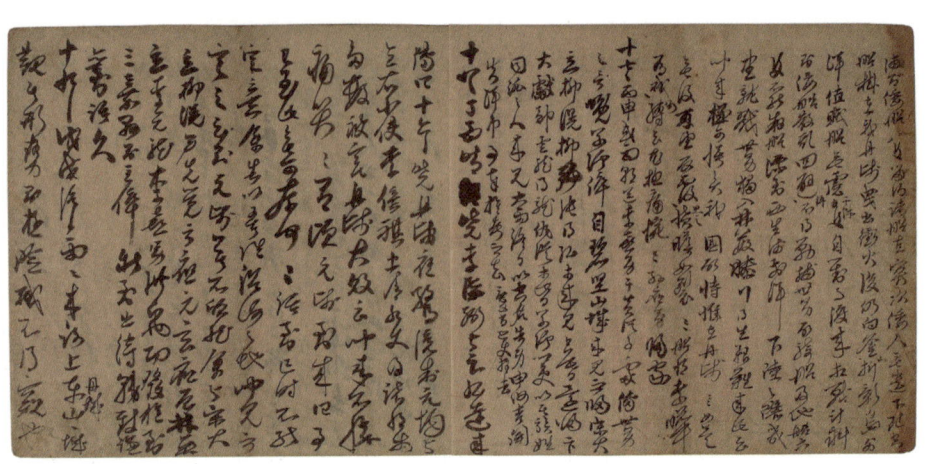

《난중일기》〈정유일기(丁酉日記)〉
1597년 7월 18일자 일기
현충사 소장

다른 함대는 고성固城 앞바다인 진해만鎭海灣으로, 나머지 함대는 오늘날의 안정공단 일대인 추원포秋原浦로 각각 나아갔다. 하지만 결국 일본 수군에 의해 모두 각개격파당하고 말았다.

칠천량해전은 상상할 수 없을 만큼 참담한 조선 수군의 패배로 끝났다. 배설이 거느렸던 10여 척을 제외한 전 함대가 궤멸되는 엄청난 피해를 입었고, 여러 해 동안 준비한 조선 수군의 전력이 한순간에 물거품처럼 사라졌다. 그 결과 남해의 제해권은 일본 수군에게 넘어갔고, 그동안 조선 수군의 수중에 있던 바닷길이 이제는 서해와 명나라 앞바다까지 위협받는 상황이 되었다. 일본 측 자료에 따르면, 칠천량해전에서 그들이 포획하거나 불태운 조선의 전선은 모두 160여 척이라고 한다.

통제사 원균은 패전한 뒤 추원포로 상륙했다가 추격해 온 일본군에게 살해당

칠천량해전 격전지
해군사관학교박물관 사진 제공

했고, 전라우수사 이억기와 충청수사 최호는 전투 중에 전사했다. 하지만 전투 중에 전사한 사령관급^{수사} 3명과 일본에 잡혀간 조방장 김완을 제외한 대다수의 첨사나 만호 등은 살아남았다. 이런 결과는 이들이 전투 중에 각자 제 살 길만을 도모했다는 사실과, 이들을 제대로 통제하지 못한 원균에게 책임이 있음을 반증한다.

그렇다면 칠천량해전에서 조선 수군이 참패한 원인은 무엇이었을까? 몇 가지로 정리할 수 있는데, 먼저 수군에 대한 군령권이 통제사가 아닌 도원수에게 있었다는 점을 들 수 있다. 해전에 대한 충분한 지식이 없었기 때문에 정확한 판단을 내릴 수 없었던 도원수는, 상부의 지시에 따를 수밖에 없었다. 하지만 무리한 출전명령을 내려 수군이 패전하는 데 결정적 역할을 한 책임은 피할 수 없다. 선조의 의중을 읽고 바다에서 적을 무찌르겠다고 큰소리치던 원균마저도 부산 앞바다로 출전하는 것에 대해 신중한 태도를 보인 데는 그럴 만한 이유가 있었던 것이다.

조선 수군이 칠천량해전에서 패한 두 번째 이유는 삼도수군통제사 원균의 잘못된 지휘 때문이다. 부하 장수들에게 신뢰를 잃었고 전투에 임해서는 경계에 실패했을 뿐만 아니라, 긴급한 상황에서 패하더라도 피해를 최소화해서 적과 맞설 전력을 보존했어야 했는데, 무너진 지휘체계 때문에 손을 쓰지 못하고 말았다. 당시와 훗날의 여러 평가를 보더라도 대부분 원균을 패전을 부른 장본인으로 지목하고 있다.

세 번째 패인은 조선 수병들의 도망이었다. 급조된 원균 함대의 수병들은 제대로 훈련을 받지 못한 상태에서 일본 수군의 치밀한 전략전술 앞에 저항다운 저항 한 번 해보지 못한 채 도망치고 말았다. 하지만 목숨을 구하려고 도망친 수병들은 섬에 매복해 있던 일본군에게 대부분 도륙되고 말았다. 목숨을 구하려고 도망친 것은 병사들만이 아니었다. 병사들을 통솔하고 지휘해야 할 장수들까지 제 살 길만을 찾아 달아남으로써, 조선 수군은 순식간에 와해되고 말았다. 자신감을 잃은 장수들이 자리를 이탈함으로써, 조선 수군은 결국 궤멸적인 패배를 당하고 만 것이다.

요컨대 한 사람의 판단착오로 인해 삼도수군통제사가 이순신에서 원균으로 교체되었고, 이 때문에 조선 수군은 칠천량해전에서 회복하기 어려울 정도의 참담한 패전을 당한 것이다. 그 결과 조선 수군은 전쟁 초기부터 장악하고 있던 남해의 제해권을 잃었고, 조명 연합군은 서해와 함께 명나라 해안까지 걱정해야 하는 상황이 되었다. 반면 일본군은 강화교섭기에 세운 전략전술대로 조선 수군을 격파한 다음, 수륙병진 작전을 펼칠 수 있는 절호의 기회를 갖게 되었다.

┃ 통제사 원균이 최후를 맞이한 추원포 부근 솔밭

《실록》에서는 군관이 해안에서 이곳까지 약 5리나 원균을 업고 와서 이곳에 내려두고 도망쳤다고 한다. 앞에 보이는 산이 고성의 벽방산
이고, 솔밭은 목 없는 장군의 무덤이 있던 밭으로 알려진 곳이다. 해군사관학교박물관 사진 제공.

┃ 목 없는 장군의 무덤이 있었다고 전해지는 솔밭과 가까운 밭

해군사관학교박물관 사진 제공

戶二千六百九十內　男六千二百三十二

女七千二百四十五

宗田畓并四千一百四十三結十六負六束內陳雜頉除

穀揚总數

軍兵摠數

雜穀八千七百三十六石并入

右營属各色軍六百八十七名

左營属各色軍一百八十八名

東伍軍二百三十六名

諸營属各色軍四百七十名

鳳凰山城属各色軍十八名

其營属各色軍十九名

百濟豆乃山縣新羅改今名為金堤郡領

高麗属臨陂縣睿宗置監務後陞為縣

本朝因官貟縣令

山川　進鳳山在吉甲里東新倉津

南山在縣南　大坪堤在縣東　群山島在縣西

愁音浦在縣南　吉串在縣

新倉津在縣西　海西入海之泇數峯明

內水高時有金銀寶以落　羣山島東

西海中圍六十里有澳可以藏舡凡漕運往來者皆侯風

于此島旧有大塚如君王陵運世有蹟色守令嶷其

塚多得金銀寶如人所告而逝大明一統志十二峯連絡

如城旧君阜又有五龍廟

蝎步島　宮地島　望地島　橫建島　許內島　家外

陵梯枝谷堤　古跡富潤廢縣

城郭　有石等周二千八百三十尺高十二尺內

佛宇望海寺在進鳳山　迻寺在南

浦橋在愁音浦上　熊橋在縣　橋梁愁音

魚山島　土産青魚石首魚

葦魚各色魚菱蓮蓴蓴

烽燧吉串烽燧在縣

鎮堡古群山鎮

제4부

별은 떨어지나
영웅은 남았다

명량에서의 위대한 승리

정유년丁酉·1597년 7월 18일, 초계草溪에 머물던 이순신에게 청천벽력과 같은 소식이 전해졌다. 그가 여러 해 동안 제장들과 함께 피를 토하는 노력으로 정비해 놓았던 조선 수군이 칠천량에서 일본군에게 참패를 당했다는 것이다. 이날 이순신은 직접 패전 지역을 둘러보겠다고 자원하여 도원수의 허락을 받고 남쪽 해안으로 곧바로 이동했다. 아직 백의종군하는 형편이었지만 그날 그의 남행南行에는 군관 9명이 함께 했다. 그는 19일에 단성丹城에서 하루를 묵었고, 20일에는 진주의 정개산성鼎蓋山城을 둘러본 뒤, 21일 노량露梁에 도착했다.

그가 노량에 도착했을 때, 거제현령 안위安衛와 영등포만호 조계종趙繼宗 등 10

여 명이 모여 있었다. 그들은 통곡하며 "통제사 원균이 먼저 도주하고 뒤이어 여러 장수들이 육지로 달아나 이 지경이 되었다."라고 패전 경위를 설명했다. 그날 이순신은 거제현령 안위의 배에 머물렀는데, 새벽 세 시까지 잠을 못 이루었기 때문에 이튿날에는 눈병이 생기고 말았다. 이어 22일에는 유일하게 10여 척을 이끌고 탈출했던 경상우수사 배설裵楔을 만났는데, 그 역시 패전의 책임을 원균에게 돌렸다. 그날 오후, 이순신은 머물던 곳으로 복귀하려고 출발했는데 곤양昆陽에 이르러 잠시 휴식을 취했다. 그 전날 잠을 못 이루었고, 그간 충격적인 패전 소식과 향후 대책을 세우느라 많이 피곤했던 것 같다.

7월 23일, 이순신은 그동안의 행적과 상황을 도원수에게 보고한 뒤에 초계로 돌아가지 않고 진주晉州 부근에 머물렀다. 거리상 초계와 남해안의 중간 지점에 머물면서 상황을 지켜보려 했던 것 같다. 그날 그는 배홍립과 함께 머물렀고, 다음날인 24일에는 이홍훈李弘勛의 집으로 옮겼는데, 저녁 무렵에는 조방장 배경남裵慶男이 찾아오자 그와 잠시 시간을 갖기도 했다. 25일에는 도원수 종사관, 황여일의 편지를 받고 사람을 보내 문안했다. 그리고 그날 도원수의 조방장 김언공이 와서 이순신을 만나고 곧바로 원수부로 돌아갔는데, 이렇게 볼 때 도원수와 이순신은 계속 연락을 주고받았던 것 같다. 아마도 전날 보낸 이순신의 보고서를 보고 향후 대책을 의논하기 위해 조방장을 보낸 듯하다.

그 뒤 이순신은 백의종군하는 입장에서 특별히 할 수 있는 것은 없었지만, 날마다 주변 사람들을 만나면서 일본군에 대적할 대책을 논의했다. 26일에는 정개산성 아래에 있는 송정松亭에서 진주목사와 도원수 종사관 황여일 등과 만나 늦게까지 논의하다가 거처로 돌아갔다. 7월 27일에는 며칠 뒤 통제사 재임명 교지를 받게 되는 손경례孫景禮의 집으로 거처를 옮겼는데, 그날 체찰사가 보낸 동지同知·동지중추부사 이천李薦을 통해 체찰사의 전령傳令을 받았다. 전령에는 대체로 조선 수군의 패전 소식과 향후 대처방안에 대한 체찰사의 의견과 당부가 담겼을 것으로 추정된다.

8월 2일에는 꿈을 꾸었는데, 삼도수군통제사로 재임명을 받을 징조가 있었다.

삼도주사사명기
해군사관학교박물관 소장

다음날인 8월 3일 아침 일찍 선전관 양호(梁護)가 삼도수군통제사 재임명 교지(教旨·임명장)와 선조의 유서(諭書·임금의 편지)를 가지고 왔다. 초대 통제사 이순신이 파직 5개월여 만에 제3대 통제사로 재임명된 것이다. 사실 이순신의 통제사 복귀는 칠천량해전 패전 소식이 조정에 전해진 7월 22일의 대책회의에서 결정되었는데, 진주 손경례의 집에서 재임명 교지를 받기까지 열흘이 걸렸던 것이다.

이순신은 교지에 사은숙배(謝恩肅拜·임금의 은혜에 감사하며 절함)하는 의식을 한 뒤, 통제사 임무를 수행하기 위해 곧바로 길을 나섰다. 8월 3일, 당일에 이순신은 길을 나서 조선 수군을 재건하기 위한 첫 발을 내디뎠다. 그런데 흥미로운 것은 비슷한 시점에 일본 수군이 남원성(南原城)을 공격하기 위해 섬진강을 따라 구례(求禮)까지 올라왔다는 사실이다. 일본 수군이 구례에 도착한 것은 이순신이 육로를 따라 석주관(石柱關)을 거쳐 구례읍에 도착한 것과 불과 하루 차이였다. 케이넨(慶念)의 《조선일일기(朝鮮日日記)》에 의하면 당시 일본역(日本曆)이 조선보다 하루 빨랐는데, 이순신이 8월 4일 새벽 섬진강을 건넜을 때 일본 수군은 섬진강 하구에, 육군은 하동지방에 도달하고 있었다. 하지만 분명한 것은 이순신은 통제사로 재임명을 받자마자 전라도 내륙으로 향하며 조선 수군의 재건에 나섰다는 것이고, 같은 시기에 일본 수군은 남해(南海)를 비운 채 남원성을 공격하기 위해 섬진강을 따라 북상했다는 사실이다.

즉 8월 3일 전후 이순신과 일본 수군이 구례 지방에서 교차하면서 다른 방향으로 이동한 것은, 칠천량해전 이후 조선과 일본 수군이 전략적으로 서로 다른 선택을 했음을 상징적으로 보여 준다. 조선 수군은 통제사로 재임명된 이순신을 중심으로 수군을 재건하려는 시점이었던 반면에, 일본 수군은 조선 수군을 해상에서 전멸시킬 수 있는 좋은 기회를 뒤로 하고 육지에 올라 남원성 전투에 참전하려는 순간이었기 때문이다. 이처럼 당시 일본의 해양전략이 다시 한 번 미숙한 면을 보인 것은 조선과 명나라에게는 천만다행이었다.

그렇다면 일본 수군은 왜 남원성 전투에 동원되었을까? 미숙한 해양전략도 한 가지 원인이었지만, 또 다른 이유가 있었다. 그것은 정유재란 당시의 일본군 가운데 조총을 많이 소지해 화력이 가장 좋았던 부대가 수군이었기 때문이다. 임진왜란 당시의 일본 육군은 조총수의 비율이 전체 병력의 10퍼센트에 지나지 않았다고 한다. 그런데 일본 수군의 조총 보유율은 육군의 2배에 이르렀기 때문

▎두치진
통제사로 재임명된 이순신이 섬진강을 건넌 곳. 한 나절 후에 일본군이 이곳을 지나 구례 쪽에 상륙했다.
해군사관학교 박물관 사진 제공

■ 남원 만인의총의 충렬사
　전북 남원시 향교동에 위치한 조선시대의 사우로서, 충렬사라는 당호는 효종이 하사함. 정유재란 때 왜적과 맞서 싸우다 전사한 남원성
　5,000여 명의 뜻을 기리기 위해 세워짐. 한국학중앙연구원 사진 제공.

에, 조명 연합군이 지키는 남원성을 공격하기 위해 전군이 동원되었던 것이다.
특히 도도 다카토라를 비롯한 수군의 대표적인 장수들이 동문東門을 제외한 세
곳의 대문을 공격하는 최선봉을 담당하는 등 남원성 공략에 중요한 역할을 수
행했다.

　이보다 앞서 일본 수군은 칠천량해전에서 승리한 뒤 약 보름간 승리감에 취
해 있었다. 본국에 승전을 보고하여 논공행상論功行賞을 하는 데 다소의 시간이
걸렸고, 승전 이후 조선 수군을 추격해서 잔당을 소탕하는 작전 대신에 주변의
육상 지역을 약탈하는 데 많은 시간을 보내고 있었다. 그리고 일본 육군의 본격
적인 전라도 지방 출전이 지체된 것도, 일본 수군이 남해 제해권 장악을 서두르
지 않은 한 가지 원인이었다. 당시 일본 수군은 이미 조선 수군을 격파한 상황이
었기 때문에, 육군과 함께 속도를 맞춰 진격해 나가면 된다고 보았던 것 같다. 다

시 말해, 전황이 무척 유리하다고 판단한 일본 수군의 오판으로, 조선 수군은 재건할 수 있는 시간과 기회를 확보한 것이다.

통제사가 된 이순신은 8월 4일에 첫 업무로, 고산현감高山縣監을 만나 군사관련 업무를 상의했다. 그날 오후에는 일본군의 침략 소식에 텅 비어버린 곡성谷城에 이르러, 이틀 동안의 쉼 없는 여정으로 인해 쌓인 피로를 풀었다.

5일에는 곡성을 거쳐 옥과玉果로 향하는 길에서 도로를 메운 피난민 행렬을 만났는데, 이는 일본군의 전라도 침입 소식을 접한 백성들이 모두 피난길에 올랐기 때문이었다. 이순신은 첫 번째로 수군 병력을 모집하고 늘려야 하는 상황이었기 때문에 직접 백성을 접촉하며 병력을 늘려 나갔던 것으로 보인다. 그리고 이때부터 칠천량해전 당시에 도주했던 여러 장수들이, 이순신의 통제사 재임명 소식을 듣고 그의 휘하로 모여들기 시작했다. 6일에는 이순신이 일본군의 정세를 파악하기 위해 파견했던 송대립 등이 와서 수집한 내용을 보고했다.

정유재란 초기, 육전陸戰은 사전에 예고된 전쟁이었음에도 불구하고 일본군에 맞선 조명 연합군은 임진왜란 초기처럼 제대로 대응하지 못했다. 이순신 또한 삼도수군통제사로 재임명되기는 했지만 휘하에 거느린 세력이 없었기 때문에 초기에는 그가 할 수 있는 일이 제한된 상황이었다. 하지만 이순신은 조선 수군을 재건할 방법을 계속 모색했다.

8월 8일에는 순천의 부유창富有倉·전라남도 순천시 주암면 창촌리에 도착했는데, 이곳은 이미 전라병사 이복남李福男이 남원성으로 들어가면서 남은 곡식을 모두 불태워 버린 상태였다. 청야전술에 따른 것으로 볼 수 있겠지만, 산성山城으로 옮겨 조선군이 쓸 수도 있었는데, 일본군의 침입 소식이 있자 급하게 불태운 것으로 보인다.

이순신은 바로 순천부로 이동했는데, 이곳에는 군기와 곡식 등이 그대로 남아 있었다. 병사兵使나 부사府使가 미처 처리하지 못한 결과였는데, 오히려 이순신에게는 수군을 재건하는 과정에서 처음으로 얻은 군수품이었다. 장전長箭과 편전片箭 등 옮길 수 있는 무기류는 군관 등으로 하여금 옮기게 했고, 운반이 어려운 총통은 땅에 묻고 표시해 두었다. 발견한 무기를 모두 옮길 여력이 없었던 이순신으로서는 최선의 선택이었을 것이다.

이런 상황은 8월 9일 낙안에 이르렀을 때도 마찬가지였다. 병사兵使가 일본군의 침입 사실을 전파하며 창고에 불을 지르고 떠나는 바람에, 낙안에서는 건질 게 없었다. 이곳에서는 순천부사 우치적禹致績과 김제군수 고봉상高鳳翔 등이 이순신 앞에 나아왔는데, 이들 역시 방어태세를 갖추지 못한 책임을 병사에게 돌렸다.

그날 낙안 백성들은 5리里나 되는 행렬을 이루어 이순신을 환영했고, 벌교 마을을 지날 때는 노인들이 술을 가져와 이순신에게 바쳤다. 이로 보아 이순신은 업무 처리에 있어서는 상당히 엄한 편이었지만, 백성들의 신뢰와 존경을 받고 있었음을 알 수 있다. 낙안과 벌교를 지나 조양창兆陽倉·전라남도 보성군 조성면 조성리에 이른 이순신은, 훼손되지 않은 곡식을 발견하고 군관 4명으로 하여금 곡식 창고를 지키게 했다. 순천부에서 얻은 무기류에 이어 소량의 군량까지 얻게 됨으로써, 이순신은 수군 재건을 위한 중요한 재원을 확보하게 되었다. 이처럼 이순신은 재임명 직후에 순천과 보성 등 전라도 연안의 주요 곡창 지대를 지나면서, 수군 재건에 절대적으로 필요했던 군량 확보에 주력했다.

또 한 가지 군량과 함께 가장 절실한 문제는 병력 확충이었다. 이순신은 내륙과 연안 일대를 돌면서 가능한 한 많은 병력을 모으려고 애썼다. 그 결과 그는 순천부를 지나면서 정병精兵 60명을 얻었고, 보성에서는 그보다 2배인 120명을 확보했다. 그리고 이순신이 삼도수군통제사에 복귀했다는 소식이 전해지면서 도주했던 장수들이 그에게 모여들었는데, 이들은 휘하에 소수의 군관들과 정예 병력을 거느리고 있었다.

한편, 정유재란을 일으킨 일본의 전쟁 목표와 점령정책은 임진왜란 초기에 비해 크게 달라져 있었다. 당시 일본군의 전쟁 목표는 명나라 정벌보다는 조선 점령, 그것도 강화 조건의 하나로서 할지割地의 대상이었던 하삼도下三道 점령이 우선 목표였다. 이를 통해 도요토미 히데요시는 부족한 영지領地를 확보하고, 일본 백성을 이주시켜 일본 땅으로 삼겠다는 목표를 세웠다. 이 때문에 그들의 점령 정책도 바뀌었는데, 하삼도의 조선 백성을 모두 없애고 일본 백성을 이주시킨다는

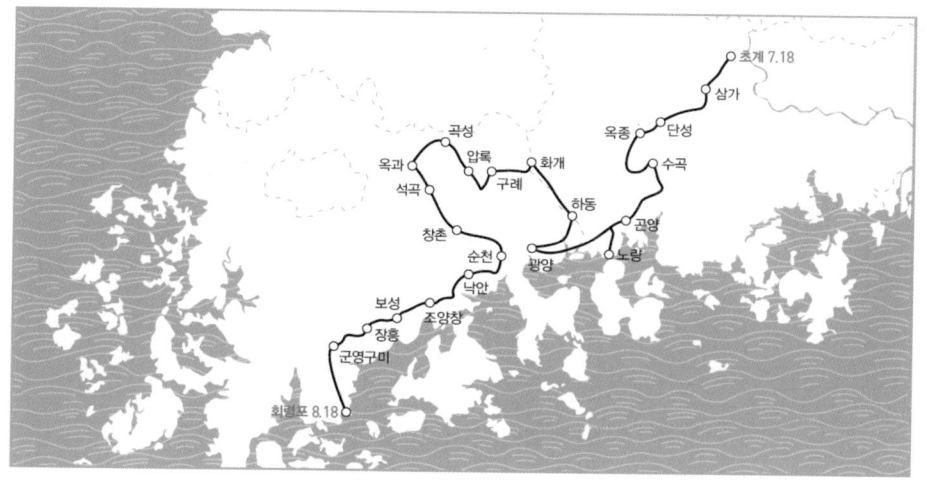

이순신의 연안 수습길
현충사 제공

일종의 '초토화 작전'이었다고 할 수 있다.

　이로 인해 정유재란 시기에 조선 백성이 겪은 피해는 임진왜란 초기에 비해 훨씬 더 컸다. 점령정책이 바뀌는 바람에, 일본군이 가는 곳마다 살육과 약탈이 벌어졌다. 이 점에 대해서는 당시 일본 규슈 우스끼臼杵城의 성주인 오다 가즈요시太田一吉의 군의관으로 참전했던 안요지安養寺의 주지 케이넨慶念의 일기를 통해 확인할 수 있다. 케이넨慶念의 《조선일일기》 1597년 7·8월의 기록을 보면 너무도 참혹하다. 그는 이 시기에 자신이 목격한 상황을 "들도 산도 섬도 죄다 불태우고, 사람을 쳐 죽인다. 그리고 살아남은 사람은 쇠줄과 대나무 통으로 목을 묶어서 끌고 간다.", "조선 아이들은 잡아 묶고, 그 부모는 쳐 죽여 갈라놓는다.", "마치 지옥의 귀신이 공격해 오는 것과 같다."라고 적었고, 특히 남원성이 함락된 뒤에는 "성안의 사람들은 남녀노소 할 것 없이 모두 죽여서 생포한 사람이 없다.", "눈 뜨고 볼 수 없는 처참한 상황이다."라는 등의 생생한 기록을 남겼다.

전라도 백성들은 이와 같은 일본군의 살육과 약탈을 피해 더 깊은 산 속으로 숨거나, 선박을 이용해 도서島嶼 지역으로 피난한 경우가 많았다. 이때 선박을 이용해 도서로 피난한 백성들도 일본 수군의 수색과 약탈로 인해 생명의 위협을 받기는 마찬가지였다. 연안의 섬으로 피난한 백성들은 보다 안전한 전라 우도 쪽으로 갈 수밖에 없었고, 이런 가운데 이순신의 삼도수군통제사 재부임은 그들에게 희망적인 소식이었다. 이들은 점차 생존을 위해 이순신의 진영 근처로 모여들었는데, 이는 이순신이 수군을 재건해 나가는 데 적지 않은 역할을 담당하게 된다.

앞에서 본 것처럼, 8월 초에 이순신은 순천에서 며칠을 머물고, 이어서 보성의 조양창과 그 부근에서 또 며칠을 머물렀다. 조양창에 머무는 동안 그의 휘하로 여러 장수들이 복귀했다. 10일에는 배흥립이, 11일에는 송희립과 최대성 등 이순신의 측근 인사들이 왔으며, 12일에는 거제현령과 발포만호가 왔다. 13일에는 우후虞候·부사령관 또는 참모장 이몽구李夢龜가 이순신이 머무는 곳을 알아내 찾아왔지만, 그 이튿날 이순신은 이몽구가 본영의 군기를 하나도 싣고 오지 않았다는 죄목으로 곤장을 80대나 때렸다.

이어 15일에는 보성군에서 선전관 박천봉朴天鳳을 만났는데, 그날 가져온 선조의 편지에는 "지난 해전에서 패한 결과로 해전이 불가능할 경우 육지에 올라 도원수를 돕는 것도 가하다."라는 내용이었다. 이에 대해 이순신은 "신에게는 아직도 12척의 전선이 있습니다. 죽을힘을 다한다면 오히려 할 수 있는 일이 있을 것이고, 신臣이 죽지 않는 한 적이 감히 우리를 업신여기지 못할 것입니다."라고 수군을 포기할 수 없다는 자신의 의지를 상소했다. 그는 조선이 수군을 포기하는 것이야말로 일본군이 가장 바라는 것이고, 남은 세력으로 일본 수군이 자유롭게 움직이지 못하도록 차단하는 게 전쟁의 승패에 직결된다는 사실을 정확하게 인식하고 있었다.

그는 8월 19일, 회령포會寧浦에서 경상우수사 배설裵楔로부터 함대를 인수받았다. 통제사가 된 뒤 보름 만에 함대를 거느리게 된 것이다. 그에게 모여든 여러

만호진이 있었던 회령포
해군사관학교박물관 사진 제공

장수들이 함께 했고, 평소 그를 따르던 많은 인사들이 다시 모여들었다. 이렇게 삼도수군통제사에 복귀한 이순신을 중심으로 조선 수군은 점차 원래의 모습을 되찾아갔다.

함대를 인수한 이순신은 20일에는 회령포의 포구가 너무 좁아서 근처의 이진梨津 만호영으로 함대를 이동했다. 그런데 바로 이날부터 이순신은 몸이 불편해서 음식도 먹지 못하고 앓아누웠다. 21일 새벽에는 곽란癨亂·음식이 체하여 갑자기 토하고 설사하는 급성 위장병이 생겼는데 몸을 차갑게 해서 그런 것으로 판단해, 열熱을 내기 위해 소주燒酒를 마셨다가 오히려 혼수상태에 빠졌다. 구토를 10여 회나 하고 밤새도록 앓았는데, 그로부터 꼬박 사흘을 앓았다. 견디다 못한 이순신은 8월 23일 배에서 내려 포구 밖의 민가에서 하루를 쉬었다.

8월 24일 겨우 정신을 차린 이순신은 바로 그날 이진에서 함대를 어란포於蘭浦로 옮겼다. 그곳에 머문 지 사흘째 되는 26일 오후 늦게 정탐을 맡은 임준영任俊英이 함대로 달려와, 조선 함대가 직전에 머물렀던 이진에 일본 함대가 도착했다는 사실을 보고했다. 당시 8월 16일에는, 남원성을 함락한 일본 수군이 다시 바다로 내려와 일본 육군과 수륙병진을 시작해, 조선 수군을 추격한 끝에 상당히 가까운 거리까지 접근한 상태였다.

26일에는 신임 전라우수사 김억추金億秋가 부임했는데, 배와 격꾼 그리고 무기 등을 전혀 구비하지 못한 채 몸만 왔다. 수군을 재건하려는 이순신의 전방위적인 노력에도 불구하고, 이때까지는 그 성과가 뚜렷이 드러나지 않았다. 이런 상황에서 새로 부임한 전라우수사가 전혀 싸울 준비를 갖추지 못했으니, 복수를 다짐하며 결연한 의지를 불태우고 있던 이순신으로서는 실망할 수밖에 없었다. 이보다 앞선 8월 25일, 이순신은 일본군이 왔다는 허위 제보를 한 두 사람을 체포해 처형했다. 이미 정탐 활동을 통해 일본군의 움직임을 파악하고 있던 그는, 이들이 헛소문으로 혼란을 일으켜 소 두 마리를 도살하려는 수작임을 간파하고 군정軍情을 안정시키기 위해 본보기를 보인 것이다.

8월 27일에는 그대로 어란포에 머물렀는데, 28일 새벽 6시쯤에 일본군선 8척이 어란포로 돌입하면서 이순신이 삼도수군통제사로 복귀한 이후 최초로 적 함대와 마주쳤다. 칠천량해전의 패배로 사기가 꺾인 조선 수군은 대부분 두려워했지만 이순신은 동요하지 않고 적선을 추격하라고 명했다. 이때 만난 적선 8척은 일본 수군의 전초부대로서 수색 작전을 하던 중에 조선 함대 10여 척을 만나자 직접 공격해 볼 요량으로 포구에 돌입했던 것 같다. 하지만 조선 함대가 예상과 달리 추격전을 벌이자 이들은 공격을 포기하고 자신들의 임무 수행을 위해 재빨리 달아났다. 이순신 함대는 이들을 좇아 오늘날의 땅끝 마을 부근인 갈두葛頭까지 추격했다가 되돌아왔다.

이순신은 이날 진영陣營을 장도獐島·노루섬인데, 정확한 위치는 알 수 없고 어란포와 진도 벽파진 사이의 섬일 것으로 추정로 이동시켰다가, 이튿날인 8월 29일에 진도珍島의 벽파진碧波津으로 옮겼다. 벽파진은 전라남도 해남과 진도를 오가는 뱃길의 나루터로서, 다리가 없던

▍만호진이 있었던 어란포
해군사관학교박물관 사진 제공

시절 진도의 입구에 해당하던 곳이다. 이순신은 이곳 진도 벽파진에서 명량해전이 일어나기 전까지 약 보름간 머물렀다. 그런데 그가 진도를 주둔지로 택한 이유는 무엇이었을까? 답은 진도가 조선 수군의 재건에 유리한 조건을 두루 갖추고 있었기 때문이다.

전남 진도는 우리나라에서 세 번째로 큰 섬으로 농경지가 넓게 발달하여 예로부터 반농반어半農半漁의 일반적인 도서 지역과는 다른 지역적 특성이 있는 곳이다. 즉 진도 백성들은 이 섬에서 생산한 곡식으로 자급자족은 물론이고 주변 지역에 내다 팔아 수익까지 얻었고, 풍부한 수산자원까지 활용해 경제적으로 풍부했다. 이 때문에 진도는 선사시대부터 조선시대에 이르기까지 나름의 문화와 전통이 이어지고 있었다.

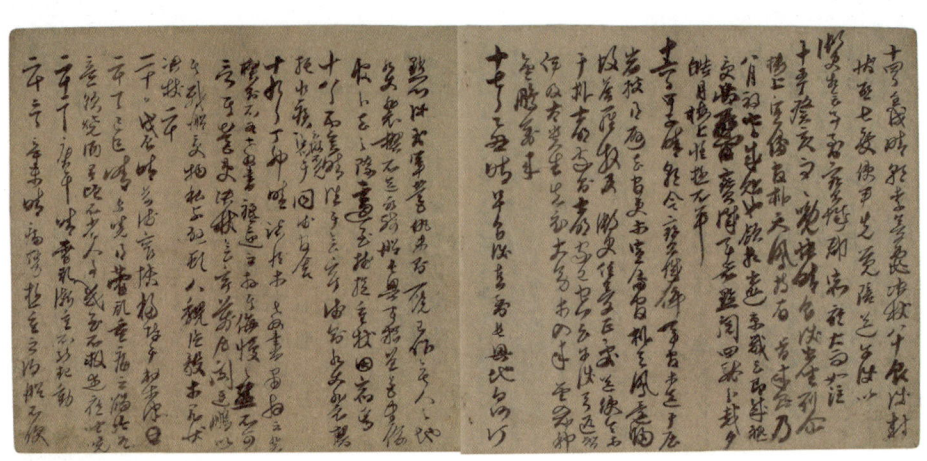

《난중일기》〈정유일기〉
1597년 8월 18일자 일기. 이순신이 회령포 관사에서 지냈다는 기록. 현충사 소장.

진도에는 청동기시대부터 인류가 거주한 흔적이 있고, 삼국시대 이래 인진도군因珍島郡 등 1군과 1현縣, 고려시대에도 진도현과 속현 2개 현, 그리고 조선시대에 이르러 진도군이 되었다. 특히 원나라의 침략을 받았을 때인 고려 원종 11년1270년, 몽고군에 항전을 하던 삼별초군三別抄軍이 벽파진과 불과 2킬로미터 거리에 있는 용장산성龍藏山城에 들어와 임시 거점으로 삼았던 곳이다. 진도의 해로海路 상의 전략적 위치와 농성전에 적절한 사회경제적 배경 때문에 삼별초가 이곳을 근거지로 택했던 것으로 추정된다.

진도는 조선시대에도 이와 같은 특성을 그대로 이어가고 있었다. 심지어 장거리 유배를 가야 했던 중죄인들도 진도를 선호했는데, 이는 진도가 앞에서 언급했듯이 사회경제적 조건이 양호했을 뿐만 아니라 불과 한 시간이면 육지에 오를 수 있을 만큼 가깝고 안전한 곳이었기 때문이다. 상황이 이렇다 보니, 진도의 지배층은 중앙 정부로부터 귀양을 온 관리들을 잘 대접하면서 학문이나 시화詩畵 등의 예술을 전수받기도 했다. 때문에 지방임에도 불구하고, 진도의 문화적·예술적 수준은 상당히 높았다.

진도 용장산성 내 궁지
해군사관학교박물관 사진 제공

　본론으로 돌아가서, 이순신 역시 삼별초 항쟁으로부터 320여 년이 흐른 뒤인 정유년1597년 8월 29일, 명량해전을 보름 앞두고 진도 벽파진으로 진영을 옮겼다. 이순신과 조선 수군은 이곳에서 불과 10여 척밖에 되지 않는 전력이었지만, 병력과 화기 등을 준비하면서 일본 수군과의 결전을 준비했다.

　진도로 진영을 옮긴 시점부터 명량해전이 일어나기 전까지 조선 수군의 동향을 살펴보면 다음과 같다.

　8월 30일에는 주변에 내보낸 정탐꾼들이 돌아와서 적의 정세를 보고했다. 같은 날, 칠천량해전에서 유일하게 생존한 사령관급인 경상우수사 배설이 신병 치료 차 말미를 요청해서 우수영이 있는 마을에 내렸다. 배설은 이틀 뒤인 9월 2일, 이곳을 떠나 도주했다. 아마도 자신이 칠천량해전 패전에 대해 책임을 질 수밖에 없는 유일한 인물이라는 사실을 인식한 것 같다. 결국 배설은 고향인 선산善山으로 도피했다가 종전 이후인 선조 32년1599년 3월에 체포되어 처형당했다.

9월 1일에는 점세占世가 제주도에서 소 다섯 마리를 싣고 나와서 바쳤다. 3일부터 5일까지는 강한 바람이 불어 겨우 전선을 보전할 수 있었다. 음력으로 9월이면 늦가을에 해당하는데, 강한 바람이 불면 자연스럽게 파도도 일었다. 때문에 배를 부릴 수도 없었고 심지어는 배끼리 부딪혀 깨지는 경우도 있었다. 이때도 북풍이 강하게 불어 전선을 보전한 것을 두고 천행天幸이라고 표현할 정도였다. 6일이 되어서야 바람이 조금 덜했지만, 이순신은 차가운 날씨 때문에 결군들을 걱정했다. 증기선 등 동력선이 나오기 이전에는 바람 때문에 함대가 출항하지 못하고 항구에 정박한 채 바람이 잦아들기를 기다리는 것이 일상적인 것이었다. 이 경우도 마찬가지였는데, 다행스러운 것은 강풍이 불면 적함도 움직일 수 없다는 것이었다.

그런데 당시 일본 수군은 조선 함대가 머물고 있는 위치를 파악하고 있었던 것 같다. 9월 7일 정탐 군관 임중형林仲亨이 "적선 55척 가운데 13척이 이미 어란포에 도착해 있는데, 우리 함대를 노리는 것 같다."라고 보고했는데, 바로 그날 오후 4시경에 적선 13척이 조선 함대가 정박해 있던 벽파진으로 쳐들어왔다. 이순신 함대가 급히 바다로 나아가 반격하자 일본 함대는 서둘러 배를 돌려 먼 바다까지 도주했다. 조선 함대는 일본 함대를 추격하다가 바람과 파도가 모두 배를 부리기에 적절하지 않자 벽파진으로 되돌아왔다.

이순신은 적선이 그날 밤 야음을 노려 기습해 올 것이라고 판단했다. 일본 수군은 칠천량해전에서 승리한 뒤 조선 수군에 대한 두려움을 떨쳐버리고 승리할 수 있다는 자신감을 갖고 있었다. 이 때문에 이순신은 비록 일본 함대가 물러가기는 했지만 야음을 틈타 다시 한 번 더 공격해 올 것이라고 판단한 것이다. 그리고 이 판단은 정확하게 맞아 떨어졌다. 그날 밤 10시경에 적 함대가 포를 쏘며 기습해 오자, 조선 수군들은 또다시 두려워하는 기색을 보였다. 하지만 적의 야습을 예상해 대비태세를 갖추고 있던 이순신이 다시 한 번 더 군기를 잡은 뒤 적선을 향해 포를 쏘며 달려들자, 적 함대는 당해내지 못하고 12시경에 물러나 돌아갔다.

| 진도 벽파진 앞바다
해군사관학교박물관 사진 제공

　다음날인 8일에는 제장을 불러 회의를 했는데, 아마도 전날의 기습 당시 나타
난 문제점을 지적하고 향후 대책을 논의하기 위한 자리였던 것으로 추정된다. 그
런데 이날 일기에는 전라우수사 김억추에 대해 "만호 직책에도 겨우 쓸 만한 인
물을 좌의정이 사사로이 수사 직책에 임명했으니, 때를 잘못 만난 것을 한탄한
다."라고 기록되어 있다. 《선조실록》에 뛰어난 용력用力을 가진 장사로 소개된 김
억추였지만, 이순신이 보기에는 사령관감이 아니었던 것 같다. 이 때문에 명량해
전이 끝난 뒤 인사 조처를 당해 다른 곳으로 보내졌고, 노량해전에서 이순신이
전사한 뒤 다시 전라우수사가 되었다. 이로 보아 이순신에게는 인정을 받지 못
한 인물이었다고 볼 수 있다.

　이어서 9월 9일은 중양절重陽節·지금은 지키지 않는 명절의 하나로, 음력으로 설날, 단오, 칠석과 함께 홀수
가 두 번 겹치는 날이었는데, 이날은 들이나 산에서 단풍 구경을 하거나 국화주 또는
국화전을 만들어 먹는 풍습이 있었다.

■ 벽파진 승전 기념비
해군사관학교박물관 사진 제공

이 때문에, 이순신은 며칠 전에 제주도에서 가져온 소 다섯 마리를 잡아 군사들에게 먹였다. 그는 일본 함대의 기습과 며칠간 강풍과 풍랑을 이겨낸 군사들의 노고를 치하하고, 조만간 있을 일본 수군과의 대결을 위해 군사들의 사기를 진작할 필요가 있다고 판단했다. 그런데 그날 오후 늦게 적선 두 척이 벽파진에 있는 우리 함대를 정탐하러 왔다가, 영등포만호 조계종趙繼宗에게 쫓겨 급히 도주하는 사건이 발생했다. 아마 이 정탐선들에 의해 이순신 함대의 정확한 위치와 척수가 일본 수군에게 알려졌던 것으로 추정된다.

9월 10일에는 적선들이 멀리 물러나 나타나지 않았다. 11일에는 날씨가 맑다가 흐려졌는데, 이순신은 모친에 대한 회한과 그리움에 눈물을 흘리며 괴로워했다. 그러자 이런 이순신의 마음을 알아차린 큰아들 회薈도 몹시 마음 아파했다. 노모를 잃은 것이 자신의 탓인 듯 슬퍼하는 아버지의 모습을 본 아들의 심정이 평안할 리 없었을 것이다. 이튿날인 12일에는 종일 비가 뿌렸는데, 전날과 마찬가지로 이순신은 울적한 마음을 가누지 못했다.

13일과 14일에는 늦가을 비에 이어 북풍이 크게 불면서 날씨가 무척 추워졌다. 이제 조금만 더 있으면 겨울이고, 겨울에는 피아간에 해상 활동이 사실상 불가능한 상태가 된다. 특히 13일에는 강한 바람 때문에 겨우 배를 보전할 수 있었다. 그런데 이날 밤부터 이상한 꿈을 꾸었는데, 그 내용이 대략 임진왜란 초기에 대승을 거둘 때와 비슷했다. 아마도 이순신이 일본 수군과의 결전을 앞두고 계속해서 신경을 쓴 나머지 적과의 대결과 관련된 꿈을 꾼 것으로 추정된다.

진도에 주둔한 지 보름째 되던 9월 14일에는 탐망군관 임준영이 벽파진으로 와서, 일본 수군 200여 척 가운데 55척이 이미 어란포에 들어와 있다고 보고했다. 또한 포로로 잡혔다가 풀려나온 김중걸金仲乞은 "일본 수군이 이순신 함대를 공략하고 서해를 통해 한강까지 진격하려 한다."라는 사실을 적진에서 직접 들었다고 했다. 일본 수군과의 대결이 사실상 얼마 남지 않았다는 의미였다.

이 소식을 들은 이순신은 우수영 주변으로 몰려든 피난민들에게 가장 먼저 이 사실을 알리고, 모두 육지 쪽으로 올라가도록 조치했다. 일본 수군과의 대결을 앞두고 전장戰場 주변 지역의 민간인들을 대피시켰던 것이다.

이순신은 결전의 날이 다가옴을 느끼고 다시 한 번 더 결단을 내렸다. 9월 15일, 정확히 명량해전 하루 전날에 이순신은 진영을 벽파진에서 우수영으로 옮겼는데, 그 이유는 벽파진 좌측 뒤편에 있는 명량鳴梁·순우리말로 울돌목 때문이었다. 함대의 규모와 병력이 적은 조선 함대로서는 막다른 좁은 길목인 명량을 등지고 싸울 수가 없었던 것이다.

우수영으로 진영을 옮긴 다음에 이순신은 즉시 휘하 장수들을 소집하여 작전회의를 열었다. 여기서 그는 먼저 장수들의 정신무장을 강조했는데, 이순신의 정신훈화 내용을 그대로 옮기면 다음과 같다.

"병법兵法에 이르기를 '반드시 죽고자 하면 살고, 살려고만 하면 죽는다.'고 했으며, 또 '한 사람이 길목을 지키면, 족히 1,000명이라도 두렵게 할 수 있다.'고 한 것은 지금 우리를 두고 한 말이다. 너희 여러 장수들이 조금이라도 명령을 어긴다면 즉시 군법으로 다스려 조금이라도 너그럽게 용서하지 않을 것이다."라고 두 번 세 번 약속을 엄밀하게 했다.

– 《난중일기》 정유년1597년 9월 15일

이순신은 친천량해전에서 패한 부하 장수들이 적을 두려워하고 있다는 사실을 잘 알고 있었다. 그는 먼저 부하들에게 병법의 명언으로 우리에게도 잘 알려진

"반드시 죽고자 하면 살고, 살려고만 한다면 죽는다.必死則生 必生則死"라는 문구를 마음에 새기게 했다. 살기를 바라지 말고, 죽을 각오로 전투에 임하라고 강조한 것이다. 이어서 그는 "적은 숫자로 많은 적을 막기 위해 좁은 길목을 택한 것이다."라고 하면서 명량을 전장으로 택한 이유를 알려주었다. 자신이 필승의 계책을 짜두었음을 은연중에 내비친 것이다.

하지만 그는 전투에서 물러나거나 도주할 경우에는 사형死刑으로 다스리겠다고 다짐했다. 이래도 죽고 저래도 죽을 것이라면 군인답게 목숨 걸고 싸우라는 강렬한 메시지를 보낸 것이다. 그리고 그날 이순신은 이틀 전에 이어 '신인神人이 나타나 이렇게 하면 크게 이기고, 저렇게 하면 진다.'는 식으로 일러주는 꿈을 꾸었다.

1597년 음력 9월 16일, 아침 일찍 별망군의 "척수를 알 수 없는 많은 적선이 명량을 통과해서 우리 함대가 결진하고 있는 곳으로 오고 있다."라는 보고가 올라오면서 명량해전의 서막이 올랐다.

먼저 명량해전이 펼쳐진 전장의 상황을 살펴보면 다음과 같다. 명량해협은 진도와 해남군의 화원반도花源半島 사이에 있는 수로水路로서 길이가 2킬로미터 내외이고 가장 좁은 곳의 폭은 300미터 정도이다. 이곳의 최저 수심水深은 1.9미터이고, 조류潮流의 속도는 최대 11.5노트kn로 매우 빠르다. 이곳은 20리 밖에서도 물 흐르는 소리가 들린다고 해서 '울돌목'이라는 별칭이 있을 정도로 물살이 빠르고 수심이 얕아 항해가 쉽지 않은 협수로狹水路였다.

이런 협수로의 특성은 명량해전에 참전한 일본 수군에게도 큰 영향을 미쳤다. 피난민들이 주변의 봉우리에 올라 헤아린 일본 군선들의 수는 모두 300여 척이었다. 20세기 초에 나온 일본의 연구 결과들에 의하면 명량해전에 참전한 일본의 세력은 300여 척이다. 또한 《이충무공전서》의 저본이 되는 《충무공가승家乘》에는 이 해전에 참전한 세력을 133척이라고 적고 있지만, 피난민들이 산 위에 올라 헤아린 적선 척수는 300여 척이었다는 내용이 함께 나와 이런 해석을 가능케 한다.

│ 명량해협 전경
해군사관학교박물관 사진 제공

│ 명량해협을 가로질러 해남과 진도를 잇는 우리나라 최초의 사장교인 진도대교
해군사관학교박물관 사진 제공

그런데 명량해협을 통과해 이순신 함대와 맞선 일본 함대는 그 절반도 안 되는 133척이었다고 한다. 다시 말해서 이날 참전한 일본군선의 전체 척수는 모두 300여 척이었지만, 명량의 협수로 때문에 정작 이순신 함대와 결전을 벌인 세력은 소형 군선인 세키부네關船 133척이었던 것이다.

이 점은 매우 중요한 의미가 있는데, 명량해전에 참전한 일본 군선이 세키부네였다는 것을 증명하는 사료로 《선조실록》의 기사를 들 수 있다. 이 기록에 따르면, 조선 조정은 칠천량해전의 패전 원인으로 일본 수군의 주력 군선이 대형 군선인 아타케부네로 바뀐 것, 다시 말해 일본의 군선이 대형화되었기 때문이라고 분석했다. 그런데 명량해전에서 조선이 승리한 이후, 이번에는 일본 군선이 거제현령 안위安衛의 전선 한 척을 공략하지 못한 이유가 일본 군선이 작았기 때문이라는 이항복李恒福의 언급이 또 다른 《실록》에 나온다. 결국 명량 협수로의 특성 때문에 대형 군선인 아타케부네는 해협 밖에서 대기했고, 세키부네로 구성된 133척의 일본 함대가 명량을 통과해 이순신 함대와 맞서 싸운 것으로 추정된다.

일본 수군이 대형 군선 아타케부네를 활용하지 못한 것과 더불어 승부에 결정적인 영향을 미친 것은 당일의 조류潮流였다. 뒤에 다시 언급하겠지만, 조류의 흐름은 일본에 유리했던 오전과는 달리 오후 1시경에 조선에 유리한 흐름으로 바뀐다.

그날 오전 7시경 물의 흐름이 잠시 멈추는 정조停潮를 지나, 일본 함대가 명량해협 쪽으로 이동하기 유리한 방향으로 조류가 흘렀다. 우수영을 기준으로 하면 해남에서 목포 방향西北流으로 흐르는 밀물이었는데, 이는 일본 함대에 결정적으로 유리한 조류였다. 따라서 일본 함대는 오전 7시를 전후해서 어란포를 출발해 우수영을 향해 출전했을 것으로 추정된다. 그리고 이런 정황은 탐망군에 의해 즉시 이순신에게 보고되었고, 그는 곧 휘하 장수들을 소집해 전투와 관련된 작전지시를 거듭 명확히 했다.

하지만 전세는 이순신 함대에 결정적으로 불리하게 전개된다. 준비를 마치고 출항한 이순신 함대가 일본군선 133척에게 곧바로 포위되고 만 것이다. 일본 함

대가 어란포에서 명량 입구까지 도달하는 데 최소한 4시간 정도가 소요된다고 가정하면, 해전이 시작된 시각은 오전 11시 전후가 된다. 따라서 이순신 함대는 포구에서 전투준비를 하고 10시 이후에 출항했던 것으로 추정된다. 이처럼 출항하자마자 일본군선에게 포위당했다는 내용은 해전 당일의 행적을 기록한 일기의 앞부분에 나온다.

이와 같이 명량해전이 시작되자마자 이순신 함대는 10배 이상 많은 일본군선에게 포위되었다. 비록 이순신이 전투에 앞서 정신훈화를 통해 여러 가지 지시를 했지만, 정작 해전이 시작되자 대부분의 장수들은 뒤로 물러설 태세였다. 이 때문에 처음에는 대장선만이 앞장서서 대장선을 포위한 적선들과 대결하는 양상이 펼쳐졌다. 대장선의 장병들도 겁을 먹기는 마찬가지였지만, 이순신은 "적선 1,000척이 오더라도 우리 배에는 감히 곧바로 달려들지 못할 것이다. 동요하지 말고 최선을 다해 적선을 향해 쏴라."라고 타일러 안심시켰다.

이처럼 처음에는 이순신이 승선한 대장선만 홀로 분전하는 가운데 다른 군선들은 이미 3~400미터 이상 뒤로 물러나 있으면서 관망만 하고 나오지 않았다. 특히 전라우수사 김억추가 탄 배는 아득히 멀리 떨어져 있었다. 대장선이 직접 이들을 부르기 위해 뒤로 물러날 경우 자칫 적들에게 달려들 수 있는 기회를 주게 되고, 다른 한편으로는 뒤로 물러난 아군 전선들이 대장선도 물러난다고 오해할 수도 있었다. 때문에 어쩔 수 없이 대장선만 앞장서서 적들에게 포와 화살을 쏘며 맞서는 상황이 한동안 계속되었다. 명량해전이 시작된 시각이 대략 11시쯤이었다면, 양측이 전투 진형을 갖추고 또 해전이 시작된 뒤 대장선이 앞장서서 버틴 시간이 적어도 30분 이상 혹은 1시간 정도였을 것으로 추정된다.

이순신은 중군선中軍船에 명령을 내리는 대장기와 함대를 부르는 초요기招搖旗를 동시에 올리며 깃발 신호를 통해 휘하 전선들에게 전진하라는 신호를 보냈다. 그러자 전투 초기에 일본군선에 포위된 이순신의 대장선이 별 탈 없이 버티는 것을 지켜본 휘하 세력 가운데, 중군인 미조항첨사 김응함金應諴과 거제현령 안위安衛가 먼저 대장선으로 접근해 왔다. 이순신은 대장선의 측면에서 직접 이들에게 "너희가 군법에 죽고 싶으냐? 당장 처형할 일이지만 형세가 급하니 우선 공을 세울 기회를 주겠다."라고 큰 소리로 질책했다.

김응함과 안위의 전선 두 척이 앞서서 일본 군선들과 교전에 들어가자 나머지 전선들도 일제히 이에 합세하여 13척이 모두 일본 함대와 맞서게 되었다. 이로써 해전의 두 번째 국면이 전개되었는데, 이순신이 당일 일기에 직접 기록한 것은 아니지만 대략 오후 1시경에 일본 측에 유리했던 조류가 반대로 이순신 함대에 유리한 조류로 바뀌었다. 한때 안위의 전선이 일본 배에 포위되는 등 위험한 상황도 있었지만 대장선 등이 합력하여 구출했고, 그 뒤 본격적인 해전에 돌입한 지 한 시간도 안 되어 이순신 함대는 우세한 화력을 이용해 일본군선 31척을 분멸했다.

이 과정에서 일본의 유명한 해적 출신인 구루시마 미치후사米島通之가 전사했다. 칠천량해전 승리의 여세를 몰아 압도적인 수적 우세를 통해 이순신 함대와 맞선 일본 함대는, 의외로 강한 반격을 받고 일단 해전을 중지하고 물러날 수밖에 없었다. 이때는 오후 두 시경으로 추정되는데, 이후 이순신 함대와 일본 함대는 서로 반대편 해안에 정박한 채 한동안 서로 관망하며 대치했다. 하지만 일본 함대는 더 이상 이순신 함대에 맞서 싸우는 것이 불가능하다고 판단하고, 후퇴하기에 적합한 조류를 타고 명량해협을 따라 후퇴했다.

그런데 명량해전에 임한 이순신 함대의 상황도 그다지 좋은 편이 아니었다. 전선의 척수도 부족했지만, 무기와 군량 등 군수 면에서도 분명히 한계가 있었다. 이순신과 조선 수군은 나름대로 최선을 다해 준비했지만, 함대를 운영하며 전투를 계속할 수 있는 상황이 아니었다. 이런 측면에서 볼 때 명량해전은 조선 수군이 당시 가지고 있던 역량을 다 쏟아 부은 전투였다. 때문에 이순신은 전투 경과를 기록한 당일의 일기 말미에 "이는 실로 하늘이 도운 것이다.此實天幸"라고 적었다.

명량해전은 여러 가지로 중요한 역사적 의미를 갖고 있을 뿐만 아니라 13척으로 10배나 많은 적 함대와 맞선 전투였다는 점 등 여러 가지로 주목할 만한 해

전이지만, 실제 전투 경과는 이게 전부였다. 즉 31척의 일본 군선을 깨뜨린 것이 이순신 함대가 거둔 전과였고, 해전은 불과 두세 시간 만에 끝났다. 반대로 일본 함대가 입은 손실은 군선 31척에 불과했고, 주력 함대는 명량해협 바깥에서 대기하고 있었기 때문에 후일을 기약하고 일단 후퇴했다고 볼 수 있다. 실제로 해전 이후 양측의 동향을 보면 이런 가정이 근거 없는 것이 아님을 알 수 있는데, 이 점에 대해서는 뒤에 다시 살펴보기로 하자.

이제 명량해전의 중요한 역사적 의미에 대해 간단하게 정리해 보자.

첫째, 명량해전의 승리로 조선 수군은 칠천량해전의 패전 이후 떨어질 대로 떨어졌던 사기를 회복하고, 일본 수군의 서해 진출을 결정적으로 막아냈다. 이 때문에 조선 조정은 물론이고 다수의 명나라 장수들도 이 해전의 결과에 대해 큰 관심과 함께 축하와 격려를 표했던 것이다. 둘째, 명량해전의 승리는 칠천량 해전으로 고사枯死 위기에 몰렸던 조선 수군이 재건의 발판을 마련하는 결정적 계기가 되었다. 이 해전을 계기로 조선 수군은 여전히 건재하다는 사실을 만천하에 알렸고, 전력을 회복할 수 있는 전기를 마련했다. 요컨대 명량해전의 역사적 의의는, 일본 수군의 서해 진출을 막아내고 조선 수군의 재건 발판을 마련한 것이라 하겠다.

그렇다면 명량해전에서 조선 수군이 극적인 승리를 거둘 수 있었던 요인은 무엇이었을까? 이 점을 명확히 파악한다면, 명량해전과 관련해 무엇이 사실이고 무엇이 그릇된 것인지를 바로잡는 데 도움이 될 것이다.

우선 첫 번째 승인은 '작지만 강한 함대'라고 표현할 수 있다. 명량해전 당시 조선은 13척의 전선밖에 없었지만, 칠천량해전에서 전사한 몇몇 장수들을 제외한 대부분의 첨사, 만호, 지방관들이 대거 이순신 휘하에 들어와 참전했다. 임진 왜란 초기에 이들 지휘관들은 각각 전선 2척씩을 거느렸다. 그런데 명량해전 때는 전선이 13척밖에 없었고 장수들의 숫자는 그보다 훨씬 많았다. 각 장수들의 휘하에는 오늘날의 장교와 부사관에 해당하는 군관들이 있었기 때문에, 명량해전 당시 이순신은 사병들에 비해 간부들의 비율이 몇 배나 높은 정예 함대를 갖출

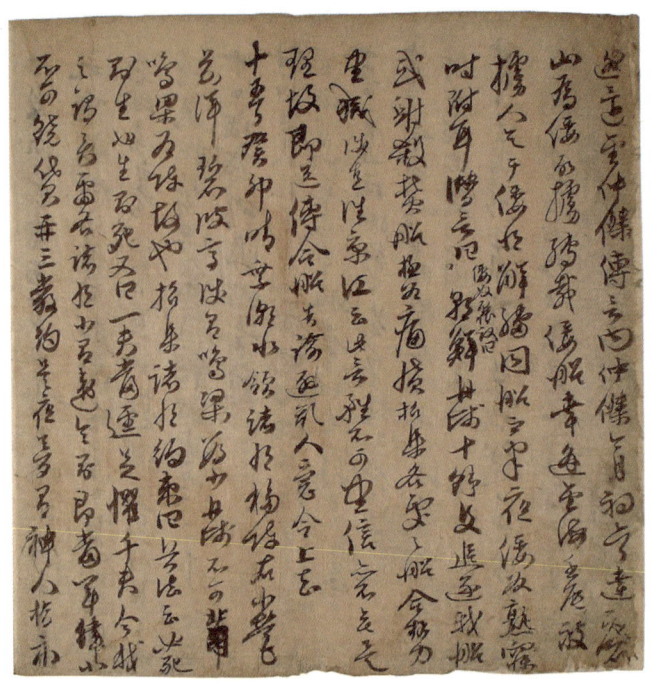

▌《난중일기》〈속 정유일기〉
1597년 9월 15일자 일기.
必死則生 必生則死
'죽고자 하면 살고 살고자 하면 죽는다.'라는 이순신의 각오가 드러난 부분.
현충사 소장.

수 있었다. 이는 이순신이 해전 당일의 상황을 묘사하면서, '군관'들이 대장선에서 화살을 비 오듯 발사해 적선 2척을 남김없이 해치워 버렸다고 한 데서 확인할 수 있다.

이와는 달리 일본 수군은 대형 전선 아타케부네를 명량해협 밖에 대기시켜 놓은 채, 판옥선에 비해 크기나 성능 면에서 비교가 되지 않는 세키부네 133척으로 명량해전에 임했기 때문에 조선 수군에게 31척을 격침당하는 피해를 입고 물러날 수밖에 없었다.

두 번째 승인은 명량이라는 지형지물과 조류潮流의 흐름 등을 활용해서 해로

차단 전술을 택한 '이순신의 뛰어난 전략전술'이었다. 이순신은 진도 벽파진에 있으면서도 계속해서 주변 환경을 연구 검토하여 울돌목의 길목을 차단하는 작전을 구상해 냈고, 전투 중에는 바뀐 조류를 활용해서 총공격에 나섬으로써 일본 함대에 대해 짧은 시간에 강한 타격을 가할 수 있었다. 그리고 이순신이 지켜낸 명량해협은 남해와 서해의 중간에 위치해 있어서 전략적 의미가 크다. 일본 수군이 서해로 진출하려면 반드시 거칠 수밖에 없는 해로상의 요충지였고, 이곳을 거쳐 올라가면 크고 작은 섬이 많아 물길이 복잡한 다도해多島海 해역을 만나게 된다. 조선 수군이 건재할 경우, 서해로 진출하려는 일본 수군은 어디에 복병하고 있을지 모를 조선 수군을 경계하며 조심조심 북상할 수밖에 없는 해로상의 특징이 있었다. 나중에 다시 언급하겠지만 이순신은 이미 명량해전 이후까지도 계산에 넣고 있었다.

세 번째 승인은 가용한 전력을 최대한 활용해서 해전을 승리로 이끈 이순신의 리더십이었다. 이순신은 우선 해전 전날 정신 훈화를 통해 장병들에게 필사의 각오를 다지게 하고, 자신의 목표와 작전 구상을 정확하게 전달해 장병이 혼연일체가 될 수 있게 했다. 또한 전투 중에 겁을 먹고 후퇴하려는 여러 장수들에 앞서 대장선이 홀로 오랜 시간 앞장서 전투에 임함으로써, 장수들이 그를 믿고 앞으로 나아가 총공격에 임할 수 있는 계기를 만들어 주었다. 대장선이 뒤에서 해전 상황을 살피면서 작진 지휘를 해온 기존의 해전과는 달리, 명량해전을 이끈 이순신은 대장선을 타고 앞장서서 싸움으로써 뒤로 쳐진 장수들을 분발하게 했던 것이다.

마지막 승인은 '연안 백성의 전폭적인 지원과 참전'을 들 수 있다. 이순신이 삼도수군통제사로 재임명된 뒤 여러 곳을 지나면서 조선 수군의 재건을 위한 재원을 마련했지만, 그는 자신이 가장 오래 머물렀던 진도 벽파진에서 병력과 군량 등 군수 문제를 해결했다고 볼 수 있다. 또한 이 해전에는 해상 의병의 참전도 많았는데, 대표 사례로 마하수馬河秀 일가의 참전 및 전사를 들 수 있다. 또한 진도군 고군면 도평리의 정유재란순절묘역丁酉再亂殉節墓域에 있는 200여 기 이상의 묘들을 통해서도, 현장 주변에서의 참전 병력이 적지 않았음을 알 수 있다. 뿐만 아니라 명량 주변에 산재해 있던 피난선단避難船團의 지도자 역할을 했던 오익창嗚益昌 등은 의곡義穀을 모아 군량을 조달했고, 해전 당시에는 배후의 함대 세력으로 위장하는 역할을 수행하기도 했다.

하지만 명량해전이 역사적 의의가 크고, 해전 자체가 극적인 결과를 가져왔기 때문에 시간이 경과하면서 점점 사실과 다른 내용들이 덧붙여져서 사실과 허구가 혼동되는 지경에까지 이르렀다. 이와 관련된 세 가지 쟁점은 다음과 같다.

첫 번째 쟁점은 '철쇄鐵鎖 사용 여부'이다. 명량해전에서 승리할 때 해협의 가장 좁은 양편에 철쇄를 걸어 일본의 군선 수백 척을 파괴하는 전과를 올렸다는 것인데, 결론부터 밝히자면 이것은 역사적 사실이 아닌 설화說話이다. 먼저 철쇄 이야기가 만들어진 과정을 살펴보면, 최초에는 조상祖上의 전공戰功을 확대 과장하

| 명량해전 상상도
해군사관학교박물관 사진 제공

는 것에서 출발한 것이었다. 《난중일기》에도 나오는 전라우수사 김억추라는 인물은 원래부터 용력이 뛰어났는데, 수군 수백 명의 힘으로도 걸지 못한 철쇄를 맨손으로 혼자 걸었다는 데서 이 설이 비롯된 것으로 보인다.

그리고 20세기 초에 이 이야기의 주인공이 이순신으로 바뀌면서 명량해전의 승리를 손쉽게 설명하는 도구로 '철쇄'가 등장했고, 이 설화는 역사적 사실과 뒤섞이는 지경으로까지 발전한다. 다시 말해서, 우리나라 고대의 전쟁사 중에서 살수대첩의 을지문덕乙支文德과 귀주대첩의 강감찬姜邯贊이 보堡로 물을 막아 대승을 거둔 이야기에 영향을 받아 만들어진 것으로 추정된다. 후대로 내려오면서 역사적 사실과 설화가 뒤섞이면서 구분이 애매해졌고, 그러면서 흥미롭고 설득력이 강한 철쇄설이 정설로 굳어져 버렸다. 아직까지 해남군의 "명량 국민 관광지명량대첩공원"의 기념관과 기념물에는 철쇄 이야기가 역사적 사실로 포함되어 전시되고 있는 실정이다.

그렇다면 철쇄 이야기가 설화에 불과한 근거는 무엇인가?

첫째, 명량해전 당시나 직후의 역사적 기록이 전혀 없다는 것이다. 우선 당일의 전투 양상을 자세히 남긴 이순신의 《난중일기》에도 철쇄 이야기는 전혀 언급되어 있지 않다. 만약 철쇄를 걸어 수백 척을 깨뜨렸다면, 평소 전황을 철저하게 보고해 왔던 이순신이 이런 중요한 내용을 빠뜨렸을 리가 없다. 또한 《선조실록》 등 공식 기록에도 철쇄는 전혀 나타나지 않는다. 선조가 재위한 기간은 목릉성세穆陵盛世라 할 만큼 많은 인재가 배출되었고, 그들의 기록이 많이 남아 있는데 당대 인물들의 자료에서도 철쇄 이야기는 찾아볼 수 없다.

둘째, 철쇄설이 담긴 문헌이 나오는 것은 왜란이 끝난 지 200년쯤 뒤인 18세기 말인데, 그 주요 내용을 검토하면 설화라는 것이 분명하다. 대표적인 문헌으로 실학자 이중환李重煥의 《택리지擇里志》와 《호남절의록湖南節義錄》 등을 들 수 있다. 그런데 이 책들은 역사적으로 의미 있는 내용을 담고 있지만, 명량해전 부분만을 놓고 본다면 당대에 널리 퍼진 설화를 채록한 것에 불과한 것으로 추정된다. 우

명량해전 철쇄 관련 전시 자료
오류 및 설화를 역사적 사실로 왜곡한 전시물의 사례. 해군사관학교박물관 사진 제공.

선 이중환의 《택리지》를 보면, 사실 누가 보더라도 쉽게 '설화^{說話}'라는 점을 느낄 수 있을 정도로 명량해전 부분의 내용이 사실적이지 않고 허무맹랑하다. 《택리지》는 이중환이 전국을 떠돌며 보고 들은 바를 적은 것이기 때문에 당대에 퍼져 있던 설화를 수록했을 가능성이 높다. 《호남절의록》 역시 정유재란에 참전했던 후손들이 남긴 전쟁 영웅담을 참고했기 때문에, 역사적 사실로 확인하려면 사료비판^{史料批判}이 필수적이다. 또 한 가지 김억추의 후손들이 만든 《현무공실기^{顯武公實記}》라는 책이 있는데, 이 책도 후대에 만들어진 것은 물론이고 조상의 전쟁 영웅담을 확대 재생산한 것으로 추정된다.

셋째, 근대 초기의 일본 학자들이 남긴 논저들이 있는데, 이들 역시 학술적인 논문으로 보기에는 문제가 있다. 이들이 남긴 논문들은 논거를 전혀 밝히지 않았다는 점에서 문제가 있고, 그 내용도 18세기 말 이후의 문헌에서 무비판적으

348

로 따온 것에 불과하다. 차라리 일본의 문헌을 근거로 들었다면 좀 더 연구해 볼 필요성이라도 있었을 텐데, 이와 관련된 일본 측 사료는 전혀 없다. 20세기 초에 우리나라에 왔던 일본인 학자들의 수준이 그다지 높지 못했다는 것은 이미 알려진 사실이고, 당시 그들이 쓴 논문들은 대부분 제대로 된 사료비판 없이 조선 후기 문헌 자료를 활용해서 남긴 글들이기 때문에 전혀 설득력이 없다.

넷째, 당시 이순신과 조선 수군은 철쇄를 설치해 전략적으로 활용할 만한 상황이 아니었다. 이순신 함대는 정유년1597년 8월 29일, 진도 벽파진에 주둔한 이후 병력과 군량 등 군수 물자를 준비하기에도 힘겨울 지경이었다. 때문에 엄청난 철鐵을 확보해서 주조한 뒤에 수백 명 이상을 동원해 설치해야 하는 고난이도의 작업을 할 만한 상황이 아니었다. 만약 철쇄를 걸었다면 사전에 만들어서 누군가가 걸어 놓았어야 하는데, 이와 관련된 이야기를 구체적으로 증명할 만한 역사적 기록은 남아 있지 않다.

철쇄설을 주장하는 쪽에서는 이순신이 임진왜란 직전에 만들었던 전라좌수영의 철쇄를 예로 들면서, 우수영에도 철쇄를 걸었을 수 있다고 주장하는데, 이 두 가지는 전혀 다른 이야기다. 전라좌수영의 철쇄는 조선 전기 이후 몇 군데에 설치된 기록이 있는 '항만 방어용 시설'이었다. 하지만, 명량에 설치했다고 하는 철쇄는 가설 목적이 다르고 물살의 속도와 해협의 폭 등이 전라좌수영의 경우와는 달라 비교 자체가 의미가 없다. 또한 명량해협에 철쇄를 거는 것이 가능했는지를 여러 가지 각도로 검증해 본 결과, 얼마 전 공학적으로도 불가능한 것으로 결론을 내린 학위 논문도 발표된 바 있다.

명량해전의 두 번째 쟁점은 해전이 펼쳐진 장소에 관한 것이다. 20세기 초 일본의 참모본부에서 편찬한 《일본전사日本戰史 조선역朝鮮役》에 부록으로 포함된 지도에는 현재의 진도대교 바로 아래 지점, 즉 해협의 폭이 가장 좁은 부분이 해전 장소로 표시되어 있다. 이 지도는 이후 모든 임진왜란 관련 저서나 해전 관련 논저에서 거의 대부분 사실로 받아들여져 반복해서 재인용되고 있는 실정이다.

하지만 실제 이곳의 조류나 해협 특징을 고려하면 지도에서 표시된 위치에서는 해전이 불가능하다고 판단된다. 이 지점은 폭이 300미터 정도인데, 그것도 한 쪽은 수심이 매우 얕기 때문에 배가 움직일 수 있는 곳은 이보다 훨씬 좁고, 최대 11.5노트knot나 되는 조류가 흐르고 있어서 해전을 펼쳤다고 보기는 어렵다. 11.5 노트1노트는 1시간에 1,852미터를 이동하는 속력를 초속으로 환산하면 1초에 5.9미터나 이동하는 급류가 흐르고 있으니 말이다. 그리고 정유재란 당시 판옥선이라 하더라도 오늘날 기준에서 볼 때는 소형 목선에 지나지 않기 때문에 이러한 환경에서 해전을 펼치기는 불가능하다고 추정된다.

이 문제에 대한 대안으로 필자는 과거 박사학위 논문에서 우수영 앞바다, 즉 명량의 해로에서 약간 우측으로 벗어나 우수영 쪽으로 들어온 바다어귀 부분이 더 적합한 해전 위치가 아닐까 하고 추정한 바 있다. 왜냐하면《난중일기》당일 일기의 앞부분에 나오는 출전하자마자 적 함대에 포위되었다는 문구도 충족하고, 그 부분의 조류는 명량해협의 해로 쪽에 비해 강하지 않은 편으로 해전을 펼칠 수 있는 공간이 있다고 보았기 때문이다. 이 생각은 지금도 변함이 없지만, 아직까지 정설로 확정하기에는 몇 가지 문제가 있다. 향후 해전사를 연구하는 학자들 간에 심도 깊은 토론과 논쟁이 필요한 부분이라고 생각하고 이 부분에 대한 언급은 이 정도로 마무리하려 한다.

다음으로 세 번째 쟁점은 거북선의 참전 여부이다. 명량해전에 거북선이 참전한 것에 대한 언급은 이순신의 조카 이분李芬이 충무공의 일대기를 기록한 〈행록行錄〉에 나온다. 구체적으로 "전라우수사 김억추를 불러 병선兵船을 수습하게 하고 또 여러 장수들에게 명하여 거북선을 꾸며 만들어 군세軍勢를 돋구도록 했다."라는 기록이 있다. 이 때문에 필자가 사관생도 시절인 1980년대 중반에 '충무공 정신'이라는 과목을 강의했던 故 조성도趙成都 교수 등은 이 기록을 그대로 인정하여 명량해전에 몇 척의 거북선이 참전했을 것으로 추정했다.

그런데 충무공 이순신의 조카였던 이분이 자주 여수와 한산도 진영에 드나들었던 것은 사실이지만, 자세히 살펴보면 명량해전을 전후해서는 종군한 사실이

명량해전
현충사 제공

없다. 따라서 이와 같은 기록은 다른 이에게 전해들은 바를 이분이 훗날에 정리한 것으로 추정해 볼 수 있다. 그리고 전라우수사 김억추에게 병선을 수습하도록 명령한 사실도 《난중일기》를 통해 보면 의문의 여지가 있다.

이순신은 김억추가 합류한 첫날부터 군선 등 준비를 갖추지 못한 데 대해 불쾌하게 생각했고, 이어서 그에 대한 조정의 인사 조처에 불만을 드러냈다. 김억추는 정확한 사유와 시기는 알 수 없지만 명량해전 이후 곧 교체되었다가, 이순신이 전사한 뒤에 다시 전라우수사가 되었다. 이런 정황으로 볼 때 이순신이 그에게 이 임무를 맡겼을 가능성은 희박했다고 볼 수 있다. 또 당시 조선 수군의 열악한 상황을 고려하면, 명량해전 이전에는 거북선을 준비할 만한 상황이 아니었을 것이다.

명량해전이 이런 쟁점을 남긴 이유는, 13척의 조선 수군이 10배가 넘는 133척의 일본함대를 물리치면서 전쟁의 흐름을 뒤집었기 때문이다. 그렇기 때문에, 특별한 승리 요인을 찾지 않으면 설득력이 떨어진다고 보았을 것이다. 하지만 명량해전의 실제 전과는 세키부네 31척으로, 기존의 해전에 비해 상대적으로 규모가 작았다.

이런 흐름에서 한 가지 더 언급할 것은 명량해전 이후 이순신 함대와 일본 수군의 움직임에 관한 내용이다. 일본 수군이 바뀐 조류를 타고 물러난 것은 분명하지만, 서해 진출을 포기하고 경상도 해역으로 완전히 철수한 것은 아니었다. 지금까지는 명량해전에서 패한 일본 수군이 서진을 포기하고 그들의 수군 근거지인 안골포安骨浦로 물러갔다는 것이 정설처럼 받아들여져 왔다. 하지만 명량해전 이후 일본 수군은 곧바로 물러나지 않고, 명량해협을 통과해서 우수영을 점령하고 다도해를 따라 북상해 무안 앞바다까지 진출했다. 이 점은 에도시대에 일본 유학에 큰 영향을 끼쳤던 수은睡隱 강항姜沆의 포로 생활을 기록한 《간양록看羊錄》을 통해 확인할 수 있다.

강항은 정유재란 당시 가족들과 함께 바다로 피난을 나왔다가, 9월 23일 영광군의 논잠포영광군 염산면 상계리 앞바다에서 일족과 함께 일본 수군에게 잡혀 포로가 되었다. 당시 일본 수군의 본대는 무안 부근에 있었고, 강항을 잡은 일본 군선은 조선 함대의 종적을 찾기 위한 정탐선이었던 것으로 추정된다. 그들이 강항 일족을 잡은 뒤 본대가 있었던 무안으로 회항한 것과, 이 과정에서 강항에게 이순신 함대의 행적을 질문한 것 등을 통해 이와 같은 상황을 유추해 볼 수 있다.

강항의 기록을 보면, 명량해전이 펼쳐지기 직전에 일본군이 영광군 일대에 침입해 살육을 자행하는 바람에 많은 피난민들이 배를 타고 바다로 나왔다고 한다. 또한 명량해전 이후 나흘만인 9월 20일에 일본 함대가 우수영을 점령한 사실도 드러난다. 일본 수군은 우수영을 점령한 뒤 이순신 함대의 종적을 찾아 점차 북진했고, 강항이 사로잡힌 9월 23일 무렵에는 일본 수군 본대가 무안 부근까지 진출한 상태였던 것이다.

한편, 명량해전 이후 이순신 함대는 어떻게 움직였을까? 명량해전 이후 양측은 물러나 서로 마주보는 위치에 대기하다가 일본 함대가 명량해협을 따라 먼저

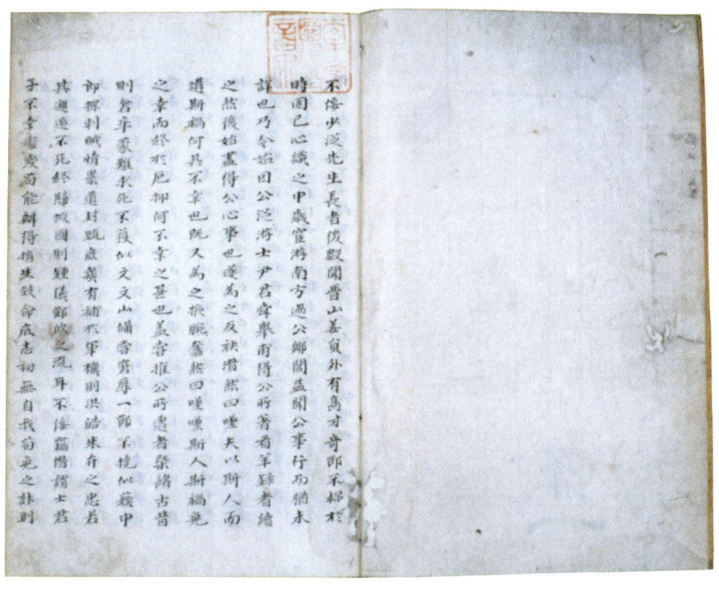

강항의 《간양록》
한국학중앙연구원 소장

후퇴했다. 그 뒤 이순신 함대는 잠시 건너편 포구로 옮겼다가, 오후 7시 이후 또다시 바뀐 조류를 타고 재빨리 당사도唐沙島·전라남도 신안군 암태면 당사리까지 후퇴했다. 당사도에 도착했을 때는 새벽이었는데, 그도 그럴 것이 명량에서 당사도까지 직선거리만 해도 약 40킬로미터나 되었기 때문이다. 이 정도면 뱃길을 따라 조류를 타고 이동했다고 하더라도 대 여섯 시간은 족히 걸릴 거리다.

이렇게 볼 때 이순신은 해전 이후 함대의 움직임을 미리 정해 두고 있었던 것 같다. 빈 틈 없는 그의 성격상 아무 계획 없이 달빛을 타고 40여 킬로미터나 되는 거리를 무작정 후퇴했을 리는 없기 때문이다. 이런 움직임은 그 다음 일정을 통해서도 잘 드러난다. 이튿날인 9월 17일 이순신은 다시 어의도於義島·전라남도 신안군 지도읍 어의리까지 후퇴했는데, 이곳에는 피난선避難船이 무수히 와 있었다. 당사도에서 어의도까지의 거리도 전날 움직인 거리와 비슷하기 때문에 해전 이후 만 하루

동안 80킬로미터 가까운 거리를 이동한 셈이다.

이순신이 이처럼 빠른 속도로 후퇴한 것은 아군의 종적을 감추려는 1차적인 목적 외에도, 섬에 몰려 있던 다수의 피난민들에게 조선 수군의 건재를 알려 이들을 병력과 군수 자원으로 활용하려는 목적도 있었다. 이곳에서 하루를 쉰 이순신 함대는 다시 북상해 19일에 법성포法聖浦를 둘러보고, 그곳에서 가까운 홍농弘農 바닷가에서 정박했다. 이곳은 오늘날 전라남도 영광군 법성면 법성포와 영광군 홍농면이다. 법성포는 이미 일본군에 의해 약탈당한 것을 확인했다.

그 뒤 20일에는 위도蝟島, 21일에는 고군산열도古群山列島까지 올라갔다. 전라북도 부안군 위도면蝟島은 물길이 험하기로 유명한 곳으로 1993년에 페리호 침몰 사고가 났던 해역이다. 고군산열도는 전라북도 군산시 옥도면의 선유도 등 6개 섬이다. 현재는 새만금 간척지로 유명하다.

이처럼 이순신 함대가 신속하게 멀리 후퇴한 것은, 일본 수군의 추격권에서 벗어나 최대한 안전한 곳에서 휴식하려 했던 것으로 추정된다. 또한 섬이 많은 서해에서 치고 빠지는 게릴라 작전을 펴면서 해상 활동이 불가능한 겨울이 오기까지 시간을 끌기 위한 의도도 있었으리라. 이순신은 명량해전에서 승리함으로써 조선 수군의 건재를 대내외에 과시한 것은 물론이고, 일본 수군의 서해 진출을 견제하면서 수군을 재건할 시간을 확보할 수 있었다.

한편 일본군은 정유재란 초기에 전라도 침입과 조선 수군 제압이라는 두 가지 전략적 목표를 달성했지만, 그해 9월에 육전과 해전에서 각각 패하며 새로운 국면을 맞게 되었다. 이 시기까지의 전황戰況을 전반적으로 정리해 보면 다음과 같다. 정유년1597년 7월 초순에 일본 육군의 본격적인 전라도 출전이 시작되었다. 이미 전년에 히데요시가 재출병을 선언한 상태였지만 선봉군에 해당하는 가토 기요마사와 고니시 유키나가, 시마즈 요시히로 등 몇몇을 제외한 대부분의 부대는 7월 초순이 되어서야 나고야名護屋를 출발했다.

정유재란에 나선 일본군은 처음에는 임진왜란 때처럼 8군과 수군, 그리고 남부

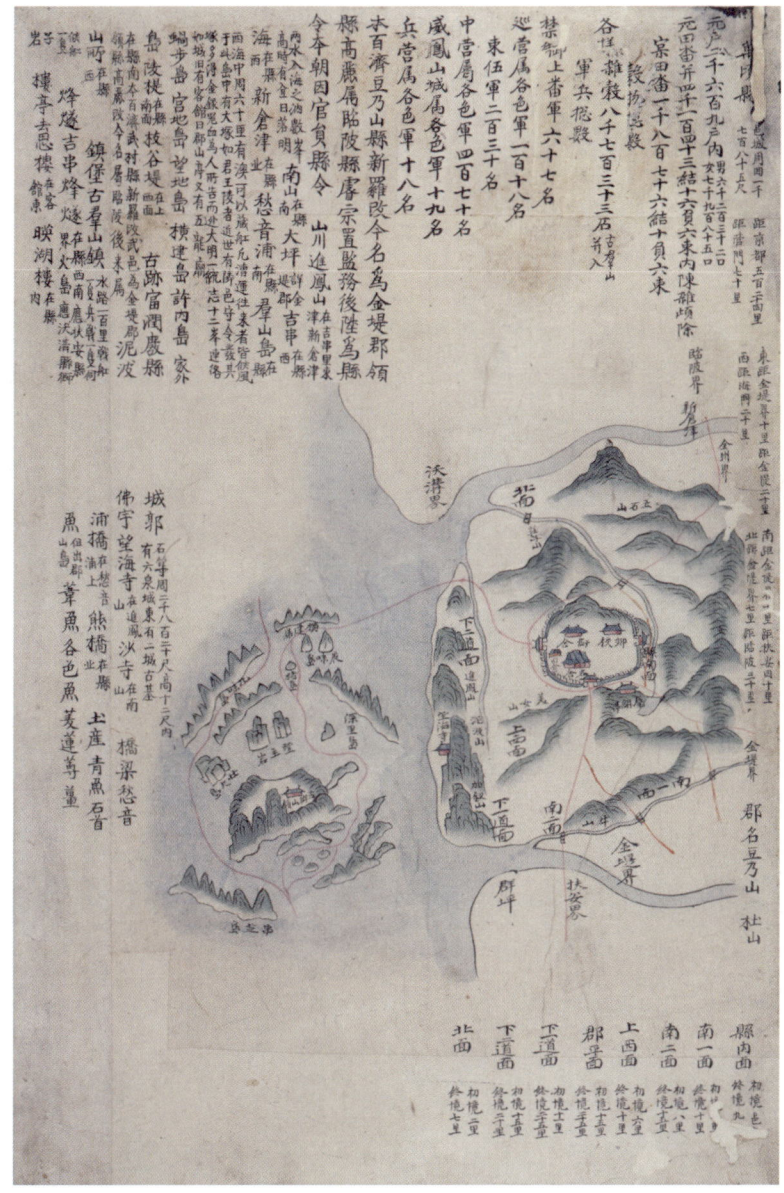

해동지도의 만경현

섬들 가운데 고군산진이 보인다. 서울대학교 규장각한국학연구원 소장.

지방의 수비군으로 병력을 편성했다. 하지만 재침 직전에 모리 히데모토毛利秀元를 대장으로 한 6만 4,000명의 우군右軍과 우키다 히데이에宇喜多秀家를 대장으로 한 약 5만 명의 좌군左軍, 수군 7,200명, 그리고 남부지방 수비군 2만 명 등 총 14만 여 명의 출전 부대를 구성했다. 이전과 다른 것은 고니시 유키나가와 가토 기요마사 두 사람을 각각 좌우군의 선봉으로 삼은 것이었다. 좌군은 해로를 통해 사천과 구례로 상륙하여 곧장 남원성南原城을 공략하고 전주로 향했고, 우군은 창녕昌寧, 의령宜寧을 거쳐 함양咸陽의 황석산성黃石山城을 함락한 후 전주성으로 향했다. 남원성은 8월 16일, 황석산성은 이틀 뒤인 18일에 함락되었고, 전주성을 지키던 명나라 장수 진우충陳愚衷은 전주성 방어를 포기하고 도망했다.

이때까지 승승장구하던 일본 육군은 이후 몇 곳에서 조명 연합군의 저항에 부딪혔고, 9월 7일 직산稷山전투에서는 우군右軍의 선봉격인 구로다 나가마사 부대가 부총병副總兵 해생解生 등 조명 연합군에게 패퇴하면서 전세가 역전되었다. 직산전투가 벌어진 위치에 대해서는 여러 설이 있고, 향후 정확한 위치 확인이 필요한 실정이다. 그중 한 가지 설에 의하면 이 전투는 오늘날 경기도와 충청도의 경계 지점인 천안시 성환읍의 안성천 부근에서 펼쳐졌는데, 조명 연합군은 이 전투에서 이김으로써 일본군의 북상을 저지하는 데 성공했다. 이후 일본군 좌군은 전라도 남부의 담양과 강진, 해남을 공략하기 위해 남하했고, 우군도 경기도 죽산과 안성까지 진출한 뒤 다시 방향을 바꿔 진천鎭川과 상주尙州를 거쳐 경주와 울산 등 남부지방으로 회군했다.

이런 상황에서 9월 16일에 명량해전이 펼쳐졌고, 일본 수군은 일격을 당한 뒤 조선 수군에게 반격하기 위해 주변 바다를 탐색하면서 본대가 무안 앞바다까지 진출한 상황이었다. 육지와 바다에서 패한 일본군은 명량해전 직후 정읍井邑에서 군사회의를 열고 향후 작전을 논의했는데, 일본군은 대부분 남부 지방으로 회군하여 주둔할 곳을 정하고 축성築城하기로 결정했다.

일본 수군은 정읍 회의에 참가하지 못했지만, 육군과 연락을 주고받았을 가능성이 높다. 때문에 우수영을 점령한 뒤 북상하면서 조선 수군의 종적을 찾다

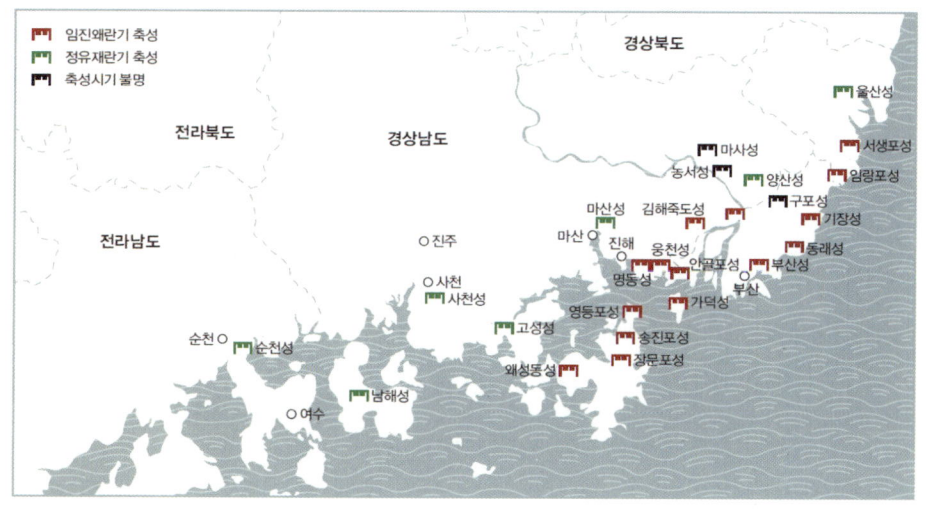

왜성 터 위치
현충사 제공

가, 10월 초에 육군과 마찬가지로 안골포와 남해 등지에 축성하기 위해 회군을 결정하고 스스로 물러갔다.

이순신이 예상한 대로 일본 수군은 명량해전 이후 그다지 오래 머물지 못하고 월동越冬을 위해 영남 남해안의 근거지로 회군한 것이다. 이순신 함대는 고군산도에서 9월 말까지 주둔하며 한숨을 돌렸다. 이 기간 동안 이순신은 명량해전 승전 보고서를 올렸고, 과로로 인해 며칠간 앓아눕기도 했다. 이는 명량해전에 모든 신경과 에너지를 쏟아 부었기 때문일 수도 있고, 겨울이 되면서 차가워진 날씨 때문이었을 수도 있다. 실제로 고군산도에 도착한 첫날부터 광풍狂風이 불었고, 다음날에도 날씨는 맑았지만 북풍이 크게 부는 추운 날씨가 계속되었다. 9월 27일 승첩 장계를 가지고 서울로 출발했던 송한宋漢 등이 역풍 때문에 다음날 되돌아오기도 했다. 선박에 동력이 없던 시절에 흔히 있는 일이었지만, 겨울에는 바람과 추위 때문에 특별한 경우를 제외하면 바다로 나가는 것 자체가 어려웠다.

달이 바뀐 10월 초하루, 이순신은 일본군의 분탕질로 고향 마을 전체가 잿더

미가 되고 말았다는 소식을 들었다. 이순신은 불안한 마음에 편지를 쓸 수도 없어서 아들인 회薈를 보내 아내와 일가의 생사여부를 알아오도록 아산으로 보냈다. 10월 3일에는 고군산도를 떠나 이전에 후퇴할 때와는 반대 경로로 남쪽 법성포까지 내려왔다. 이곳에서 5일을 머물렀는데, 날씨가 점점 더 추워지면서 눈비가 쏟아지고 바람이 세게 불어 이틀 동안 꼼짝할 수도 없었기 때문이다. 10월 7일에는 호남 일대에서 일본군이 모두 물러갔다는 소문을 들었다. 8일에는 날씨가 좋아서 함대를 어의도로 옮겨 정박했고, 9일에는 우수영에 돌아왔는데 성城 내외에 인적이라고는 찾아볼 수 없는 참혹한 상황이었다. 그리고 이날 해남에 아직도 일본군이 일부 남아 있다는 소문을 들었다.

10일에는 바람이 불어 배를 띄우지 못했고, 11일에야 출항하여 안편도安便島·전라남도 신안군의 팔금도八禽島로 추정를 둘러보았다. 조선 수군의 월동 장소를 찾기 위함이었는데, 이것은 우수영의 입지와도 관련이 있다. 전라남도 해남군 문내면에 위치한 전라우수영은 포구가 겨울 북서풍을 피할 수 없는 곳에 있어서 배를 정박해 두기 불편했기 때문에, 이순신은 우선 월동을 위한 포구를 찾기 시작했다. 이후 그가 우수영으로 돌아왔다는 기사가 없는 것으로 보아 이 섬에서 당분간 머물렀던 것 같다.

그러던 중 이순신은 10월 14일에 청천벽력과 같은 소식을 접했다. 자신이 가장 사랑하던 셋째 아들 면葂이 전사했다는 소식이었다. 사랑스럽고 영특한 데다 자신을 많이 닮았기에 기대가 컸던 막내아들 면이, 고향 아산을 지키다가 일본군과 전투 중에 죽은 것이었다. 이날 새벽에 '말이 발을 헛디뎌서 낙마하는 자신을 아들 면이 끌어안아 넘어지지 않는 꿈'을 꾸었는데, 같은 날 저녁 무렵에 둘째 아들 열㑊의 편지를 받았던 것이다. 겉봉에 보인 '통곡慟哭'이라는 두 글자를 보고 면의 죽음을 직감한 이순신은 그 자리에 주저앉아 목 놓아 울었다. 절절한 그의 슬픈 마음을 적은 일기를 그대로 읽어보자.

天何不仁如是耶 肝膽焚裂焚裂 我死汝生理之常也 汝死我生何理之乖也 天地昏黑

█ 고군산도 수군기지가 있던 곳
해군사관학교박물관 사진 제공

白日變色 愛我小子棄我何歸 英氣秀凡天不留世耶 余之造罪禍及汝身耶 今我在世
竟將何依 欲死從汝地下同勢同哭 汝兄汝妹汝母亦無所依姑忍延命 心死形存 號慟
而已號慟而已 度夜如年度夜如年

"하늘이 어질지 않음이 어찌 이와 같은고! 간담이 다 타고 찢어지는 것 같구나. 내
가 죽고 네가 사는 것이 도리에 맞거늘, 네가 죽고 내가 사니 이 무슨 도리에 어긋남
인가! 천지가 캄캄하고 해조차 빛을 잃었구나. 사랑하는 내 막내야! 나를 버리고 어
디로 돌아갔느냐? 영특한 기운이 너무 지나쳐 하늘이 너를 세상에 머물지 못하게
한 것이냐? 내가 지은 죄가 너의 몸에 미친 것이냐? 지금 내가 세상에 있지만 삶이
다하면 장차 누구를 의지할꼬! 너를 따라 죽어 지하에서 같이 있고 같이 울고 싶지만,
네 형들과 네 누이와 네 어머니 또한 의지할 곳이 없는 까닭에 참고 목숨을 이어간

다. 마음은 죽고 형상만 남아, 목 놓아 통곡할 따름이다. 목 놓아 통곡할 따름이다. 하룻밤을 지내기가 1년 같구나. 하룻밤을 지내기가 1년 같구나.

이순신에게 정유년1597년은 가장 힘들고 아픈 한 해였다. 자신은 2월 말에 삼도수군통제사에서 파직되어 하옥된 뒤 고초를 겪었고, 출옥하자마자 그간 지극정성으로 모셨던 어머니가 자신을 만나기 위해 상경하던 배 안에서 돌아가셨다. 이 때문에 그는 부친에 이어 모친의 임종도 지키지 못한 불효자가 되었지만, 백의종군의 명을 받아 장례를 치를 수도 없는 형편이었다. 백의종군 5개월여 만에 삼도수군통제사로 재임명되어 천신만고 끝에 명량해전에서 역사적인 승리를 거두었다.

하지만 전쟁은 그가 가장 아끼고 사랑하던 막내아들 면까지도 앗아가고 말았다. 울고 싶어도 마음 놓고 울 수도 없는 직책과 상황이었기 때문에, 소식을 접한 지 사흘째 되는 16일에 그는 영내에 있는 강막지姜莫只의 집을 빌려서 홀로 통곡했다. 19일에도 고향에서 내려온 종을 만나자 막내아들 생각에 통곡했는데, 그날은 코피를 되升 남짓이나 흘렸다고 한다.

통제사 이순신은 이런 와중에도 자신의 직무를 소홀히 하지 않았다. 10월 20일 이후 일상으로 돌아온 그는 여러 가지 업무에 매진했다. 우선 일본군이 물러간 해남과 주변 지역의 치안을 회복하고, 그간 일본군에 붙어서 사민士民에게 피해를 끼친 자들을 색출하여 처단했다. 예를 들어 10월 22일, 적에게 협력한 해남의 윤해尹海와 김언경金彦京을 체포해 바로 다음날 처형했고, 10월 30일에도 백성에게 해악을 끼친 혐의로 정은부鄭銀夫와 김신웅金信雄의 처妻 등 5명을 처형했다.

이어서 명량해전 당시 참전하지 않고 도주했던 지방관과 관계자들을 처벌했다. 이것은 조정의 명령에 따른 것이기도 했는데, 우선 칠천량해전에서 도주한 책임을 물어 우후 이몽구李夢龜를 10월 24일에 처형하라는 왕명王命이 내려왔고, 같은 날 명량해전에 참전하지 않고 도주했던 무안현감 남언상南彦祥, 목포만호 방수경方守慶, 다경포만호 윤승남尹承男 등을 잡아가기 위해 선전관과 금오랑이 연이어

도착했다.

한편 이 시기에는 겨울을 나기 위한 준비가 가장 중요한 업무였다. 이 때문에 이순신은 해남 등지에서 확보한 군량을 임시 진영으로 옮겨 왔고, 군량 확보를 위해 10월 20일에는 김종려金宗麗를 소음도所音島 등 섬에 있는 13곳의 염전 감독관으로 정해서 보냈다. 이와 함께 정탐을 보내 월동하기에 적합한 장소를 찾은 끝에, 10월 29일에 지금의 목포 앞바다에 있는 보화도寶花島·목포항의 입구에 동서로 길게 자리한 고하도高下島로 진영을 옮겨 월동 장소로 정했다.

보화도의 임시 통제영은 섬의 남동쪽 끝부분에 있던 포구로 뒤편에 북서풍을 막을 수 있는 산이 있고 전선을 정박하기에도 적합했다. 또한 영산강을 통해 나주평야의 곡물 등 군수물자를 운반하기에 편리한 길목에 위치한 이점도 있었다. 이런 이유 때문에 이순신은 보화도에 도착하자마자 곧바로 이곳을 월동 장소로 정한 뒤, 주변에 집 지을 곳을 선정하고 목재를 구하기 위해 목수들을 내보내는 등의 준비를 서둘렀다.

이곳 보화도는 정유년 10월 29일부터 이듬해인 무술년1598년 2월 16일까지 약 3개월 반 동안 임시 통제영이 되었다. 이곳에서 이순신은 먼저 겨울을 나기 위해 머물 집과 군량 창고를 지었다. 임시로 머물 곳이었기 때문에 서둘러 지어 11월 6일에 새 집에 지붕을 이었고, 군량 창고도 같이 지었다. 8일에는 사방 벽에 흙을 발랐고 마루도 만들었다.

이와 함께 이순신은 군사들이 먹을 식량을 마련하기 위해 주변 지역으로부터 군량을 조달하기 시작했는데, 특히 일본군이 머물다 떠난 해남에서는 그들이 남긴 군량 300여 섬을 접수하기도 했다. 11월 들어서도 나주와 영암에서 타작을 방해하는 자들을 잡아 주도자는 처형하고 나머지 4명은 배에 가두는 등 군량 마련을 위해 노력했다. 그리고 이 시기에는 각 지역에 있는 유력자들이 스스로 이순신 휘하에 군량을 바치는 경우가 많았다.

정유재란 시기에 일본은 앞에서 언급했듯이 약탈과 살육을 저지르며 하사도下四道 지역을 자국 영토로 만들겠다는 야욕을 드러내며 잔혹한 점령정책을 폈다. 하지

고하도의 배를 대던 곳
해군사관학교박물관 사진 제공

만 이런 정책은 오히려 조선 백성의 민족의식을 자극해 일반 백성들이 수군에 자원입대하거나 유력자들이 군량을 바치는 경우가 적지 않았다. 예를 들어, 11월 7일에는 전 홍산현감 윤영현尹英賢과 생원 최집崔潗 등이 와서 군량에 쓸 벼 40섬과 쌀 8섬을 바쳤고, 같은 달 28일에도 무안의 진사 김덕수金德秀가 군량에 쓸 벼 15섬을 바쳤다.

이와 함께 각 지방관들 가운데 수완을 발휘해서 군량을 준비했다가 이순신에게 바치는 경우도 있었다. 영암군수 이종성李宗誠은 11월 5일에, 집 짓는 곳에서 밥을 30말斗이나 지어 일꾼들을 먹이고 군량 200섬과 중조中租 700섬을 마련했다고 보고한 바 있다.

이렇게 주변의 도움을 받기는 했지만, 보화도에 도착한 지 사흘째 되던 11

고하도 통제영 자리에 남아 있는 모충각
해군사관학교박물관 사진 제공

월 초하루의 일기를 보면 월동이 그리 순탄하지만은 않았던 것 같다. 날씨가 너무 추워서 곁꾼들이 추위에 고통스러워했고, 이순신도 배의 방에 앉아 있자니 심사가 극히 안 좋아서 하루를 지내는 것이 1년을 지내는 것처럼 느껴질 정도로 비통했다고 한다. 이런 이유 때문에 이순신은 집 짓는 것을 더 서두른 것 같다.

또한 뜻하지 않은 사고로 인한 전력 손실도 있었다. 바로 다음날인 11월 초이틀에 우수사의 배가 암초에 걸려 부서지는 사고가 났다. 전투에서 잃지 않았던 전선을 사고로 잃게 되자, 이순신은 책임을 물어 그 배의 군관 당언량唐彦良에게 곤장 여든 대를 치는 벌을 내렸다.

그러던 중 11월 15일에는 머물 집이 완공되어 새 집으로 올라왔는데, 마침 조정으로부터 명량해전에서 승전한 데 따른 포상을 받게 되었다. 이순신에게는 숭정崇政·종1품의 품계가 내려졌고, 거제현령 안위가 통정대부通政大夫·정3품 당상관로 승급한 것을 비롯해 차례대로 포상을 받았다. 이때 명나라 장수들은 이순신에게 크고 작은 선물을 보내며 축하의 뜻을 표했다. 특히 양호는 직접 이순신의 배에 붉은 비단 깃발을 걸어주고 싶지만 할 수 없이 깃발만 전달한다는 뜻을 전하는 등, 이순신은 계급의 고하를 불문하고 여러 장수들로부터 많은 선물을 받았다.

명량해전 이후 보화도에 임시 통제영을 창설한 조선 수군은 본격적인 재건을 위해 여러 가지 작업을 시작했다. 통제영을 운영하며 여러 가지 원칙과 기준을 마련했던 이순신이었기에, 재건 작업 역시 속도를 낼 수 있었을 것으로 추정된다. 그 주요 내용은 수군의 전력을 강화하기 위한 전선 건조, 병력 충원, 군수물자 확보, 그리고 군사훈련 등이었다.

먼저 전선 건조는 연안의 여러 곳에 목수들을 파견하고 각 지방관들이 감독하는 체제로 이루어졌는데, 당시 연안의 모든 민력이 총동원되었다고 해도 과언이 아닐 것이다. 둘째로 병력 역시 이 기간 중에 전라순찰사가 연안의 19개 군읍을 수군에 전속시키는 것에 합의하면서, 연안 지역의 가용한 병력은 모두 수군에 소속시킬 수 있는 근거를 마련했다. 하지만 보화도라는 지역적인 한계와 겨울이라는 계절적 요인 때문에, 이 시기에 본격적인 병력 충원은 이루어지지 않았다. 셋째로 군수물자 확보 역시 지역적인 한계가 있었지만, 앞에서 언급했듯이 일본군의 잔혹한 점령 정책이 오히려 조선 수군의 군수물자 확보에 긍정적으로 작용하고 있었다. 마지막으로 군사훈련에 대해서는 자세한 내용을 확인할 길이 없지만, 겨울이었기 때문에 본격적인 훈련을 할 만한 상황은 아니었던 것으로 추정된다.

정유재란 개전 이후 두 번째로 치러진 해전이었던 명량해전을 승리로 장식한 이순신의 조선 수군은, 정유년1597년의 마지막을 보화도 통제영에서 보내고 있었다. 긴박했던 시간이 흐르면서 전쟁의 마지막 해인 무술년1598년 봄이 밝아왔다.

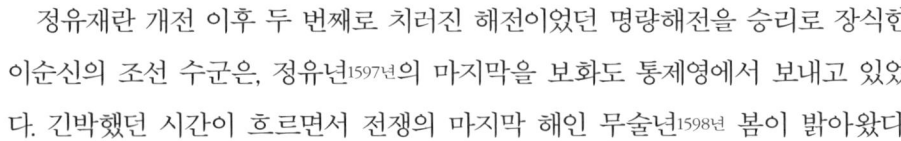

이제 한반도 전역을 피로 물들였던 약 7년간의 전쟁은, 이순신이 목숨과 맞바꾼 노량해전으로 이어지면서 마무리 단계로 치닫게 된다.

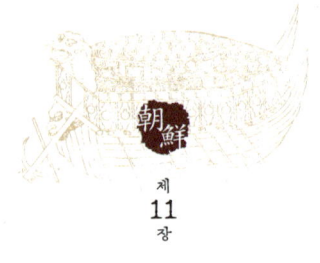

단
한
척
도

살
려
보
내
지
않
으
리

조명^{朝明} 연합군은 정유년1597년 연말부터 무술년1598년 초까지 울산의 도산성을
공략했다. 그런데 정유재란에 참전한 명나라의 입장과 전략을 살펴보면, 도산성
전투에 임한 명나라의 자세를 엿볼 수 있다. 앞 장에서도 언급했듯이 정유재란
은 병신년1596년 9월에 명나라 책봉 사절이 히데요시를 만난 이후 이미 결정되었
다. 히데요시는 자신이 주장한 강화조건이 전혀 반영되지 않은 상태에서 단지
명나라 황제의 책봉만을 받으라는 조건을 확인하고 곧바로 재침을 선언했던 것
이다.

　　이렇게 되자 명나라로서는 임진왜란에 개입하기 시작한 이상 전쟁을 끝내야

하는데, 그 방법이 실력무력으로 몰아내거나 강화 조약을 맺는 두 가지밖에는 없었다. 그래서 병부상서 석성石星을 중심으로 한 강화파가 무리하게 강화를 추진했던 것이다. 하지만 강화협상은 히데요시의 재침 선언으로 끝나버렸고, 강화파는 더 이상 강화를 주장할 수 없게 되어 궁지에 몰렸다. 이제 명나라가 전쟁을 끝낼 수 있는 유일한 방법은 일본군을 힘으로 제압하는 것뿐이었다.

때문에 일본과의 강화협상이 결렬된 시점에, 명나라는 일본이 재침하면 대군을 즉시 보내겠다는 뜻을 조선 조정에 전달했다. 정유년 연초부터 일본군 일부가 부산에 상륙하면서 재침이 구체적으로 진행되는 정황이 보이자, 조선은 이를 즉시 명나라에 통보했고, 명나라는 예정대로 임진년에 이어 두 번째 출병을 단행하여 재침에 대비했다. 이때 강화파 석성뿐만 아니라 조선에 파병되었던 경략經略 손광孫鑛도 함께 파직되고, 대신에 경략經略 형개邢玠와 경리經理 양호楊鎬 등으로 교체되었다. 대학사 장위張位의 천거를 받은 형개와 양호는 모두 문신이다. 그동안은 경략이 조선의 군무를 살폈는데, 이때에 이르러 형개를 경략어왜겸리량총독소요보정군무經略禦倭兼理糧總督蘇遼保定軍務·경략로 삼아서 병부상서로 올렸고, 양호가 경리조선군무經理朝鮮軍務·경리가 되어 조선으로 먼저 건너왔다.

정유재란에 참전한 명군의 규모는 대략 임진왜란 초기와 비슷하다. 정확한 규모는 불명확하나 대략 4만 5,000명에서 5만 명 정도의 병력이 정유재란 기간 동안 조선에 파병되었다. 그중 부총병 양원楊元과 유격遊擊 진우충陳愚衷은 일본군의 재침이 본격화되기 전부터 각각 남원성과 전주성에 주둔하고 있었다. 정유재란 초기에 남원성과 전주성을 잃고 경기도와 충청도 경계까지 밀린 명군이, 곧바로 체제를 정비하고 9월 7일 해생解生 등이 직산전투에서 일본 좌군의 선봉 부대를 물리칠 수 있었던 것은 바로 이와 같은 전쟁 전략 때문이었다고 볼 수 있다.

여기에 더해 9월 16일에는 통제사 이순신이 이끄는 조선 수군이 명량에서 일본 수군을 맞아 31척을 분멸하는 전과를 올리며 의미 있는 승리를 거두었다. 그 결과 앞에서 언급했듯이 조선 수군을 추격하던 일본 수군은 무안 부근까지 북상했다가, 육군과 함께 월동을 위해 남해안의 근거지로 회항할 수밖에 없었다.

황화사후록(皇華伺候錄)

조선 1600년

47.1×28.4cm

1598년 조선에 파견된 명나라 경리 양호 등을 영접했던 영접도감의 관리들이 만든 계첩으로,
이 그림은 사신을 접대하는 모습을 그린 것이다.

〈허가번호 진박201210-29〉

국립중앙박물관 소장

■ 정유재란 시기 일본군 제장 주둔지 현황

주둔지	축성 책임	수성 책임
고성	요시카와 히로이에[吉川廣家]	모리 요시나리[毛利吉成]
남해	와키자카 야스하루[脇坂安治]	소 요시토시[宗義智]
창원	나베시마 나오시게[鍋島直茂]	나베시마 나오시게[鍋島直茂]
왜교	우키다 히데이에[宇喜多秀家]	고니시 유키나가[小西行長]
양산	고바야카와 히데아키[小早川秀秋]	구로다 나가마사[黑田長政]
울산	아사노 사치나가[淺野長慶]	가토 기요마사[加藤淸正]
사천	조소카베 모토치카[長宗我部元親]	시마즈 요시히로[島津義弘]

이렇듯 명나라는 정유재란을 맞아 초기에는 몇 차례 패전하기도 했지만, 9월 초부터 조선군과 함께 반격을 시작해서 일본군을 남해안 지방으로 물러나게 하는 데 성공했다. 이 시기에 명나라가 전쟁에 적극적으로 뛰어든 또 한 가지 이유가 있었는데, 그것은 바로 전쟁으로 인한 엄청난 전비戰費 부담 때문이었다. 임진왜란 당시 명나라가 지출한 전비 규모를 자세히 알 수는 없지만, 일설에는 은화 800만 냥 정도였다고 한다. 그리고 이것은 인색하다고 알려진 만력제萬曆帝 시대의 몇 가지 불가사의한 사건 가운데 하나라고 한다. 전쟁이 장기화됨에 따라 전쟁 비용은 더욱 늘어날 수밖에 없었고, 이런 이유로 명 조정은 전쟁을 가능한 빨리 끝내야 했다.

이런 흐름에서 정유년1597년 12월 말에 울산의 도산성島山城·울산 시내에 있는 학성공원 공략작전이 전개되었다. 당시 남해안에 주둔한 일본군 중에 가토 기요마사는 울산 지역의 서생포西生浦에 왜성을 쌓고 본진으로 삼았다. 그 뒤 그는 이보다 북쪽에 다시 도산성을 쌓았는데, 성의 완공을 목전에 두고 있다가 조명 연합군의 공격을 받게 되었다. 이곳은 당시 일본군의 주둔 지역 중에서 가장 동북쪽에 위치한 곳으로, 가토 기요마사가 당시 일본군 우군의 선봉장으로서 강경파였기 때문에 조명 연합군의 공격 목표가 된 것으로 추정된다.

12월 21일, 경리 양호는 제독 마귀麻貴와 함께 명군 4만여 명을 거느리고 문경聞慶의 조령鳥嶺·새재을 넘어 경주로 진출했다. 이때 조선군도 도원수 권율權慄 등이 거느린 1만여 명이 함께 이 작전에 참가했다. 대략 5만여 명이 참전한 이 전투에서, 일본군은 조명 연합군의 기습공격을 받고 패퇴하여 도산성 안에 고립되는 상황이 되었다. 이 지역의 방어를 맡은 가토 기요마사는 12월 23일에 도산성이 공격을 받는다는 보고를 받고, 서생포에서 도산성으로 급히 들어갔고 후발대가 서생포에서 지원 가능한 병력을 뽑아 도산성으로 향했다.

조명 연합군은 24일에 태화강의 적진을 공격하여 이곳을 지키던 적을 격파했다. 이에 도산성 주변에 있던 일본군이 모두 성 안으로 들어가면서, 25일부터는 본격적인 공성攻城 작전이 시작되었다. 가토 기요마사가 서생포에서 차출했던 병력은 중간에 명군의 공격을 받아 큰 손실을 입고 일부 병력만이 겨우 도산성에 합류했다. 이 과정에서 명군은 도산성의 급수給水와 식량 사정이 열악해서 성을 4면으로 포위만 하고 있어도, 일본군이 항복할 수밖에 없다는 사실을 알게 되었다.

그런데 그 뒤 본격화된 조명 연합군의 공성 작전은 여의치 않았다. 당시 일본 최고의 축성 전문가인 가토 기요마사가 설계한 도산성은 평지에 우뚝 솟은 구릉 위에 축성한 소규모 성이었기 때문에, 26일 이후 조선군이 선공을 하거나 화공火攻을 펼치는 등 여러 차례 공격을 했지만 조명 연합군은 병력 손실만 입은 채 성과를 거두지 못했다. 다만 조선의 별장別將 김응서金應瑞가 야간에 물을 구하기 위해 우물로 접근한 적을 100여 명 생포하거나 살해한 것이 큰 소득이었다. 비록 적은 수이기는 했지만 적을 베어 사기를 올린 것은 물론이고, 도산성의 급수 사정이 좋지 않다는 요긴한 정보까지 얻었으니 큰 전과를 얻은 셈이었다.

이런 상황에서 예상치 못한 결정적 변수가 생겼는데, 그것은 바로 좋지 않은 날씨였다. 12월 27일과 28일 양일간에 걸쳐 큰 비가 내린 뒤에 날씨가 매우 추워졌다. 이 때문에 조명 연합군에 동상凍傷 환자가 속출하고 군사들의 사기가 크게 떨어졌다. 이런 상황은 수성군인 일본군도 마찬가지였다. 특히 성 내에는 식량이 떨어지고 우물도 없었기 때문에 도산성에 갇힌 일본군이 겪은 고통은 매우 컸다. 물을 얻을 수가 없게 되자 말을 찔러 그 피를 마셨고, 이것도 다하자 마

침내는 오줌을 받아 마시며 목을 축일 정도로 곤란한 지경이었다. 당시 이처럼 죽다가 살았다고 할 수 있을 정도로 곤란을 겪은 가토 기요마사는 훗날 자신의 영지인 구마모토熊本에 성을 쌓을 때 이때의 일을 교훈 삼아 우물을 100여 곳이나 팠다고 한다.

이 시기에 조명 연합군은 도산성의 가토 기요마사에게 항복을 권유했는데, 그는 구원군이 올 수 있는 시간을 벌기 위해 1월 3일에 회담을 하자고 제의했다. 이런 가운데 1월 1일과 2일에 걸친 명군의 도산성 공격 시도는 실패로 돌아갔고, 1월 2일 도산성의 가토 기요마사군을 구원하기 위해 남강藍江 주변으로 1만 3,000여 명의 일본군이 몰려들었다.

결국 1월 4일, 마지막 공격을 시도했던 조명 연합군은 오히려 대거 몰려온 일본의 구원군에게 반격을 받고 적지 않은 피해만 입은 채 후퇴했다. 결과적으로 도산성 공략작전은, 왜성의 강고한 방어력과 비가 온 뒤에 갑자기 추워진 날씨 등 기상의 변수 때문에 실패로 끝나고 말았다. 또한 태화강太和江을 따라 올라온 일본 수군을 방어하지 못한 것이 결정적인 실패 원인이었다.

일단 실패로 끝났지만 이 전투는 다음과 같은 의미를 지닌다. 첫째는 명군의 전쟁 전략이 '속전속결速戰速決'로 변했고, 그에 따라 전쟁의 적기로 볼 수 없는 겨울철에 왜성을 지키고 있던 일본군을 공략한 것이다. 둘째는 명군이 이후 작전에서 수군의 중요성을 인식했다는 점이다. 뒤에 살펴볼 사로병진작전四路竝進作戰은 원래 삼로병진작전이었는데, 이때의 경험으로 수로水路를 더해 사로병진작전이 되었다.

한편, 정유년1597년 10월 말부터 목포 앞바다의 보화도에 임시 통제영을 창설했던 이순신과 조선 수군은 겨울을 지낸 후 어떻게 되었을까? 이순신은 전쟁 마지막 해인 무술년1598년 2월 17일에 보화도에서 고금도古今島로 통제영을 옮겼다. 아마 이때도 사전에 여러 곳을 물색하다가 완도莞島 오른편에 위치한 고금도를 선정했을 것이다. 고금도로 통제영을 옮긴 이유는, 보화도가 서해상에 치우쳐 있어서 남해의 해상 활동에 적절치 못하고, 섬이 척박하고 좁아서 자체 생산이 불가능해 많은 인구를 수용할 수 없었기 때문이다. 이 점에 대해서는 이순신이 직접 조정에 보고한 아래의 내용을 통해 좀 더 자세한 내막을 엿볼 수 있다.

"고니시 유키나가는 예교曳橋에 주둔하고 있으며 중략 우리 수군은 멀리 나주羅州 경내의 보화도에 있으므로 낙안과 흥양 등의 바다에 왜적이 마음 놓고 마구 돌아다녀 통분합니다. 그리고 바람이 잔잔하니 이는 일본군이 소란을 일으킬 때이므로 2월 16일에 제장諸將을 거느리고 보화도에서 바다로 나아가 17일에 강진康津 경내의 고금도로 진을 옮겼습니다. 고금도는 호남 좌우도의 내외양內外洋을 제어할 수 있는 요충지로 산봉우리가 중첩되어 있고 망볼 곳도 잇달아 있어 형세가 한산도보다 배나 좋습니다. 남쪽에는 지도智島가 있고 동쪽에는 조약도助藥島가 있으며, 농장 또한 많고 이미 들어와 거주하는 인구도 거의 1,500여 호나 되기에 그들로 하여금 농사를 짓게 했습니다. 흥양과 광양은 계사년부터 둔전을 하던 곳으로 군민軍民을 불러 모아 경작할 생각을 하고 있습니다."라고 했다.

― 《선조실록》 권98, 선조 31년 3월 계묘癸卯

특히 이순신은 고금도가 서해와 남해의 중간 지점에 위치하여 양쪽 바다를 제어할 수 있는 요충지이며, 농경지가 넓고 유입 인구가 많아서 군량에 보탤 식량을 생산할 수 있다고 덧붙였다. 이 사실을 좀 더 부연하면, 이 섬은 면적이 약 44.3제곱킬로미터로 우리나라에서 열일곱 번째로 큰 섬이다. 고금도는 주변의 다른 섬들과 달리 '완도군은 이 섬고금도의 곡물 생산만으로도 자급할 수 있다.'라고 할 정도로 농경지가 발달했다. 섬의 서쪽에는 246미터의 지남산指南山, 북쪽에 215미터의 봉황산鳳凰山, 그리고 남쪽에 70미터의 덕망산望德山이 있고 주변에 다른 높은 산이 없어 관망하기에도 편리하다. 그리고 이 섬은 고니시 유키나가가 주둔하고 있던 순천의 예교성과 100여 리 정도 떨어져 있었기 때문에, 이들을 견제하면서 해상 작전을 전개하기에 유리한 위치에 있었다.

| 고금도 통제영 추정 위치
해군사관학교박물관 사진 제공

| 고금도 덕동 해변 훈련장
해군사관학교박물관 사진 제공

이제 고금도 통제영 시절의 조선 수군 재건 상황을 살펴보자. 결론부터 밝히면 고금도 통제영에서는 지난날 한산도 통제영에서 시행했던 둔전, 징병, 자염煮鹽·소금 제조 등 여러 가지 제도와 사업들을 반복했다고 볼 수 있다. 특히 통제영을 보화도에서 고금도로 옮기면서, 섬의 면적이나 토지, 생활환경이 나아졌기 때문에 인구가 자연스럽게 증가했다. 이것은 일본군의 잔혹한 점령정책으로 근거지를 잃고 유랑하던 백성들이 먹고 살 길을 찾기 위해 통제영 주변으로 몰려들었기 때문이었다. 실제로 이 시기에 고금도는 역사상 전무후무한 인구 증가를 보였다.

그런데 조선 수군이 고금도에 주둔할 당시의 인구나 병력에 대한 구체적인 자료는 남아있지 않다. 다만 유성룡의 《징비록懲毖錄》에 따르면, 고금도 시절 이미 군사가 8,000명에 이르러 군량을 걱정했다는 기록이 있다. 군사가 8,000명이 된 시점이 불분명하긴 하지만, 유성룡이 언급한 시점은 고금도에 통제영이 설치되고 몇 달이 지난 때라고 추정해 볼 수 있다. 이런 추정을 뒷받침해 주는 이순신의 조카 이분의 〈행록行錄〉을 살펴보자.

지세地勢가 기이하고 또 그 곁에 농장이 있어 편리하므로 공이순신은 백성들을 모아 농사를 짓게 하고 거기서 군량을 공급받았다. 그리하여 군대의 위세가 이미 강성해져서 남도의 백성들 가운데 공을 의지해 사는 자들이 수만 호戶에 이르렀고 군대의 장엄함도 한산진閑山鎭 때보다 열 배나 더했다.

물론 인용문에서 언급한 수만 호와 군대의 장엄함이 열 배나 더했다는 것은 다소 과장된 것이라고 할 수 있지만, 앞에서 언급한 여러 가지 이유로 인해 지난날과는 달리 고금도의 통제영 주변으로 호남 백성들이 모여들었던 것만큼은 사실이다. 따라서 이 시기에 실제로 고금도의 주민이 증가했고, 이것은 곧 수군 병력의 증가로 이어졌을 것으로 추정할 수 있다.

그런데 당시 이순신 휘하에는 주변 지역의 인재들도 모여들었는데, 이는 통제사 이순신의 인품과 리더십 때문이었다. 그는 자신의 목표를 제장들뿐만 아니라 백성들과 함께 공유했고, 능력만 있으면 노소와 귀천을 가리지 않았다. 이에 대한 하나의 실례로 정유재란 시기에 경주慶州에서 이순신 휘하로 들어온 이의온李宜溫이라는 젊은이를 들 수 있다.

이의온은 회재晦齋 이언적李彦迪의 손자 5형제 가운데 막내로, 이순신 휘하에 들어갈 당시 20대 초반의 젊은이였다. 기록에 따르면, 군량 모집 분야의 참모였던 이의온은 통제사 이순신과 밤늦게까지 수시로 의논했다고 한다. 특히 그는 이순신에게 '해로통행첩海路通行牒' 발행을 건의했고, 그 결과 몇 날이 못 되어 군량 1만여 섬石을 마련할 수 있었다. 해로통행첩이란 일종의 선박 운행 허가증인데, 통제영에서는 피난민이 도서 지역을 통행하거나 상인들이 배를 타고 물류를 운반할 때 이 통행첩을 받도록 하면서 선박의 크기에 따라 일종의 수수료를 부과했다. 이 해로통행첩은 보화도나 고금도 통제영 시절에 시작된 것으로 보이는데, 선박의 운항이 활발해지는 월동 이후 즉 고금도 통제영 시절에 본격적으로 시행되었을 것으로 추정된다.

다음으로 군량 문제를 살펴보면, 고금도 통제영 시절에는 꾸준히 이어진 둔전 경영과 13개 도서에서의 소금 생산 등 여러 가지 방안이 시행되고 있었다. 특히 기존의 둔전 지역 가운데 하나였던 고금도 자체에서 생산되는 곡물도 군량을 확보하는 중요한 자원이었다. 나중에 다시 언급하겠지만, 무술년1598년 하반기에는 명나라 수군과 연합했기 때문에조선의 도별 수군 연합은 '연합함대'로, 명 수군과의 연합은 '연합수군'으로 표기 군량 마련이 매우 중요한 문제였다. 이 문제를 정리해 보면, 고금도 통제영은 조명 연합수군을 형성한 뒤에도 군량 문제에 큰 어려움이 없었던 것으로 보인다. 이것은 당시 호남의 전력全力을 수군 재건에 모두 쏟은 가운데, 명나라로부터 군량을 어느 정도 이송 받았기 때문으로 보인다. 무술년1598년 6월 말과 7월 중순의 기록을 보면, 명나라로부터 군량을 선박으로 운송해 온 뒤에 군량 부족 문제가 조금 호전되었다는 내용이 나온다. 이렇게 볼 때, 명나라 수군 역시 연합수군을 이루기 위해 어느 정도 군량을 보유한 상태에서 합류했을 가능성이 높다. 이 때문에 조명 연합수군은 해상 작전을 전개하는 동안 군량 부족으로 어려움을 겨지 않았던 것이다.

　그렇다면 조선 수군 재건의 성공 여부를 가늠할 수 있는 전선 건조는 어느 정도 이루어졌을까? 명량해전 당시 조선의 전선은 13척밖에 남아 있지 않았고, 보화도 통제영에서는 풍랑으로 전선 한 척을 잃기까지 했다. 이미 언급했듯이, 보화도 통제영 시절부터 조선 수군은 전선을 건조하고 있었다. 그 결과 고금도로 이동할 무렵인 무술년 2월 하순, 당시 선박보유 현황보고에 따르면 군선 관련 내용도 포함되어 있다. 그것을 보면 당시 곡식 운반용 선박 100여 척을 평안도 철산鐵山, 황해도 장산곶長山串 등 전국 각지에서 만들고 있었는데, 당시 이미 건조한 것이 61척이고 앞으로 건조할 것이 39척이라는 내용이 나온다. 이와 함께 호남의 수군이 이 시기에 이미 전선 40여 척을 만들었다고 언급하면서, 당시 호남의 민력이 소진되어 더 이상 전선 건조를 독촉할 수 없다고 보고했던 것이다.

　그런데 필자는 지난 2002년 박사학위 논문에서 이 내용을 그대로 받아들여, 무술년 2월에 명량해전 당시 보유했던 전선 13척 이외에 40척을 더 만든 것으로 해석했다. 하지만 달리 보면 선조가 그 이전에 건조되어 있던 배까지 합쳐서 척수를 언급한 것으로 보아, 이때의 전선 척수 역시 최초 13척을 포함해서 40척이 되었을 가능성도 배제할 수 없다. 이처럼 해석하기에 따라 전선 척수가 바뀔 수도 있는데, 일단 두 가지 가능성을 모두 열어둔다면 무술년 2월 시점에 대략 40~50척 규모의 전선이 마련되었던 것으로 추정할 수 있다. 따라서 노량해전이 펼쳐지는 무술년 11월 중순까지는 다시 한 번 더 군선을 건조할 수 있는 시간적인 여유가 있었다. 노량해전 당시 조선의 전선 척수에 대해서는 뒤에 다시 살펴보기로 하자.

　요컨대 고금도로 통제영을 옮긴 뒤의 상황은, 한산도에 있을 때보다 사회경제적 환경이나 병력 충원 면에서 오히려 더 나은 상황이었다. 때문에 통제영을 운영하기 위해 기존에 실행했던 여러 제도들을 다시 시행하면서 조선 수군은 빠른 속도로 재건되었을 것으로 보인다.

한편 정유재란 때에는 전쟁이 일어나기 전에 이미 명군이 파병되어 있는 상태였다. 그렇다면 명나라 수군은 언제 어느 규모로 파병되었을까? 일단 정유재란이 발생할 것을 예상한 명나라 조정은, 조선 파병 논의를 진행하면서 수군 파병도 함께 결정한 상태였다.

사실 이 시기에 명나라의 경리 양호는 재침한 일본군에 맞설 전략전술을 세우면서, 수군을 활용해 일본군의 보급로와 퇴로를 끊겠다는 적극적인 전략을 수립했다. 그런데 조선이 정유재란 초기에 칠천량해전에서 패하자 먼저 명나라의 연안 방어를 위해 우선 천진天津과 등래登萊 해역으로 나누어 총병總兵 주우덕周于德과 이승훈李承勛에게 각각 연안 해역을 방어하도록 조처했다. 그 뒤 명나라는 좀더 적극적으로 나서서 조선에도 수군을 파견한다.

조선에 최초로 파견된 명나라 수군은 계금季金이 거느린 절강浙江의 병력 3,200명이었다. 이들의 입국 시기는 대체로 명량해전 이후인 정유년1597년 겨울이었던 것으로 추정된다. 그런데 이때 입국한 명나라 수군은 처음에는 해상에서 활동한 것이 아니라 육지에 상륙해서 예교성에 주둔한 고니시 유키나가 부대를 견제하여 가토 기요마사를 구원하지 못하게 하는 역할을 담당했다.

계금이 이끈 명 수군은 수로군水路軍 대장인 진린陳璘이 고금도 통제영에 합류하기 이전인 무술년1598년 6월 하순경에 이미 조선 수군과 함께 고금도에 있었던 것으로 확인된다. 그 뒤 계금은 진린 휘하에서 노량해전에 참전했다. 따라서 계금의 부대는 최초로 참전한 명나라 수군으로서 마지막 해전까지 참가했던 것이다.

본격적인 명나라 수군의 파병은 앞에서 살펴본 울산 도산성 전투의 실패 원인을 분석하면서 수군의 중요성이 제기된 이후, 즉 사로병진四路竝進작전을 위한 육군의 추가 파병과 같은 시기인 무술년1598년 정월부터 추진되었다. 노량해전에 참전한 명군의 병력과 군선 규모는 뒤에 다시 언급하기로 하고, 먼저 노량해전의 배경이라 할 수 있는 사로병진작전에 대해 살펴보기로 하자.

정유재란 시기 명나라의 전쟁 목표는 '속전속결'이었고, 이 때문에 정유년 말부터 무술년 초까지 울산 도산성을 공략했다. 하지만 그 결과는 조명 연합군의 실패 내지 패배로 보는 것이 옳다. 가토 기요마사라는 대어大魚를 다 잡았다가 놓쳤다는 평가를 받기도 하는 전투이지만, 도산성 수비에 들어간 일본군을 공략하는 데 실패한 것은 물론이고 수군을 동원해서 태화강을 따라 구원 작전을 편 일본군에게 조명 연합군이 후퇴하면서 입은 피해가 적지 않았기 때문이다.

경리 양호는 도산성전투 이후에도 적극적인 전략을 견지하면서 무술년 초에 사로병진작전을 구상했다. 당초 이 작전은 '조선의 지세가 각 지역이 서로 나눠져 있고 산천도 험해서 군사를 한 곳에 모으면 성공하기 어렵다. 따라서 여러 장수가 각 지역의 전쟁을 책임지도록 분담하는 것이 좋겠다.'라는 취지로 계획되었다. 상관인 군문軍門 형개邢玠가 동의하면서 이 작전이 채택되었고, 대체로 무술년1598년 3월 하순에는 조선 조정에도 이 작전이 통보되었다. 최초에 조선에 알려진 것은 삼로였는데, 도산성전투 이후 수로를 독립시켜 해상을 주관하도록 하면서 '사로병진작전'으로 바뀌었다.

사로의 구성을 보면 중로中路에 이여매李如梅, 동로東路에 마귀麻貴, 서로西路에 유정劉綎, 그리고 수로에 진린陳璘을 각각 대장으로 삼았다. 이들은 각각 진주, 경주, 순천 방면으로 나누어 각 지역에서 일본군을 공격하는 작전을 펼치게 되었고, 수로의 진린은 서로군의 유정과 함께 순천의 예교성 공략 작전에 참가하게 되었다. 그런데 중로의 이여매는 중간에 요동총병이던 그의 형 이여송李如松이 여진족과의 전투에서 전사하자, 이여송을 대신해 요동 지역에 급파되면서 동일원董一元으로 교체되었다.

명군의 사로병진작전은 무술년1598년 초에 세워졌지만 실제 병력이 동원되어 작전이 시작된 것은 8월 중순이었다. 이때 사로의 대장들은 한성을 떠나 각자가 맡은 지역으로 출발했는데, 이들이 거느린 병력을 보면 동로가 2만 7,000여 명, 중로가 약 2만 명, 서로가 2만여 명, 그리고 수로가 2만 3,000명으로 총 9만여 명으로 기록되어 있다. 하지만 이 숫자는 실제보다 크게 부풀려진 것으로, 동원된 실제 병력은 그 절반 정도로 보는 편이 합리적이다. 근대 이전의 전쟁에서는 군세를 과장하려고 숫자를 부풀리는 경우가 많았는데, 이때도 마찬가지였다. 그리고 이번 작전에도 각 지역별로 조선 장수들과 병력이 동참하고 있었다.

그 뒤 작전의 대략적인 경과를 살펴보면, 먼저 제독提督 마귀가 지휘한 동로군은 선봉장 부총병 해생解生과 유격 파귀頗貴 등과 경상좌병사 김응서 군軍을 동원해 9월 중순에 울산의 도산성을 포위했다. 제2차 도산성전투라고 불리는 이 전투에서는 사실 별다른 전투 행위가 없었다. 9월 하순에 도산성을 포위한 마귀 등이 공략작전을 시작하자, 가토 기요마사는 수성할 준비를 잘 갖추고 방어에만 주력했다. 때문에 도산성을 한 차례 공격해 본 경험이 있는 명군은 엄청난 희생을 감수해야 하는 공성 작전을 전개하지 못하고 망설였다. 그러던 중에 도산성을 구원하기 위해 부산 쪽에서 일본군이 다시 올라온다는 소식이 들리자, 동로군 대장 마귀는 즉시 철군을 단행해서 경주로 퇴각했다가 그것도 불안했는지 영천까지 물러나 주둔하기만 했다.

다음으로 살펴볼 중로의 동일원은 오히려 9월 하순까지 진주성과 주변 여러 곳에서 승전을 거두며 일본군을 쫓아내는 작전에 열의를 보였다. 하지만 그가 거둔 몇 차례의 승리는 명군을 유인하기 위한 시마즈 요시히로의 작전이었다. 일본 규슈 사츠마번薩摩藩 출신의 전국시대 대표적인 용장勇將 시마즈 요시히로는, 명의 중로군을 해안가에 있는 사천신성泗川新城까지 유인해 왔다. 일본군을 쉽게 본 동일원은, 10월 1일 사천신성 전투에서 대패했다. 일본 측의 전과 발표에 따르면 4만 명, 명 측의 발표에는 3~4,000명,《조선왕조실록》에 따르면 8,000내지 1만 명 정도가 이 전투에서 전사했다. 현재 우리나라 남원과 사천에 자리한 만인의 총萬人의 塚은 모두 정유재란 때의 패전으로 만들어진 것으로, 사천신성 전투에서는 주로 명군의 피해가 컸다. 결과적으로 중로군의 작전은 참담한 패전으로 이어지며 실패하고 말았다.

서로의 유정劉綎 역시 처음에는 순천 예교성의 고니시 유키나가를 사로잡기 위한 유인작전을 펴는 등 적극적인 작전을 전개하는 듯했다. 하지만 수로군 대장 진린과 합동작전을 펼쳐 예교성을 공략할 수 있는 좋은 기회를 여러 차례 맞았으나,

사천신성터(선진리)
해군사관학교박물관 사진 제공

사천신성 유적
해군사관학교박물관 사진 제공

전쟁 기구가 준비되지 않았다는 등 다소 이해하기 어려운 이유를 대며 적극적인 전투를 회피하다가 결국 예교성 공략을 포기하고 후방으로 물러났다. 뿐만 아니라 유정은 전쟁 상대인 고니시 유키나가 군과의 통상通商을 허가하는 등 실망스러운 모습을 연출했고, 결국 예교성과 수급首級 1,000을 받는 조건으로 강화를 맺고 퇴로를 열어주기까지 했다.

결론적으로 명나라 조정과 지휘부의 적극적인 전쟁전략과는 달리, 전장의 사령관들은 오히려 전투를 회피하면서 시간만 끌고 있었다. 다시 말해 사로병진작전은 무술년1598년 10월 초순, 사령관들의 전투 회피와 패전

■ 사천신성 부근 사천해전 승전탑
해군사관학교박물관 사진 제공

으로 사실상 실패하고 있었다. 이런 배경에는 그해 봄부터 퍼지기 시작한 히데요시의 사망 소문이 적지 않은 영향을 끼쳤다. 이 소문은 조선 측에도 전달되었는데, 정보 수집에 남다른 관심과 수완을 발휘했던 이순신 역시 이 소문을 듣고 조정에 직접 보고하기도 했다.

무술년 봄부터 히데요시가 병석病席에 누운 것은 사실이지만, 그가 사망한 것은 그해 8월 18일이라고 전해진다. 따라서 사로병진작전이 펼쳐질 즈음에는 그가 이미 사망한 상황이었고, 봄부터 그런 소문이 있었던지라 명군의 사령관들은 전투에 적극적으로 임하지 않았다. 가만히 있어도 끝날 상황인데, 외국의 전쟁에 군이 피를 흘릴 필요가 없다고 판단한 듯하다.

대체로 이런 흐름에서 사로병진작전은 결국 실패로 끝나고 만다. 다만 수로군의

진린陳璘은 그 중에서도 적극적으로 전쟁에 임한 편이었다. 그렇다면 시간을 다시 앞으로 돌려서 이순신이 고금도로 통제영을 옮긴 이후, 진린의 세력과 연합수군을 형성하고 노량해전을 펼치기까지의 과정을 살펴보자.

광동성廣東省 옹원翁源 출신의 진린은 가정嘉靖 말년인 1566년에 지휘첨사指揮僉使가 되었고, 만력 초기에 부총병까지 진급했다가 파직당해 오랫동안 야인으로 있었다. 그러던 중 임진왜란 때 부총병으로 발탁되었지만 또다시 병부상서 석성石星에게 탄핵을 받아 파직되었다가, 정유재란 때 재기용되어 총병관總兵官으로서 수로대장이 되어 참전했다.

그가 거느린 명나라 수군은 육군과 마찬가지로 여러 지역에서 차출된 부대들이 합쳐진 형태였는데, 기록에 따라 그 규모가 다르기는 하지만 최대 2만여 명이라고 한다. 이들이 조선에 도착한 시기와 노량해전 참전 여부도 각각 달랐기 때문에, 당시의 실제 참전 병력을 추정하기는 쉽지 않다. 그렇다 하더라도 노량해전에 참전한 진린의 병력 규모를 2만여 명으로 보기에는 무리가 있고, 여러 가지 사항을 고려하면 대략 1만 3,000명 정도가 참전한 것으로 추정된다. 진린의 휘하에는 가장 먼저 조선에 왔던 계금季金과 그의 부장이었던 노장老將인 등자룡鄧子龍 등을 포함해서 10여 명의 장수가 있었다. 그런데 이 1만 3,000명 중에는 육군 병력 5,000명도 포함되어 있었기 때문에, 실제 노량해전에 참전한 병력은 1만 명 정도로 볼 수 있다.

진린의 조선 입국은 계획보다 다소 늦게 이루어졌다. 당초 3월에 입국할 예정이었으나 4월 말에야 요동에 들어왔고 한성에 도착한 것은 6월 중순경이었다. 그 뒤 며칠 동안 한성에 머문 진린은, 7월 16일 고금도 통제영의 이순신 함대와 연합수군을 형성했다.

그런데 진린陳璘은 성품이 급하고 사나워서 상대하기 어렵다는 평가를 받았다. 이것은 그와 몇 차례 접촉한 조선 관료들이 내린 결론이었는데, 당시 영의정 유성룡도 그의 성품에 대해 다음과 같이 언급했다.

▍진린이 세운 관왕묘
　해군사관학교박물관 사진 제공

상上·선조이 청파青坡까지 나와서 진린을 전송하셨다. 나는 진린의 군사가 수령守令을 때리고 함부로 욕하며 노끈으로 찰방察訪 이상규李尙規의 목을 매어 끌어서 얼굴이 피투성이가 된 것을 보고 역관譯官을 시켜 말렸으나 듣지 않았다. 나는 같이 앉았던 재상들을 보고 말하기를 "안타깝게도 이순신의 군사가 장차 또 패하겠구나! 진린과 같이 군중에 있으면 견제를 당하고 의견이 달라서 반드시 장수의 권한을 빼앗고 군사들을 학대할 것이다. 이것을 제지하면 더 화를 낼 것이고 그대로 두면 한정이 없을 것이니 순신의 군사가 어찌 패전을 면할 수 있겠는가?"라고 하니 여러 사람들이 동의하고 탄식할 뿐이었다.

－ 유성룡, 《징비록》 권2

　　하지만 진린은 의도적으로 이렇게 안하무인격인 태도와 거친 행동을 보였을 가능성이 높다. 무슨 말이냐 하면 자신들이 타국인 조선의 전쟁에 참전한 상황이니,

어떤 상대에게든 독하고 무섭게 굴어야만 자신들이 제대로 대접 받을 것이라고 생각했기 때문이다. 그런데 이런 난폭한 행위는 당시 군령권이 명나라에게 있었기 때문에 가능했다. 평시에는 상대가 될 수 없는 하위직의 명나라 관리나 하급 장수들이 조선의 고위 관리와 사령관급 장수를 모욕한 사건도 더러 있었다. 실례로 호조판서가 명나라 호부 주사^{종6품}에게 군량 조달이 안 된다는 이유로 곤장을 맞은 사건, 명망 있는 조선의 장수가 명군 하급 장수에게 구타당한 뒤 후유증으로 사망한 사건 등이 실제로 있었다.

그렇다면 명군이 행사한 군령권이란 무엇인가? 그것은 명군에게 조선군에 대한 일체의 군사적인 명령권, 즉 작전권이 주어졌던 것을 말한다. 임진왜란 초기에 이여송은 선조로부터 조선군의 군령권을 넘겨받았고, 이런 상황은 정유재란 때도 마찬가지였다. 이 때문에 조선의 고관이나 사령관이라 할지라도 군령권을 가진 명군에 적극 협조해야 했다.

이런 상황에서 이순신 역시 진린 이전에 고금도에 합류해 있던 명나라 장수 계금^{季金}에 대한 접대와 대응 문제로 이미 어려움을 겪고 있었다. 여기에 성격마저 좋지 않은 수로군 대장 진린이 적지 않은 세력을 이끌고 추가로 합류했던 것이다. 이 때문에 유성룡조차도 이제 막 기사회생한 조선 수군이 다시 한 번 위기를 맞게 되었다고 판단했다. 아마 이순신의 곧은 성품을 잘 알고 있었기에, 유성룡은 진린과 이순신의 갈등을 예상하고 이를 우려했던 것으로 보인다. 이 시기에 조선 조정은 진린에 대한 정보를 미리 통제사 이순신에게 통보해 주었고, 이순신은 이에 대처하기 위한 만반의 준비를 갖추고 난 뒤, 진린이 이끄는 명나라 수군을 맞이했다.

앞에서 언급한 것처럼, 진린이 고금도 통제영에 합류한 시기는 무술년^{1598년} 7월 16일이었다. 이순신은 이날 진린과 명나라 함대를 환영하는 성대한 잔치를 베풀었다. 첫 만남에서 좋은 이미지를 강하게 각인시키려는 의도였는데, 이것은 생각했던 것보다 더 큰 효과를 거두었다. 안 그래도 이순신이 명장이라는 말을 들어온 진린은 이순신이 자신을 어떻게 맞을까 궁금했는데, 자신이 생각했던 것보

다 훨씬 성대한 환영을 받고 흡족하게 느꼈던 것 같다.

　그 뒤에도 이순신은 진린을 위해 자주 잔치를 베풀고 그를 극진하게 대접했다. 그러던 중 진린이 도착한 지 열흘도 되지 않은 7월 24일, 절이도折爾島해전이 일어났다. 이보다 앞서 7월 18일경에 일본군선 100여 척이 녹도鹿島로 쳐들어온다는 보고가 들어오자, 진린과 이순신이 함께 최초로 연합수군을 이끌고 현장에 출동했다. 그런데 현장에 도착해 수색한 결과, 정탐하던 일본군선 2척이 연합수군을 발견하고 도주할 뿐이었다. 연합수군의 본대는 곧바로 고금도로 돌아왔고, 이순신은 녹도만호 송여종宋汝悰에게 전선 8척을 주어 절이도에 복병하게 했다. 이때 진린도 휘하의 30여 척을 조선 수군과 함께 남겨두었다. 며칠 후인 7월 24일, 진린과 이순신이 함께 연회를 하고 있을 때, '녹도만호 송여종이 일본군선 6척을 격파하고 수급首級 69개를 거두었는데, 명나라 함대는 풍세風勢가 순조롭지 못해 싸우지 못했다.'라는 결과보고가 올라왔다.

　이때도 이순신은 명나라 수군이 전과를 거두지 못한 것을 꾸짖는 진린에게 수급의 대부분을 양보하며 한 번 더 그의 환심을 사는 데 성공했다. 물론 이순신은 다른 경로를 통해 조정에는 사실을 정확하게 보고하였다. 이런 사건들을 통해 이순신은 진린의 환심과 마음을 얻었지만, 진린은 군령권을 행사하며 이순신의 군사적 활동이나 작전을 끊임없이 통제하려 했다. 이런 상황 때문에, 이순신은 일본 수군과 대결하는 것보다 더 어려움을 겪었던 것으로 보인다.

　앞에서 언급한 절이도해전은 정확하게 일본군선 6척을 격파하고 수급 69개를 벤 소규모 해전이었다. 절이도전남 고흥군 금산면 거금도 해전에 대한 정확한 내용은 자세한 문헌 자료가 부족하기 때문에, 적선 50여 척을 분멸하고 1만 명 이상을 수장시킨 대규모 해전으로 알려져 있기도 하다. 이런 인식은 주로 《선조수정실록》의 무술년 8월 기록에 근거를 두고 있는데, 이 기록에는 두 가지 문제가 있다. 하나는 《선조수정실록》 편찬이 중간에 한 번 중단된 적이 있는데, 절이도해전은 효종대에 다시 시작된 뒤에 기록된 내용이다. 다시 말해서 17세기 중반, 즉 절이도해전이 끝난 지 거의 60년이 지난 시점에 기록된 것이다. 해전 장소가 거금도가 아닌 고금도로, 장수도 송여종이 아닌 이순신으로 바뀌었다는 것도 문제다. 다시 말해 《선조수정실록》이라는 공식적인 기록물에 포함된 내용이지만, 후대에 기록되면서 오류가 다소 포함된 것으로 보인다.

따라서 가장 가까운 시기에 기록된 이분李芬의 〈행록〉을 바탕으로, 절이도해전에서 송여종이 적선 6척과 수급 69개를 베었다고 보는 게 합리적이다. 진린과 이순신이 고금도에서 잔치를 벌이는 도중에, 복병을 했던 송여종이 절이도 부근에서 해전을 벌여 승리를 거둔 것이었다. 이 해전은 일본 수군이 무술년1598년 초반에 이순신 함대의 행적을 찾아다니며 일전을 도모했음을 확인시켜 준다.

그런데 이보다 앞선 무술년 3월 말부터 일본 수군은 고흥반도 주변에 몇 차례 출몰했다. 오늘날의 고흥반도에 있던 흥양현감興陽縣監 최희량崔希亮이 통제사 이순신에게 올린 보고서 몇 장이 남아 있어 이런 사실을 알려준다.崔希亮, 〈書目〉①~⑩ (해군사관학교 박물관 소장) 그 내용을 소개하면 3월 20일에 일본군 일부가 흥양현의 고도姑島에 상륙했는데 복병을 하여 수급 30여 개를 베는 전과를 거뒀고, 4월 24일에는 일본군선 12척이 와서 400여 명이 상륙했지만 곧 물러났다는 기록이 있다.

이외에 5월 25일에도 일본군이 고흥 지역에 출몰해서 조선 백성 300여 명을 잡아가는 사건이 발생했는데, 당시 전라병사 이광악李光岳은 이 사실을 제대로 보고하지 않은 최희량을 탄핵하는 상소를 올렸다. 이런 사실로 미루어 볼 때 순천 예교성의 고니시 유키나가 부대 혹은 일본 수군이 이순신의 함대를 찾기 위해 3월 말 이후, 고흥반도와 주변 해역에 몇 차례에 걸쳐 진출했음을 알 수 있다.

통제사 이순신은 7월 하순의 절이도해전 승리 이후 9월 하순의 예교성 공략 작전이 시작되기 이전까지 착실하게 전력을 강화하며 전투 준비에 최선을 다하고 있었다. 이순신이 훌륭한 장수라는 사실을 알고 있었던 진린은, 이순신이 전투를 준비하는 과정을 옆에서 지켜보면서 점차 이순신의 인간 됨됨이까지 알게 되었다. 이 때문에 연합수군을 이룬 초기에는 이순신이 진린의 군령권 행사 때문에 다소 어려워했지만, 두 사람의 관계는 점차 협조적인 관계로 발전해 나갔던 것으로 알려져 있다.

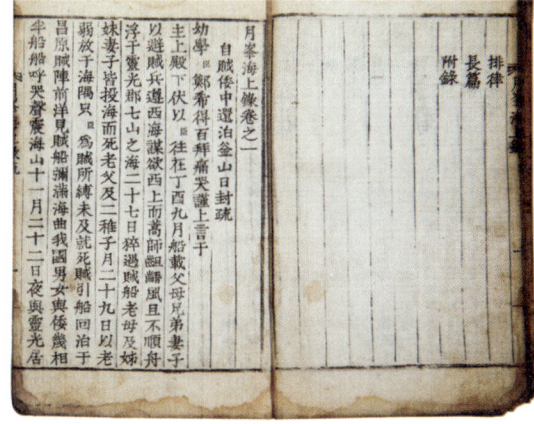

《월봉해상록(月峯海上錄)》

조선
32.3×23.3cm
목판본
선조 30년(1597년) 일본군에게 잡혀 일본에서 포로로 지내다가 1599년에 귀환한 정희득이 포로생활을 기록한 책
〈허가번호 진박201210-15〉
국립중앙박물관 소장

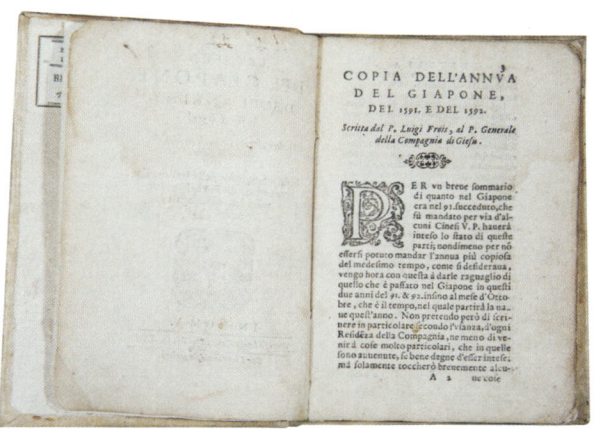

《프로이스 서간집(Frois 書簡集)》

17.0×11.5cm
활자본
잡혀온 조선인들에게 세례를 베푼 것을 비롯해 임진왜란에 관한 많은 사실이 담겨 있는 포르투갈 신부 루이스 프로이스의 책
〈허가번호 진박201210-10〉
국립중앙박물관 소장

그 사례가 바로 〈행록〉에 나오는 이순신의 주민 이주 소동이다. 명군의 조선 백성에 대한 침학이 적군인 일본군의 수준을 넘었다는 것은 이 책의 앞머리에서 언급한 바 있지만, 고금도에 도착한 명나라 수군 가운데 일부도 조선 백성을 못살게 굴었던 것 같다. 이런 문제가 발생하자, 이순신은 고금도의 명나라 수군 주둔지였던 묘당도 주변 백성들의 집을 허물며 시위를 벌였다. 이 소식을 들은 진린이 놀라 이순신에게 자초지종을 묻자 이순신은 태연하게 상국의 수군 병사들이 우리 백성을 못살게 굴어서 아예 문제가 일어나지 않도록 가옥을 부수고 다른 곳으로 이주시키려 한다고 대답했다. 진린은 재빨리 이순신의 의도를 파악하고, 명나라 수군의 잘못을 시인한 뒤 향후 명나라 수군의 범법행위에 대해서는 이순신에게 처벌할 수 있는 권한을 주는 선에서 사건을 매듭지었다.

　　진린의 이런 태도 변화는 이순신의 처신과 성품에 탄복했기 때문일 수도 있지만, 이순신과 조선 수군이 갖춘 전투력이 상당한 수준이었기 때문에 함부로 대할 수 없었기 때문이었다. 노량해전 당시 조선의 전선 척수는 현재 정확한 문헌 자료가 없기 때문에 추정할 수밖에 없는 실정이다. 무술년 2월 고금도로 옮긴 직후, 조선 수군이 전선을 40여 척까지 만들었다고 했지만, 예교성 공략작전과 노량해전이 펼쳐지기 전까지 약 6개월여의 시간이 있었기 때문에 전선을 더 건조했을 가능성이 높다.

　　여기서 노량해전에 참전했던 조선 수군의 전력을 추정해 보면 다음과 같다. 노량해전 이후 약 1년의 시간이 흐른 뒤인 선조 33년1600년 1월, 조선 수군의 전체 전선 척수는 80여 척으로 확인된다. 그런데, 다소 억측일 수도 있지만 노량해전에서 잃은 전선 척수와 전쟁 직후 추가로 건조한 전선 척수를 상쇄한다면, 이 척수를 노량해전 참전 척수로 봐도 크게 무리는 없을 것 같다. 노량해전에서 손실된 척수가 그다지 많지 않았을 것이고, 또 전쟁 직후의 피폐한 상황에서 전선을 추가로 건조하기가 거의 불가능했기 때문에 해전 당시 전력은 80척 수준이거나 그 이상이었을 것으로 보인다.

　　전선 80척이면 임진왜란 당시 한 척당 승선 인원이 130명이었으므로 총 1만

▌모당도 충무사
해군사관학교박물관 사진 제공

400명의 수군이 필요하고, 부속선과 본영의 군사까지 합하면 이보다 훨씬 많은 병력이 있었을 것으로 추정된다. 조선 수군의 전력뿐만 아니라 통제영의 여러 가지 운영 상황을 지켜본 진린은 이순신이 조선 제일의 장수를 넘어 명나라에서도 찾아보기 힘든 인재라는 사실을 경험을 통해 깨닫게 된 것 같다.

이런 준비 과정을 거쳐 진린과 이순신이 지휘하는 조명 연합수군은 무술년 9월 15일 고금도 통제영을 출항하면서 서로군의 유정劉綎과 함께 순천 예교성의 고니시 유키나가 부대를 공략하기 위한 합동작전을 시작했다. 중간에 나로도羅老島·현재 항공우주국이 있는 전남 고흥군 봉래면와 방답진防踏鎭·여수 돌산도 남서편, 하개도何介島·남해 쪽이라 하는데 위치는 명확하지 않음를 거쳐 20일에 묘도猫島·광양만 중앙에 있는 섬에 도착하면서 그날부터 전투가 시작되었다.

하지만 앞에서 언급했듯이, 서로군의 대장 유정은 처음부터 일본군과 적극적으로 싸울 의사가 없었다. 그래서 그는 예교성에 도착하자마자 강화하자는 명분을 내걸고 고니시 유키나가를 꾀어 사로잡을 계책을 폈지만 무위에 그쳤고, 그 뒤 이해할 수 없을 정도로 소극적인 태도로 일관했다. 그런데 흥미로운 사실은 이런 상황을 조선 측이 미리 예견하고 있었다는 점이다. 즉 유정이 '적을 일거에 섬멸하겠다.'라고 큰소리친 데 대해 영의정 유성룡은 절대 그럴 리가 없고 빈 말일 뿐이라고 언급한 바 있다.

이순신과 진린은 20일부터 22일까지 해상에서 예교성을 향해 전면적인 공격을 가했으나, 유정은 공격에 참가하지 않았다. 이어 유정은 22일 이후에는 공성 도구를 제작한다는 핑계를 대고 아예 며칠 동안 작전을 중지했다. 당시 이미 늦가을로 접어들었기 때문에, 22일 이후 며칠간 북서풍이 강하게 불어와 조명 연합수군 역시 함대를 운영할 수 없는 형편이었다.

조명 연합군의 예교성 공격은 10월 1일부터 4일까지 재개되었다. 연합수군은 해상에서 적극적인 공격을 펼치며 한때 일본군을 위험한 상황으로 몰아넣기도 했다. 하지만 이번에도 유정은 조선 측 대신들의 간곡한 요청에도 불구하고 소극적인 태도로 일관하다가, 결국 일본군의 반격을 받아 피해를 입고 물러나고 말았다. 이런 상황에서 중로군의 패전 소식이 전해지자, 유정은 예교성 공략작전을 포기하고 후퇴할 명분만 찾고 있었다.

이에 비해 진린과 이순신의 연합수군은 10월 2일부터 4일까지 해상에서 예교성을 적극적으로 공격했다. 이 과정에서 적지 않은 피해를 입기도 했는데, 특히 3일에는 바닷물이 빠지는 시간을 놓친 진린 휘하의 사선沙船 19척과 호선虎船 20여 척이 개펄에 갇히면서 일본군의 공격을 받아 대부분 불타고 수백 명이 전사하는 큰 피해를 입기도 했다. 4일까지 해상에서는 지속적으로 맹공을 퍼부었으나 육상의 유정이 협조하지 않는 바람에 헛수고만 한 셈이었다. 진린이 몹시 화가 나서 유정을 찾아가 엄중하게 항의하는 등 대장들 간에 갈등이 빚어지기도 했다. 그 뒤 10월 6일에는 서로군 대장 유정이 예교성의 포위를 풀고 후방인 부유창富有倉으로 물러남으로써 이 작전은 실패로 끝났다. 이후에는 조명 연합수군이 단독 작전을 펼 수밖에 없었다.

┃ 정유재란과 사로병진(四路並進) 작전
현충사 제공

그렇다면 진린이 이처럼 예교성 공략작전에 적극적으로 임한 이유는 무엇이었을까? 그 답은 유정을 수행하면서 보좌했던 우의정 이덕형李德馨의 보고서에 잘 드러난다. 유정과 진린 두 사람이 서로 공功을 다투었던 상황, 즉 쟁공爭功이 가장 큰 이유였다. 유정은 당초 수군의 군령권까지 행사하려 했고, 이 과정에서 진린과 알력이 생긴 것으로 추정된다. 이 때문에 예교성 공략작전에서 시종일관 소극적으로 임한 유정과는 반대로, 진린은 성을 함락시키기 위해 적극적으로 공격했던 것이다.

또 다른 한 가지 이유는 이순신의 영향이었다고 볼 수 있다. 그의 영향은 다시 두 가지로 나눠 볼 수 있는데, 우선은 조선 수군에게 상국 수군의 우수성을 보여 줘야 한다는 자존심 문제가 있었다. 또 하나는 이순신이 보여 준 전투 준비 자세와 전력을 다해 적과 싸우려는 군인정신軍人精神에 진린이 감명을 받았기 때문이라고 볼 수 있다. 진린은 평상시에는 무척이나 협조적인 이순신이, 일본군과 맞서 싸울 때는 자신의 의지대로 꿋꿋이 밀고 나가는 모습에 같은 군인으로서 존경심을 갖게 된 듯하다.

사로병진작전이 실패로 끝난 10월 초순 이후에는 전황戰況이 다시 한 번 바뀌었다. 이 시기에는 히데요시의 사망 소식이 조선에 있는 일본군에게도 전달되었다. 히데요시의 어린 아들을 보좌하도록 유명遺命을 받은 오대로伍大老는 조선에서 철군하기로 결정하고, 파견된 모든 장수들에게 11월 중순까지 강화를 체결하고 귀국하라고 명했다. 따라서 예교성의 고니시 유키나가 역시 10월 중순경에 유정劉綎과 강화조약을 체결하기 위해 협상을 진행했다. 그 결과 예교성과 수급 1,000개를 바치는 조건으로 유정과의 강화를 체결하고, 유정으로부터 인질 40명을 넘겨받았다. 이 때문에 고니시 유키나가 측과 유정의 서로군은 시장市場을 열고 물물교환을 하는 등의 기현상을 보이기도 했다.

이때 이순신은 휘하 장수들과 대책회의를 갖고, 먼저 해로를 봉쇄하여 예교성을 고립시키기로 의견을 모았다. 이렇게 일본군의 퇴로를 차단해 지구전을 전개함으로써 피곤해진 일본군의 빈틈을 노려 수륙 합동 공격을 하기로 결정한 것이다. 이 작전에 따라 이순신과 진린의 조명 연합수군은 고금도 통제영으로 후퇴하지 않고, 그대로 묘도猫島에 주둔한 채 고니시 유키나가의 퇴로를 막고 바다를 지켰던 것으로 보인다.

더 나아가 연합수군은 이 작전을 실행하기 위해 예교성 주변 해역을 봉쇄하여, 예교성의 일본군이 남해도나 사천 등지의 일본군과 연락하는 것을 차단했다. 그런데 예교성의 고니시 유키나가는 앞서 언급한 유정과의 강화를 통해 퇴로를 확보했다고 생각했는데, 조명 연합수군이 이를 다시 차단하고 나선 것이다.

복원된 순천왜성 성적
해군사관학교박물관 사진 제공

순천왜성 앞바다
장도의 모습을 찾을 수 없을 정도로 간척이 이루어졌다. 해군사관학교박물관 사진 제공.

그러나 고니시 유키나가는 상대적으로 노정이 길어 조선군의 공격에 노출될 가능성이 높은 육로보다는 해로를 통해 철수하려고 했다.

하지만 철수 기한에 맞춰 부산까지 이동하기 어렵다고 판단한 고니시 유키나가는, 유정에 이어 진린과 다시 한 번 더 강화 협상에 나선다. 진린은 마지못해 강화에 나섰지만, 유정이 합의한 조건과 같거나 그보다 더 좋은 조건을 요구했던 것으로 보인다. 이때는 고니시 유키나가가 내밀 만한 카드가 별로 없었기 때문에, 유리한 입장에 서 있던 진린은 고니시 유키나가 측의 강화 조건을 쉽게 받아들이지 않았던 것 같다. 결국 고니시 유키나가와 진린은 강화 협상을 매듭짓지 못한다.

대신에 고니시 유키나가는 진린이 방심한 틈을 타서, 사천과 남해도 등지에 주둔하고 있던 일본군에게 조명 연합수군의 봉쇄를 뚫고 구출해 줄 것을 요청하는 연락선을 띄우는 데 성공했다. 이때가 11월 중순이었다. 유정과 강화를 체결하고 철수를 하려고 한 지 한 달이 지난 시점이었다. 고니시 유키나가가 얼마나 마음이 급했는지는 이순신에게도 창과 조총 등을 보내며 강화 협상을 시도한 것을 통해 살펴볼 수 있다. 이순신에게 선물을 보내 환심을 사서 철수하기 위해 강화를 맺으려 했으나, 전혀 먹혀들지 않았음은 설명이 필요 없을 듯하다.

진린과 고니시 유키나가 간의 강화 협상 추이를 예의주시하고 있던 이순신은, 고니시 유키나가의 연락선이 사천과 남해도 쪽으로 향한 것을 파악하고 대책 마련에 들어갔다. 우선 휘하 장수들을 모아 긴급 대책회의를 열었는데, 구원하기 위해 오는 적 함대와 고니시 유키나가의 함대에게 포위되어 위급한 상황에 몰릴 수도 있다는 가능성이 제기되었다. 이에 이순신은 고니시 유키나가의 봉쇄를 풀고, 구원하러 오는 적 함대를 맞아 선공을 가하는 쪽으로 방향을 잡고, 이런 상황을 진린에게 통보했다.

이에 진린은 강화도 맺지 못하고 오히려 협공을 당해 패할 수 있는 상황임을 깨닫고, 조선 수군과 함께 연합 작전을 펼치기로 합의했다. 이렇게 해서 임진왜란의 마지막 해전이자, 명실상부한 조명 연합수군의 합동작전이라고 할 수 있는 노량해전이 시작되고 있었다.

이순신과 진린의 조명 연합수군은 11월 18일 오후에 예교성에 대한 봉쇄를 풀고, 고니시 유키나가를 위한 구원 선단이 오고 있는 노량해협 방면으로 재빨리 이동했다. 이때 고니시 유키나가 부대를 구원하기 위해 동원된 일본군 세력은 대체로 사천의 시마즈 요시히로島津義弘와 남해의 소 요시토시宗義智, 다치바나 무네시게立花宗茂, 그리고 부산 등지에 주둔했던 데라자와 마사나리寺澤正成와 다카하시 무네마스高橋統增 등이 연합한 500여 척의 대규모 세력이었다.

이에 대해 조명 연합수군은 전선 80척 정도를 거느린 이순신 함대와, 200여 척을 이끄는 진린이 연합해 2배 가까운 일본 함대에 맞섰다. 규모만 놓고 본다면 일본의 구원 선단이 조명 연합수군을 압도했다. 왜냐하면 500여 척의 일본군선 중에는 정유재란 이후 주력선으로 자리 잡은 아타케부네安宅船가 다수 포함되어 있었기 때문이다.

드디어 진린의 명나라 함대는 노량해협의 좌측인 곤양昆陽의 죽도竹島 쪽에서, 이순신 함대는 우측인 관음포觀音浦 위쪽에서 일본의 구원 선단을 맞아 일전을 벌일 태세를 갖추었다. 노량해전은 11월 19일 새벽 해뜨기 전의 가장 어두운 시간에 양측이 해상에서 조우하면서 시작되었다. 처음에는 일본 함대의 화승총 불빛이 밤하늘의 별처럼 나란히 늘어서 있는 것이 보였고, 조명 연합수군이 앞으로 전진할 때 일본군이 먼저 조총을 발사했기 때문에 앞에 섰던 조선 수군 몇 명이 총에 맞아 쓰러지면서 본격적인 해전이 펼쳐지게 되었다고 한다.

해전이 시작된 뒤 조명 연합수군은 바람을 등진 위치상의 이점을 활용해 먼저 화공火攻을 펼쳤다. 이때가 이미 11월 19일로 한겨울이었기 때문에 계절풍인 강한 북서풍을 이용해서 화공을 한 것이었는데, 이 작전은 보기 좋게 성공을 거두어 일본 함대에 적지 않은 타격을 입힌 것으로 보인다. 화공에 타격을 받은 일본 함대는 조명 연합수군을 회피해서 남해도를 돌아 나가는 방향으로 기동했다. 그래서 남해도를 돌아가는 해로海路라고 생각하고 들어간 곳이 바로 관음포였다.

현재의 관음포는 포구가 그다지 깊지 않다. 이곳은 조선 후기에도 간척이 되었고 20세기 중반까지 추가로 간척이 이루어져 옛날 포구의 모습은 찾아볼 길이 없다. 그런데 관음포는 포구 안쪽으로 깊숙이 들어간 만이었기 때문에, 임진왜란 당시에는 수평선과 지평선이 구분이 안 될 정도였다고 한다. 조명 연합수군의 공격에 밀린 일본 함대가 포위망을 뚫고 남해도를 돌아나가려고 기동한 것이 잘못해서 포구 안으로 들어가게 된 것이었다. 시간이 흘러 여명黎明이 지나자 포구 속에 갇힌 상황을 인식하게 된 일본 구원 선단은 일부 세력이 남해도에 상륙해서 반대편으로 이동해서 탈출을 시도했고, 대부분은 결사항전의 각오로 조명 연합수군에 맞서 싸울 수밖에 없는 상황이 되었다.

이렇게 볼 때 해전은 사실상 이순신의 작전대로 진행된 듯하다. 이순신은 노량해전이 시작되기 전에 예교성의 고니시 유키나가 군이나 다른 일본군에 대해 철저한 복수를 다짐하며 섬멸전을 벌이겠다는 의지를 다진 바 있었다. 이런 그의 의지를 볼 수 있는 사례는 이분李芬의 〈행록〉에 있는 노량해전 부분에서 잘 살펴볼 수 있는데 간략하게 소개하면 다음과 같다.

노량해전을 불과 2~3일 앞둔 11월 16일, 이순신과 진린은 언성을 높여가며 크게 다퉜다. 원인은 진린이 고니시 유키나가 군의 퇴로를 열어주려고 예교성의 봉쇄를 푼 뒤에 남해도의 일본군을 공략하겠다고 한 것 때문이었다. 이순신은 그 의도를 간파하고 남해에는 일본군에게 포로로 잡힌 조선 백성들이 많다는 사실을 들어 강하게 반대했다. 진린이 황제가 내린 칼까지 언급하며 위협했지만, 이순신은 "한 번 죽는 것은 아깝지 않소. 나는 대장이 되어 결코 적을 버려두고 우리 백성을 죽일 수는 없소."라고 언급하며 한참을 다투었다고 한다.

또 한 가지는 노량해전 직전인 11월 18일 자정에 이순신이 배 위로 올라가 하늘에 빌며 "이 원수를 무찌른다면 죽어도 여한이 없겠습니다.此讐若除 死卽無憾"라고 다짐했다고 한다. 이 말은 죽기까지 싸우겠다는 군인정신의 표현이자 단 한 척, 단 한 명의 적이라도 살려 보낼 수 없다는 의지를 표명한 것이다.

그런데 관음포 포구에 갇혔다는 사실을 깨달은 일본 구원 선단은 필사의 항

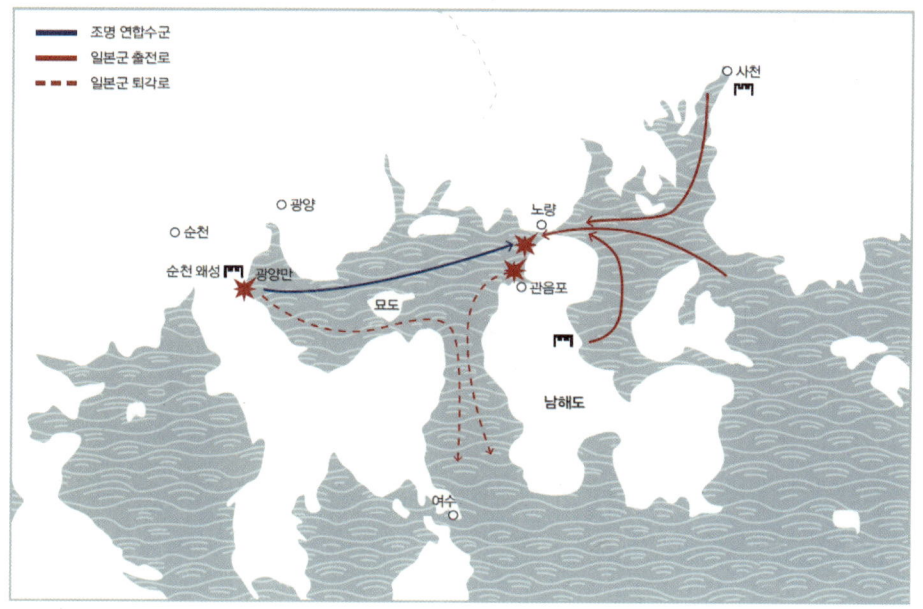

▌노량해전
현충사 제공

전을 펼치지 않을 수 없었다. "구석에 몰린 쥐는 고양이를 문다."라는 말처럼, 후
퇴할 곳이 없는 일본 함대로서는 결사항전 외에는 선택할 카드가 없었다. 이 때
문에 마지막으로 치러진 노량해전은 임진왜란의 모든 해전 가운데 가장 치열하
게 전개되었다. 최대의 격전이자 혼전으로 전개된 해전 양상은 여러 가지 이야
깃거리를 남기고 있다.

노량해전 당시 진린 등 명군 수뇌부는 조선 수군이 제공한 판옥선에 승선했
다고 알려져 있다. 그만큼 조선 판옥선의 성능이 뛰어났다는 얘기다. 그런데 전
투가 혼전 양상으로 전개되면서, 이순신의 대장선이 일본 군선에 포위되면 진린
의 전선이 구해 주고, 반대로 진린의 전선이 포위되면 이순신의 전선이 구해 주
었다고 한다. 이 이야기는 조명 연합수군의 대장선들조차도 노량해전의 치열한
전투 한가운데에 있었음을 의미한다. 또 한 가지는 진린의 배에 일본군이 뛰어
올라 상당히 위급한 상황이 벌어졌는데, 진린의 아들 구경九經이 이를 몸으로

막아냈다는 이야기가 전해지고 있다. 이 또한 노량해전이 얼마나 격렬하게 전개되었는지를 단적으로 보여 준다.

이런 혼란한 전투가 벌어지는 초기에 통제사 이순신이 적의 유탄流彈에 맞아 전사했다. 역시 이분의 〈행록〉에 따르면, 19일 여명黎明 무렵 날아온 탄환에 맞은 이순신은 "전투가 한창 급하니, 내가 죽었다는 말을 내지 말라."라는 유언을 남기고 곧 세상을 떠났다고 한다. 또 다른 기록에 따르면, 이순신의 전사 장면을 영화의 한 장면처럼 서술하고 있다. 해전이 본격화되면서 대장선이 솔선해서 앞으로 나가 전투를 하며 이순신이 직접 독전을 하다가 부장 송희립이 총에 맞았다는 보고를 듣고 놀라서 그쪽을 돌아보다가 갑자기 날아온 적탄에 왼쪽 가슴을 맞았다고 한다. 송희립은 다행히 치명상을 입지 않고 잠시 기절했다가 다시 일어나 노량해전을 승리로 이끄는 역할을 끝까지 수행했다.

결국 통제사 이순신은 노량해전이 치열하게 전개되기 시작한 혼전 초기에 적의 유탄에 맞아 전사했다. 이순신이 전사한 이후 노량해전을 누가 승리로 이끌었는가에 대해서는 여러 설이 있다. 일단, 후손인 이분의 기록에 의하면 아들인 회薈와 조카 완莞이 이순신의 죽음을 비밀에 부치고 끝까지 독전했다고 한다. 다른 설에는 부장이었던 송희립의 역할이 컸다는 설과 대장선에 함께 탔던 손문욱이라는 사람의 역할이 있었다는 설 등이 있지만 정확한 사실은 알 수 없다. 하지만 이순신이 전사한 뒤에도 진린의 대장선이 위기에 처하게 되면, 여러 장수들이 포위를 풀고 진린을 구해 주었다. 이 때문에 진린은 나중에 이순신의 전사 사실을 확인하고 "이순신이 죽은 뒤에도 나를 구원해 주셨소."라고 하면서 통곡했다고 한다.

앞에서 언급했듯이, 노량해전이 대단한 혼전이었기 때문에 이순신이 전사했다는 사실을 감출 수 있었던 것 같다. 적도 아군도 통제사의 전사를 모른 채 격전은 이어졌고, 그 결과 노량해전은 11월 19일 정오경에 함정과 화력 면에서 우세했던 조명 연합수군의 대승으로 끝났다. 끝까지 조총으로 저항한 일본군의 반격으로 조명 연합수군 역시 많은 인명을 잃었지만, 일본군이 입은 손실에 비하

│ 노량해전에서 순절하는 이순신(십경도)
현충사 소장

면 적은 편이었다. 알려진 전과만 보더라도 노량해전에서 일본군선 200여 척을 분멸하고, 나포한 군선도 100여 척이나 되었다고 한다. 모두 300여 척을 분멸·나포한 것은 이순신이 가장 통쾌하다고 여겼던 부산포해전보다 세 배에 가까운 전과였는데, 군선에 탔던 일본군도 1만 5,000명에서 2만여 명은 살상되었을 것으로 추정된다.

이와 같이 노량해전이 치열하게 전개되고 있는 틈을 타서 고니시 유키나가는 남해도의 남단을 돌아 부산포로 탈출하는 데 성공했다. 아마도 예교성에서 반대편 바다의 포성과 섬광을 통해 해전 상황을 감지하고, 기회를 틈타 조명 연합수군이 비워 준 바다를 도주하듯이 빠져나갔을 것이다. 20세기 초, 일본의 전사戰史를 종합한 책에 따르면 일본 구원 선단의 작전이 성공을 거두어 고니시 유키나가 부대가 무사히 철수했다고 기록되어 있다. 한편 일본의 다른 책에는, 이 해전에서 매우 고전했던 시마즈 요시히로 군은 물길에 익숙하지 않아 암초를 만나 수십 척이 손실되는 등 큰 피해를 입었다고 기록되어 있다. 노량해전에서 입은 직접적인 피해는 감추었지만, 결국 조명 연합수군이라는 암초를 만나 엄청난 피해를 입고 물러갔음을 인정한 셈이다.

한편 노량해전에서 조명 연합수군이 입은 손실과 피해 또한 적지 않았다. 우선 이 해전에서 통제사 이순신과 함께 순절하거나 부상한 이들의 면면을 살펴보면, 이 해전이 얼마나 격전이었는지를 알 수 있다. 이순신 휘하의 제장 중에서 가리포첨사加里浦僉使 이영남李英男, 낙안군수樂安郡守 방덕룡方德龍, 흥양현감興陽縣監 고득장高得將 등 장수급만 하더라도 10여 명이 전사했다. 임진왜란 전 기간 동안 이순신 휘하의 여러 장수가 전사했지만, 여타 해전에 비해 노량해전에서 전사한 사람이 가장 많았다. 18세기 말에 작성된 《호남절의록湖南節義錄》을 보면, 이순신과 함께 싸우다가 전사한 인물이 모두 58명인데 그중 36퍼센트에 해당하는 21명이 노량해전에서 숨을 거두었다. 뒷날 이순신에 이어 제5대 통제사가 된 류형柳珩은 노량해전에서 탄환을 여섯 발이나 맞고도 끝까지 전투에 임했다고 한다.

이와는 대조적으로 진린 휘하에서는 노장 등자룡鄧子龍 외에 부장部將 진잠陳蚕의 중군中軍인 도명재陶明宰가 전사한 것이 유일하게 확인된다. 이외에 명나라 수군을 이끌고 참전한 장수들 중에는 부상을 입거나 전사한 이가 없다. 이 사실은 그만큼 격전이었던 노량해전에서 선봉에 나서서 혈전을 벌인 주체가 이순신이 이끈 조선 수군이었다는 것을 증명한다.

이렇게 볼 때, 임진왜란의 마지막 전투인 노량해전은 여러 가지 역사적 의미를 지닌다. 하나는, 사로병진 작전이 소득 없이 실패로 끝난 뒤 명군이 일본군과 강화를 맺고 퇴로를 열어주는 등 실망스런 모습을 보이면서 전쟁이 마무리되려할 때 유일하게 조명 연합수군이 노량해전에서 최대 규모의 대승을 거둔 것이었

다. 이 전쟁의 결과를 보고받은 선조도 다음과 같이 큰 의미를 부여했다.

왜적이 명군과의 전투사천신성에서 승리한 뒤에 까닭 없이 일시에 물러갔으니 사세事勢로 보건대 그럴 리가 없다. 하지만 해상에서의 승리노량해전는 왜적의 간담을 서늘하게 하기에 충분했으니 조금 위안도 되고 분도 풀린다.

— 《선조실록》 권106, 선조 31년 11월 경술庚戌

요약하면 전쟁 막바지에 사로병진 작전은 실패했지만, 노량에서 대승을 거둠으로써 일본군에게 제대로 복수했다는 점에서 그 의의를 찾을 수 있다. 이런 점에서, 사로병진 작전의 실패는 노량해전의 승리를 더 돋보이게 한 셈이다.

두 번째로, 노량해전은 임진왜란이 결코 패배한 전쟁이 아니라는 인식을 갖게 해주었다. 비록 조선이 임진왜란으로 인해 막대한 피해를 입었지만, 조선 후기를 살아간 우리 선조들이 보기에 임진왜란은 결코 패배한 전쟁이 아니었다. 왜냐하면 한 치의 땅도 잃지 않았고 노량해전을 통해 마지막을 승리로 장식했기 때문이었다.

세 번째로, 조선은 수군이 강한 나라라는 인식을 주변 국가들에게 심어 주었다. 그 실례를 들자면, 일본은 근대 국가로 발전하는 과정에서 해군력을 키우려 했을 때, 임진왜란 당시 이순신의 활약과 일본 수군의 패배를 반면교사로 활용한 바 있다. 명나라 또한 임진왜란 직후 명청 교체기의 전쟁 과정에서, 조선의 육군보다는 수군을 원군으로 파병해 달라고 조선 조정에 요청하기도 했다.

마지막으로, 노량해전은 조선 후기에 해방론海防論·해양방위론이 일어나는 배경이 되었다. 즉 임진왜란 해전 승리의 경험으로, 조선은 영·정조 때까지 수군의 중요성을 인식하고 해양방위를 매우 중시하게 된 것이다.

덧붙여 노량해전과 관련해 두 가지 정리할 것이 있다. 첫째, 노량해전 최후의 전장이었던 관음포는 고려 말 왜구의 침입이 한창이던 우왕禑王 9년1383년 5월, 해도원수海島元帥 정지鄭地 장군이 최무선崔茂宣 등과 함께 47척의 세력으로 100여 척이

정지 장군 승전 기념탑
해군사관학교박물관 사진 제공

넘는 왜구와 해전을 벌여 그중 대선 17척을 격침하고 2,000여 명 이상을 수장시킨 장소라는 점이다. 비록 이곳에서 이순신이 전사했지만 고려의 대승 이후 200여 년 뒤에 다시 한 번 일본을 대상으로 해전을 벌여 대승을 거둔 역사적인 장소가 관음포였다는 사실은 기억할 만하다.

둘째, 이순신의 죽음과 관련된 여러 가지 설을 정리할 필요가 있다. 지난 21세기 벽두에 이순신의 생애를 그린 대하드라마가 방송되었을 때, 원작자는 아니라고 부인했지만 보는 사람 입장에서는 이순신이 자결한 듯한 느낌을 받은 게 사실이다. 그렇다면 그는 정말 자결했을까? 이순신의 죽음과 관련해서 '자살설', '은둔설', '전사설' 등이 오르내리고 있지만, 그 중에서 필자가 보는 정설은 전사설이다.

이순신의 자살설은 전쟁 이후 한 세기가 지나기 직전인 17세기 후반에 대제학大提學을 지낸 이민서李敏敍가 충장공 김덕령金德齡의 생애를 기록한 글에서 처음으로 제기했다.이민서(李敏敍), 《김충장공유사(金忠壯公遺事)》 그 내용은 "전투가 한창일 때 갑주를 벗고 스스로 총환에 맞아 죽었다."라고 한 것인데, 근자에 이 문구의 내용 중에 "면주免冑"의 의미가 갑주를 벗은 것이 아니라 "투구를 벗고 오랑캐의 적진으로 들어가 싸우다가 죽은 선진先軫의 고사"에서 따온 것으로 봐야 한다는 주장이 나오기도 했다. 그런데 그 글자보다는 뒤에 있는 "스스로 총에 맞아 죽었다"라는 내용이 더 중요하다고 본다. 이 글귀 '자중환이사自中丸而死' 때문에 이순신이 갑주를 벗었든 선진의 고사에서 따왔든 상관없이, 이민서는 이순신이 자살한 것처럼 그려낸 것으로 볼 수 있다.

이민서는 김덕령이 억울하게 죽었다는 사실을 강조하기 위해, 자신의 생각 즉 추정한 내용을 쓴 것이다. 김덕령이 억울하게 죽은 뒤에 전공을 세운 장수들이 제 명에 죽지 못할 것을 미리 알고 곽재우는 스스로 산중으로 물러났고, 이순신은 전투 중에 스스로 총에 맞아 죽었다고 그럴듯하게 추정한 것이다. 이 글은 많은 이들의 공감을 가져왔고, 때문에 마치 이순신이 정말 자살했을 것이라는 설을 낳았다.

하지만 중요한 것은 이순신의 전사 이후 7~80여 년이 흐른 뒤에 이 글이 작성되었으며, 이순신이 전사할 때 갑옷을 입었는지 안 입었는지를 논하는 것은 사실상 무의미하다. 전투에 나선 장수가 갑옷을 입지 않고 전투에 임할 가능성은 고금을 통틀어 봐도 전혀 없기 때문이다. 오히려 이순신이 여러 해전 가운데 가장 격전이자 혼전이 치러지는 과정에서 전사한 것으로 보는 편이 가장 보편타당하다.

다시 한 번 언급하지만 이순신은 전투 직전에 적을 없앨 수 있다면 죽어도 여한이 없겠다는 서원誓願과도 같은 다짐을 했다. 이 이야기는 대장으로서 최선을 다해 적을 치겠다는 당연한 의지의 표현이고, 실제 전투 또한 이순신의 다짐대로 일본 함대가 궁지로 몰리며 임진왜란 해전 가운데 가장 치열한 양상으로 치러졌다. 그런 와중에 그는 전투 초기, 즉 여명 무렵에 유탄을 맞은 것으로 기록되어 있다. 때문에 이순신이 전투 중에 전사한 것은 분명한 사실이고, 이외에 다른 추측은 불필요해 보인다.

국민적인 영웅의 죽음에 대한 관심은 어찌 보면 당연하다. 그리고 김덕령을 억울하게 죽인 선조에 대한 반감 또한 이순신의 자살설이 나오는 데 일조했다고

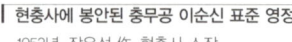

▌현충사에 봉안된 충무공 이순신 표준 영정
1953년. 장우성 作. 현충사 소장

│ 남해 충렬사에 위치한 이순신의 임시묘소
충렬사 소장.

볼 수 있다. 이러한 관점에서 후대 사람들은 이순신 같은 전쟁 영웅 또한 비참한 최후를 맞았을 것이라고 본 것이다. 하지만 이것은 후대 사람들의 시각일 뿐이다. 최근 발견된 이순신의 아들 회薈가 쓴 부의賻儀에 대한 감사의 편지 등 여러 가지 역사적 사실을 증명하는 사료로 보더라도 이순신의 전사는 명백한 사실이다.

더 나아가 노량해전에서 죽은 것으로 위장한 채 고향에 숨어 10여 년을 더 살던 그가, 죽은 뒤에 이장移葬되었다는 '은둔설'은 좀 더 허무맹랑한 설이다. 임꺽정이나 홍경래처럼 사망한 것이 확실한 경우에도, 백성들은 그들의 영웅에 대해 죽지 않고 사라졌다는 설화를 만들어 그와 비슷한 인물들의 등장을 기대하는 마음을 표시하곤 했다. 요컨대 이순신의 '자살설'이나 '은둔설'은 근거가 없고, 여러 가지 역사적 근거 자료나 정황상 그는 최후의 전투에서 장렬하게 전사한 것이 분명하다.

나라 구한
영웅으로 남다

노량해전이 혼전으로 치닫기 시작하던 11월 19일 날이 밝을 무렵, 대장선을 타고 앞장서서 지휘하던 통제사 이순신은 적의 유탄을 맞고 전사했다. 해전이 마무리되어 갈 때쯤 명나라 수로군 대장 진린이 이순신의 대장선으로 옮겨 탔다. 위기의 순간에 자신을 구해준 것에 대해 고마움을 전하기 위해 이순신을 큰 소리로 불렀으리라. 하지만 이순신은 이미 차가운 시신으로 파란만장한 삶을 마감한 뒤였다. 진린은 "죽은 뒤에도 나를 구하셨소이다."라고 하며 지극히 애통해했다고 한다.

이순신에 대한 시대별 역사적 평가와 현창 사업을 언급하기에 앞서, 그와 같은

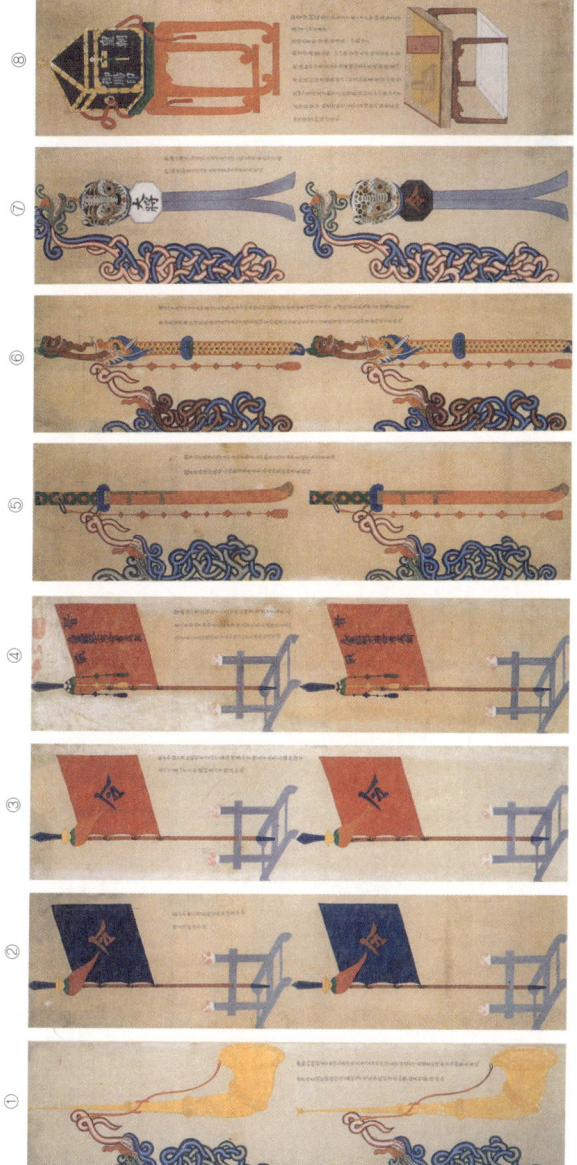

① 곡나팔(曲喇叭) 몸이 구부러진 구리 재질의 곡나팔.
② 남소령기(藍小令旗) 가로 62.0cm, 세로 63.0cm ㅣ 군대의 명령을 전달할 때 사용하는 의장물
③ 홍소령기(紅小令旗) 가로 62.0cm, 세로 63.0cm ㅣ 군대의 명령을 전달할 때 사용하는 의장물
④ 독전기(督戰旗) 전투를 독려할 때 사용하는 깃발.
⑤ 참도(斬刀) 길이 180.0cm ㅣ 상어껍질로 감싼 칼자루와 은도금한 쇠로 장식된 장검으로 구성
⑥ 귀도(鬼刀) 길이 137.9cm ㅣ 칼자루에 장식된 용의 입에서 귀신의 머리가 뻗어 나온 형태의 붉은색 의장용 칼
⑦ 호두령패(虎頭令牌) 군령을 전달할 때 사용한 호랑이 모양의 나무패.
⑧ 도독인(都督印) 인면 길이 15.1cm ㅣ 구리 재질의 대행 도장.

홍무공팔사품도

〈하기번호 전박2012010-09〉 국립중앙박물관 소장.

시대를 살았던 이들이 그를 어떻게 평가했는지를 살펴보기로 하자. 먼저 앞부분에 이어서 수로군 대장 진린은 선조와 명나라 조정에 보고한 글에서 이순신에 대해 "경천위지지재經天緯地之才·보천욕일지공補天浴日之功·천지를 주무르는 재주와 나라를 바로잡은 공"이라고 표현하며 극찬을 아끼지 않았고, 황제에게 이순신에 대해 자세히 보고해 수군도독水軍都督 벼슬과 도독인都督印을 내려주도록 하는 데 앞장섰다. 이분의 〈행록〉에 따르면, 진린은 이순신에게 노량해전 이전에도 깊은 감명을 받은 나머지 평상시에도 그를 부를 때 "이야李爺·우리나라 표현으로는 李公"라고 했을 정도로 공경했다고 한다.

임진왜란에서 가장 큰 전공을 세운 사람은 이순신이지만, 임진왜란을 극복할 수 있도록 이끈 최고 수훈자는 이순신을 천거한 유성룡柳成龍이었다. 유성룡은 임진왜란 기간의 대부분이라고 할 수 있는 6년 동안 영의정으로서 조정을 이끌면서 외교와 군사 등 다방면에서 전란을 극복하는 데 중추적인 역할을 수행했다. 특히 이순신 외에도 또 다른 선무 일등공신인 권율을 추천하는 등 재상으로서 인재 발탁 분야에서도 훗날의 귀감이 되었다.

앞에서도 언급했듯이, 유성룡은 이순신과 어릴 적부터 잘 아는 사이였으며 이순신의 장점을 정확하게 파악하고 있었다. 바로 '문무겸전文武兼全'이야말로 이순신이 국가적인 영웅으로 탄생할 수 있었던 중요한 바탕이었는데, 유성룡은 그런 그의 모습을 평소 수행하는 선비와 같았다고 표현한 것이다.

같은 시기에 이순신의 직속상관이면서 임진왜란 극복의 또 다른 수훈자였던 하삼도 체찰사體察使 오리梧里 이원익李元翼은 이순신에 대해 어떤 평가를 내렸을까? 그는 정유재란 직전에 조정에서 전략을 논의할 때, "이순신을 한산도에서 이동·배치할 경우 모든 일이 잘못될 것이므로 절대 그를 다른 곳에 배치할 수 없다."라고 주장했고, 그보다 먼저 이순신이야말로 영남에서 가장 뛰어난 장수라고 언급하기도 했다. 사실 이원익은 통제사 이순신과 함께 방어대책을 세우고 수군 전력을 강화하기 위해 노력했기 때문에 그에 대해 누구보다 잘 알고 있었고, 여러 가지 일을 함께 하면서 서로 믿고 따르는 사이가 된 것이었다.

특히 이순신은 이원익의 애민愛民 정신에 영향을 받았고, 이원익은 이순신의 빈틈없는 일처리와 준비 상황을 보고 최고의 장수라는 믿음을 갖게 되었다. 이순신이 백의종군을 하던 시기에, 도원수 권율은 이순신이 상중喪中에 피곤할 것이므로 몸이 회복된 뒤에 나오라고 하며 직접 만나는 것은 훗날로 미루었다. 하지만 얼마 후인 5월 중순, 구례求禮에 온 체찰사 이원익은 이순신을 불러 밤늦도록 함께 여러 가지 이야기를 나누었다고 한다.

한편, 이원익의 원균에 대한 평가는 이순신에 대한 평가와는 상반된다. 당시 이순신과 원균의 관계를 가장 잘 아는 사람은 이원익이었는데, 이원익은 원균에 대해 "평시에는 절대 군사를 주어 대장을 삼아서는 안 될 인물"이라고 혹평에 가까운 평가를 내렸다. 원균이 평소 "이순신이 처음에는 경상도 출전을 망설이다가 자신이 수차례 구원을 청하자 마지못해 와서 함께 싸웠고, 자신의 전공도 이순신에 못지않다."라고 주장한 데 대해, 이원익은 조정의 회의 중에 "원균은 당초 패했으나 이순신은 패하지 않았고, 전공 또한 이순신이 더 컸다."라고 정확하게 언급한 바 있다.

혹자는 이원익이 남인南人이었던 유성룡과 당색이 같았기 때문에, 이순신을 두둔했다고 주장한다. 하지만 이원익은 실무형 관료에 가까운 인물이었다. 나중에 그의 후손들이 서인에 들어간 것만 보더라도, 이원익은 당색과는 거리가 있던 인물이었다. 또한 장수를 추천하라는 선조의 당부에도 불구하고 함부로 천거하기 어렵다고 답한 것에서도 볼 수 있듯이, 그는 인재를 추천하는 데 신중을 기했던 인물이었다. 그런 그가 이순신을 당대 최고의 장수라고 지목한 것은, 경험을 통해 이순신이 명장임을 확인했기 때문이라고 결론 내릴 수 있다.

다음으로 이순신과 같은 시대를 살면서 임진왜란 극복을 위해 크게 활약했던 또 한 사람인 한음漢陰 이덕형李德馨의 평가를 살펴보자. 알려진 것처럼, 이덕형은 임진왜란 당시에 30대 초반의 나이로 병조판서와 이조판서를 두루 역임하면서 국난 극복을 위해 누구보다 노력한 인물이었다. 그도 당색이 그리 강하지 않았기 때문에, 같은 남인 계열이었음에도 불구하고 이순신을 잘 몰랐다고 하면서 다음과 같이 평가했다.

평소 그에 대해 잘 알지 못했고 원균이 그를 비난한 소문만 듣고 있었는데, 실제로 현지노량 부근에서 확인한 결과 이순신이 노량해전에서 대승을 거두었고 모든 백성들이 그의 죽음을 진심으로 애통하고 있다.

— 《선조실록》 권107, 선조 31년 12월 무오戊午

당시 좌의정이었던 이덕형은 선조의 명을 받고 현지를 돌아보며 노량해전의 전과가 사실인지의 여부를 조사하고 있었다. 그는 평소 이순신에 대한 나쁜 소문만 듣고 있었기에 이순신의 능력이나 됨됨이에 대해 제대로 파악하지 못했다. 하지만 이순신을 진심으로 존경하고 따르는 현지 백성들과 이순신이 이뤄낸 엄청난 전과를 직접 확인하게 되면서, 이순신을 포상해야 한다며 조정에 건의한 바 있다.

이순신은 전사한 직후에 곧바로 우의정右議政에 증직되었다. 그에 대한 사후 평가가 처음 이루어진 것은 이로부터 몇 년이 흐른 뒤인 선조 34년1601년 3월부터 37년 10월 사이에 진행된 공신功臣 선정 과정을 통해서였다. 전쟁이 종료된 이후 공신을 책봉하기까지 6년이 걸렸고, 공신 책봉 논의가 3년 반이나 걸렸다는 것은 책봉 과정에 그만큼 진통이 있었음을 반영한다. 잘 알려진 바와 같이 임진왜란의 공신은 국왕을 의주까지 호종扈從한 신하들에 대한 호성공신扈聖功臣, 전공戰功을 세운 무장에 대한 선무공신宣武功臣, 그리고 전란 중에 일어난 반란을 진압한 청난공신淸難功臣 등 셋으로 구분된다.

먼저 의주까지 피난했던 선조 자신을 따르면서 전란 극복에 공을 세운 호성공신이 86명, 전란 중에 전공을 세운 선무공신은 18명이다. 호성공신이 4.8배, 거의 다섯 배나 많다. 그나마 선무공신 중에는 무장이 아닌 인물들도 포함되어 있다. 이것은 선조가 임진왜란에서 장수들의 활약이 대단치 않았다고 평가했기 때문이다.

이순신은 선무 1등 공신 세 사람 중에도 수공자로 첫머리에 이름을 올렸다. 이와 동시에 좌의정左議政에 추증되었고 덕풍부원군德豊府院君에 추봉되었다. 그런데 한편으로 1등 공신에 권율과 함께 원균이 들어간 것은 공신 선정 과정에서 선조가 영향력을 끼쳤기 때문이었다. 어찌 보면 이순신이 수공자이기 때문에 업적에 따라 합당한 평가를 받은 것으로 볼 수 있으나, 공신 선정 경과를 살펴보면 그렇게 단순한 문제가 아니었음을 알 수 있다.

왕조 국가의 특성상 국왕인 선조의 의지가 가장 중요할 수밖에 없었지만, 선조는 앞에서 말한 호성공신과 선무공신의 규모 차이를 통해 무장들의 전공을 저평가한 데

타루비(墮淚碑)
전라남도 여수시 고소동 소재.
보물 제1288호.
해군사관학교박물관 사진 제공.

이어 또 한 가지 왜곡을 더했다. 당초 2등 공신으로 올라왔던 원균을 1등 공신으로 올린 것인데, 이렇게 함으로써 선조는 두 사람의 공로가 크게 다를 바가 없다고 평가한 것으로 수공자 이순신의 공로를 깎아내리는 효과가 있었다.

즉 전란을 극복하는 데 가장 중요한 역할을 한 것은 선조 자신이 노력해서 참전시킨 명나라 군대였다는 사실을 강조하고, 전란을 극복하는 데 영향을 줄 만큼 탁월한 전과를 올린 조선의 무장들은 사실상 없다고 규정한 것이다. 또한, 있다 하더라도 이순신과 원균의 공과가 서로 비슷하다는 식으로 평가함으로써, 이순신이 세운 전공의 가치를 철저하게 폄하한 것이다.

선조가 이런 결정을 내린 데는 몇 가지 포석이 있었던 것으로 보인다.

왕권 국가의 수장으로서 전쟁을 미리 막지도 못하고 서울을 버리고 의주까지 피난한 데 이어 명나라로 피신할 것까지 고려했던 선조로서는 전쟁 초기의 패전

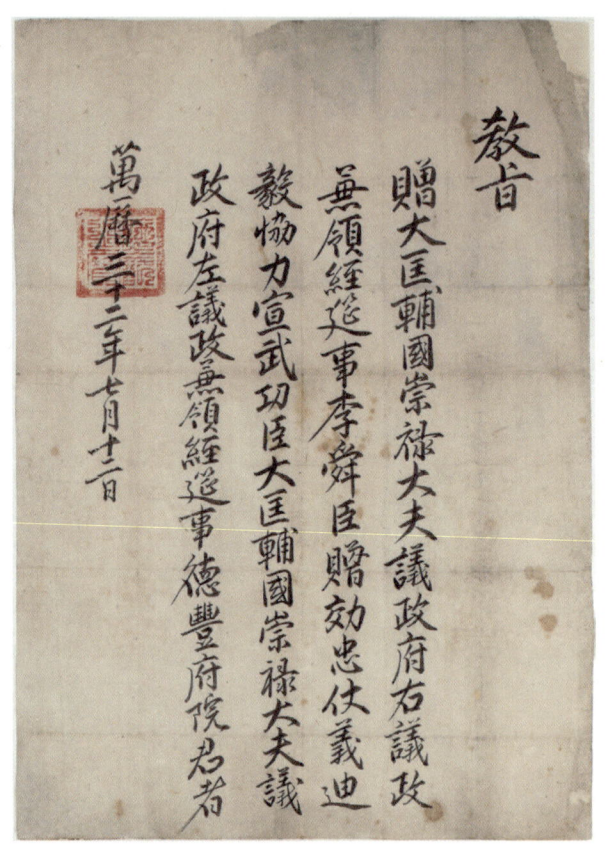

좌의정 증직 교지(左議政 贈職教旨)
93.7×63.0cm
선조 37년(1604년)
보물 제1564호.
선조가 선무 1등 공신에 녹훈된 이순신을 우의정에서 좌의정으로 증직한 교지.
현충사 소장.

책임을 모면하고 싶었을 것이다. 그러니 자신이 조정 대신들을 대하면서 그토록 부정적으로 평가했던 이순신의 전공을 제대로 평가하게 되면, 자신의 용인술에 문제가 있음을 시인하는 꼴이니 받아들일 수 없었을 것이다. 이 때문에 선조는 조선 장수들의 활약을 의도적으로 깎아내리고 반대로 명나라 원군의 활약을 부각시킴으로써 대국의 체면도 세워 주고 자신의 입지도 회복하려 했던 것으로 보인다.

하지만 선조의 의도와는 달리 선조 사후에 기록된 《선조실록》과 《선조수정실록》에서, 이순신은 자신이 거둔 전공대로 정확하게 평가받고 있다. 알려진 것처럼 《선조실록》은 광해군 재위 기간 동안 북인 정권에 의해 만들어졌고, 《선조수정실록》은 인조와 효종 대에 걸쳐 서인이 다시 만든 것이다.

사실 《선조실록》의 초기 기록에는 이순신에 대해 우호적이지 않은 내용들이 다소 포함되어 있다. 원균의 입장을 두둔하는 느낌마저 들 정도로 이순신에 대해서는 불리한 기록들도 발견된다. 하지만 《선조실록》도 노량해전 이후의 기록을 보면 결국 원균과 이순신에 대해 정확한 평가를 내린 사론史論·사관이 평가한 내용을 기록한 것이 존재한다. 즉 원균에 대해서는 "칠천량해전의 패전 책임은 그에게만 있고 다른 사람에게는 없으며, 그원균는 원래 거칠고 사나우며 무지한 위인이었다."라고 혹평했다. 반면 사관은 이순신에 대해서는 다음과 같은 논평을 남겼다.

이순신은 사람됨이 충용忠勇하고 재략才略도 있었으며 기율紀律을 밝히고 군졸을 사랑하니 사람들이 모두 즐겨 따랐다. 중략 조정에서 사람을 잘못 써서 순신으로 하여금 그 재능을 다 펴지 못하게 했으니 참으로 애석하다. 만약 순신을 정유丁酉연간에 통제사에서 체직시키지 않았더라면 어찌 한산閑山·칠천량해전의 패전이 있었겠으며 양호兩湖가 왜적의 소굴이 되었겠는가. 아, 애석하다.

— 《선조실록》 권106, 선조 31년 11월 무신戊申

이 사론은 당시 연소한 사관이 작성한 이순신에 관한 찬사인데, 사론의 내용은 이순신이 최고의 장수였다는 사실을 인정하는 것이다. 또한 역사에 가정은 있을 수 없겠지만, 정유년1597년 연초에 삼도수군통제사를 바꾸지 않았더라면 칠천량해전의 패전과 같은 참혹한 결과는 없었을 것이라고 아쉬움을 토로한 내용이다.

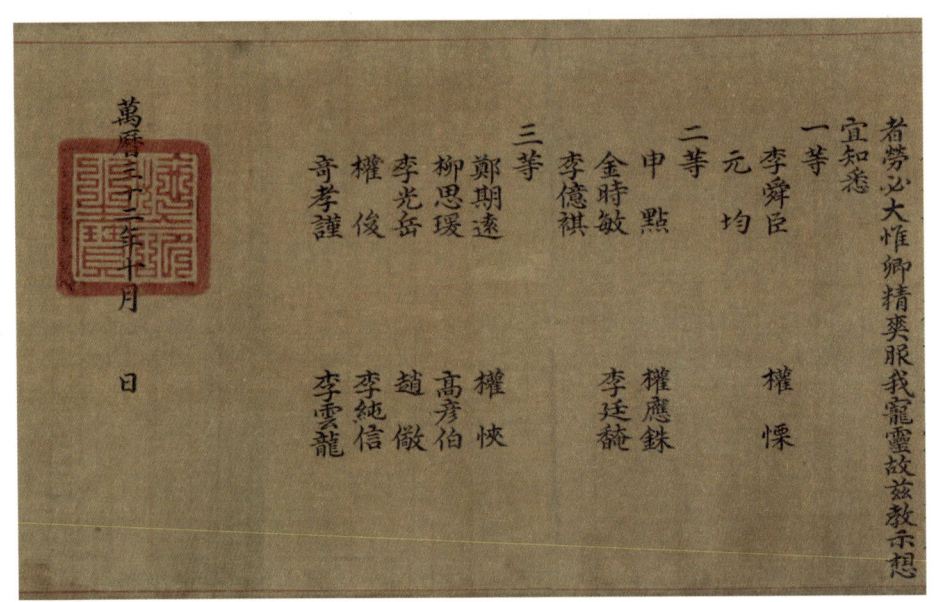

이순신 선무공신교서(宣武功臣教書) 부분
이순신의 이름이 권율, 원균과 함께 1등에 올라 있다.
현충사 소장.

그 뒤 수십 년이 지난 시점에 다시 작성된 《선조수정실록》은 서인西人이 기록했음에도 불구하고 원균에 대해서, 칠천량해전 당시 "원균이 크게 놀라 여러 장수와 더불어 힘껏 싸웠으나 능히 대적하지 못하고, (중략) 그는 해안에 내렸다가 적에게 죽임을 당했다."라는 식으로 그의 지휘 역량 부족을 지적하고, 패주敗走하다가 죽었다고 기록했다. 이에 비해 이순신에 대해서는 노량해전에서 전사한 상황, 즉 "한창 싸움이 급하니 나의 죽음을 알리지 말라."라는 유언 장면까지 소개하고, 이순신 전사 이후 백성들이 애도하고 있는 모습과 조정에서 곧바로 우의정을 추증한 것, 그리고 여수에 '충민사忠愍祠'가 만들어진 것까지 자세하게 기록했다. 한마디로 평가가 극과 극으로 달라진 것인데, 서인이 비록 원균을 두둔했지만 역사적 사실과 명분에서 모두 불리하게 되자 그를 버리고 이순신에 대해 올바른 평가를 내린 것으로 판단된다.

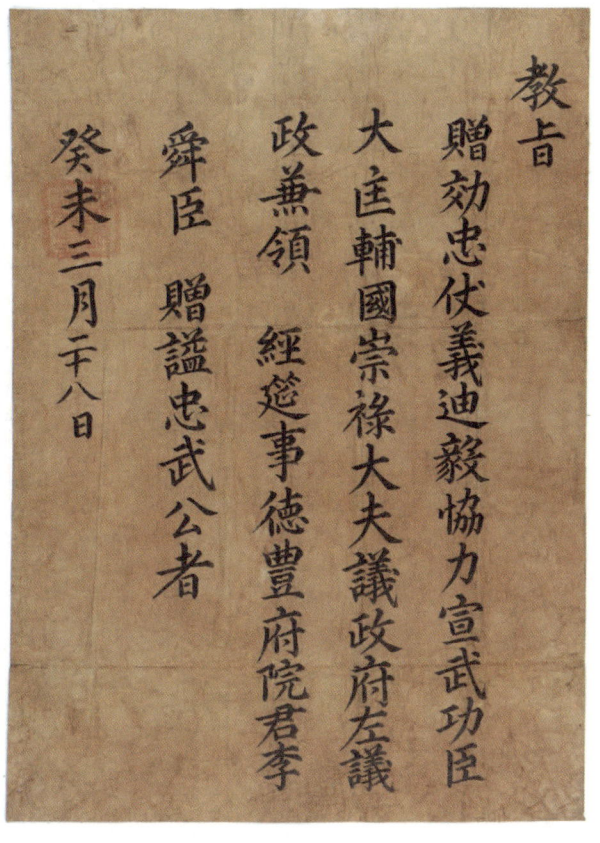

충무공증시교지(忠武公贈諡教旨)
104.5×73.5cm
인조 21년(1643년)
보물 제1564호.
인조가 이순신에게 충무공이라는 시호를 내린 교지.
현충사 소장.

　결국 《선조실록》과 《선조수정실록》 모두 이순신에 대해 호평으로 마감한 것은 동일하지만, 후대에 만들어진 《선조수정실록》이 보다 더 적극적으로 이순신의 전공과 행적에 대해 높은 평가를 내렸다고 할 수 있다. 또한 병자호란 직후인 인조 21년1643년에 이순신에게 '충무忠武'라는 시호諡號가 내려졌고, 효종 대에

《선조수정실록》이 마무리되면서 그는 명실 공히 '임진왜란의 최고 전공자'로 평가받게 되었다.

그 뒤부터 지금까지 이순신은 단 한 차례도 역사적으로 비판을 받거나 저평가된 적이 없었다. 시대별 상황에 따라 숭앙의 정도가 조금씩 달라졌을 뿐이지, 우리나라 국민이 가장 존경하는 위인의 자리를 변함없이 지켜 왔다. 이제 17세기 후반부터 현대에 이르기까지 이순신에 대한 각 시기별 역사적 평가의 추이를 살펴보기로 하자.

조선은 17세기 중반에 이르기까지 임진왜란과 병자호란이라는 양대 전란의 후유증을 극복하기 위해 여러 방면에서 다양한 노력을 기울였다. 그 결과 숙종 재위기인 17세기 후반에 이르러 전란의 후유증을 어느 정도 극복하고 정치적 제도 정비와 사회문화적 안정을 이룰 수 있었다. 또한 이 시기에는 명나라를 대신해 중원을 장악한 청나라가 점차 안정을 찾으면서 전성기를 맞고 있었다. 특히 명나라의 마지막 부흥 운동이라 할 수 있는 삼번三藩의 난이 진압된 이후에 명나라는 그야말로 역사 속의 왕조로 전락하고 말았다.

알려진 것처럼 효종 대에는 북벌론北伐論이 국가 정책에 영향을 미치기도 했지만, 숙종 대인 17세기 후반에 와서는 북벌의 실현 가능성이 완전히 사라지고 말았다. 그러자 그동안 조선의 정치와 사상 등 다방면에 큰 영향을 끼쳤던 존명의리론尊明義理論은 새로운 논리인 조선중화주의朝鮮中華主義를 표방하는 단계로 변화되고 있었다. 이것은 본래 명나라로 대표되던 중화가 없어졌으므로 조선이 유일한 중화일 수밖에 없다는 논리였는데, 이로 인해 조선은 후기에 이르러 고유문화에 대한 자존감을 높이면서 사회경제적 발전과 문화 창달을 이룰 수 있게 되었다.

이런 성과를 거둘 수 있었던 요인은, 그동안 조선을 괴롭혔던 장기간의 이상 기후와 그로 인한 농경의 실패 등 전란의 후유증 극복을 어렵게 만들었던 요소들이 점차 사라졌기 때문이다. 이로써 조선은 사회경제적으로 다소 안정을 찾으면서 기존의 대명의리론 대신 조선중화주의를 표방하는 단계로 나아갈 수 있었다. 그리고 바로 이 시기에 이순신에 대한 왕실 차원의 제사祭祀와 사우祠宇 건립

등 현창사업이 본격화되었다.

이와 같은 현창사업의 배경은 이 시기에 이순신이 임진왜란 중에 명나라 군대와 함께 조선의 중화문화를 수호한 상징적인 인물로 꼽혔기 때문이다. 특히 그가 노량해전에서 유일한 조명연합작전으로 대승을 거둔 것은, 명나라와의 우호관계 증진에도 중요한 역할을 수행한 것으로 평가 받았다. 그리고 이러한 평가는 숙종 30년1704년의 대보단大報壇 창설과 비슷한 시기에, 연합수군이 주둔했던 고금도古今島의 관왕묘關王廟에 진린과 이순신을 위한 사우를 건립하고 조정에서 1년에 2차례 제사를 지낸 것을 통해서도 확인할 수 있다. 묘당도에 있는 충무사는 최초에 진린이 건립했던 관왕묘관우를 모신 사당에서 출발했다. 숙종 대에 진린과 이순신을 위한 사우가 만들어졌고, 일제강점기에는 다시 이순신과 휘하 제장을 모시는 사당으로 바뀌었다. 이처럼 관왕묘로 출발해서 시대적 변화에 따라 이순신 관련 사당으로 바뀐 사례는 다른 곳에도 있다.

이순신을 모신 사당 가운데 가장 널리 알려진 아산의 현충사顯忠祠도 숙종 32년1706년에 건립되었고, 그 이듬해에 숙종이 사액賜額·현판을 내려준다는 것으로, 왕실이 세운 사당이라는 의미했다. 이보다 앞서 현종 대에도 두 차례 제문祭文을 내린 바 있는데, 첫 번째는 현종 4년1663년에 노량의 충렬사忠烈祠에 사액하면서 내린 것이고 또 하나는 온천에 거둥하면서 내린 제문이다. 또한 숙종 대 이후에도 이순신의 고택 근처에 있는 온양溫陽 온천에 거둥할 때 국왕이 제문을 내려주는 예가 있었다.

요컨대 17세기 후반 이후, 이순신은 임진왜란에서 조선을 구해 낸 충절忠節을 뛰어넘어 동아시아의 중화 체제를 수호한 사람으로 국가적 현창顯彰을 받는 대상이 되었다.

이와 같은 왕실 차원의 현창 사업은 18세기 영·정조 시대에도 계속되었다. 사실 이 시기에는 이순신에 대한 현창 사업이 더욱 적극적으로 진행되었다고 해도 과언이 아니다. 영조가 52년의 재위 기간 동안 이순신에게 여러 편의 제문을 내렸는데, 그 가운데 지금까지 남아 있는 것은 세 편이다. 두 번은 온천에 거둥할 때이고, 한 번은 여수 충민사에 내려준 제문이다. 그런데 영조 재위 초에 발생한

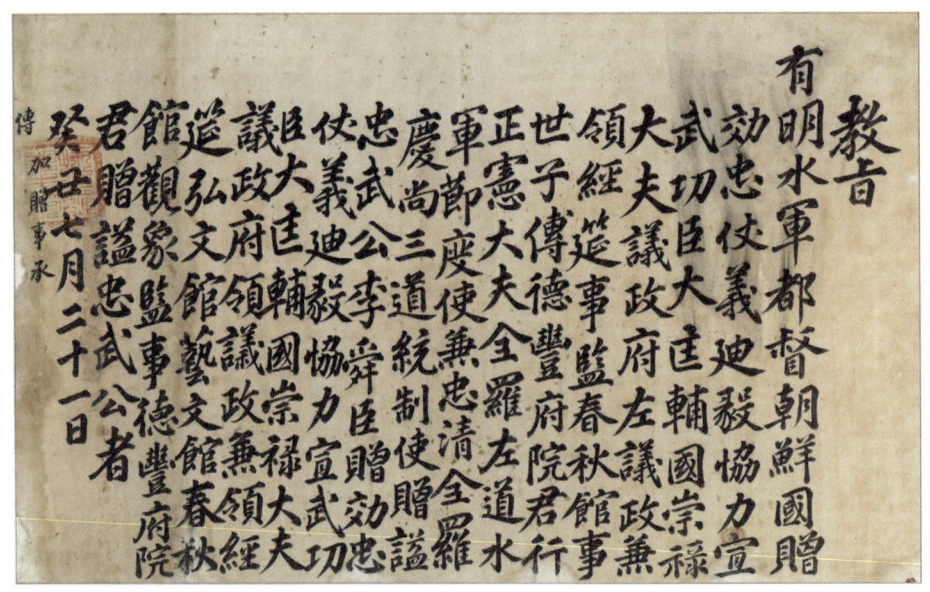

영의정 증직교지(領議政 贈職教旨)

84.0×120.0cm
정조 17년(1793년)
보물 제1564호.
정조가 이순신을 영의정에 추증하며 내린 교지.
현충사 소장.

이인좌李麟佐의 난은 이순신에 대한 현창 사업을 지속적으로 강화하는 계기가 되었다.

영조 4년1728년에 발생한 이인좌의 난은 무신戊申년에 일어났기 때문에 '무신난'이라고도 한다. 소론少論 출신의 이인좌가 영조의 정통성에 이의를 제기하며 몰락한 일부 소론과 남인을 규합해 고향인 청주에서 반란을 일으킨 것이다. 이때 마침 청주에 주둔하던 충청병사忠淸兵使가 이순신의 5대손인 이봉상李鳳祥이었다. 난을 일으킨 반란군은 청주성을 함락시키고 이봉상을 사로잡았는데, 이봉상은 항복하고 협조하라는 반란군의 회유에도 불구하고 가문의 충의를 내세우며 끝까지 항거하다가 살해당했다. 영조는 이를 가상하게 여겨 이봉상을 좌찬성左贊成에

│ 현충사 구 본전에 걸려 있는 주련
이순신의 업적을 기리는 정인보의 글. 현충사 소장

추증하고 충민忠愍이라는 시호를 내렸다. 이때 이순신의 4대손 홍무弘茂는 우연히 조카인 이봉상을 방문했다가 난을 만나 조카와 함께 죽었는데, 이조판서에 추증되고 충숙忠肅이라는 시호를 받았다.

이와 같이 영조 재위 초기에 왕권을 확립하는 데 중요한 계기가 된 무신난에서, 충무공의 후손이 다시 한 번 국왕에 대한 충절의 본을 보인 것이다. 이에 대해 영조는 이들에게 추증과 시호를 내리고 이순신의 후손을 등용하는 등 충무공 가문에 대한 포상으로 보답했다. 이와 함께 그가 이 시대의 대의명분인 조선 중화주의 이념과 존명의리론, 그리고 국가에 대한 충절을 상징하는 인물인 이순신에 대한 현창 사업을 계속한 것은 어찌 보면 당연한 것이었다.

정조 어제 신도비(正祖 御製 神道碑) 탁본

233.0×106.0cm 현충사 소장

영조를 이어 즉위한 정조는 이순신에 대한 왕실 차원의 현창 사업을 가장 활발하게 진행했다. 신변에 위협을 받을 만큼 어려운 과정을 거쳐 왕위에 올랐기에, 정조는 할아버지 영조의 사업을 계승하면서 이순신 현창사업을 신속한 왕권 확립에 활용했다. 이에 따라 정조는 이순신을 유현儒賢으로 격상시키는 등 그에 대한 현창 사업을 벌였고, 재위 후반에는 자신이 주도해서 이순신의 문집인《이충무공전서李忠武公全書》를 편찬하는 사업을 벌였다. 이것은 왕이 신하의 문집을 만들어 준 것으로 전례를 찾아보기 힘든 이례적인 것이었다. 이때 편찬된 전권 14권의 《이충무공전서》는 당시까지의 이순신과 관련된 모든 저술을 총망라하여 체계적으로 정리한 수준 높은 문집이었다.

정조 대에 이루어진 현창 사업을 좀 더 구체적으로 살펴보면 다음과 같다.

우선 그는 재위 17년1793년에 이순신에게 영의정領議政을 추증하고, 18년에는 자신이 직접 지은 신도비神道碑를 이순신의 묘소에 건립했다. 정조 역시 이순신에게 두 차례 제문을 내렸는데 한번은 고금도유사古今島遺祠에 내린 것이고, 또 한 번은 영의정을 추증하고 난 뒤 내려준 제문이다. 이와 같은 정조의 이순신 현창 사업은 왕권 강화라는 정치적 목적과 함께, 이순신과 조선 수군이 임진왜란 극복과정에서 가장 핵심적인 역할을 수행했다는 역사 인식을 반영한 것이었다.

앞에서 이순신을 유현儒賢으로 격상시켰다고 언급했는데, 이것은《이충무공전서》의 편찬과도 맞물려 있다. '유현'에는 유학儒學에 정통하고 행동이 바른 선비라는 사전적 의미가 담겨 있다. 조선시대에는 문무의 차별이 엄존했기 때문에 문신과 무신에 대한 대우에도 차별이 있었다. 그 일례로 개인의 문집文集을 갖는 데도 문신과 무신의 차별이 있었는데, 조선시대 무신으로 문집을 가진 예가 없는 것으로 보아 문집은 사실상 문신들의 전유물이었다.

그래서 이순신의 후손들이 18세기 초에 그의 장계와 일기, 그리고 주고받은 편지와 한시漢詩 등을 모아 명망 있는 문신의 가문에서 만드는 문집 성격의《충무공가승忠武公家乘》을 만들고도,《이충무공집》또는《여해집汝諧集》이라는 명칭을 사용하지 못하고 집안에서 대대로 전승하겠다는 의미의 '가승'이라는 제목을 붙였던 것으로 추정된다. 이런 상황에서 정조는 무장 이순신에게 유현의 정체성까지 부여함으로써, 그에게 문집을 만들 수 있는 문신의 자격을 부여한 것이다. 정조는 여기서 한 걸음 더 나아가 자신이 직접 이순신의 개인 문집을 만드는 작업을 지시하고 추진했다.

임금이 신하의 개인 문집을 만들어준 사례가 없었기 때문에, 정조가 《이충무공전서》 편찬 작업을 시작하려 하자 신하들은 극구 반대했다. 이에 대해 정조는 이순신과 같은 신하가 100명이 있다면, 100명 모두에게 문집을 만들어 주겠다는 식으로 신하들의 반대를 일축했다. 그리고 당시 가장 유능한 학자들로 운영되고 있던 규장각奎章閣의 각신들을 동원해서, 이순신 집안의 《충무공가승》을 저본으로 삼아 재위 19년1795년에 《이충무공전서》를 간행했다.

그런데 이 두 책을 비교하면 이순신에 대한 역사적 평가 수준이 18세기 말을 기준으로 크게 제고된 것을 알 수 있다. 먼저 18세기 초에 만들어진 《충무공가승》은 이순신의 장계와 일기, 이분의 〈행록〉, 이식李植의 〈시장諡狀〉 등 《이충무공전서》에도 포함된 핵심적인 내용들이 있어 저본이라고 봐도 무방할 정도이다. 다만 차이가 있다면 가승이 주로 덕수 이씨 출신인 이식과 이여李畬, 그리고 후배 무장들의 글들로 채워져 있는 것에 비해, 전서는 기존의 가승 내용을 충실히 반영하면서 국왕의 교서, 18세기 말까지 편찬된 모든 이충무공 관련 저술 등을 총망라하고 있다. 그러다 보니 글을 남긴 이들은 사실상 조선 최고 지성인들이었다. 예를 들어 영의정을 역임한 인물만 하더라도 이항복李恒福, 송시열宋時烈, 김육金堉, 남구만南九萬, 이이명李頤命 등 일일이 거명할 수 없을 정도로 많다. 대신 후배 무장들의 차운次韻 등은 모두 탈락한 게 큰 차이점이다.

국왕 정조가 주도하고 당대 최고의 학자들이 동원되었기 때문에 《이충무공전서》는 내용과 형식 등 모든 면에서 상당한 수준을 갖게 되었다. 또한 이때까지 수집된 이순신 관련 자료를 거의 망라했기 때문에, 오늘날에 이르기까지 이순신 연구의 가장 중요한 기본 사료가 되고 있다.

이상에서 살펴본 것처럼 정조 대에 이르러 이순신 현창 사업이 절정을 이루었다.

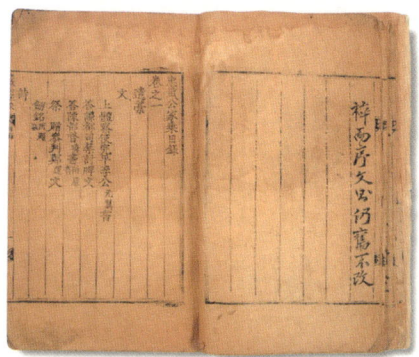

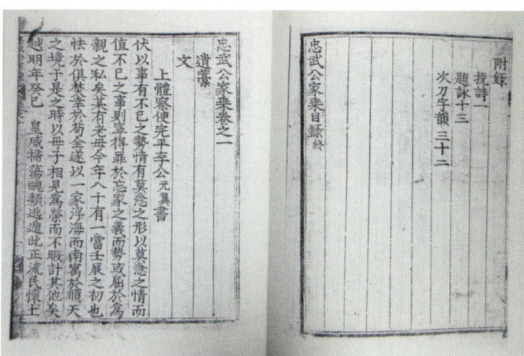

▌《충무록》과 《충무공가승》
해군사관학교박물관 소장

물론 왕권을 확립하고 신하들의 충성을 요구하는 국왕의 정치적 의도가 있었지만, 정조가 충무공 이순신을 충절의 모델로 선택한 것은, 이순신에 대한 역사적 평가가 시종일관 높았다는 것을 의미한다.

하지만 19세기에 들어와서는 이순신에 대한 역사적 평가나 왕실 차원의 현창사업이 이전 시대에 비해 줄어들었다. 숙종, 영조, 정조 대에 걸쳐 통상 두세 차례씩 있었던 치제致祭나 제문祭文을 내려 주는 사례가, 순조 32년1832년과 고종 29년1892년에 각각 임진왜란 240주년과 300주년을 맞아 한 차례씩 있었을 뿐이다. 다른 시대에 비해 그에 대한 관심이 줄었지만, 임진왜란 4주갑과 5주갑을 맞을 때마다 그에게 제문을 내린 것은, 그가 왜란으로부터 나라를 구해낸 대표적인 위인이라는 사실을 증명한다. 하지만 19세기 말 조선이 외세의 침략으로 국권이 상실될 위기 상황이 되기 전까지는 이순신에 대한 별다른 관심이나 현창사업은 이루어지지 않았다.

한편, 정조 대 이후 잠시 소강상태를 보이던 이순신의 존재감은 19세기 말에 이르러 다시 부각되었다. 하지만 이순신에게 관심을 갖기 시작한 쪽은, 제국주의와 근대화를 바탕으로 조선의 국권을 침탈하려 했던 일본이 먼저였다. 공교롭게도 임진왜란이 일어난 지 300년이 되는 고종 29년1892년에 시바야마 나오노리柴山尙則가 친우인 석향생惜香生이라는 사람이 쓴《수군통제사 이순신전水軍統制使 李舜臣傳》을 전달받고, 이를 다시 책으로 엮어서《문록정한수사시말 조선이순신전文祿征韓水師始末 朝鮮李舜臣傳》이라는 제목으로 출간했다. 이 책은 1970년에 故 최영희 선생이 일본에서 발견한 뒤 "근대 최초로 일본인이 기록한 다소 객관성을 띠는 충무공 자료"라고 〈동아일보〉에 소개한 바 있고, 2007년에 발간된《임진왜란 동아시아 삼국전쟁》이라는 책에서 다소 납득하기 어려운 해석을 붙여 다시 한 번 소개되기도 하였다.

이 책은 먼저 이순신의 출생과 초기 관력官歷으로 시작해서, 임진왜란의 주요 해전과 정박지에 대한 상세한 내용 등을 담고 있다. 특히 한산대첩이나 명량해전, 노량해전 등 임진왜란 당시 주요 해전에서 이순신이 보여 준 활약상과 일본

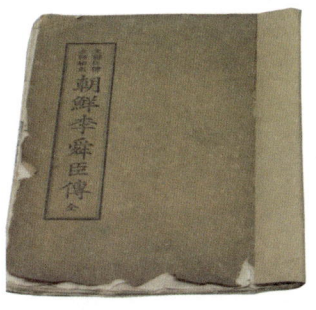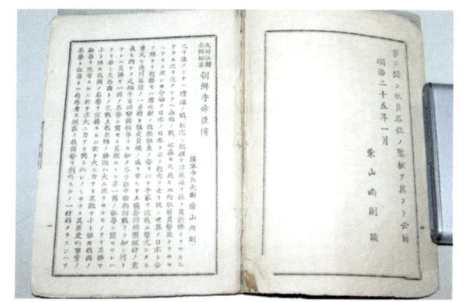

《문록정한수사시말 조선이순신전》
시바야마 나오노리 지음. 해군사관학교박물관 소장.

이 패배한 사실을 비교적 객관적으로 담고 있다. 이처럼 이 책이 이순신에 관한 객관적 내용을 담게 된 것은, 석향생이 원래 수로국水路局의 관리로써 우리나라 각지의 여러 항구를 측량하러 다니면서 주로 《국조보감國朝寶鑑》, 《연려실기술練藜室記述》, 《조야회통朝野會通》 등 우리나라의 사료를 참고했기 때문이다.

그런데 한 가지 놓쳐서는 안 될 것이 바로 이 책의 저술 목적이다. 즉 원저자인 석향생은 책의 말미에서, "지난날임진왜란 일본 수군이 조선 수군에 비해 미약했기 때문에 전쟁에서 실패했던 뼈아픈 교훈을 되새기며, 앞으로 세계열강과의 대결에서 뒤지지 않으려면 일본이 강한 해군력을 확보해야 한다."라고 하면서, 제국주의 일본이 해군력을 키워야 한다는 명분을 주장하기 위해 이 책을 썼음을 분명히 하였다. 그리고 석향생이 이순신을 영국의 넬슨에 견준 것도, 사실은 해군을 제대로 육성하지 못한 데 대한 역사적 반성을 하면서 넬슨이나 이순신과 같은 훌륭한 지도자를 양성해야 한다는 소신을 피력한 것으로 보인다.

한 가지 재미있는 것은 석향생의 《수군통제사 이순신전》을 받아서 출간한 인물인 시바야마 나오노리가 한성漢城·서울에서 무관武官으로 근무했던 육군 대위였다는 점이다. 이때까지만 해도 일본 해군은 육군에 비해 그다지 크게 발전하지 못한 상황이었지만, 육군 대위가 일본의 미래를 내다보고 해군 육성의 필요성과 당위성을 설명하는 책을 출판한 것은 매우 흥미롭다. 그리고 이 책은 분명히 근대 일본 해군 발전에 적지 않은 영향력을 미쳤을 것으로 추정된다.

시간적으로 약간 뒤지기는 했지만 20세기 초에 이르면 우리나라에서도 이순신에 대한 관심이 다시 고조되면서 관련 저술들이 나오기 시작했다. 당시 우리 민족의 지도자들은 일본 제국주의의 침략에 맞서기 위해 민족의식을 강조했고, 이로 인해 국난 극복이나 영토 확장을 이뤄낸 민족 영웅들에 대한 역사적 관심이 높아졌다. 특히 이순신은 일본과의 전쟁에서 승리했기 때문에 상대적으로 다른 영웅보다 더 부각되었다.

20세기 초에 나온 이순신에 대한 저술로 가장 대표적인 것은, 단재丹齋 신채호申采浩의 《조선제일위인 이순신전朝鮮第一偉人 李舜臣傳》이었다. 이 책은 1908년 5월 2일부터 8월 18일까지 〈대한매일신보大韓每日申報〉를 통해 연재되었는데, 모두 19장으로 구성되어 있고 전체 분량은 60쪽이 안 될 정도로 짧다. 알려진 바에 따르면, 신채호는 양계초梁啓超의 《이태리건국삼걸전伊太利建國三傑傳》을 번역한 뒤 우리나라 역사에서 을지문덕, 최영, 이순신 세 사람을 뽑아 전기를 저술하여 조선의 청년들에게 조국을 위한 애국심을 갖도록 계몽하려 했다.

이 책의 주요 특징은 다음과 같이 몇 가지로 정리할 수 있다.

첫째, 이 책에는 구국의 영웅을 기다리는 신채호의 의도가 잘 드러난다. 단재는 이순신을 하늘이 우리나라를 위해 낸 성현聖賢으로 표현했고, 더 나아가 성웅聖雄으로 신격화하려는 경향까지 보였다.

둘째, 당시의 국가적 위기 상황을 반성하는 차원에서 당쟁의 폐해를 논했고, 이순신의 파직도 당쟁의 결과로 보았다. 이외에 비교적 역사적 사실을 중심으로 서술하려고 노력한 것과 이순신의 생애와 해전 승리 부분을 자세히 서술한 것 등이 특징이다.

셋째, 이순신을 영국의 넬슨 제독과 비교한 것이다. 이순신이 넬슨과 달리 국가적 지원과 협조를 받지 못한 상황에서도 국난을 극복해 냈기 때문에 오히려 넬슨보다 훌륭하다고 평가했다. 이런 내용은 앞서 언급한 시바야마 나오노리의 책에도 나온다. 즉 당시 일본에서도 이런 인식을 하고 있었던 것으로 추정된다.

■ 이순신과 넬슨 비교표

이순신(李舜臣) 1545. 3. 8. ~ 1598. 11. 19.	인적 사항	호레이쇼 넬슨(Horatio Nelson) 1758. 9. 29. ~ 1805. 10. 21.
16세기 말(약 400년 전)	활약 시기	18세기 말~19세기 초(약 200년 전)
• 조선중기 유교문화 발전기에 양반 사족(士族)의 후예로 탄생 : 22세 이후 무과 • 부유하지는 않지만 내력 있는 명문가 출신	탄생과 성장	• 영국의 세계 제해권 제패시기 하급성직자의 여섯 째 아들로 탄생 : 13세 예비해사 입학 • 가난하지만 귀족적인 가문 속에 성장
• 군령(軍令), 군정(軍政) 등 스스로 모든 방면에서 활약한 CEO형 지휘관 • 임진왜란 극복의 해전 명장 : 일본의 침략으로부터 조국을 구하고, 모국어를 지켜냄	주요활약 (결과)	• 주로 군령(軍令) 분야 활약 • 나폴레옹의 영국 침략을 좌절시킨 영웅 : 해가 지지 않는 나라, 영어의 세계화 기여
• 거북선[龜船] : 이순신 기획 및 제작 _길이 34.2m(저판 20m), 폭 10.3m _승선인원 130여 명 _화포 14문 장착 및 선상에 철갑 송곳 장착	주력 전함 (旗艦)	• 빅토리(Victory)호 : 국가에서 제작 _길이 56m(용골 46m), 폭 16m / 약 4배 _승선인원 850명 / 6.5배 _함포 104문 장착 / 7.4배
• 거북선으로 적 지휘함부터 타격, _학익진(포위섬멸전) • 명나라의 금토패문(禁討牌文), 해전 금지 명령	전략 전술	• 돌격과 함포 공격 통한 지휘부 선제공격 전술 • 국가에서 해전을 독려
• 1차 1587년 8월, 여진족과 전투 후 5개월 • 2차 1597년 2월 말 삼도수군통제사 파직 및 하옥 4월 1일 출옥 ~ 칠천량해전 직후까지 4개월	백의 종군	• 1800년 지중해 함대사령관 재직 중 해군성에 대한 보고 불철저로 해임(1801년 복귀) • 소신을 지킨 넬슨을 해임시키려고 상관들이 만들어 낸 죄명
• 1587년 8월 여진족에 맞서 싸우다가 허벅지 화살 • 1592년 5월 29일(사천해전) : 왼쪽 어깨관통상	부상 전력	• 1794년 칼비전투 : 오른쪽 눈 실명 • 1797년 카나리아 제도의 테네리페 공격 : 오른 팔 잃음
• 근거리에서 쏜 적의 유탄이 겨드랑이 아래(腋下), 가슴 부위에 명중하여 운명함	전사(戰死) 상황	• 프랑스 저격병이 근처 돛대 위에서 쏜 총탄을 가슴에 맞고 치명상 입음
• 戰方急 愼勿言我死 (전방급 신물언아사) 전투가 한창 급하니 내가 죽었다는 말을 하지 말라.	전사 시(戰死 時) 남긴 말	• "신에게 감사한다. 나는 내 의무를 다했노라."
• 조선의 정궁 경복궁 정면에 세운 동상으로 본상 7m, 좌대 12m, 전체 19m이고 정남향. (1968. 4. 27. 박정희 대통령, 김세중 조각)	기념 동상 (공원)	• 영국 정치의 중심 웨스트민스터 소재 트라팔가 광장에 넬슨像을 올려놓은 56m 높이의 기념비가 프랑스 쪽을 향하고 있음.(1841년 완공)

• 영국 발라드 제독의 평 : 영국 사람으로서 넬슨과 견줄 만한 사람이 있다는 걸 인정하긴 항상 어렵다. 그러나 그렇게 인정할 만한 인물이 있다면, 그 인물은 바로 단 한 번도 패한 적이 없는 위대한 동양의 해군 사령관 이순신 제독뿐이다.

• 일본 도고[東鄕平八郎] 제독의 평 : 영국의 넬슨은 군신(軍神)이라고 할 만한 인물은 못 된다.
해군 역사상 군신이라고 할 제독이 있다면 오직 이순신 장군뿐이다. 이순신 장군과 비교한다면 나는 일개 하사관도 못 된다.

넷째, 거북선에 대해 자세히 설명하면서, 거북선을 세계 철갑선鐵甲船의 원조로 높이 평가한 점이다. 거북선이 세계 최초의 철갑선이라는 설은 일본 측의 저술인《고려선전기》나《정한위략》등에서 비롯된 것인데, 이때는 이미 이 설이 서양에까지 알려져 있었던 것으로 보인다.

그런데 한편으로 실제 거북선의 구조는 판옥선 위에 개판을 덮고, 개판 위에 칼과 쇠 송곳을 꽂은 것이었는데, 아마도 쇠 송곳을 꽂을 때 밑 부분을 고정시키기 위해 사용한 철판 덮개 같은 것이 있었을 것으로 추정된다. 문비門扉, 즉 성곽 정문 등의 문짝에 방어용으로 덧붙였던 얇은 철판으로 된 구조물처럼, 덮개에 송곳 등을 꽂으면서 고정하기 위해 밑 부분에 덧붙인 철판으로 추정하는 설이 있다. 따라서 거북선이 완전한 의미의 철장갑은 아니라 하더라도 철갑선의 원형에 해당하는 특성을 가진 것은 분명해 보인다.

단재의《조선제일위인 이순신전》과 역사적 인식이 비슷한 저술로는, 1915년에 백암白巖 박은식朴殷植이 중국 상하이에서 발표한《이순신전》이 있다. 이 책은 '고금 수군의 제일 위인, 세계 철함의 발명 시조'라는 부제에서 알 수 있듯이, 이순신의 위대함과 거북선의 독창성을 함께 강조했다. 즉 박은식의《이순신전》은 단재의 저술과 비교해서 그 목적과 서술 내용이 크게 다르지 않은데, 특히 거북선을 세계 철갑선의 원조로 평가한 것과 책의 말미에 이순신과 영국의 넬슨 제독을 비교하면서 이순신이 더 뛰어난 인물임을 강조한 것도 두 저술의 공통점이라 할 수 있다.

20세기 초반을 대표하는 두 학자가 이순신에게 주목한 이유는, 국난을 극복한 영웅 이순신을 소개함으로써 그의 정신을 계승하고 국가에 충성해야 한다는 '역사의식'을 젊은이들에게 강조하고 싶었기 때문이다. 나아가 거북선의 우수성을 강조하고 이순신이 영국의 넬슨보다 더 훌륭하다고 강조한 것도, 우리 민족의 자존감을 세우려는 의도였다. 그리고 이 두 학자의 강한 역사의식은 20세기 내내 후학들에게 큰 영향을 미쳤다. 20세기 중반 이후 이순신의 성웅화, 더 나아

가 신격화 수준으로까지 나아가게 된 것도 어찌 보면 이 두 학자의 이러한 역사 의식이 확대 재생산되는 과정이 아니었을까 생각해 본다.

한편, 이 두 역사학자의 '이순신전'에 이어서 일제의 식민지 지배가 강화되고 있던 1930년대 초반, 우리 국민에게 이전의 역사서보다 더 많이 알려진 춘원春園 이광수李光洙의 소설 《이순신》이 발표되었다. 이광수는 기존의 역사학자들이 거북 선 제조와 국난을 극복한 영웅 이순신의 면모를 강조한 것과는 달리, 이순신을 개인적인 능력과 완벽한 인격을 갖춘 희생정신과 충성심으로 가득 찬 애국자로 묘사했다. 하지만 이순신과 유성룡을 제외한 조선 백성들과 신료들에 대해서는, 틈만 나면 도망치는 무능력하고 게으른 몰염치한 존재 혹은 사리사욕에만 집착 하는 무능력하고 부도덕한 존재로 표현했다.

이런 특징은 1920년대에 그가 〈동아일보〉를 통해 발표한 '민족개조론'에 기인 한 것이다. 이때 이광수는 조선 민족에 대해 공상空想과 공론空論을 즐겨 게으르고 신의와 충성이 없으며 일을 할 때도 용기가 부족한 민족성을 가졌다고 진단하 고, 이런 민족성을 개조해야만 현재의 국가적 위기 상황을 벗어날 수 있다고 주 장했다.

하지만 그의 이런 주장은 우리 민족의 부족한 부분만을 극도로 강조함으로 써 일제의 식민 지배를 정당화하는 논리를 제공하고 말았다. 또한 그가 언급한 민족개조론에 나타난 열등한 민족성을 가진 우리 민족에게서, 완벽한 인격과 충 성스러운 애국심을 갖춘 이순신과 같은 위대한 인물이 배출되었다는 것 자체가 논리적으로 모순이 아닐 수 없다.

그는 이 소설에서 이순신을 수많은 시련과 고난 속에서도 자신을 희생하며 끝까지 충성을 바친 완벽한 인격자이자 애국자로 그리고 있다. 그런데 이 과정에 서 그는 지나치게 이순신만을 미화한 나머지, 그 외에 다른 인물들은 당파 싸움 에만 몰두하고 사리사욕만 추구하는 몰염치한 존재들로 왜곡해 버렸다. 소설은 역사적 사실을 소재로 할 뿐, 역사적 사실과 반드시 일치하지는 않는다. 하지만 이광수가 자신의 소설에서 역사적 사실인 것처럼 묘사하고 있는 내용 가운데,

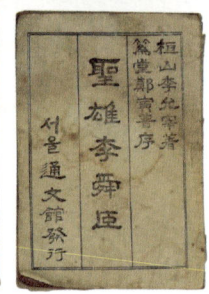

❙ 이순신을 기리는 책들
현충사 소장

사실과 부합하지 않는 것들이 상당히 많다는 게 문제다.

　요컨대 이광수의 소설은 기존의 역사학자들이 강조한 영웅 이순신의 위대함 이외에 인간적으로도 완벽한 모습에 주목했다는 점에서 의미를 찾을 수 있다. 하지만 성웅의 면모를 지나치게 강조한 나머지, 역사적 사실마저 왜곡했다는 점은 반드시 짚고 넘어가야 할 것이다.

　그 뒤 1931년 5월경에는, 이광수가 민족개조론을 발표했던 〈동아일보〉는 '민족의 수치'라는 제목의 사설社說을 실었고, 이후 모금 운동을 통해 가세가 기울어 매물로 넘어갈 뻔했던 충무공 묘소의 위토位土를 되찾았고 1932년 6월 현충사 중건에 기여하기도 했다. 자칫하면 사설의 제목과 같이 민족의 자존심이 무너질 수도 있었던 상황에서, 전국의 2만여 명이 모금 운동에 참여해 충무공 묘소의 위토를 되찾고 현충사를 중건한 것은 매우 중요한 의미가 있다.

한편, 20세기 이후 현재까지 우리나라 근현대사는 위기 상황의 연속이었다고 해도 과언이 아니다. 20세기 전반에 일제가 우리나라를 식민지배하면서 우리 민족의 역사와 문화가 말살될 뻔한 위기상황을 맞았고, 36년 만에 국권을 되찾기는 했지만 그때의 상처와 해결하지 못한 문제들은 아직도 아픈 역사를 이어가고 있다. 해방 이후에는 나라의 기반을 제대로 세우기도 전에 6.25전쟁이라는 동족상잔의 비극이 이어졌고, 1960년대 이후부터는 산업화와 민주화 단계에서 여러 차례 위기 상황을 겪어야 했다. 21세기 벽두에도 헌정 사상 초유의 대통령 탄핵이라는 사건도 있었다. 그렇다면 이런 상황 가운데 이순신에 대한 역사적 평가와 국민들의 인식은 어떠했는지를 살펴보기로 하자.

1945년 해방 이후 우리나라는 혼란 속에서 독립된 민족국가를 건설하기 위해 노력했지만, 결국 남북으로 분단되고 1950년 6월 25일부터 3년여에 걸쳐 동족상잔의 비극이 이어졌다. 그나마 남아있던 산업시설은 파괴되었고, 국제적으로도 절대 빈국의 대열에 낄 정도로 국가적 위기 상황이었다. 이와 같이 어려운 시절이었던 1946년에 노산鷺山 이은상李殷相이 《이충무공 일대기》를 펴냈고, 1950년에는 진단학회震檀學會에서 공동 집필한 《이충무공》을 발간했다. 이때도 국가적 위기 상황에서 국난극복의 영웅이었던 이순신이 다시 한 번 역사적으로 부각되었다. 당시 이순신에게 주목하게 된 것도 역시 그와 같은 리더의 등장을 바라고, 국민 모두의 애국과 단결을 도모하기 위한 것이었음은 쉽게 짐작할 수 있다.

이 시기의 이순신에 대한 인식과 관심은 그와 관련이 있는 각 지방에서 충무공 동상이나 기념비 건립 사업으로 이어졌다. 먼저 전쟁 중이던 1952년, 경상남도 진해의 북원로터리에 충무공 이순신 동상이 최초로 건립된 것을 필두로, 1954년에는 경상남도 거제시에 옥포대첩비玉浦大捷碑가 세워졌다. 이어 1955년에는 통영의 남망산 공원에 시비詩碑와 충무공 동상과 한산대첩비 등이 세워졌고, 1956년에는 전라남도 진도군의 벽파진碧波津 전첩비戰捷碑와 부산 용두산 공원의 충무공 동상 등이 차례로 건립되었다. 그런데 이러한 기념물 건립 과정에는 역시 노산 이은상의 활약이 두드러졌고, 최고 서예가로 이름난 소전素筌 손재형孫在馨,

친일 전력이 있으나 해방 이후 각종 기념물 조각에 두각을 나타냈던 김경승金景承과 윤효중尹孝重 등 쟁쟁한 조각가 등이 팀을 이뤄 작업을 함께 진행했다.

이어서 1960년대와 1970년대에는 대통령이 주도한 이순신에 대한 국가적 현창 사업이 진행되었다. 그런데 이런 상황을 주도한 이는 이전 시대와 마찬가지로 노산 이은상이었다. 이때는 노산 외에 최영희, 조성도 등 역사학자들이 이 사업에 동참했다. 최영희는 1970년대에 국사편찬위원회 위원장을 10여 년 역임하면서, 이순신의 성웅화 과정에 일정 부분 기여했다. 물론 그는 '임진왜란 사회사'를 전공한 역사학자였다. 때문에 학술적인 면에서 이순신 연구의 필요성을 인식하고 그 첫걸음을 뗀 인물이었다.

이 시기에는 국가가 주도하여 현충사와 한산도 제승당 등 이순신 관련 유적을 성역화하는 사업을 벌였고, 전국 대부분의 초등학교에 세종대왕과 함께 충무공 동상을 건립했다. 이전 시기의 동상 건립 사업이 전국적으로 확대된 것인데, 이것이야말로 이순신에 대한 성웅화 사업이 전국적으로 확대되었음을 상징적으로 보여 준다.

이와 함께 이순신에 대한 연구 사업도 추진하여 이 시기에 그에 대한 연구서들이 집중적으로 발표되었다. 하지만 이 시기에 나온 이순신 관련 저술들은 대부분 '이순신 성웅화, 신격화'를 위한 것들이었다고 볼 수 있다. 물론 이순신이 워낙 훌륭한 인물이었기 때문에 그렇게 되었다고 볼 수도 있겠지만, 지나친 것은 모자람만 못하다는 금언처럼 지나친 성웅화에 따른 역효과가 적지 않게 나타났다. 단적인 예를 들자면, 필자가 어린 시절 여러 차례 읽었던 이순신 전기와 거의 매일 들었던 충무공의 노래에는 "역사의 면류관"이나 "민족의 태양"과 같은 과한 표현들이 들어 있었다.

이와 같은 분위기에서 정작 이순신에 대한 적확한 역사적 접근은 이루어지지 않았다. 노산 이은상은 이 시대의 대표적인 이순신 연구자였고, 실제 그가 펴낸 이순신 관련 서적만 하더라도 여러 권에 이른다. 하지만 그는 시조 시인이자 소설가였지 역사학자는 아니었다. 그의 그런 이력은 이순신에 대한 문학적 수사에는 도움이 되었겠지만, 올바른 역사인식을 정립하는 데는 오히려 걸림돌이 되고 말았다.

결과만 놓고 본다면, 노산 이은상의 이순신 성웅화 사업은 성공적이었다. 왜냐하면 이순신은 '국가와 민족을 위해 모든 것을 희생한 애국자이자 충성스런 군인'이라는 확실한 인상을 국민에게 심어 주었기 때문이다.

그러나 이순신에 대한 지나친 미화, 즉 성웅화 사업은 이후 임진왜란과 이순신에 대한 역사 연구를 가로막는 장애물이 되고 말았다. 이순신에 대한 이은상의 여러 저서들을 보면, 대부분 역사서적으로 분류할 수 없는 문학작품들이다. 하지만 당시에 그가 워낙 강한 영향력을 끼치다 보니, 역사학자들은 이미 누군가가 다 연구해 놓은 분야라고 인식한 듯하다. 이 때문에 이순신에 대한 기본적인 역사적 사실, 예를 들어 임진왜란 당시 각 해전의 구체적인 상황에 대한

진도 벽파진 전첩비
해군사관학교박물관 사진 제공

창원시 진해구 북원로터리 충무공 동상
해군사관학교박물관 사진 제공

연구는 아직도 미미한 수준이다.

오히려 이은상 자신이 직접 나서기보다는, 역사학자들이 이순신을 제대로 연구할 수 있도록 지원해 주는 게 올바른 선택이었다고 본다. 문학적 평가는 제외하고, 그가 남긴 여러 저서 중에는 1989년에 영인본影印本과 완역본完譯本을 합해 3권으로 출간한 《이충무공전서》만이 역사학자들에게 참고자료가 되고 있다.

이순신 관련 연구동향을 정리한 최근의 연구 논문에 따르면, 박정희 대통령 집권 후반기 이후부터 1990년대에 이르기까지 이순신에 대한 역사적 평가와 연구 등이 정체기를 맞았다고 한다. 오히려 이순신 성웅화에 대한 반작용으로 '원균'에 대한 연구가 이루어진 것도 이 시기였다. 정체기라는 표현에서 볼 수 있듯이, 이 시기에는 이전 시기에 형성된 일부 이순신 마니아층이나 해군 출신 연구자들에 의해 이순신 관련 연구의 명맥만 유지되고 있었다.

하지만 앞에서 언급했듯이, 20세기 중후반으로 접어들면서 이순신 성웅화 사업이 본격 추진되었고 그 영향은 사회 전반에 확산되었다. 얼마 전에 나온 설문조사에서도 우리나라 국민이 가장 존경하는 역사 인물 가운데 이순신은 1위인 세종대왕에 이어 2위를 차지했다. 이렇게 이순신은 존경 받는 위인 가운데 앞자리를 차지하게 되었지만, 성웅화 사업으로 인해 이순신의 성장배경 등 몇 가지 잘못된 내용들이 사실인 양 굳어지기도 했다. 이순신을 성웅화하면서, 그가 가난이라는 역경을 딛고 성장한 것처럼 그려진 것이다. 하지만 이것은 역사적 사실과는 거리가 있는데, 이와 같은 잘못된 인식은 현재까지 그대로 이어지고 있는 실정이다.

21세기 벽두에 우리나라는 헌정 사상 초유의 대통령 탄핵이라는 상황을 맞았다. 이때도 국가적 위기 상황으로 받아들여졌는데, 당시 매체에서는 다시 한번 '이순신' 열풍을 불러일으키기도 했다. 그 중에도 2004년과 2005년에 드라마로 방영된 《불멸의 이순신》은 이런 상황의 중심에 있었다. 이 드라마는 김훈의 《칼의 노래》와 김탁환의 《불멸의 이순신》을 원작으로 삼아 만들어졌다.

그런데 이순신이 활약하던 시대사를 전공한 필자로서는 《불멸의 이순신》이 허구적 요소를 전제로 하는 드라마임을 인정하더라도 역사적 사실과 상당히 거리가 있는 기존의 오류들을 그대로 답습했다는 점에서 무척 안타까웠다. 예를 들어 일제가 악의적으로 왜곡한 당파성론黨派性論의 영향을 떨쳐버리지 못하고 임진왜란 시기의 정치를 극렬한 당쟁의 역사로만 표현한 것과, 이순신과 원균의 어린 시절을 사실과 다르게 꾸며낸 것, 또 역사적 사실이 아니라 설화로 밝혀진 명량해전 철쇄설을 그대로 따랐고, 심지어 이순신이 전사한 게 아니라 '자살'한 것으로 오해하기 쉽게 표현한 장면 등 굵직굵직한 것만 하더라도 손에 꼽을 수 없을 정도로 많았다.

당시에는 드라마뿐만 아니라 이순신 관련 서적도 봇물을 이루며 쏟아져 나왔다. 물론 그 중에는 의미 있는 출판물들도 있었지만, 대부분 역사 전공자가 아니라 마니아층이 집필한 책들이었다. 따라서 이순신에 대한 기존의 오류를 바로잡기보다는 같은 오류를 반복하는 저술들이 많았다.

숨 가쁘게 지나온 20세기 이후, 이순신은 국가가 위기에 빠졌을 때마다 국난을 극복한 역사적 영웅으로 재조명되었고, 현재까지도 국민에게 사랑과 존경을 받는 대표적인 위인이 되었다. 하지만 한편으로 지나치게 성웅화된 나머지 그가 왜 훌륭한지, 어떤 점을 본 받아야 하는지에 대한 구체적인 연구는 그다지 이루어지지 않았다. 이 때문에 아직까지 임진왜란에 대한 제대로 된 개설서나, 자신 있게 추천할 만한 이순신 평전조차 없었다.

여기서 한 가지 이순신과는 전혀 관계없지만 우리에게 자극이 되는 이야기를 하나 하고 싶다. 미국 국민이 가장 존경하는 역사 인물은 누구인가? 우리 국민 대부분 알고 있듯이 미국의 제 16대 대통령인 에이브러햄 링컨이다. 그런데 얼마 전 링컨 소개서를 저술한 저자로부터 들은 한 가지 놀라운 사실은, 미국에서 링컨 한 개인에 대한 연구서와 단행본이 무려 2만 권에 이른다는 것이다. 솔직히 믿어지지 않았다. 아무리 존경한다고 해도 그렇게 엄청난 분량의 연구 성과를 내다니!

그렇다면 그에 비해 우리 국민이 그토록 존경하는 이순신에 대한 연구 성과, 즉 관련 저술은 얼마나 될까? 지금으로부터 10년 전에 필자가 박사학위 논문을 쓸 때 조사한 결과로는, 당시까지 단행본 150권과 관련 논문 350여 편이 전부였다. 또 10년이 흘렀고 그동안 21세기 벽두에 이순신 신드롬이 한 번 있었으니 단행본이 수십 권 늘어났을 것이다. 그렇다 하더라도 모두 합해 단행본 200여 권, 논문 400편을 넘지 못할 것이다. 양적인 비교 외에 발표된 단행본이나 논문의 수준은 어떨까? 솔직히 그다지 높은 수준이라고 볼 수 없다는 것이 필자의 생각이다.

이와 같은 상황이 되고 만 가장 큰 책임은 우리나라 역사학계에 있다. 우리나라 역사에서 전쟁사가 매우 중요한 부분임에도 불구하고, 이제까지 전쟁사를 전공한 연구자가 거의 없었다고 해도 과언이 아니다. 최근 들어 관심을 가진 학자들이 나오고 있어서 그나마 다행이긴 하지만, 이 분야의 연구는 더욱 활성화되어야 한다.

이런 경향은 충무공 이순신과 관련이 있는 임진왜란 연구에 있어서도 마찬가지다. 기존의 임진왜란 연구자들은 대부분 정치와 경제, 사상 분야에서만 배출되었다. 이제부터라도 임진왜란 전쟁사를 연구하는 학자들이 조속히 배출되어야 한다고 생각한다. 그렇게 된다면 그 중 한 분야가 임진왜란 해전사이고, 임진왜란 해전사의 주인공이 바로 충무공 이순신이므로 그에 대한 연구도 함께 활성화될 것이다.

그리고 또 한 가지, 현재 충무공 이순신과 관련된 여러 단체가 있지만, 충무공 이순신 관련 학술이나 교육 사업을 주도할 만한 '기념사업회'나 '연구재단'은 아직까지 없는 실정이다. '외화내빈'이었다고 표현할 수도 있고, 이순신에 대한 기존의 과도한 현창 사업의 후유증이 아닐까도 생각해 본다. 그의 중요성에 비해 지금까지의 연구가 부족한 것을 반성한다면 그에 대한 대책을 세워야 한다. 이 시점에서는 훌륭한 역량을 갖춘 개인 연구자보다는, 충무공과 관련된 문헌 자료를 수집·정리하고 연구자들을 관리·양성하며, 그에 대한 연구를 주도해 대

표적인 저술을 낼 수 있는 역량을 갖춘 기관이나 재단이 필요하다.

그렇게 된다면 국민에게 이미 사랑과 존경을 받는 대표적인 위인인 이순신에 대한 역사적 사실들이 좀 더 자세히 밝혀져, 이순신에 대한 명확한 역사인식이 가능해질 것이다. 또한 그런 노력이 하나로 결집된다면, 이순신을 본받은 제2, 제3의 충무공들이 우리나라에서 계속 나올 수 있을 것이라고 기대해 본다.

1. 조선 초기의 수군사(水軍史)

언젠가 강의시간에 "영웅이 역사를 만드는가? 아니면 역사가 영웅을 만드는가?"라는 질문을 한 적이 있다. 사관생도들의 대답은 명쾌했다. "후자입니다." 맞는 말이다. 영웅은 통상 '위기'라는 역사적 순간에 나타나고, 역사적 흐름에 큰 영향을 미치기도 한다. 하지만 분명한 것은 뛰어난 영웅도 자신이 태어난 역사적 배경 속에서 성장하고, 그 시대의 역사적 흐름 속에서 영웅으로 탄생한다는 것이다. 그렇다면 임진왜란 시기의 영웅, 충무공 이순신이 탄생하게 된 역사적 배경과 흐름은 무엇이었을까? 그 답은 조선 전기 수군의 역사에서 찾을 수 있을 것이다.

조선이 건국된 직후부터 15세기 초까지 해결해야 할 국가적 과제 가운데 하나는 '왜구' 문제였다. 때문에 15세기의 조선은 상무적인 분위기를 유지하는 가운데 수군의 발전을 위해 노력했다. 구체적으로 당시 조선은 국가적 차원에서 수군 병력과 조직, 군선과 무기체계 등 여러 분야에서 큰 발전을 이뤄 나가고 있었다.

그동안 우리 역사에서 수군이 육군과 구별되는 독립된 병종으로 확립된 최초 시점은 조선 초기로 알려져 왔다. 하지만 조선 후기의 실학자 유형원柳馨遠이 언급했듯이, 3정丁 1호戶 원칙과 1호에서 수군 1명을 차출하는 원칙이 정해진 고려 공양왕 3년1391년을 '독립된 수군 병종의 기원'으로 봐도 무방할 것이다. 이때 정해진 원칙은 조선 초기에 그대로 이어졌고, 이후 수군 병력을 확보하는 토대가 되었다.

이어서 수군 병력에 대해 살펴보면, 고려 말기와 조선 건국 초기의 수군 규모는 정확하게 알려지지는 않았지만 적지 않은 규모였을 것으로 추정된다. 《세종실록지리지》에는 15세기 전반의 수군 병력상황이 정확히 기재되어 있는데, 관련 내용을 표로 정리하면 다음과 같다.

구분	경기도	충청도	경상도	전라도	황해도	강원도	평안도	함길도	계
도별 병력 합계	3,876	7,858	15,934	11,793	3,997	1,384	3,490	969	49,337
진영별 병력 합계	5,792	8,414	16,622	10,600	3,239	1,103	3,490	1,069	50,442

*《세종실록지리지》및 이재룡, 1970 〈조선전기의 수군〉《한국사연구》5, 116쪽의 표 참조.

이 표를 보면, 15세기 전반의 조선 수군은 5만여 명으로 오늘날과 비교해도 상당히 큰 병력 규모라 할 수 있다. 15세기 후반의 《경국대전》 단계에 이르러 4만 8,800명으로 약간 줄어들지만, 조운군漕運軍 5,960명을 별도로 운영했음을 고려할 때 대체로 5만에 가까운 수군 병력은 유지되었다고 볼 수 있다.

다음으로 군선軍船은 동서고금의 수군 역사에서 매우 중요한 부분 가운데 하나였다. 조선은 태조 때부터 지방별로 군선 건조를 분담시키는 방법으로 세력 확장을 꾀했다. 태종대 이후 군선 척수의 변화를 살펴보면 다음과 같다.

〈표 2〉태종대의 군선 척수와 건조계획

구 분	경기도	전라도	경상도	풍해도	강원도	충청도	평안도	함길도	합계
보유 척수	51	81	137	26	16	47	40	30	428
증가분	26	30	50	20	10	30	15	5	185
보유 목표	77	111	187	46	26	77	55	35	613

* 《태종실록》 권15, 태종 8년 3월 경오(庚午)

조선시대 군선 척수가 처음으로 확인되는 시점은 태종 8년1408년으로, 당시 428척을 보유하고 있던 조선은 추가로 185척을 건조해 태종 말년까지 600여 척을 보유하는 것을 목표로 삼았다. 또한 태종은 군선의 성능을 개선하려고 많은 노력을 기울였는데, 일례로 한강에서 군선 성능을 시험하거나 수군이 군선을 동원해서 훈련할 때 직접 참관하기도 했다.

세종은 태종의 유지를 이어 군선 건조와 성능 개선을 위한 노력을 이어갔다. 그 결과 대선大船과 맹선猛船 등 10여 종류의 군선 829척을 보유하기에 이르렀고,

특히 조·명·일 삼국의 조선造船 기술을 종합하는 등 노력을 기울였다. 이러한 노력의 결과로 15세기 후반의《경국대전》단계에 이르면 유사시를 대비한 무군선無軍船 247척을 제외하고도, 488척의 대·중·소 맹선을 보유한 조선 전기의 맹선 체제를 완성했다.

〈표 3〉성종 대의 군선 통계

종류　도별	경기도	충청도	경상도	전라도	강원도	황해도	평안도	영안도	계
대맹선(大猛船)	16	11	20	22		7	4		80
중맹선(中猛船)	20	34	66	43		12	15	2	192
소맹선(小猛船)	14	24	105	33	14	10	4	12	216
무군(無軍) 대맹선(大猛船)							1		1
무군(無軍) 중맹선(中猛船)							3		3
무군(無軍) 소맹선(小猛船)	7	40	75	88	2	10	16	9	247
합계	57	109	266	186	16	39	43	23	739

*《경국대전》〈병전〉

이 표에서 보듯이, 조선 전기인 15세기 무렵의 군선 특징은 전체 척수에서 대맹선이 차지하는 비중이 16퍼센트 정도로 그다지 많지 않았고, 대부분 중·소맹선 위주의 소형군선 체제로 운영되었다. 이것은 당시 왜구 선박을 추격하기 위해 속도가 빠른 군선을 선호한 결과였다.

군선 건조와 함께 태종대와 세종대에는 화기 성능도 크게 개선되었다. 먼저 15세기 초반, 태종은 1,000여 명에 불과했던 화통방사군을 1만여 명으로 크게 늘리고 화약감조청火藥監造廳을 설립하는 등 화기 개발을 본격적으로 시작했다. 세종 역시 부왕의 정책을 계승하여 사포국司砲局과 총통위를 창설했다. 또한 세종은 염초의 생산 기술을 개발하고, 화약 소모량은 반으로 줄이고 사정거리를 배가시키는 등 획기적인 기술 발전을 이뤄냈다. 이와 함께 10여 종류의 화포를 추가로 개발해 수군에 배치한 것은 물론이고, 북방 영토의 개척 과정에서도 화기를 활용했다. 다시 말해 당시 조선 조정은 고려 말에 최무선이 도입한 화기 기술을 국가적 차원에서 장려해 성능 개선과 신무기 개발 등을 지속적으로 추진했다.

다음으로 수군의 조직[관제官制]은 고려 말부터 15세기 전반까지 임시적이고 가변적인 수준에서 지속적으로 바뀌었다. 그 뒤 세조대에 도道 단위의 지역방어 체제인 진관체제鎭管體制가 수립되면서 수군절도사정3품, 수군첨절제사종3품, 수군만호종4품로 명령이 하달되는 일원적 지휘체계가 확립된다. 좀 더 부연하면 각 도道에는 1~3명의 수군절도사가 있고, 수군절도사 휘하에 첨절제사 1~2명, 그리고 첨절제사 휘하에 5~6명 내외의 수군만호가 소속되는 체제가 완성되었다. 그리고 이러한 체제는 임진왜란 시기와 그 이후까지도 유지되었다. 이러한 일원적인 지휘체계는 도 단위로 책임 구역이 나누어진 한계는 있었지만, 일본 수군에 비해 조선 수군이 조직력에서 앞설 수 있었던 배경이었다.

이와 함께 15세기 전반에 왜구가 근절됨에 따라 이전 시기에 내륙으로 이동했던 수군 진영이 본래의 위치로 복귀하거나, 이전보다 더 해안이나 섬 지역으로 진출하는 변화가 일어났다. 이러한 결과는 왜구 근거지인 대마도정벌을 비롯한 조선의 적극적인 해양방위 정책을 통해, 연안 지역의 인구 증가와 개발이 이루어졌기 때문에 가능했던 것이다.

이외에 같은 시기 수군 진영과 관련된 특징은 다음과 같다. 조선 전기에 전국의 연안 각지에 설치된 수군 진영鎭營은, 15세기 후반에 이르러 영·호남이 전체 73곳 가운데 42개 소所를 차지해 58퍼센트에 이름으로써 남해안을 중심으로 한 해양방어 체제를 형성하고 있었다. 그리고 15세기 중반 이후에는 영남과 호남 모두 우도右道의 수군 조직이 보다 확대되었다. 영남에는 거제도를 중심으로 수군 진영이 추가로 설치되었고, 호남에도 왜구의 주요 교통로에 해당하는 우도 지역에 수군 진영이 추가되었다.

한편, 조선 개국 초기부터 수군은 바다에서 생활해야 하는 위험이 있었고, 다른 군역軍役·근무 부담에 비해 힘들었기 때문에 고역苦役으로 인식되어 회피의 대상이 되었다. 그 뒤 점차 신양역천身良役賤·신분은 양인이지만 실제 군역은 천민의 역할으로 인식되면서 천역화賤役化되기 시작했고, 어염魚鹽 등의 각종 노역, 공물과 진상품 조달, 조운漕運, 토목공사 등 잡역, 그리고 군역 외에 요역徭役에도 상당 부분 동원되었다.

이와 같이 수군역이 고역이 되자 수군이 되는 것을 피하기 위해, 조선 초기부터 만호나 천호에게 뇌물을 주고 수군에서 벗어나려는 사람들이 나타났다. 이런 상황은 조선 전기 동안 계속되었는데 부유한 사람은 가능한 한 모든 수단을 동원해 수군역에서 벗어나려 노력했고, 힘없고 약한 백성만 수군에 남게 되는 상황이었다. 수군역을 기피하는 방법은, 뇌물을 써서 수군의 군적軍籍에서 이름을 빼거나 대립代立이라 해서 본인 대신 수군에 복무할 사람을 정해 보내는 방법이 있었다. 실제 수군의 대립은 방군수포放軍收布의 폐단과 연계되면서 일반화되었다.

그럼에도 불구하고 조선은 국가적 차원에서 수군을 강화하는 정책을 지속했기 때문에 수군의 병력 충원은 해결해야 할 중요한 과제였다. 이 때문에 수군에 오랫동안 근무할 경우 '해령직海領職'을 제수하는 등, 수군의 안정적인 확보를 위한 여러 가지 대책이 논의되고 실행되기도 했다.

한편, 16세기에 접어들면서 조선 건국 초기의 상무적인 분위기는 장기간 지속된 평화 속에서 점차 유교 문화와 문치주의의 영향을 받아 국방 태세 전반이 해이해지는 단계로 바뀌었다. 이런 경향은 특히 조선 전기의 문화 전성기를 거치며 정치적 안정과 사회경제적 발전을 이룬 16세기에 한층 더 심각해졌다. 이 시기에는 국방태세 전반이 해이해진 가운데, 수군 역시 육군과 마찬가지로 방군수포가 일반화되고 자신이 속한 군영이 어디인지도 모르는 상황이 전개되고 있었다. 즉, 수군 조직이나 군적軍籍은 존재했지만, 장부상에만 기록된 숫자였을 뿐 실제 전투능력을 갖춘 상비군은 거의 없는 실정이었다.

그렇다면 16세기의 수군은 어떻게 변화되었는가를 살펴보자. 먼저 15~16세기의 사회경제적 발전 과정에서 연안과 도서 지역의 개발이 활발하게 이루어진 것은 잘 알려진 사실이다. 그 결과로 수군 진영의 이동 배치가 16세기 전 기간에 걸쳐 이루어졌는데, 이에 대한 자세한 연구는 아직까지 이루어지지 못했다. 그리고 16세기의 국방태세 해이와 수군 진영의 연해 지역 진출 확대는 서로 배치되는 것인데, 이 부분에 대해서도 향후 연구가 필요하다.

한편, 16세기에 이르면 15세기 중반 이후 잠잠했던 왜구들이 세 차례나 왜변을 일으키면서 조선 수군 체제에 또다시 큰 영향을 끼쳤다. 중종 5년1510년의 삼포 왜변三浦倭變을 시작으로 1544년의 사량진왜변蛇梁鎭倭變과 1555년의 을묘왜변乙卯倭變이 바로 그것이다. 그런데 이 시기의 왜구는 14세기 후반과 달리 한반도보다는 주로 중국 서남부 해안지역으로 침구했고, 조선의 연안을 중간 기착지로 거쳐 가기도 했다.

먼저 16세기 초에 일어난 삼포왜변은 조선의 대일본 무역에 대한 규제가 강화된 것에 불만을 품은 제포薺浦 거류 일본인들과 대마도 세력이 연합해서 일으킨 변란이었다. 하지만 이 사태는 경상도 관찰사의 지휘 하에 동원된 지방군에 의해 단기간 내에 진압되었다. 오히려 삼포왜란 이후 조선의 대일본 교류 조건은 이전보다 규제가 더 강화되었고, 대마도에 내려주던 각종 이권도 절반 수준으로 줄어들게 되었다.

다음으로 1544년의 사량진왜변은 명나라로 향했던 왜구 일부가 중간 지점인 사량도蛇梁島의 만호진을 공격하면서 발생한 변란이다. 그런데 이때 왜구의 선박이 명나라의 영향으로 거대해지고 화기火器까지 탑재된 것이 확인되면서, 조선 수군이 기존 맹선체제의 한계를 경험하고 대형 군선의 건조 필요성을 깨닫는 계기가 되었다. 물론 이전부터 논의가 있었지만 사량진왜변을 계기로 판옥선의 건조가 본격적으로 추진되었다.

이어 1555년에 발생한 을묘왜변은 역시 명나라에 다녀오던 왜구 무리가 전라도 영암 일대에 침입한 변란이었다. 그런데 을묘왜변은 기존의 두 변란이 지방군 차원에서 비교적 단시일 내에 종결되었던 것과는 다른 양상을 보였다. 중앙군이 출전하는 등 전투 규모가 제법 컸고, 이후에 미친 영향도 다른 변란들에 비해 상당했다. 당시 병조판서가 직접 토벌작전에 참가함으로써 조선의 국방태세에 새로운 전기를 마련하는 계기가 된 것이다.

이런 상황에서 조선 수군은 기존의 맹선체제를 대체하는 판옥선板屋船을 대량으로 건조했고, 이후 판옥선은 조선의 주력 군선이 되었다. 이러한 판옥선의 개발과 동시에, 조선 조정은 왜구에게 화기 기술이 전달되지 않도록 명나라를 외교적으로 설득하는 한편, 최신의 화기火器를 도입하려고 노력했다. 이 시기에 개발된 각종 화기가 바로 임진왜란 시기의 주력 화기인 천·지·현·황자天·地·玄·黃字 총통銃筒이었다.

결론적으로 15세기 초부터 조선은 국가적인 정책으로 수군을 강화했다. 당시 병력이 5만 명 수준이었고, 군선 척수도 500척에서 최대 800척까지 보유할 정도로 강한 수군을 건설한 바 있었다. 그 결과 15세기 전반에는 대마도정벌을 비롯해 왜구에 대한 적극적 대처가 가능했고, 결국 왜구가 근절되는 성과를 거두었다. 하지만 16세기 들어 조선의 정세는 유교정치의 영향과 장기간의 평화로 인해 국방태세가 전반적으로 해이해지는 상황을 맞았다. 수군도 그 영향을 피해갈 수 없었는데, 다행히도 16세기 전반부터 일어난 세 차례의 왜변이 그나마 침체했던 조선 수군에 새바람을 일으키는 계기가 되었다.

요컨대 이순신이 태어난 1545년 무렵에 개발되기 시작한 판옥선은 임진왜란 시기 조선 수군의 주력 군선이 되었고, 이때 함께 개발했던 각종 총통은 이순신 함대의 판옥선과 거북선에 장착되어 압도적인 화력을 갖추고 당파전술撞破戰術을 펼칠 수 있었던 무기체계의 핵심이 되었다. 즉 임진왜란이 발생하기 한 세대 전에 또다시 문제가 된 왜구에 대처하는 과정에서, 판옥선과 각종 총통이 등장하게 된 것이다.

2. 임진왜란 이전의 동북아 3국

16세기 조선은 15세기에 비해 정치, 사회경제, 문화 등 여러 방면에서 변화가 있었다. 우선 정치적인 변화를 보면 15세기는 조선을 창업했던 개국공신과 이후 왕권의 변동에 따라 새로 조성된 공신 세력 등 훈구파에 의해 국정이 운영된 시기였다. 이에 비해 16세기에 이르면 이들 훈구파를 견제하기 위해 등장한 사림파士林派가 정치 전면에 등장했고, 이로 인한 훈구파와의 지속적인 갈등으로 네 차례의 사화士禍가 일어났다. 사화는 당시 집권세력인 훈구파에 대해 신진 사림파가 새로운 정치 세력으로 성장해 가는 과정에서 일어난 정쟁政爭의 산물이었다.

16세기 후반에 이르면 이전 시기에 네 차례 사화의 피해를 입었던 사림파가 주류가 되어 득세하고 훈구파가 소수파로 전락하는 변화가 일어났다. 사실 이 당시에는 출신은 훈구파이지만, 학문적 경향이나 사회경제적 배경은 사림파와 비슷해서 구분이 모호한 부류도 있었다. 이 때문에 1580년경에는 이러한 애매한 훈구파 출신에 대해 정치적으로 포용할 것이냐 배척할 것이냐에 따라, 사림파가 서인西人과 동인東人으로 분열되었다.

이 과정에서 서인은 율곡 이이李珥의 학파를 중심으로, 동인은 다시 남인과 북인으로 분파되었다. 그리고 남인은 퇴계 이황李滉의 학맥, 북인은 남명 조식曺植과 화담 서경덕徐敬德 등 다양한 학맥으로 구성되는 등 학파가 곧 정파가 된 것이다.

이들 사림파는 16세기 후반에 이미 정치적 주도권을 장악했다. 즉 선조宣祖가 즉위하는 과정에서 동고 이준경李浚慶 등의 역할이 컸지만, 이들을 단순히 훈구파로 구분하기에는 다소 애매한 점이 있다. 따라서 임진왜란 이전에 사림파가 이미 국정을 주도하기 시작했다고 보는 편이 타당하다.

예를 들어 임진왜란 직전에 발생해서 정정政情 불안을 초래했던 기축옥사己丑獄事·정여립 모반 사건도 집권세력이 된 사림파 자체의 권력 투쟁적인 성격을 띤 것으로 볼 수 있다. 즉 피해자가 대부분 동인東人에 속한 인사들이고, 이 사건을 주도적으로 처리한 인물이 송강 정철鄭澈 등 서인 계열이었다. 요컨대 15세기가 훈구파가 집권했던 시기라면, 16세기는 조선 성리학의 세례를 받은 사림파가 정치 전면에 나서서 주도권을 행사하기 시작한 시기였다.

다음으로 같은 시기의 사회경제적 변화를 살펴보자. 조선은 건국 초기라고 볼 수 있는 15세기까지 국가의 공적公的 개념이 강했다. 원칙적으로 모든 토지는 국왕國家의 땅이었으며, 그 땅을 분배받은 양인良人에게 국가를 위해 세금과 각종 역役을 부담하게 했다. 수공업 역시 기술자를 국가에서 관리하는 관장제를 원칙으로 했고, 국제무역도 명나라와의 조공무역과 교린관계를 맺고 있던 일본과의 공식적인 물적 교류를 제외한 사무역은 원칙적으로 금지되었다.

이러한 상황은 15세기 후반부터 16세기에 걸쳐 크게 변화했다. 먼저 15세기에 정치권력을 장악했던 훈구파가 대토지를 소유하면서 토지 공개념이 무너지기 시작했다. 15~16세기에 진행된 연안 지역의 대규모 간척지 개발 역시 정치권력과 유착되었던 것으로 알려져 있다. 이와 함께 조선 초기에 전현직 관료에게 토지에 대한 일종의 징세권이라 볼 수 있는 수조권을 지급했던 과전법科田法은 점차 토지부족 등을 이유로 직전법直田法과 관수관급제로 바뀌었다가 16세기 중반에는 결국 모두 폐지되었다. 그 뒤에는 관료에게 토지 대신에 녹봉만을 지급하는 체제가 되었다. 결국 16세기에는 국가에 의한 공적인 토지 개념 대신 개인의 토지 소유가 일반화되었던 것을 알 수 있다.

이와 함께 수공업 분야도 관官에서 장인을 관리하는 관장제 대신에 장인세를 납부하는 대신, 시장에 판매하기 위한 상품을 생산하는 상공업자들이 늘어났다. 즉 16세기는 15세기 후반부터 사회경제적 발전에 따라 등장했던 장시場市가 전국적으로 1,000여 곳 이상 개설되었고, 상업을 통해 치부하는 전문적인 상인商人 집단이 생겨나기 시작한 것도 이 시기였다.

이와 같은 사회경제적 발전과 함께 조선 사회에 변화를 가져온 것은 조선 성리학의 발전이었다. 조선 성리학은 여말선초에 전해져 관학으로 자리 잡은 성리학이 토착화 과정을 거치면서 백성의 생활에까지 영향을 미치는 이념으로 확립된 것을 의미한다. 이 시기의 조선은 이러한 영향을 받아 '왕도정치', '도덕정치'

를 목표로 문치주의文治主義 경향을 띠게 된다. 문치주의의 영향으로, 15세기의 상무적인 분위기가 약화되고 국방태세가 해이해졌다. 또한 양반, 중인, 양인, 천민 등의 신분질서가 이전보다 더욱 고착화되었고, 양인과 천민을 포함한 모든 백성에게 유교 윤리가 주입되었다.

무엇보다도 15~16세기의 조선은 초기의 상무적인 분위기 속에서 왜구 문제의 해결과 북방영토의 개척과 같은 성과를 내면서 대외관계가 안정된 시기였다. 이 때문에 1392년 개국 이후 200여 년간, 조선에서는 이렇다 할 대외전쟁이나 내전이 없이 장기간의 평화가 이어졌다. 하지만 오랜 평화는 16세기에 이르러 유교정치의 발전과 맞물려 국방태세가 전반적으로 해이해지게 된 배경이 되었다.

다음으로 명나라에 대해 살펴보기로 하자. 명은 조선보다 약간 빠른 1368년에 평민 출신의 주원장朱元璋에 의해 건국되었다. 주원장이 명나라를 건국하면서 내건 기본 정책은 유교정치와 농본정책이었다. 한족이 세운 명나라는 유교정치 이념을 바탕으로 조공과 책봉이라는 장치를 통해 주변 국가들과 관계를 맺으며 중화주의 질서를 확립하기 위해 노력했다. 이런 정책은 건국 초기에 주변 국가들에 의해 어느 정도 공인되었으나, 15세기 후반과 16세기에 '북로남왜'라는 고질적인 문제가 발생하면서 명나라는 심각한 위기에 처한다.

명 태조는 집권하는 동안 몇 차례의 대규모 공신 숙청을 통해 황제의 전제권을 확립했다. 개국공신이나 숙장宿將이 거의 남지 않을 정도로 철저한 숙청을 통해 확립한 전제권은 이후에도 명나라 정치의 특징으로 자리 잡았다. 명 태조의 의도와는 달리 15세기 중반 이후 환관이 정치를 주도하게 된 것도 명대 정치의 큰 특징이다. 명나라의 전제 정치 특성상 유능하고 현명한 황제가 나오면 효율적인 정치가 가능하지만, 반대의 경우에는 정권을 장악한 환관으로 인해 정치적 난맥상이 드러나곤 했다.

한편 명나라의 국가시책이었던 농본정책은 수공업이나 국제 무역의 발달을 제한하는 결과를 가져왔다. 그 실례로 명 태조의 '해금정책海禁政策'은 국가의 공무역 외에 사무역을 금지했던 정책으로, 당시 국제무역에 종사했던 자본과 인력의 해외 진출이라는 긍정적인 결과를 가져오기도 했지만 이 때문에 국제무역은 침체의 길로 들어섰다. 16세기에는 국제무역이 아예 금지됨에 따라 이후 왜구가 침구하고 가왜假倭까지 출현하는 등 부정적인 영향도 적지 않았다. 제4대 황제인 영락제永樂帝 때 정화鄭和 함대가 대탐험에 나서는 등 잠시 무역시대가 열렸지만, 일회성에 그쳤고 국가가 공무역의 형태로 무역 이익을 독점함으로써 한계에 직면하게 되었다.

16세기의 명나라는 이런 상황 속에서 '문치주의'를 점점 더 강화했다. 유교정치의 표방과 문치주의 경향은 표리 관계라고 볼 수도 있지만, 명나라가 문치를 강조하게 된 것은 건국 이후 이렇다 할 외침 없이 장기간 안정과 평화를 누렸기 때문이다. 이렇게 문치주의 강화는 건국 초기에 유능한 장수들의 숙청과 더불어 명나라의 국방력 약화에 결정적 원인이 되었다.

그 결과 명나라는 16세기 중반에 이르러 왕조의 쇠퇴기에 나타나는 지방 반란과 북로남왜의 국경 분쟁으로 어려운 상황을 맞게 되었다. 특히 몽고족의 위협으로 인한 북쪽 변방의 수비 문제와 동남부 연안으로 침입한 왜구로 인한 피해는 16세기 명나라의 대표적인 외환外患이었다. 이러한 대외적인 문제와 함께 전제정치의 비효율성이 나타나면서 어려움이 안팎으로 누적되었다.

하지만 만력제萬曆帝 신종神宗이 즉위한 1573년부터 약 10년간 어린 황제를 보좌하며 집권한 장거정張居正이 개혁정치를 펼친다. 그의 개혁정책은 한 마디로 '부국강병富國强兵' 정책이었다. 우선 그는 몽고족과 화친을 통해 시간을 벌고, 척계광戚繼光 등을 동원해 남방 왜구 소탕 작전을 벌였다. 이때 만들어진 대왜구 전법인 '절강병법浙江兵法'은 임진왜란 중에 조선에 전해져 조선 후기 국방에 많은 영향을 끼치게 된다.

또한 장거정은 관료주의의 효율성을 제고하기 위해 관료에 대한 관리 감독을 강화했고, '일조편법一條鞭法'으로 알려진 은銀 본위의 화폐 사용과 세제 개혁을 통해 국가 재정을 충실하게 다졌다. 장거정의 개혁은 꺼져 가던 명나라의 수명을 연장했다고 볼 수 있는데, 임진왜란이 발생하기 꼭 10년 전까지 진행된 그의 개혁정책의 결과 명나라의 재정은 충실해졌고 대외적인 문제도 어느 정도 해결할 수 있었다.

그러나 그의 사후 명나라는 다시 혼란에 빠졌는데, 특히 임진왜란 직전 시기에는 신종 황제의 정치에 대한 무관심과 동림당 등 새로 등장하기 시작한 정치 세력으로 인한 정쟁政爭, 각 지역에서 발생하는 반란 등 왕조의 말기적 상황이 이어지고 있었다. 그나마 장거정의 개혁정치로 인해 비축한 국력을 바탕으로 임진왜란에 출병할 수 있었다고 볼 수 있다.

마지막으로 일본에 대해 살펴보자. 필자는 외부 강연을 할 때 종종, "세계에서 일본을 우습게 보는 두 나라가 있는데, 어느 나라인지 알겠습니까?"라는 질문을 하곤 한다. 답은 남한과 북한이다. 왜 우리나라 사람들은 일본이라는 나라를 우습게 보는 것일까? 필자는 일본을 정확하게 몰라서 그렇다고 생각한다. 일본은 남북한을 합한 것보다 국토 면적이 1.7배 넓고, 인구도 1.8배 정도 많은 대국이며, 국력이나 경제력 면에서도 세계적인 강국이다. 민족적인 자존심도 중요하지만 인정할 것은 인정하고 배울 것은 배워야 한다고 생각한다. 일본을 잘 알지 못하면 과거의 불행한 역사를 되풀이할 가능성도 있기 때문에, 이제부터라도 우리는 일본에 대해 철저하게 파악해야 할 것이다.

15세기 후반에 오닌의 난應仁亂·1467~1477년 이후 일본은 도요토미 히데요시가 전국을 통일하는 16세기 말까지 전국시대戰國時代를 맞게 되었다. 이 전란은 아시카가 막부의 쇼군將軍 아시카가 요시마사足利義政의 후계 문제를 두고 호소카와細川 가문과 야마나山名 가문이 맞서 싸우게 된 것을 계기로 시작되어, 전국의 지방 영주들이 이권을 차지하려고 어느 한 쪽에 참여해 싸움으로써 100여 년 이상 지속되었다.

일본은 한반도보다 지방 분권화 경향이 더 강한데, 이는 국토가 네 개의 큰 섬으로 나누어져 있는 데다 산지의 비율이 80퍼센트에 이르러 지역 구분이 자연스럽게 이루어졌기 때문이다. 그러다가 두 번째 막부였던 아시카가 막부의 장악력이 느슨해지면서, 오닌의 난을 계기로 각 지역의 지방 영주인 다이묘大名가 점차 부각된다. 이들은 자신의 지배 권력이 미치는 영역을 넓히기 위해 쟁투를 벌였는데, 이 시기가 바로 전국시대였다.

이제 일본 전국시대의 특징을 살펴보자. 먼저 이 기간15~16세기 동안 일본은 명나라와 조선과 마찬가지로 사회경제적으로 번영했다. 특히 농경지 비율이 전체 토지 면적의 20퍼센트에 불과한 일본으로서는, 시비법施肥法과 같은 집약농법을 개발해냄으로써 농업 경제 발전의 중요한 계기를 마련했다.

전국시대 일본 사회의 또 다른 특징은, 상공업 분야에서 특유의 장인의식이 생겨나면서 신분이 사농공상士農工商으로 구분되기 시작했다는 것이다. 특히 오늘날까지도 이어지고 있는 가업세전家業世傳의 일본적인 전통이 시작된 것도 바로 전국시대였다.

앞에서 언급했듯이 이 시기의 한 가지 특징은 지방 분권화였는데, 이것을 가능하게 한 것은 각 지역별로 자급자족적 경제체제를 이뤄낼 수 있었기 때문이다. 그리고 이러한 지역별 자급자족 권역을 연결하는 상인들이 등장했고, 15~16세기에는 합법적·비합법적으로 명나라와 조선과의 교역과 서유럽 상인들과의 국제 교역이 활발하게 진행된 것도 이 시기의 또 다른 특징이다. 게다가 이 시기에는 다이묘들이 자신들의 세력을 확장하기 위해 외국 상인들과의 교역을 성사시키려고 경쟁적으로 나서는 일까지 벌어졌다.

이러한 과정에서 1543년 사츠마薩摩 번의 다네가시마種子島를 통해 포르투갈 상인으로부터 일명 뎃포鐵砲라고 하는 조총鳥銃이 도입된다. 조총의 도입은 결과적으로 일본의 전국통일을 앞당기는 촉매제 역할을 했고, 그 전까지 일본의 군사적 특징이었던 단병短兵 전술의 한계를 극복하는 군사적 혁신을 가져왔다. 이와 같은 서양과의 국제적 교류와 함께 천주교 전래도 이 시기의 특징이라 할 수 있다. 이 시기에는 천주교를 받아들인 다이묘도 있었고, 이를 통해 천주교의 포교가 광범위하게 이루어지기도 했다. 임진왜란 때는 천주교 신자인 다이묘를 종군한 서양인 신부가 최초로 조선에 입국하여 연안 지역에 천주교가 전래되기도 했다.

이 시기까지 일본은 주로 명나라나 조선을 통해 서적을 수입하거나 문화 교류를 하고 있었다. 명나라나 조선으로서는 주변국인 일본에 선진문물을 전파하는 입장에서 상대적으로 문화적 우월감을 가지고 있었던 것으로 볼 수 있다. 하지만, 이 기간 동안 일본은 명과 조선이 받아들이지 못한 서유럽 문화를 받아들이는 등 국제적 접촉면에서 열린 나라였다.

또 한 가지 특징으로는 차茶 문화의 발전을 들 수 있다. 물론 그 이전부터 무사나 승려의 정신 수양을 위해 차 문화가 자리 잡고 있었지만, 대중화를 이룬 것은 오다 노부나가와 도요토미 히데요시의 휘하에서 차와 의전 등을 담당했던 센 리큐千利休의 역할이 컸다. 센 리큐에 의한 차 문화는 원래 '절제와 고요의 미美'를 추구했지만, 히데요시의 황금 다실과 같은 변종의 영향도 적지 않았다. 결국 당시에 대중화된 차 문화는 사무라이 문화의 특징으로 자리 잡았다.

끝으로 이 시기의 일본은 주종관계의 잦은 변동, 실력 제일주의, 무사들의 이합집산과 하극상이 일반화된 혼란의 시기였다. 전국시대의 후반기에 해당하는 16세기 중반 이후 다케다 신켄武田信玄이나 우에스기 켄신上杉謙信 같은 지역의 패권을 장악한 다이묘들이 나타나기 시작했다. 이어서 오다 노부나가는 전국통일을 목표로 세력을 확장해 나가기 시작했고, 노부나가가 암살되고 난 뒤 그 세력을 이어받은 도요토미 히데요시는 결국 1590년에 전국통일을 이뤄냈다. 곧이어 히데요시는 100여 년간 이어진 전국통일 전쟁과 유럽의 신무기 전래 등으로 크게 상승한 군사력과 상무적인 분위기를 바탕으로 임진왜란을 일으켜 동북아 삼국을 전쟁의 소용돌이에 빠져들게 했다.

1592년 4월 14일 부산포 진성釜山浦 鎭城 전투로 시작된 임진왜란 초기 전쟁 상황을 살펴보면, 국방태세가 해이해진 조선은 전쟁 대비책을 전혀 갖추지 못한 상태였다. 반면에 일본군은 이 전쟁을 위해 히젠肥前 나고야성名護屋城을 축조하는 등 만반의 준비를 갖추고, 16만에 이르는 정예 병력을 동원해서 조선 침략을 단행했다.

그런데 침략한 일본과 막아내야 하는 조선은 전쟁 준비에 있어서 확연한 차이를 보였다. 조선은 개국 이후 이렇다 할 전쟁 없이 평화가 장기간 지속됨에 따라, 건국 초기의 상무적인 분위기가 사라지고 국방태세가 해이해졌다. 특히 이런 문제가 가장 심각했던 시기가 바로 임진왜란이 터진 16세기 말이었다. 즉 전쟁이 시작되었을 때 수도인 한성에는 정규군이 거의 없었고, 그나마 남아 있던 병사들도 전쟁을 회피하거나 도주하기 예사였다. 반면에 일본은 100여 년 이상 지속된 전국시대를 지나면서 전투 경험이 축적된 정예 병력만 해도 수십만 명에 이를 정도였다.

또한 임진왜란에서 일본이 한반도를 파죽지세로 유린할 수 있었던 것은, 개전이 기습적으로 이루어졌기 때문이다. 조선도 전쟁 가능성이 있다는 사실은 알고 있었지만, 정확히 언제 터질지는 몰랐던 것으로 보인다. 이런 상황 때문에 경상도의 좌·우 병사와 수사, 그리고 휘하의 첨사僉使 등은 전쟁 준비를 제대로 하지 못한 채 기습을 당하고 말았다. 원래 전근대의 전쟁이 대부분 기습전으로 시작되는 경향이 있었기 때문에 이 전쟁만의 특징이라고 할 수는 없지만, 임진왜란이 일본군의 기습 공격으로 시작된 것은 분명한 사실이다.

이렇게 일본의 엄청난 군사력 우위와 기습으로 시작된 임진왜란은, 그 전까지 벌어진 일본과의 전쟁과는 매우 다른 양상을 보였다. 먼저 임진왜란 당시 일본군의 규모는 한반도 해안을 유린했던 기존의 왜구와는 비교가 되지 않을 정도로 대규모였다. 조선으로서는 그때까지 왜구 이외에 대규모 침략을 받은 경험이 없었기 때문에 당황할 수밖에 없었다. 또 일본은 16세기 중반 유럽으로부터 조총을 도입해 칼을 사용한 단병短兵전술의 단점을 극복함으로써, 조선이 실전에서 경험하지 못한 신무기를 동원해 전쟁에서 우위를 점할 수 있었다.

이 때문에 조선은 임진왜란 초기의 육전에서 한동안 수세에 몰릴 수밖에 없었다. 우선 개전과 동시에 펼쳐진 부산 지역의 전투는, 1592년 4월 14일 부산포 진성 전투로부터 시작되었다. 부산포는 수군첨사가 주둔하던 진영으로 당시 첨사는 정발鄭撥이었다. 정발은 군사훈련을 겸해 절영도로 사냥을 나갔다가 일본군의 대규모 침략을 인지하고 신속하게 대처했다. 하지만 10척도 안 되는 전력으로 수백 척의 함대와 해전을 벌일 수는 없었다.

결국 4월 13일 오후, 부산포에 도착한 일본군이 다음날 아침 일찍 부산포 진성을 공격함으로써 7년에 걸친 임진왜란이 시작되었다. 정발은 1,000여 명의 병력으로 그보다 10여 배나 되는 고니시 유키나가의 일본 침략 제1군에 맞서 싸웠으나 중과부적衆寡不敵으로 몇 시간 만에 패하고 말았다. 부산포 진성을 함락한 일본군은, 저항하면 이렇게 된다는 본보기를 보이려고 성의 모든 사람을 학살했다. 일본 측의 사료와 보고에 따르면, 이 전투에서 2만여 명을 죽였다고 한다. 실제로는 수천 명 정도였을 것으로 추정되지만, 조선으로서는 첫 전투에서 패한 것은 물론이고 일반 백성까지 모두 학살한 일본군의 만행에 충격을 받을 수밖에 없었다.

이 전투에서 승리한 일본군은 즉시 병력을 나누어 주력군은 당시 부산 지역을 대표하는 동래부東萊府로 향했고, 나머지 병력은 몇 개의 부대로 나누어 부산포 좌우의 주요 진영을 공략해 나갔다. 4월 14일 오후에 그중 한 부대가 서평포 만호진을 거쳐 낙동강 하구에서 가까운 다대포 진성을 공격했다. 당시 다대포는 부산포와 마찬가지로 수군첨사가 지키는 전략적 요충지였다.

이때 다대포첨사는 을사사화乙巳士禍 때 실각했던 대윤大尹의 수장, 윤임尹任의 다섯 째 아들인 윤흥신尹興信이었는데 이미 50대 후반의 노장老將이었다. 그런데 이날 일본군은 그가 지킨 다대포 진성을 함락하는 데 실패하고 되돌아갈 수밖에 없었다.

일본군의 주력 부대는 부산포 진성을 함락한 후 동래부로 향했고, 이곳에는 병력 일부를 나누어 보냈기 때문에 다대포의 조선군이 일본군의 공격을 방어해 낼 수 있었다. 결국 다대포 진성의 개전 첫 날의 방어전 승리는 조선군이 임진왜란에서 거둔 첫 번째 승전이었다.

적어도 100명 이상의 전사자를 내고 물러났던 일본군은 병력을 증강해서 다음날 다시 다대포 진성을 공략했다. 그런데 첫날 승리 이후 다대포 진성에서는 다음날 증원된 일본군이 다시 공격해 올 것을 예상한 군사들 가운데 일부가 도망하는 사태가 벌어졌다. 윤흥신의 참모진도 일단 후퇴하여 훗날을 도모하자고 건의했지만, 첨사 윤흥신은 사수死守할 뿐이라며 거절했다. 예상대로 다음날 아침 일본군은 병력을 보강해 다대포 진성을 다시 공격해 왔다. 이날, 4월 15일에 다대포 진성은 다시 한 번 끝까지 저항했지만, 결국 첨사 윤흥신과 사수를 결의했던 전 장병은 옥쇄玉碎하고 말았다.

한편 동래부성을 포위했던 일본 제1군 주력부대는 부사 송상현宋象賢에게 항복하고 길을 열어 줄 것을 요청했으나 거절당하자, 4월 15일 이른 아침부터 대대적인 공격을 시작했다. 당시 부사 송상현을 중심으로 끝까지 항전했지만, 그날 오전에 성이 함락되고 말았다. 결과적으로 부산포에 도착한 지 사흘 만에 부산 전 지역을 점령하는 데 성공한 일본군은 이 사실을 본국의 도요토미 히데요시에게 보고하고 곧바로 북진할 준비를 했다.

개전 초기에 부산 지역의 방어를 책임져야 할 경상좌도 병마절도사 이각李珏은 울산에서 수백 명의 병력을 이끌고 동래성에 들어왔으나, 전세의 불리함을 확인하고 전투 직전에 병력을 이끌고 동래성에서 도주했다. 경상좌수사 박홍朴泓 역시 자신에게 속한 세력을 결집하는 데 실패하고 후퇴를 거듭했다. 다만 박홍은 전란 초기의 개전 상황을 신속하게 주변에 전파하고 조정에 보고했던 탓에, 좌병사 이각李珏과 달리 주벌誅罰을 면할 수 있었다.

그 뒤 일본 제1군 고니시 유키나가 부대는 4월 19일에 밀양密陽을 무혈점령하는 등 거침없이 북진했다. 이어서 대구大邱와 선산善山을 거쳐 4월 25일에 상주尙州에 도착한 일본 제1군은, 그곳에서 경상도 순변사巡邊使, 이일李鎰 부대와 맞서게 되었다. 당시 이일이 한성漢城에서 사흘간 지체하면서 모집한 군사는 겨우 100명도 되지 않았고, 상주에 도착했을 때는 제승방략에 따라 집결했던 병력이 모두 흩어지고 난 뒤였다. 그는 다시 병력을 급하게 모았지만 그 수는 1,000명도 되지 않았고, 이들마저도 군사훈련을 받아 본 적이 없는 농민이 대다수였다.

당시 이일은 조선에서 두 번째로 높은 신망을 받고 있었지만, 상주에 도착한 뒤 병력을 모아 훈련시키느라 일본군의 접근을 미처 파악하지 못한 상태였다. 그 결과 4월 25일 상주의 북천北川 냇가에서 아침밥을 먹으며 군사훈련을 준비하다가, 고니시 유키나가군의 전초부대와 맞붙게 되었다. 전투는 싱겁게 끝났다. 일본군의 조총 공격에 서울에서 동원한 군관들과 상주의 토관土官 몇 사람이 전사했고, 나머지 농민군들은 놀란 나머지 모두 도주하고 말았다. 순변사 이일 역시 군장도 하지 못한 채 패퇴하여 신립申砬이 주둔 중이던 충주忠州로 향했다.

충주로 내려와 충청도 병력을 이끌게 된 도순변사都巡邊使 신립은 재빠른 일본군의 진공 속도와 작전에 실기失期하다가 결국 4월 28일에 충주의 남한강변 탄금대彈琴臺를 결전 장소로 선택했다. 그가 거느린 8,000여 명의 병력은 배수진을 치고 일본 제1·2군 연합세력과 맞섰다. 신립은 나름대로 자신의 특기라고 할 수 있는 기병전술을 펼쳤지만, 조총을 활용한 일본군의 전술에 말려들어 패하고 말았다. 충주의 패전 소식이 전해진 4월 29일 저녁 무렵, 선조宣祖는 파천播遷·왕의 피난을 결정하고 4월 30일 새벽에 출궁했다.

일본군은 5월 3일에 선조가 떠난 한성을 무혈점령했다. 부산포 진성 전투 이후 꼭 20일 만에 조선의 수도 한성을 점령한 것인데, 당시 부산과 한성 간의 실제 이동거리는 600킬로미터 이상으로 추정된다. 따라서 일본군은 20일 동안 하루에 30킬로미터 이상 진격한 셈이다. 이것은 교통수단이 발달한 오늘날에도 달성하기 힘든 결과로서, 조선군의 방어가 그만큼 허술했음을 입증한다고 볼 수 있다.

그 뒤 일본군은 임진강臨津江에서 조선군과 맞섰는데, 이곳을 통과하는 데 걸린 시간이 개전 이후 서울을 점령했던 것보다 더 오래 걸렸다. 임진강이라는 자연 장애물이 오히려 일본군의 진격을 늦춘 것인데, 이곳 방어전에 임한 도원수 김명원金命元과 제도 도순찰사都巡察使 한응인韓應寅 등도 전투경험과 지휘능력이 없기는 마찬가지였다. 결국 일본군의 유인작전에 말려 임진강을 건너 선공先攻에 나섰다가 참패하여 스스로 무너지는 모습을 다시 한 번 연출하고 말았다. 임진강 전투는 5월 17일이고, 조선군을 꺾은 일본군이 임진강을 건넌 것은 5월 27일 이후가 되어서야 가능했다. 일본군 제1·2군은 6월 1일 다시 북진을 시작해서, 고니시 유키나가의 제1군은 개성과 평양으로 향하고, 가토 기요마사의 제2군은 함경도 방향으로 진출했다.

5월 7일 이후 1개월여를 평양성에 머문 선조 일행이 다시 의주義州로 출발한 것은 6월 11일이었다. 그로부터 사흘 뒤에는 다시 평양성이 함락되었는데, 이때도 대동강이라는 자연 장애물을 활용해서 방어 작전에 나섰지만 어설픈 선제공격을 시도하다가 도강渡江 장소를 알려주는 우를 범해 성이 손쉽게 함몰되고 말았다.

6월 14일, 고니시 유키나가군은 평양성을 점령했고, 가토 기요마사군은 함경도를 차지한 뒤 북쪽의 여진족 근거지까지 진출하기도 했다. 이후 조승훈祖承訓이 이끈 요동 병력이 평양성 수복전투에 나섰으나 패했고, 전선戰線은 8월 중순 이후 평양 북쪽의 순안順安 지역을 경계로 고착되었다. 이런 상황은 평안도 병력의 방어 능력 때문에 가능했고, 더 이상의 북진을 중단하고 이후 상황을 관망하려 했던 고니시 유키나가군의 전략전술 때문이기도 했다.

그 뒤 전황戰況은 조명 연합군 혹은 조선군만의 반격 작전이 펼쳐지면서 사뭇 다른 양상으로 전개되기 시작한다. 우선 조선군은 일본군에 점령당했던 성읍들을 하나씩 수복해 나가면서, 동시에 일본군의 공격도 여러 차례 방어해 낸다. 예를 들어 7월과 8월 전라도 점령 작전을 추진하던 일본군에 맞서, 조선군은 웅치熊峙와 이치梨峙 방어전, 9월 1일의 연안성延安城전투, 10월 초순의 제1차 진주성전투晉州大捷, 그리고 계사년癸巳·1593년 2월 12일의 행주대첩幸州大捷에서 승리를 거두었다. 또한 이보다 앞서 경성鏡城·길주吉州·성주星州·경주慶州 수복작전 등 크고 작은 전투가 이어졌는데, 그 가운데 조선군은 몇 차례의 수성전守城戰에서 대승을 거두어 일본군을 곤란한 상황에 빠뜨렸다.

요컨대 1592년 8월을 고비로 일본군의 공세는 일단 중단되었다. 이어 조선군의 반격과 수성 작전이 여러 곳에서 성공을 거두었고, 이를 통해 조선군은 명나라 군대와 연합해 본격적인 반격작전을 펼칠 준비를 갖추었다. 결국 계사년 1월 9일 조선군이 평양성 수복전투에서 승리하면서, 일본군은 한성에 집결했다가 다시 남해안으로 후퇴하는 상황이 전개되었다.

전황戰況이 이렇게 흘러간 이유는, 일본 원정군의 규모가 조선 영토 전체를 점령할 만한 수준이 되지 못했고, 전쟁을 겪으면서 조선군의 잠재능력이 발휘되기 시작했으며, 일본군이 명군의 실체를 정확히 모른 채 상당한 부담감을 느끼고 있었기 때문이었다.

한편 해전에서는 임진왜란 초기의 육전과는 정반대의 상황이 펼쳐지고 있었다. 당초 육전보다 불리할 것으로 예상되었던 해전에서 조선 수군이 승승장구할 수 있었던 것은 다음과 같은 몇 가지 배경과 원인이 있었기 때문이다.

첫째, 조선군이 판옥선板屋船과 총통銃筒 등 군선과 무기체계에서 일본군에 앞섰기 때문이다. 앞에서 살펴본 것처럼, 판옥선과 총통은 16세기의 후기 왜구를 격퇴하기 위해 만들어진 것이었다. 임진왜란보다 한 세대쯤 앞서 건조되기 시작한 판옥선은, 임진왜란 시기에 조선 수군의 주력 군선으로 활약했다. 또한 임진왜란 때 일본 육군이 조총으로 육전에서 우세를 점했다면, 조선 수군은 총통으로 해상에서 우세를 점할 수 있었다.

둘째, 조선 수군이 일본 수군보다 한 차원 높은 해전 전술을 갖추고 있었기 때문이다. 일본 수군의 기본 전술이 상대방 배에 올라타서 단병短兵전술로 적을 제압하고 배와 재화를 빼앗는 일본 해적왜구의 고유 전술인 등선육박전술登船肉薄戰術이었다면, 조선 수군은 함포인 총통銃筒과 화살을 이용한 당파전술撞破戰術을 구사했다. 즉, 조선 수군은 일본의 군선이 접근하기 전에 총통으로 적선을 깨뜨리고 불화살로 태워 버리는 차원이 다른 해전 전술을 펼쳤던 것이다.

셋째, 조선 수군은 조직과 지휘체계에서도 일본 수군을 앞섰다. 조선 수군은 15세기 중반 이후 수군절도사水使, 수군첨사, 수군만호로 이어지는 일원적인 지휘체계를 갖추고 각각의 수사가 맡은 바 해역을 수비했다. 이에 비해 일본 수군은 중앙과 지방의 수군이 혼재한 상태였고, 수군의 지휘관도 없는 등 지휘체계를 갖추지 못한 한계가 있었다.

여기에 조선 수군은 이순신과 같은 유능한 지휘관이 있었기 때문에, 육전이 한참 불리하게 진행되던 5월 초순의 제1차 출전과 5월 말부터 6월 초순까지 이어진 제2차 출전을 통해 일본의 지방 다이묘 소속의 소규모 함대들과 격돌한 7회에 걸친 해전에서 모두 압도적인 승리를 거두었다. 이에 도요토미 히데요시가 중앙의 직속 수군에게 조선 수군과 맞서라고 명령을 내렸다. 하지만 제3·4차 출전에 나선 조선 수군은 7월 8일 한산대첩閑山大捷에서 대승을 거두었고, 9월 1일에는 부산포해전에서 대승을 거두며 히데요시의 직속 수군까지 격파했다.

조선 수군이 거둔 해전의 승리는 일본 수군의 조직과 지휘체계, 그리고 해양 전략의 미숙 등 한계점 때문이기도 했지만, 전쟁을 1년여 앞둔 시점에 전라좌수사로 부임해서 거북선을 창제하고 전선과 병력을 충원하는 등 준비를 착실히 수행한 이순신과 조선 수군의 노력의 결과라고 볼 수 있다. 특히 한산대첩의 패전 소식을 접한 히데요시가 조선 수군과의 해전을 금지하는 명령을 하달함으로써, 조선 수군은 남해의 제해권을 장악한 것은 물론이고 일본의 병참선까지 위협하게 되었다.

임진왜란 첫해에 거둔 10전 10승의 결과, 일본 측은 320여 척의 군선을 잃고 당시 참전했던 선원의 절반가량이 귀국하지 못하는 엄청난 피해를 입었다. 이에 비해 조선 수군은 선박 피해가 전혀 없었고, 사상자도 150여 명밖에 되지 않는 등 소소한 피해에 그쳤다.

요컨대 이와 같은 조선 수군의 승리는, 개국 이래의 수군 강화 정책과 16세기의 무기체계 개선 사업의 연장선상에 있었다고 볼 수 있다. 즉 조선은 개국 이후 수군을 강화하는 정책을 견지함으로써 훌륭한 수군 조직과 지휘체계를 만들 수 있었고, 16세기 중반에 왜구에 대응하는 과정에서 무기체계를 개선함으로써 임진왜란 해전에서 압도적 승리를 거둘 수 있었다. 또한 이런 역사적 전통 속에서 이순신이라는 훌륭한 지휘관이 나올 수 있었고, 이로 인해 임진왜란 극복의 3대 요인 중의 하나였던 해전에서의 승리를 이뤄낼 수 있었다.

임진왜란을 통해 가장 심대한 타격을 받은 나라는 당연히 조선이었다. 전 국토가 전장戰場이 되어 유린당한 것은 물론이고, 전쟁이나 기아로 인한 인구의 격감 등 실로 엄청난 피해를 입었다. 한성이 함락되면서 장예원, 형조 등의 노예 문적이 불탔고, 정유재란 시기 혹독한 일본의 점령 정책으로 인해 수많은 백성이 살육당하기도 했다. 그 결과, 조선은 후기에 이르러 정치, 사회, 경제, 신분 등 모든 분야에서 국가의 체제와 질서를 재확립해야 하는 상황이 되었다.

우선 정치적인 면을 보면, 다른 두 나라에 비해 상대적으로 그다지 큰 변화가 일어나지는 않았다. 조선 왕실이 건재한 가운데, 사림파가 정권을 장악하면서 갈라진 붕당朋黨들에 의해 정권 교체가 일어난 정도였다. 즉 기존의 훈구파는 임진왜란을 통해 자연스럽게 역사의 무대에서 사라졌고, 임진왜란 직후인 광해군 때는 전란 극복을 위해 의병을 일으켰던 북인北人 정권이 들어섰다. 하지만 서인과 남인이 공모해 일으킨 1623년의 인조반정을 통해, 명·청 교체기의 위기를 등거리 실리외교 노선으로 극복하려 했던 광해군 정권은 몰락하고 북인 역시 정파로서의 생명을 다하고 말았다.

한편 17세기 전반에 조선을 다시 한 번 더 전쟁의 참화 속으로 몰고 갔던 병자호란丙子胡亂 역시, 조선이 국력을 회복하는 데 막대한 지장을 주었다. 더 큰 피해를 보았지만 일본의 침입을 격퇴함으로써 국난 극복의 증거가 되었던 임진왜란과는 달리, 국왕 인조는 평소 오랑캐로 무시했던 여진족의 청나라에 굴욕적인 항복 의식까지 거행함으로써 민족적 자존심을 크게 손상시켰다.

인조반정을 통해 집권한 서인과 남인 정권은 다시 한 번 국가 재건의 기치를 내걸었다. 우선 16세기에 완성되었던 조선 성리학을 국가의 통치 이념으로 재정립하고, '대명의리론對明義理論'과 '북벌론北伐論'을 국가적 통치 이념이자 명분으로 확립했다. 북벌론은 이후 현실적 한계에 부딪혀 결국 실현되지 않았지만, 당시의 국방태세 강화에 어느 정도 영향을 미쳤다.

경제적인 면을 보면, 양란 직후 경작 면적은 기존의 3분의 1 정도로 격감했고 이후 경작 면적이 원래 상태 이상으로 회복되는 데는 수십 년이 더 걸렸다. 때마침 찾아온 이상기후 현상으로 기근과 한발이 이어지면서 상황은 더 어려워졌다. 하지만 17세기 중반부터 본격적으로 시행된 대동법 등의 제도 개혁과 농업 경제의 회복, 그리고 상공업의 발전 등을 통해, 조선은 숙종 재위 후반에 이르러 양란의 후유증을 완전히 회복하게 된다.

조선은 임진왜란을 계기로 명나라의 대 왜구 전법인 절강병법浙江兵法을 받아들여 훈련도감訓練都監을 창설하고, 어영청御營廳, 총융청摠戎廳, 수어청守禦廳, 그리고 금위영禁衛營 등 중앙의 5군영을 차례로 창설하면서 수도 방위와 왕실 호위의 임무를 부여했다. 또한 집권한 붕당 세력이 이들 중앙의 5군영을 장악함으로써, 정권을 잡은 세력이 군권까지 확실하게 차지하게 되었다. 지방에서는 기존의 진관체제鎭管體制를 재정비하여 영장제營將制를 실시하고, 일종의 향토 방위군이라고 할 수 있는 속오군束伍軍을 창설하는 등 조선 후기의 국방태세가 재정비되었다. 또한 조선 후기의 수군은 17세기 전반에 이르러, 삼남의 해방을 책임지는 '통제영'과 경기와 수도권 해역을 방어하는 '통어영'이라는 양영 체제를 성립했다. 특히 삼남의 통제영은 초대 통제사 이순신의 운영 모델이 한 세기 이상 지속되면서, 전국에서 손꼽을 만큼 막강한 군영으로 발전했다.

이상과 같이 조선은 17세기 말에 이르러서야 양대 전란의 후유증을 극복하고 정치적·사회경제적·문화적 안정기를 이루게 되었다. 정치적으로는 숙종 때부터 국왕이 정치를 주도하며 정국을 이끌었고, 사회경제적으로도 17세기 말부터 18세기까지 중흥기를 열었다. 문화적으로도 조선 중화주의 사조와 함께 영·정조 대의 문예부흥기, 즉 조선의 진경산수를 소재로 한 창작물이 주류를 이루는 등 조선 고유의 문화 창달이 이루어졌다.

결과적으로 임진왜란은 조선의 역사를 전기와 후기로 구분 짓는 분기점 역할을 한 것은 분명하다. 왕조 교체는 없었지만, 조선 전기와는 달리 정권을 장악한 사림파가 각각의 학파를 기반으로 정파를 형성하는 독특한 정치 구조를 형성했다. 사회경제적으로도 양란의 후유증 극복 이후 조선 후기의 문예부흥기라고 할 수 있는 영·정조 대의 안정과 발전이 이루어졌다.

한편, 조선의 쇠퇴는 19세기 이후 정치적 문란과 조선 성리학의 교조주의적 공리공론 심화, 그리고 급속하게 진행된 서양의 근대화 과정 등의 세계사적 흐름과 괴리되면서 시작되었다고 볼 수 있다. 즉 임진왜란 이후 혼란과 갈등이 이어지면서 20세기 초에 국권을 상실하게 되었다고 해석하는 것은 지나치며, 올바른 역사적 분석이나 시각이라 할 수 없다는 것이다.

다음으로 일본을 살펴보면, 전국시대를 통일하려 했던 세 인물이 새장에 갇힌 두견새를 울게 하는 방법에 대해 언급한 유명한 일화가 있다. 오다 노부나가는 두견새에게 울라고 명령해서 울지 않으면 당장 목을 쳐 버리고, 도요토미 히데요시는 협박과 회유 등으로 어떻게든 두견새가 울게 한다고 하고, 도쿠가와 이에야스는 두견새가 울 때까지 그냥 기다린다고 했다. 이 일화는 세 사람의 성격을 잘 표현한 것이다. 즉 노부나가가 무력으로 통일을 추진했다면 히데요시는 무력과 함께 화술, 재화 등을 활용해서 결국 전국통일을 달성했다. 하지만 전국통일의 열매는 그의 몫이 아니었다. 때를 기다리며 끝까지 참아낸 도쿠가와 이에야스가 결국 자기 이름의 바쿠후幕府를 열게 된 것이다.

전국시대를 매듭짓고 새로운 막부를 개창한 도쿠가와 이에야스는 임진왜란의 전쟁 책임을 도요토미 히데요시에게 전가하려 했다. 임진왜란 당시에 침략의 전초 기지였던 히젠의 나고야 성을 파괴했고, 이키시마壹岐島의 카츠모토勝本성 역시 이곳을 통과하던 조선 통신사에게 파괴된 상태를 보여 주었다. 즉 임진왜란 당시의 침략이 자신과는 무관하며, 다시는 조선을 침략할 뜻이 없음을 보여 주려 했다.

17세기 이후 도쿠가와 막부는 전국 각지의 다이묘들을 지휘·감독하는 제도를 마련하면서 정치적 안정을 추구했다. 이 시기에는 사회경제적 발전과 일본 자체의 문화 발전을 위한 토대를 구축해 나갔다고 할 수 있다. 특히 임진왜란 때 조선에서 잡아온 10여 만 명의 포로들 가운데 도자기와 인쇄, 제지製紙 등 각 분야 기술자를 활용해 상공업 발달을 이뤄냄으로써, 에도 막부시대에 일본의 사회와 문화가 비약적으로 발전하게 되었다.

17세기에 이어 18세기에도 일본은 내치를 우선시했으며, 정치적 안정과 사회경제적 발전, 그리고 문화 창달을 이뤄냈다. 일본의 특징 가운데 하나는 외국 문화를 유입한 뒤 철저한 일본화 과정을 통해 새로운 일본 문화로 만들어 내는 것이라 할 수 있다. 예를 들어 도자기의 경우, 임진왜란 때 포로로 잡아온 도공陶工들이 규슈를 비롯한 전국 각지에 정착해서 조선의 도자기와 구별되는 일본 도자기 문화를 만들어냈고, 이는 훗날 일본의 근대화 과정에서 필요했던 상업 자본의 형성에도 큰 역할을 하게 되었다.

임진왜란 시기의 포로 가운데는 유학을 전파한 인물도 있었다. 대표적인 예가 《간양록看羊錄》을 남긴 전라남도 영광 출신의 수은睡隱 강항姜沆이다. 그는 정유재란 당시 명량해전 직후 무안 앞바다에서 일본군에 붙들려 일본으로 건너와, 일본 유학의 시조가 되는 후지와라 세이가藤原惺窩에게 퇴계학退溪學을 전수했다. 그 결과 이 시대 일본의 유학은 퇴계학에 뿌리를 두고 발전했다.

임진왜란 때의 전쟁포로 가운데는, 어린 나이에 일본으로 끌려와 일본식 교육을 받고 일본에 정착한 인물들도 있었다. 예를 들어 구마모토熊本 혼묘지本妙寺의 제3대 지주가 되었던 니치요우日遙는 어릴 적 하동에서 잡혀온 여호인余好仁이었는데, 가토 기요마사의 명복을 빌기 위해 《법화경法華經》을 직접 필사하는 작업을 했던 것으로 전해진다.

이런 극단적인 예를 통해 보듯이, 당시 잡혀 왔던 10만 명 이상의 포로 가운데 조선으로 돌아간 인물들은 극소수에 불과했다. 나머지는 철저하게 일본 속에 녹아 들어갔다고 볼 수 있다. 니치요우처럼 고국의 부모와 연락이 되어 서로 편지를 주고받는 경우도 있었지만, 결국은 귀국할 수 없는 상황이었다. 하지만 이와는 달리 고국과의 인연이 완전히 끊긴 경우가 대부분이었다.

일본의 경우 도쿠가와 막부 당시에는 임진왜란에 대한 역사적 평가가 비판적이었다. 쓸데없이 외국을 침략해서 많은 백성에게 참화를 겪게 한 무모한 전쟁이었다는 시각이 대세였다. 이 때문에 전쟁을 일으켰던 도요토미 히데요시에 대한 평가 역시 좋을 수 없었다. 하지만 전쟁 당시 도입한 기술 인력들과 문화재들은 이후 일본의 국학시대를 여는 훌륭한 자원이 되었던 것은 분명한 사실이다.

일본이 조선이나 명과 달랐던 점은 16세기 이후 계속해서 서구 세력과 통교하고 있었던 것이다. 예를 들어 전국통일을 앞당기는 촉매 역할을 한 조총도 1543년 포르투갈 상인을 통해 수입된 것이다. 비록 도쿠가와 막부가 천주교 포교를 금지했지만, 이와는 별개로 네덜란드 상인들과의 교역 창구는 계속 열어두고 있었다. 이를 통해 서구의 문물이 일본에 전해졌고, 일본은 서구의 변동을 감지할 수 있었다.

그 뒤 19세기 중반에 이르러 서구 제국주의에 의해 일본이 개항한 뒤, 국가 주도의 급속한 근대화 과정에서 임진왜란과 도요토미 히데요시가 재평가를 받게 되었다. 그 결과 무모한 전쟁을 일으켜 백성과 이웃 나라를 곤란에 빠뜨렸던 인물로 인식되었던 도요토미 히데요시는, 일본 역사상 최초로 조선과 중국을 정벌하려 했던 영웅으로 재평가되었다. 뿐만 아니라 임진왜란도 제국시대에 일본이 나아갈 길을 미리 보여 준 역사적 사례로 평가받게 되었다. 이와 같이 일본의 임진왜란을 보는 시각은 정치적 목적에 따라 달라지는 양상을 보였다.

일본의 임진왜란 연구는 이렇게 권력자의 역사의식과 이와 비슷한 목적성을 띤 기초 사료 때문에, 제대로 된 가치평가를 하는 데 한계가 있다. 후자에 대해 설명하면 임진왜란 당시 참전한 장수나 승려들이 남긴 1차 사료가 전해지기 때문에 당시의 실상을 어느 정도 파악하는 데 도움이 된다. 하지만 그중에는 기록자의 주군과 관련된 승전이나 잘못 등의 내용을 과장하거나 변명하려는 목적으로 기록된 것이 대부분이다. 이 때문에 일본 측의 임진왜란 관련 사료에 대해서는 엄밀한 사료 비판을 통해 사실 관계 확인을 정확하게 해야 한다.

또 한 가지 문제점으로, 일본에는 국가나 국가기관이 주도하여 전 시대의 역사를 정리하는 공식적인 기록물이나 역사서가 없다는 점이다. 이 때문에 각 지방별·영주별로 기록이 다를 뿐 아니라, 역사적 사실과 뒷날의 설화가 서로 혼합

되어 실제 역사를 파악하기 어려운 부분도 있다.

한편 임진왜란 시기의 숨은 수혜자도 있었다. 바로 후금後金을 건국하고 곧이어 중국 대륙을 차지하는 청淸 태조, 건주여진建州女眞의 추장 누르하치努爾哈赤였다. 그는 임진왜란이 일어난 그해 가을 조선을 위해 원군을 파병하겠다는 제의를 하기도 했다. 조선 조정은 여진족의 원군을 또 다른 외적을 불러들이는 결과라고 판단해 이를 거절했고, 이후 북방의 또 다른 골칫거리가 될 것이라고 인식하게 되었다.

당시 명나라는 후금에 대해 한갓 오랑캐 여진족이 세운 조그만 나라로 보고 방치한 채 임진왜란을 종결시키는 데 노력을 집중했다. 그도 그럴 것이 임진왜란이 일어난 해에 명나라에서는 '영하寧夏의 변變'이 발생했고, 명나라는 이를 극복하는 데 적지 않은 힘을 쏟았다. 또 이 난을 평정하자마자 곧바로 일본의 침략으로 위기에 빠진 조선을 구원하기 위한 파병을 단행한 것이다.

명나라의 임진왜란 참전은 명분과 실리를 모두 얻기 위한 것이었다. 즉 자국의 조공과 책봉 체제를 따르는 주변국 가운데 가장 상징적인 위치를 점하고 있던 조선의 국가적 위기를 상국으로서 구원해 주지 않을 수 없다는 명분 때문에 참전한 것이었다. 또한 일본이 명나라 정복을 천명했기에, 명나라는 본국의 영토 밖인 조선에서 이들을 격퇴함으로써 실리를 챙길 수 있었다.

하지만 명나라가 임진왜란에 참전하면서 치러야 했던 대가는 결코 적지 않았다. 명나라 역사를 연구하는 학자들이 의아하게 생각하는 것이 몇 가지 있는데, 그 가운데 하나가 인색하기로 소문난 만력제萬曆帝가 어떻게 '이웃나라 조선의 전쟁에 은화 800만 냥 이상을 지출했을까?' 하는 의문이라고 한다. 전쟁이 7년에 걸쳐 장기화되고, 정유재란이 벌어짐에 따라 명나라의 재정 지출도 막대해졌다. 결국 명나라가 히데요시를 일본국왕으로 책봉했지만, 일본이 이를 거부해 대국으로서의 체면도 손상되었다. 이 때문에 정유재란 당시 명나라 조정은 무력을 써서라도 전쟁을 빨리 마무리하려고 노력할 수밖에 없었다.

명나라의 신종 황제는 정치에 대한 관심을 잃고 말년으로 갈수록 정사를 등한히한 것으로 전해진다. 때문에 임진왜란 이후 급변하는 정세에 대처하지 못한 채, 명나라는 점차 망국의 길로 들어서게 되었다. 17세기 초인 1616년 누르하치가 후금을 건국했고, 그 아들 태종太宗은 1636년에 국호를 청淸으로 바꾸고 1644년에는 중국 대륙을 장악했다. 이 과정에서 조선은 인조반정仁祖反正과 병자호란丙子胡亂을 겪었다.

중국 대륙을 차지한 청나라는 한인漢人 관료를 등용하면서 급속하게 한화漢化되었다. 특히 삼번의 난 등 명나라 부흥 운동이 마무리되는 17세기 후반의 강희제康熙帝부터 18세기의 건륭제乾隆帝 때까지 청나라의 전성기를 누렸다. 강희제 때는 정치적 안정을 달성한 뒤에 경제적으로도 지정은地丁銀 제도를 시행해서 재정의 충실을 기했다. 이와 더불어 외국과의 해외무역이 활발해져서 광저우廣州가 국제 무역항이 되었고, 영국 등 유럽과의 무역을 통해 막대한 은이 유입되었다.

이에 청나라는 대외 정벌을 통한 영토 확장, 조공과 책봉 체제 확대, 그리고 건륭제 때의 《사고전서四庫全書》 간행과 실사구시의 고증학 발달 등 정치, 사회, 문화 전반에 걸쳐 전성시대를 보내게 되었다.

요컨대 명나라는 임진왜란 이후 국력이 급격하게 쇠퇴했고, 300년 가까이 이어 오던 한족漢族의 왕조는 여진족이 세운 후금, 곧 청나라로 교체되었다. 새로 중원을 지배하게 된 청나라는 명나라의 지위를 이어받아 주변 국가들과 외교 관계를 맺는 한편, 내치에도 힘을 써서 17세기 후반부터 약 100여 년에 걸쳐 전성기를 이루었다.

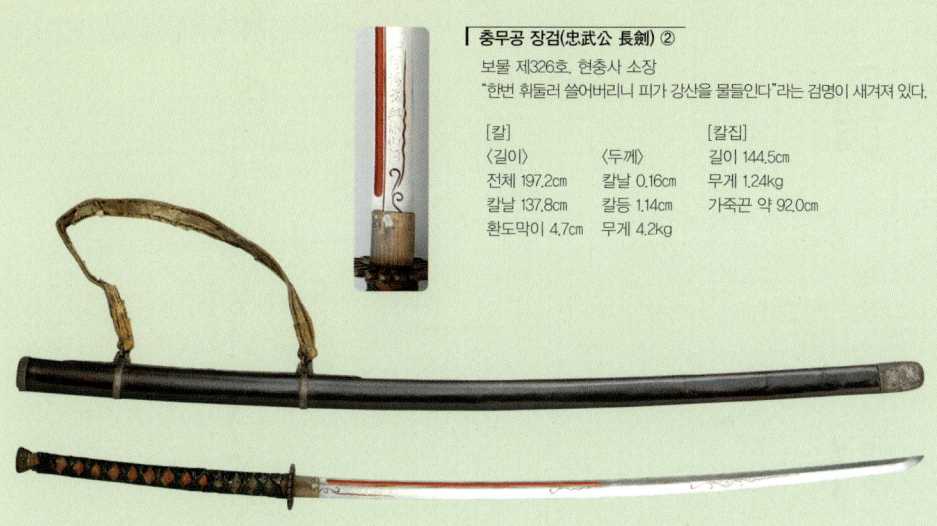

충무공 장검(忠武公 長劍) ②

보물 제326호, 현충사 소장
"한번 휘둘러 쓸어버리니 피가 강산을 물들인다"라는 검명이 새겨져 있다.

[칼]			[칼집]
〈길이〉		〈두께〉	길이 144.5cm
전체 197.2cm		칼날 0.16cm	무게 1.24kg
칼날 137.8cm		칼등 1.14cm	가죽끈 약 92.0cm
환도막이 4.7cm		무게 4.2kg	